现代国家治理与社会经济发展丛书　　丛书主编　景维民

国家社会科学基金重点项目资助

The Reconstruction of State Governance Model in the Process of Economic Transformation Deepening

经济转型深化中的国家治理模式重构

景维民　张慧君　黄秋菊　等著

前言

20世纪末,发生在苏联、东欧和中国的经济转型,是一场规模空前的制度变迁过程。这场史无前例的大转型不仅导致经济体制的转换与经济发展模式的转变,而且引发政治和社会领域的巨大变革。转型之初,许多人抱有一种极度乐观的态度,认为转型国家只要彻底抛弃高度集中的传统计划经济体制,就可以迅速跳跃到现代市场经济体制,并实现社会经济的持久繁荣;但现实表明,经济转型远比人们的预期更为复杂,转型持续的时间也必然大大延长。时至今日,虽然主要转型国家已经初步建立起市场经济体制的基本框架,但无论从制度运行效率还是经济发展质量来看,这些国家新生的市场经济体制远未成熟完善,更为重要的是,转型国家尚未形成一个政府、市场与社会互惠共生的现代国家治理模式。

建立政府、市场与社会互惠共生的现代国家治理模式,是转型国家在经济转型深化阶段面临的关键任务。本书以国家治理模式重构为切入点,系统研究了转型国家发生的经济、政治和社会制度变革,深入分析了国家治理模式重构的路径演化轨迹以及存在的核心制度问题,并构建了一套评估转型经济体国家治理质量的指标体系,对转型经济体的国家治理模式重构进程进行比较和评估。在此基础上,提出了转型深化阶段制度改革与国家治理模式构建的战略选择。本书的主要特色体现在以下五个方面:

第一,在经济学的基础上,借鉴其他相关学科(如政治学、社会学)的研究成果,构建一个相对统一且具备较大理论兼容性的国家治理模式的理论分析框架,并结合理论模型与历史事实在一般层面上总结出国家治理模式的演进规律、多样性特征,在此基础上探讨国家治理模式重构的必要条件。

第二,对转型国家现代国家治理模式重构的基本特征、运行机制、治理绩效和路径演化进行全面、系统的分析、比较、归纳和总结。其中,尤其归纳和提炼出中东欧、俄罗斯和中国三种典型的国家治理模式重构路径,并对这三种国家治理模式重构路径的主要特征和演化轨迹进行了详细的分析。在此基础上,对中国在完善社会主义市场经济体制阶段构建符合国情的现代国家治理模式提出总体性思路、基本的框架设计以及可行的政策建议。

第三，针对转型国家制度变迁的复杂特性，提出了"广义制度关联性"这一分析性概念，并运用这一概念深入剖析了经济转型的路径选择以及在此过程中国家治理模式重构的制度关联与优化问题。

第四，建立了一套综合反映和测度转型经济体国家治理质量的指标体系。该指标体系由政治稳定性与政府能力、市场有效性与经济发展、社会稳定性与社会发展3个领域的26个具体指标合成，能够对转型国家整体的国家治理质量进行全面、准确的评估，从而为我们对转型经济体的国家治理模式及治理质量的比较研究提供了科学的依据和实证基础。

第五，紧紧把握经济转型的时代脉搏和最新进展，深入分析了最近发生的全球金融危机对转型国家的冲击和影响，特别探讨了转型国家在后国际金融危机时代国家治理模式重构的演进趋势和战略抉择。

参与本书写作的课题组成员长期从事转型经济理论与实践研究，已经出版和发表了一系列相关研究成果，其中，许多观点引了起学术界的关注。然而，对于"经济转型深化中的国家治理模式重构"这一宏大主题而言，我们的研究仍然需要不断深化和完善。正因如此，书中不免会存在疏漏或不妥之处，恳请各位专家学者批评指正。

景维民

2013年1月

目 录

第一章 导 论 ……………………………………………………………… 1

第一节 经济转型深化的新议题：国家治理模式重构 …………………… 1

第二节 转型与国家治理模式重构的主要论题：基于相关研究的述评 …… 6

一、转型与国家治理模式重构的趋势和特征 …………………………… 8

二、国家治理模式重构中的治理危机 …………………………………… 16

三、转型进程中的国家构建 ……………………………………………… 19

四、转型与国家治理模式的大分化 ……………………………………… 23

五、对相关研究论题的评述 ……………………………………………… 26

第三节 本书的分析框架和技术路线 …………………………………… 28

一、本书的分析框架 ……………………………………………………… 28

二、本书的技术路线 ……………………………………………………… 36

第四节 本书的研究意义和创新之处 …………………………………… 43

一、本书的理论意义 ……………………………………………………… 43

二、本书的实践价值 ……………………………………………………… 46

三、本书的创新之处 ……………………………………………………… 47

第二章 国家治理模式的理论分析框架 ………………………………… 49

第一节 国家治理模式的缘起：制度与经济发展 ………………………… 49

一、经济发展理念的演变 ………………………………………………… 50

二、增进发展的制度变量 ………………………………………………… 58

三、从制度构建到国家治理 ……………………………………………… 66

第二节 国家治理模式的结构与关系 …………………………………… 70

一、国家治理模式的制度内涵 …………………………………………… 70

二、国家治理模式的制度构成 …………………………………………… 73

三、国家治理模式诸要素的内在关系 …………………………………… 87

　第三节　国家治理模式的演进机制 ………………………………………… 89

　　一、国家治理模式的动态演化模型 ………………………………………… 90

　　二、国家治理模式演进的宏观历史叙事 …………………………………… 94

　　三、国家治理模式构建应注意的问题 ……………………………………… 98

第三章　经济转型深化中的国家治理模式优化 …………………………… 103

　第一节　经济转型的路径演化及阶段性特征 ……………………………… 103

　　一、经济转型的准备阶段：从改革到转型 ………………………………… 104

　　二、经济转型的启动和推进阶段：变革与调整 …………………………… 107

　　三、经济转型的深化和完善阶段：走向成熟的市场经济 ………………… 112

　第二节　经济转型深化阶段面临的治理任务 ……………………………… 113

　　一、市场经济体制建设的完善 ……………………………………………… 113

　　二、经济发展战略的调整 …………………………………………………… 115

　　三、政治与社会层面的变革 ………………………………………………… 120

　第三节　广义制度关联性与国家治理模式重构 …………………………… 123

　　一、广义制度关联性的引入 ………………………………………………… 123

　　二、广义制度关联性与经济转型的路径选择 ……………………………… 132

　　三、广义制度关联性与国家治理模式的优化 ……………………………… 140

第四章　经济转型深化中国家治理质量的测度与评估 …………………… 145

　第一节　国家治理质量测度的依据和原则 ………………………………… 145

　　一、国家治理质量测度的必要性与理论基础 ……………………………… 145

　　二、国家治理质量测度的原则 ……………………………………………… 153

　　三、构建国家治理质量测度指标的方法讨论 ……………………………… 155

　第二节　转型经济体国家治理质量监测指数的选取和构建 ……………… 165

　　一、转型经济体国家治理质量监测指数的总体结构 ……………………… 165

　　二、指标的合成及相关说明 ………………………………………………… 173

　第三节　转型经济体国家治理质量的评估与比较 ………………………… 175

　　一、政治稳定性与政府能力评估 …………………………………………… 176

　　二、市场有效性与经济发展评估 …………………………………………… 177

　　三、社会稳定性与社会发展评估 …………………………………………… 178

四、国家治理质量的综合性评估与比较 …………………………… 179
　　五、国家治理模式重构中的问题及启示 …………………………… 181

第五章　中东欧转型中的国家治理模式重构 ……………………………… 185
第一节　中东欧传统体制下的国家治理模式 ……………………………… 185
　　一、传统国家治理模式形成的历史背景 …………………………… 186
　　二、传统国家治理模式的特征和绩效 ……………………………… 198
　　三、传统国家治理模式的演变与瓦解 ……………………………… 203
第二节　中东欧转型中的国家治理模式重构 ……………………………… 206
　　一、政治变革的先导性与竞争性民主体制的确立 ………………… 206
　　二、经济变革的激进性与自由市场经济体制的形成 ……………… 210
　　三、回归欧洲的紧迫性与融入世界经济体系 ……………………… 220
　　四、国家治理模式重构与中东欧的转型绩效 ……………………… 222
第三节　中东欧国家治理模式构建面临的挑战 …………………………… 232
　　一、政府能力的恢复和巩固 ………………………………………… 232
　　二、加入欧盟后的经济赶超 ………………………………………… 233
　　三、经济社会发展与新福利国家建设 ……………………………… 236

第六章　俄罗斯转型中的国家治理模式重构 ……………………………… 243
第一节　俄罗斯传统体制下的国家治理模式 ……………………………… 243
　　一、传统国家治理模式形成的历史背景 …………………………… 244
　　二、传统国家治理模式的特征和绩效 ……………………………… 247
　　三、传统国家治理模式的演变 ……………………………………… 252
第二节　俄罗斯转型中的国家治理模式重构 ……………………………… 256
　　一、不完善的民主化与弱政府治理模式 …………………………… 256
　　二、混乱的市场化与畸形的市场经济体制 ………………………… 259
　　三、急剧的社会变革与分裂的社会结构 …………………………… 261
　　四、盲目的国际化与依附性经济发展模式 ………………………… 265
　　五、国家治理模式重构的无序性与转型危机 ……………………… 268
第三节　俄罗斯国家治理模式构建面临的挑战 …………………………… 269
　　一、稳定制度环境与建立强政府 …………………………………… 270
　　二、深化市场经济体制建设与调整经济发展模式 ………………… 273

三、社会发展与公民社会建设 …… 277

第七章 中国转型中的国家治理模式重构 …… 281

第一节 中国传统体制下的国家治理模式 …… 281
一、传统国家治理模式形成的历史背景 …… 282
二、传统国家治理模式的特征和绩效 …… 284
三、传统国家治理模式的演变 …… 291

第二节 中国国家治理模式演进与调整 …… 294
一、政府目标偏好的灵活调整 …… 297
二、政府制度和能力的持续构建 …… 298
三、经济转型路径与策略的合理选择 …… 303
四、政府与社会关系的深入协调 …… 305
五、稳健的国际化与国家竞争能力的提升 …… 307
六、国家治理模式的有效调整与中国的转型奇迹 …… 309

第三节 中国转型深化中的国家治理模式构建 …… 314
一、化解政府悖论，建立法治化的公共服务型政府 …… 315
二、培育市场，创建有效的市场经济体制 …… 317
三、扶持社会，构建利益整合型公民社会 …… 319

第八章 全球化与后危机时代的国家治理模式演进趋势 …… 323

第一节 冷战格局与传统国家治理模式的同构性 …… 323
一、冷战的形成与全能主义国家兴起的外部压力 …… 324
二、摆脱不平等国际秩序与国家自主性的强化 …… 326
三、冷战结束对国家治理模式演变的影响 …… 328

第二节 经济全球化与国家治理模式重构的关联性 …… 331
一、经济全球化加速及其基本特征 …… 331
二、经济全球化与转型国家的政治经济变革 …… 334
三、经济全球化条件下国家治理模式重构的机遇和挑战 …… 337

第三节 后危机时代国家治理模式的演进趋势 …… 340
一、全球金融危机对转型国家的冲击 …… 341
二、后危机时代国际政治经济格局的演变 …… 345
三、走出危机与国家治理模式的调整 …… 346

第九章　国家治理模式重构的结论与启示 ………………… 357
　　一、主要研究内容与结论 ……………………………………… 357
　　二、若干重要启示 ……………………………………………… 365

参考文献 ………………………………………………………… 371

后记 ……………………………………………………………… 391

第一章 导 论

20世纪末发生在苏联、东欧和中国等30多个国家和地区的社会经济转型是一场涉及多个领域的大规模制度变迁过程。转型的一个深刻后果就是促使这些国家传统的高度集权的计划经济体制和全能主义国家治理模式发生巨大变革，政府、市场与社会内部的制度结构以及三者之间的关系也面临深刻重构。国家治理模式变革产生的制度重构效应不仅成为影响转型经济绩效的一个重要变量，也成为导致转型路径分化的一个重要根源。时至今日，大多数转型国家已进入经济转型的深化与完善阶段，在此阶段，能否建立一种政府、市场与公民社会互惠共生的有效现代国家治理模式，依然是决定转型国家能否确立完善的市场经济体制以及持续均衡的社会经济发展模式的关键因素。

本书以国家治理模式重构为切入点，深入研究和分析了转型国家所发生的经济、政治和社会制度变革，体现了一种"大转型"的系统性研究视角和新政治经济学分析范式。它有助于我们更加全面、准确地把握转型的整体性路径演化轨迹，深刻洞察转型进程中存在的核心制度问题，并在转型深化阶段探寻有效的制度改革战略。研究转型进程中的国家治理模式重构，不仅为转型经济学、制度经济学、发展经济学等经济学分支学科提供了重要的理论资源和经验支撑，也为这些学科的进一步发展创建了一个崭新的知识生长点。

第一节 经济转型深化的新议题：国家治理模式重构

在人类社会演进的历史长河中，总会有一些重大的变革进程激起阵阵波澜。它们不仅剧烈地改变着既有的政治、经济和社会制度结构，而且也在深刻地重塑着社会成员的心理、认知和行为模式，从而标志着社会的整体跃迁。发端于20世纪末的大转型（Big Transformation）是其中颇为壮观的一幕。

在高度集中的传统社会主义政治经济体制盛行了几十年之后，苏联、东欧以及东亚的社会主义国家纷纷踏上转型之路。从狭义的视角来观察，转型意味着从高度集中、封闭的传统计划经济体制向适度分权、开放的现代市场经济体制转变。其中主要涉及所有制结构、产权制度、交易制度、宏观管理制度等一系列经济制度安排、组织形态和协调机制的变化，以及由此决定的资源配置、经济增长和发展模式的转变。从广义的视角来观察，转型不仅仅意味着经济的转型或"市场化"，它还包括了政治、社会乃至文化等方面的广泛变革。从这个角度讲，转型意味着国家治理模式的整体变革与重构。

在某种意义上，转型既是一个出乎意料的事件，又是一个意料之中的事情。尽管许多观察家早已意识到传统计划经济体制存在着诸多难以克服的弊端，但几乎没有人预期到它的瞬间崩溃。在1982年美国中央情报局（CIA）对苏联经济的一项研究中就明显透露出这样的看法："本研究有三个发现值得强调：首先，苏联经济增长速度已经持续地滑坡。然而，在可预见的将来苏联确实会持续增长。其次，经济绩效很差，存在很多违背经济效率标准的地方。但这并不意味着苏联经济就失去活力或动力。最后，尽管苏联经济的成就与其计划之间存在鸿沟，但是退一万步讲，我们认为苏联经济的崩溃只有极小的可能。"① 正是这种偶然性与必然性的相互牵扯，加之"有限理性"的制约，使得人们难以事先规划好一个完整的蓝图和纲领，以及时准确地指导转型进程，这也充分反映出大规模制度变迁所特有的复杂性。

转型的另一个重要特征体现为多重制度的共时性变革，以及由此决定的改革议程的多样性选择。在许多转型国家，经济制度的变迁往往同时伴随着其他领域的制度变迁。这些制度变迁主要包括民主化与民主的巩固、社会变革与公民社会的发展、国家对外关系的转向以及民族国家的重新构建等。多重制度变革共时性推进，显然大大增加了转型的不确定性和复杂性因素，因而需要转型国家根据特定的历史与现实环境约束，合理安排改革议程，以避免陷入秩序混乱的改革陷阱之中。改革者不仅需要谨慎而明智地选择变革的时机，适时推进必要的制度改革，而且需要理性地安排好改革的时序，把握好改革的速度和节奏，从而将多重制度变革塑造为一个相互衔接、相互支持、互动协调的可持续性过程。

此外，转型还体现出一种阶段性演化的特征。如果我们将视野拉长，那么不

---

① 迈克尔·麦克福尔. 俄罗斯未竟的革命——从戈尔巴乔夫到普京的政治变迁 [M]. 唐兴贤等译. 上海：上海人民出版社，2010：39.

难发现，转型肇始于从20世纪50年代中期开始的改革（Reform）。在"去斯大林化"国际背景的影响下，社会主义国家开始探索通过局部分权和引入市场机制的方式来修正和完善计划经济体制。尽管这种有始无终的局部改革未能扭转体制效率衰竭的命运，但是却为未来的转型提供了有益的制度遗产和必要的变革准备。伴随着东欧剧变和苏联的解体，真正意义上的转型被推上历史的前台。在原有制度环境的严重禁锢被彻底去除之后，"创世纪"般的制度改革试验在转型国家全面推开。由于涉及体制结构、利益结构乃至意识形态结构的剧烈重构，因而衰退、分裂和动荡成为这一时期诸多转型国家鲜明的时代特色。伴随着转型的深入推进，在进化选择的压力下，一些相对有效的制度安排在竞争中胜出，新的认知模式开始形成，整个社会经济制度变迁也相应进入一个制度稳定时期。与此同时，在不同国家，转型的路径、绩效以及在此过程中形成的社会经济体制也出现了"大分化"的趋势。时至今日，经济转型进入到一个深化与完善的崭新阶段。在主要转型国家，市场经济体制的基本框架已经得以初步确立，市场已经替代计划成为协调资源配置和经济发展的主导性机制。支持市场经济的政治体制、意识形态等制度环境因素也已逐步确立。转型国家经济的对外开放程度也大大提高，新兴市场经济体在全球化的背景之下，与世界经济的融合日益加深。

尽管如此，转型并未终结。世界银行在1996年世界发展报告《从计划到市场》中，曾经对转型的目标做出了如下界定："建立一种能使生活水平长期得以提高的繁荣的市场经济。"这意味着市场化仅仅是一种手段、一个过程，其最终目标是促进社会经济的持续发展以及社会成员普遍受惠于市场化的成果，从而使得社会整体的福利水平得到极大的提高。以这一标准判断，那么许多国家的转型显然正行之途中。虽然从某些改革进展指标来看，一些转型的"领头羊"国家（如加入欧盟的中欧国家）已接近于建立起西方模式的"完全的市场经济"（Complete Market Economy），但在其他大多数转型国家（如苏联国家），无论是制度改革、结构调整还是经济绩效仍然与市场经济国家相去甚远。即便是那些所谓的"转型明星"，其所建立起来的市场经济体制并不成熟，也非稳固，因而在面临内部和外部风险冲击之时，仍显得十分脆弱。这一点在刚刚得以控制，但尘埃尚未完全落定的全球金融和经济危机中体现得尤其明显。由此可见，几乎所有的转型国家都要经历一个相当长时期的深化与完善社会经济体制的过程。由于原有的制度变革任务还未完成，而新的挑战又不期而至，因此转型国家又再次站在了十字路口，面临着艰难的抉择。

从历史发展的经验来看，任何成功的经济转型都不是一个单纯的经济问题，也不是仅仅依靠单一的经济改革就能一步到位的变革进程。相反，经济体制的变革，经济发展模式的转变必然要建诸于适宜而稳固的政治和社会基础之上。其中，一个具备充足治理能力的有效政府以及一个和谐而团结的社会结构，是确保经济平稳、高效发展的坚固制度外壳。当缺乏这一外壳充分保障的情况下，无论是计划经济还是市场经济，抑或我们可以想象的第三种经济体制，都将无法有效运行，甚至会成为经济持续发展的桎梏。正因为如此，建构一种政府、市场及社会相互扶持、互惠共生的现代国家治理模式是转型国家跨越转型鸿沟，建立起成熟、完善的市场经济体制的制度基础。①

然而现实表明，在转型国家重构一种有效的现代国家治理模式要比人们的预想更为复杂曲折。已故的俄罗斯前总统叶利钦在1996年发表的《俄罗斯总统国情咨文》中，曾经设立了一个理想的转型目标——"公民社会、法制国家和有效的市场经济"。这多少代表了转型国家所希冀的理想国家治理模式的基本构成要素。不过，连同俄罗斯在内的许多转型国家却不同程度地陷入另一条相反的路径——分裂的社会、衰弱的国家、混乱的市场经济。这种国家、市场、社会三者协调失灵所形成的治理危机，成为导致转型国家20世纪90年代长期衰退的重要根源。在经历了严重危机之后，许多国家开始反思原有转型战略的弊端，并试图通过更为全面、系统、深入的制度改革和结构调整将国家引入一条持久繁荣的有效路径，其中一些转型国家取得了相对良好的绩效，而另一些则仍旧在危机中长期挣扎。

在转型世界的另一端，一个拥有13亿人口的东方超级转型大国——中国，在30多年循序渐进的改革进程中探索出一条行之有效的转型道路。持续的快速增长、日益开放的市场已成为标志"中国奇迹"不争的事实，更为重要的是中国在保持转型秩序稳定的基础上，政治与社会更加开明和开放。在此过程中，一种"强政府"主导下的国家、市场和社会三元并存与互补的国家治理格局也已初步形成。当然，"伟大的中国经济转型"②也尚未完成，许多深层次的矛盾和问题仍然构成中国建立完善的社会主义市场经济体制与和谐社会道路上的重重险阻。除了经济层面的持续性改革外，更为深层的变革需要在政治和社会层面加以稳健而有效地推进。由此看来，在所有转型国家，重构国家治理模式的议程不仅早已伴

---

① 张慧君，景维民. 从经济转型到国家治理模式重构——转型深化与完善市场经济的新议题 [J]. 天津社会科学，2010（2）.

② 这一评价源于一本西方著名中国经济问题专家最新写就的著作的题目. 参见劳伦斯·勃兰特，托马斯·罗斯基. 伟大的中国经济转型 [M]. 方颖，赵扬等译. 上海：格致出版社，上海人民出版社，2009.

随着转型的发动而展开，而且也必将在转型深化阶段成为一个核心而关键的制度构建议题。

从理论层面来看，国家治理模式重构显然为我们理解转型、研究转型提供了一个崭新的学术视角。它不仅关注转型国家经济层面的变革，而且关注政治、社会等其他领域的变革，以及这些变革进程之间的相互影响、相互作用，从而体现了一种"大转型"的系统性研究视角和新政治经济学的分析范式。它有助于我们更加全面、准确地把握转型的整体性路径演化轨迹，深刻洞察转型进程中存在的核心制度问题，并在转型深化阶段探寻有效的制度改革战略。从国家治理模式重构的角度出发来研究制度转型，也顺应了国际社会科学界自20世纪70年代以来逐步兴起的"国家回归"的学术研究潮流，体现了一种"新国家主义"的研究理念，那就是立足政府、找回国家，但又不将经济和社会踢出去。[①] 换言之，对转型的理解将以国家（或政府）的目标偏好、组织制度、治理模式、能力构建等结构性因素的变迁为切入点，同时兼顾国家与市场、国家与社会之间的互动关系，从而克服新古典主流经济学"经济简约主义"的弊端，真正打开国家治理的"黑箱"，为理解长时期、大规模的制度变迁提供一把有用的钥匙。当然，由于国家治理模式重构涉及诸多变量的调整、诸多结构关系的转换，因而需要统筹兼顾、全面考量，国家治理模式重构的进程也更为漫长而曲折。从这个意义上讲，对国家治理模式重构问题的研究可能不会像物理学那样成为一种因果关系确定、数理逻辑严密的"硬科学"，而更像是一门弗朗西斯·福山所谓的"国家构建的艺术"。[②]

[①] 从20世纪初开始，伴随着行为主义、多元主义、结构功能主义等方法的兴起，"国家"作为一个抽象的实体被从以政治学为核心的社会科学中剔除出去，而在解释政治和政府行为的过程中采取了社会中心主义的方法，甚至政府也仅仅被看作是不同利益集团进行博弈以影响公共政策的平台。从20世纪70年代开始，以西达·斯考克波、彼得·埃文斯、迪特里希·鲁施迈耶为代表的一批政治学家、经济学家开始重新重视国家的行为主体身份，并关注国家如何通过特定的政策与经济和社会进行互动，从而影响政治和社会过程。这一学派被称为"国家回归学派"。参见［美］彼得·埃文斯等. 找回国家［M］.方力维等译. 北京：三联书店，2009；相关介绍还可参见杨龙. 西方新政治经学的政治观［M］.天津：天津人民出版社，2003：76—80.

[②] 弗朗西斯·福山. 国家构建：21世纪的国家治理与世界秩序［M］.黄胜强，许铭原译. 北京：中国社会科学出版社，2007：116.

第二节 转型与国家治理模式重构的主要论题：基于相关研究的述评

恰如菲利浦·基弗所言，"治理（Governance）是一个滑溜溜（Slippery）的概念"。① 在某种意义上讲，治理可以松散地指代人类社会现存的一切组织、制度、机制等结构形态，然而当这一概念的外延过于宽泛的时候，人们往往难以确切地把握它所具有的实质性涵义。

就经济学而言，治理概念的引入与新制度经济学，特别是交易成本经济学的发展具有密切关联。1937 年，罗纳德·科斯在《企业的性质》这篇经典文献中，首次提出了交易成本的概念，并用它来解释人们为何将原本可以在市场上从事的交易活动转移到企业这一科层组织内部来加以实施的原由。在这里，交易成本是指在交易过程中所发生的谈判、计量以及实施等活动的成本。② 此后，交易成本被许多新制度经济学家从各个不同的角度加以诠释，③ 并将其作为建立制度选择与经济绩效之间联系的关键枢纽。其中，2009 年诺贝尔经济学奖得主奥利弗·E. 威联姆森对交易成本与治理机制的关系进行了开创性的研究。他认为，"有限理性"、"机会主义"和"资产专用性"三个因素，将影响交易成本的大小，并由此决定选择什么样的治理机制来规制交易，以降低交易成本，提高经济效率。④ 从此，在经济学的语境中，治理的基本涵义就变成了使交易成本最小化的合约选择、组织设计和制度安排。如果是在一个经济组织内部，那么治理更具体的作用就是缓解或克服委托—代理问题。⑤ 因此，从经济学角度来看，由于交易成本的普遍存在，因而治理机制也广泛地产生于人类社会的各个领域，它既包括市场中的治理，也

---

① Philip Keefer. Governance and Economic Growth in China and India ［EB/OL］. http: //siteresources.worldbank.org/INTC HIINDGLOECO/Resources/CE_Ch07pp.189–218_FINAL.pdf.
② 蒂莫西·耶格尔. 制度、转型与经济发展 ［M］.陈宇峰，曲亮译. 北京：华夏出版社，2010：36.
③ 或许，对交易成本最为宽泛的定义当属肯尼斯·阿罗所谓的"制度运行的成本"。
④ 奥利弗·E. 威联姆森. 资本主义经济制度——论企业签约与市场签约 ［M］. 段毅才，王伟译. 北京：商务印书馆，2002.
⑤ 周黎安. 转型中的地方政府：官员激励与治理 ［M］. 上海：格致出版社，上海人民出版社，2008：36-37. 委托—代理问题的出现，除了委托人和代理人存在着不同的目标偏好这一原因外，还有就是由于信息问题、计量问题等因素引发的高昂交易成本。

包括企业和公司内部的治理,还包括了政府等公共部门的治理。

与经济学角度的理解有所不同,在政治学中,治理原本与统治(Government)一词的涵义相似,主要是指政治权威主体如何运用权力对其所辖范围内的社会成员加以"控制、引导和操纵"。[1] 但是,伴随着人类的社会经济生活日益复杂化,治理所具有的涵义也发生了很大的变化。治理已经不再是政府权威机构的"专利",其他各种公共和私人部门都可以参与到治理的过程中来,以更好地解决社会经济问题,从而形成了一种相互依赖的"自主的网络"和"多中心治理体制"。正因为如此,全球治理委员会在《我们的全球伙伴》这一研究报告中,给治理下了一个内涵极为宽广的定义,即"治理是各种公共的或私人的个人和机构管理其共同事务的诸多方式的总和。它是使相互冲突的或不同的利益得以调和并且采取联合行动的过程。这既包括有权迫使人们服从的正式制度和规则,也包括各种人们同意或以为符合其利益的非正式的制度安排。它有四个特征:治理不是一整套规则,也不是一种活动,而是一个过程;治理过程的基础不是控制,而是协调;治理既涉及公共部门,也包括私人部门;治理不是一种正式的制度,而是持续的互动"。[2]

由此可见,在对治理内涵的理解中,经济学视角和政治学视角实际上侧重于两条不同的路径。经济学视角侧重于治理的微观基础,也就是从人类个体的基本行为假设出发(如自利性、有限理性等),借助交易成本这一中介性变量来界定治理的基本功能,进而推演出人类社会广泛存在的各种治理机制。而政治学视角则侧重于治理的宏观形态,也就是从政府(或政治国家)与经济及社会的关系角度入手,来界定维系公共秩序以及其他社会经济活动的一系列正式和非正式的手段、方式和过程。在本书中,我们将兼顾经济学的微观视角和政治学的宏观视角,将国家治理模式界定为:在一定领土范围之内,政府、市场和公民社会相互耦合所形成的一种整体性的制度结构模式;其中,政府、市场和公民社会各自都是由一系列相互关联的规则、组织和治理机制构成的制度系统。在微观层面,它们发挥着协调社会成员行为,提供有效的激励约束结构,降低交易成本、社会风险和不确定性的功能;在宏观层面,政府、市场和公民社会三大治理主体则相互协调、相互配合,共同维系着一个国家整体的秩序治理,并在此基础上协调资源

---

[1] 俞可平. 治理与善治 [M]. 北京:社会科学文献出版社,2000:1-2.
[2] 俞可平. 治理与善治 [M]. 北京:社会科学文献出版社,2000:4-5.

配置，促进社会经济的持续发展。①

对治理、国家治理模式等概念进行必要的辨析和界定，为我们系统回顾和梳理国内外转型研究领域的相关成果提供了一个基点和参照。实际上，许多研究文献都多少涉及关于国家治理模式重构问题的探讨，只不过我们需要根据已经做出的国家治理模式的概念界定加以分门别类地归纳和评析。也正因为如此，本书的归纳肯定无法穷尽浩如烟海的转型研究文献，而只能择其代表者、与本书所做研究关联密切者加以叙述和评论，从而以点代面来管窥学界对制度转型与国家治理模式重构问题所进行的庞大而精深的研究。

一、转型与国家治理模式重构的趋势和特征

传统社会主义国家的伟大试验，不仅在于确立了中央计划经济体制，更在于建立起一种崭新的国家治理模式。西方学术界给它赋予了不同的称谓，如"政党国家"、"国家社会主义"、"极权主义国家"、"全能主义国家"。其中，后两个称谓虽然在英文名称上有些许差异，②但最接近于我们对国家治理模式的理解，因而可以用"全能主义"一词来描述这种特殊的国家治理模式。著名的华裔政治学家邹谠在研究中国1949年新中国成立后的政治体制时，首先使用了全能主义这一概念，用来描述政治权力对社会无孔不入地渗透和控制的状态。而美国的两位著名比较政治学家胡安·J.林茨和阿尔弗雷德·斯特潘则更为广泛地探讨了苏联和东欧传统体制下的这种国家治理形态。在他们看来，全能主义国家治理模式的基本特征可以概括为：政治国家或者政府几乎消除了在其他政权形态中存在的政治、经济和社会的多元化力量，而且，整个国家存在着一个"统一的、明晰的、指导性的、乌托邦式的意识形态"；在这种治理模式中，克里斯马型（即具备个人魅力的）的政治统治者拥有不受明确限制的权力，而其他的精英或非精英的地位都不免具有脆弱性和不确定性。③当然，在不同国家，全能主义的程度是有差异的，而且伴随着内部和外部环境的变化，全能主义国家也在发生着演化，从而出现了众多所谓的"后全能主义"的治理形态。例如，从1953年斯大林逝世后开始，包括苏联在内的许多社会主义国家发生了一些明显的变化，国家对经济和社会的控

---

① 张慧君. 俄罗斯转型进程中的国家治理模式演进 [M]. 北京：经济管理出版社，2009.
② 极权主义的英文表达是 Totalitarianism，全能主义的英文表达是 Totalism。
③ 胡安·J.林茨，阿尔弗雷德·斯特潘. 民主转型与巩固的问题：南欧、南美和后共产主义欧洲 [M]. 孙龙等译. 杭州：浙江人民出版社，2008：43.

制程度开始下降。特别是在20世纪80年代，许多东欧国家已并非标准的全能主义模式了。①显然，全能主义体制及其演化出的各种后全能主义体制是制度转型与国家治理模式重构的重要起点，不对这一历史起点做出必要的研究和分析，则无法理解后继的制度变革所具有的复杂性和多重均衡路径出现的可能。

从国家治理模式重构的角度来观察，转型的发动在很大程度上是一个瓦解或退出全能主义体制的过程。这一过程的启动，必然是由经济、政治和社会领域的一系列重大制度变革所引发的。在著名的美籍波兰裔政治学家亚当·普沃斯基1990年出版的一部经典著作中，这些重大的制度变革被冠以两个鲜明的主题——"民主与市场"。②作为主要从事经济学的研究人员，我们首先从建立市场（市场化）来入手。

在迈向市场的过程中，历来存在两种看似截然对立的理论范式和政策主张——激进主义与渐进主义。前者在转型初期拥有了绝对的话语霸权。激进主义的典型代表就是以新自由主义为支撑的"华盛顿共识"。根据著名的比利时转型经济学家热若尔·罗兰的观点，"华盛顿共识"，遵循了主流经济学的教科书原理，主张迅速而同步地实施全方位的市场化改革。这主要建立在四个重要的理论基础之上。一是新古典经济学的一般均衡理论（阿罗—德布鲁范式）；二是以弗里德曼为代表的现代货币主义理论；三是以科尔奈为代表的比较经济体制理论；四是以布坎南为代表的公共选择理论。③在具体政策层面，约翰·威廉姆森将"华盛顿共识"归纳为十条政策主张：整顿财政纪律，平衡财政预算；调整公共开支的优先顺序，控制补贴和公共支出；改革税制，减少赤字；实施利率自由化，抑制资本外流并增长储蓄；实施汇率自由化，实现国际收支平衡；改革贸易政策，实现贸易自由化；开放资本账户，吸引外国直接投资；实行私有化政策，缩减国有企业比重；取消管制，促进竞争；强化产权制度，保障私人产权。④总体而言，激进主义体现了一种目标导向的转型战略，也就是说市场经济体制的目标是明确的，只要采取上述市场化措施，就可以一步到位地完成转型，过程并不重要，速度决定着一切。

---

① 胡安·J. 林茨，阿尔弗雷德·斯特潘. 民主转型与巩固的问题：南欧、南美和后共产主义欧洲 [M]. 孙龙等译. 杭州：浙江人民出版社，2008：43.
② 亚当·普沃斯基. 民主与市场——东欧与拉丁美洲的政治经济改革 [M]. 包雅钧等译. 北京：北京大学出版社，2005.
③ 热若尔·罗兰. 转型与经济学——政治、市场和企业 [J]. 比较. 第3辑. 北京：中信出版社，2002：36-37.
④ 约翰·威廉姆森. 华盛顿心目中的"政策改革" [J]. 经济社会体制比较. 2005 (2).

与激进主义范式不同,罗兰将渐进主义市场化转型战略的基础归纳为以下三个方面:一是新制度经济学以及非合作博弈论提供的微观经济视角;二是演化经济学的研究方法;三是哲学上的怀疑论。①渐进主义认为,由于人的有限理性以及存在信息不完备问题,无论是改革的目标还是改革的方式都不是确定无疑的,因此,大爆炸式的激进变革是不可行的,只能通过循序渐进的方式推进市场化改革。改革的关键不在于速度,而在于合理安排改革的顺序,为改革创造必要的动力和政治支持。与"华盛顿共识"相比,渐进主义或许在事前并没有一个明确而完备的"改革菜单",但它更注重改革的过程,因而是一种过程导向的转型战略,这在渐进主义的各项制度改革中都有不同程度的体现。例如,通过"双轨制"的方式渐进地实施价格自由化;在不采取大规模私有化的条件下鼓励非国有部门的发展;创建支持市场和竞争的强有力的制度;在保持政治稳定的基础上改革政府治理结构,使官僚的利益与市场的发展兼容等。

激进主义模式与渐进主义模式在市场化改革中的成败得失,是转型经济研究领域一个争论不休的话题。因为无论是前者还是后者都能各自举出成功以及失败的案例。例如,激进主义者将波兰和捷克斯洛伐克相对良好的转型绩效归功于严格地遵循了新自由主义转型战略,而将苏联和东欧社会主义时期的改革失败归因于渐进主义的不彻底性。渐进主义者则用中国的转型奇迹有力地论证渐进式改革的有效性,而用俄罗斯的转型衰退来反驳新自由主义者的激进改革论调。不过,伴随着转型的深入推进,越来越多的人对市场化改革的复杂性感同身受,因而渐进主义的制度变革观逐步占据了上风。在近来的一篇文献中,渐进主义者和激进主义者似乎在一定程度上形成了某种共识:"……体制改革,不仅是破坏旧体制,还要建立新体制,是一个长期过程,需要一定的时间。对于一些诸如私有产权、法治、金融监管等最基本的制度的建立(事实上的,而不只是纸面上的),更是如此……从这个意义上说,'大爆炸'(Big Bang)式的一步到位的改革是不存在的,改革从客观上来说,就是一个渐进的过程,这从本质上说,不是因为不能在一夜之间破坏旧体制,而是因为不能在一夜之间建立起新体制。"②

---

① 热若尔·罗兰. 转型与经济学——政治、市场和企业 [J]. 比较. 第3辑. 北京:中信出版社,2002:37-38.

② 樊纲,胡永泰. "循序渐进"还是"平行推进"——论体制转轨最优路径的理论与政策 [J]. 经济研究. 2005(1):6. 樊纲显然是一贯坚持渐进式改革的中国经济学家,而胡永泰则是"休克疗法"之父萨克斯的学生,他在20世纪90年代与萨克斯一道发表了许多鼓吹休克疗法、宪政转轨的文章,起码可以看作一个曾经的激进式改革论的代表。

第一章 导 论

在推进市场化改革的同时，转型国家还普遍出现了另一个令人瞩目的制度变革进程，那就是创建民主或民主化的过程。民主是一个多少有些令人敬畏的话题。自启蒙运动以来，无数思想巨匠都对民主问题倾注了极大的热情，但民主至今仍然是一个充满争议的话题。按照美国著名历史社会学家、政治学家查尔斯·蒂利的观点，研究民主和民主化问题的学者通常从四个方面来界定和理解民主。一是宪法的方式，这可以看作一种纸面上的民主，它通过各国正式的宪法条文来界定一种政权是否属于民主制度。二是实质性的方式，也就是关注一个政权能否创造条件来促进"人类福祉、个人自由、安全、公正、社会平等、公众协商与和平解决冲突"。三是程序性的定义，这种定义将判断一个政权是否是民主的标准集中于是否真正存在大量公民参与的竞争性选举，以及这种选举能否真正影响到政府的更迭和政策的变化。四是过程取向的定义，也就是将民主的标准设定为"某些少量的处于不断变化的过程"。按照著名的民主理论家罗伯特·达尔的观点，这些过程取向的标准主要包括六个方面：选举的官员；自由、公正和经常的选举；言论自由；其他信息来源；团体自治；普遍的公民权。①

就转型国家而言，人们对民主和民主化的关注，似乎主要出于两种考虑。一是在规范性层面（价值判断）上，将民主看作一种人类普世的、共同的价值，是人类的一种美德、一种生活方式，也是人类社会发展的必然趋势，因而自然成为制度转型的题中应有之义。沿着这一思路，政治学家们借助各种理论工具并结合历史经验（如南欧、拉美）对转型国家的民主化进程和发展趋势进行了详尽的考察。普沃斯基通过对拉美和东欧的比较研究，并运用博弈论的方法，详细研究了转型国家向民主过渡的策略和条件。他将民主化的整个过程划分为权威体制的自由化、民主化和民主的巩固三个阶段，并分析了不同的过渡模式对日后民主制度巩固的影响。② 塞缪尔·亨廷顿将苏联和东欧国家的民主化纳入到自20世纪70年代中期以来世界范围内的"第三波"民主化浪潮中加以考察，并深入探讨了民主化发生的原因、过程、特征、建立持久民主的条件以及"第三波"民主化的走向。③ 林茨和斯特潘也从南欧、南美的经验出发，落脚到对"后共产主义欧洲"的民主化与民主巩固的研究。他们对民主转型和民主的巩固两个概念进行了区分，将民主转型完成的标志界定为"只有通过选举的政治程序才能产生政府成为广泛

---

① 查尔斯·蒂利. 民主[M]. 魏洪钟译. 上海：上海人民出版社，2009：5-10.
② 亚当·普沃斯基. 民主与市场——东欧与拉丁美洲的政治经济改革. 包雅钧等译. 北京：北京大学出版社，2005.
③ 塞缪尔·亨廷顿. 第三波——20世纪后期民主化浪潮[M]. 刘军宁译. 上海：上海三联书店，1998.

的共识，政府权力的获得则是自由和普遍选举的直接结果，并且这一政府事实上拥有制定新的政策的权力，而行政权、立法权和司法权来源于新的民主程序，不必与其他法律主体分享权力"。① 而巩固的民主政体需要进一步符合三个标准：一是在行为层面，不存在民族、社会、经济和制度性的行为主体利用资源谋求建立非民主政体，或者使用暴力并借助外部干预来寻求独立；二是在主观层面上，绝大多数公民认同民主制度和民主治理是最佳的生活方式；三是在制度层面上，统治者和非统治者都自愿遵守民主的法律、程序和制度，并在这一制度框架内来协商解决分歧和争端。② 在此基础上，林茨和斯特潘还进一步归纳了建立巩固的民主的五个条件或五个场域（Arena）：培育一个自由而活跃的公民社会；建立相对自主和受到尊重的政治社会；能够确保公民拥有自由权利并自主从事结社活动的法律；能够为民主政府实施有效治理的国家官僚体系；建立一个稳定有效的制度化的经济社会。③

对转型国家民主化进程关注的另一个考虑主要来自实证层面，也就是着重于探讨民主化与市场化改革乃至长期经济发展的关系。在这一层面，政治学家与经济学家寻找到了研究兴趣的交汇点。但是，与价值层面的关注相比，民主与市场及经济发展的实证研究存在着更大的分歧。在探讨政治民主与经济发展的关系这一领域，历来存在着三种不同的观点。④ 一种观点被称为"冲突论"，也就是说民主化与经济发展往往是不可兼容的。民主化导致了制度断裂，引发了严重政治斗争和冲突，形成了资源和利益的剧烈再分配，这些都会损害经济发展的环境。即便是民主化完成后，也往往难以形成完善而巩固的民主制度；相反，不规范的民主制度更加成为滋生利益集团争斗、寻租、腐败的温床，从而大大增加了经济制度运行的交易成本。与之相对的另一种观点被称为"兼容论"。这种观点认为，尽管民主化的过程可能是动荡不安的，但是从长期来看，民主与经济发展是相互促进、相辅相成的。一方面，民主为公民的自由和权利提供了制度保障，极大地调动了他们的积极性、主动性和创新精神，这是经济发展不可缺少的行为基础。

---

① 胡安·J. 林茨，阿尔弗雷德·斯特潘. 民主转型与巩固的问题：南欧、南美和后共产主义欧洲 [M]. 孙龙等译. 杭州：浙江人民出版社，2008：3.

② 胡安·J. 林茨，阿尔弗雷德·斯特潘. 民主转型与巩固的问题：南欧、南美和后共产主义欧洲 [M]. 孙龙等译. 杭州：浙江人民出版社，2008：6.

③ 胡安·J. 林茨，阿尔弗雷德·斯特潘. 民主转型与巩固的问题：南欧、南美和后共产主义欧洲 [M]. 孙龙等译. 杭州：浙江人民出版社，2008：7.

④ 对这三种观点的总结参考了《民主与市场——东欧与拉丁美洲的政治经济改革》一书的译者前言，笔者在此基础上进行了进一步的归纳。

民主最重要的功能是提供了一套制约、规范国家权力的制度安排，它能有效控制政府的"掠夺之手"，而更好地发挥其提供公共物品、促进发展的"扶持之手"的功能。另一方面，经济发展也有助于民主的巩固。根据亨廷顿的观点，经济发展提高了城市化、识字率和人们的教育水平，导致中产阶级和城市工人阶级的增长，推动了工会、政党和公民团体的发展；经济发展增加了可供不同团体分配的资源，政治不再是你死我活的零和游戏，政治宽容和妥协度提高；经济发展还使得经济系统更为复杂，国家难以全部控制和垄断，相应地，独立的权力中心得以成长壮大；经济发展虽然短期内会加剧收入分配的不平等，但长期内会促进收入分配的平等。这些都将促进民主化以及建立起一个巩固的民主制度。①处于上述两种观点之间的第三种观点被称为"怀疑论"或"不确定论"。这种观点认为，从历史经验来看，民主与经济发展之间并不存在简单的、直接的、一一对应的线性因果关系。在某些条件下，民主与经济发展处于冲突状态，而在另一些条件下二者则呈现出和谐共存与相互促进的关系。关键之处在于建立起一种促进经济持续、稳定发展的运行规范的政治制度（比狭义的选举式民主更为广泛的内容，如法治、分权、有效的政府等）。美国著名经济学家罗伯特·巴罗对经济增长的决定因素进行的跨国经验研究在一定程度上支持了民主与经济发展之间的不确定性的观点。②他的研究表明，经济增长速度与以选举权指数来衡量的民主程度之间的整体相关性并不显著。在现实世界中，与高速或低速经济增长相伴生的专制国家和民主国家都存在。而且，民主与经济增长之间似乎存在着一种倒 U 型的非线性关系，也就是在民主程度较低的国家（如民主指数低于 0.5），民主的发展与经济增长之间存在着正向的关系，而当民主程度达到一定水平后（如民主指数接近 0.5），那么这种关系就趋向为负。尽管如此，巴罗还是认为，有关繁荣与民主之间关系和作用机理的模型远未成熟。因此，发达国家给发展中国家的建议是"最好少一些民主的浪漫，而应该较多集中在完善法治、产权和自由市场上"。③

与民主与经济发展之间的关系同样富有争议的是民主与经济制度变革之间的关系，这在转型国家的民主化与市场化的过程中也体现得十分明显。对转型国家

---

① 塞缪尔·亨廷顿. 第三波——20世纪后期民主化浪潮 [M]. 刘军宁译. 上海：上海三联书店, 1998: 4.
② 罗伯特·巴罗. 经济增长的决定因素：跨国经验研究 [M]. 李剑阁译. 北京：中国人民大学, 2004；布鲁斯·布恩诺·德·梅斯奎塔, 希尔顿·L.鲁特. 繁荣的治理之道 [M]. 叶娟丽等译. 北京：中国人民大学出版社, 2007.
③ 布鲁斯·布恩诺·德·梅斯奎塔, 希尔顿·L.鲁特. 繁荣的治理之道 [M]. 叶娟丽等译. 北京：中国人民大学出版社, 2007: 244.

而言，无论是民主化还是市场化，都是两个前所未有的改革试验，充满了风险和不确定性。虽然从长期来看，两者或许都能取得成功，然而在转型的过程中，民主政治与市场力量之间关系的发展却是变幻莫测的。因此，在一些有关民主体制失败的文献中，学者们提出了一种相对悲观的论调，那就是经济的转型与政治的转型之间严重缺乏兼容性。[①]以普沃斯基为代表的学者在阐述民主与市场变革的复杂关系时提出了可能出现的四种路径发展趋势：一是在民主政治得以确立的基础上来推进经济改革；二是由一个专制或者权威的政府来推动经济改革；三是民主得以生存，但经济改革被迫放弃；四是民主政治和经济改革均遭到严重破坏。应当说，这四种变革的路径在拉美、南欧以及东欧诸国的转型进程中都不同程度地出现过。而要理解每一种路径出现的原因，则需要回答三个问题：一是社会将为大规模制度变革付出什么样的代价；二是在何种政治环境中社会成员能够容忍这种代价；三是经济领域的结构性变化将对民主制度的发展产生什么样的影响。[②]也正是基于对民主化与市场化复杂性的深刻洞察，普沃斯基谨慎地作出预言，那就是东欧或许不会形成西方国家那种民主与市场和谐共存的模式，而更有可能走上与拉美国家类似的政治经济动荡的道路。不过，根据后来的转型历程来看，结果或许并不像普沃斯基预测的那样悲观。中东欧国家在政治经济变革方面还是取得了一定的成效，尽管它们还不具备西方国家那种高质量的民主和市场，但是却出现了一种"低水平的均衡"。贝拉·格雷什科维奇将这种均衡定义为"民主体制与市场经济体制之所以能被同时引进，原因仅在于这两种体制都没有完全被落实"。[③]也正是这种看起来并不完美的均衡，却抵御了转型期的政治经济危机。其中的奥妙仍然在于一种中庸之道的哲学，一种懂得妥协的国家治理的艺术，那就是民主和市场都不要走极端，必要时两者各自牺牲一些自身的特质，相互谦让一步，或许就能变"山穷水尽"为"柳暗花明"。

作为市场化与民主化的伴生物抑或前提条件，转型国家还在发生着另一个微妙但却意义深远的变革，那就是社会的转型。对这一问题的研究也逐渐引起学术界的关注，并由此形成了"转型社会学"、"发展社会学"的重要研究对象。这一

---

① 贝拉·格雷什科维奇.抗议与忍耐的政治经济分析：东欧与拉美转型之比较 [M].张大军译.桂林：广西师范大学出版社，2009：13-14.

② 亚当·普沃斯基.民主与市场——东欧与拉丁美洲的政治经济改革 [M].包雅钧等译.北京：北京大学出版社，2005：106-108.

③ 贝拉·格雷什科维奇.抗议与忍耐的政治经济分析：东欧与拉美转型之比较 [M].张大军译.桂林：广西师范大学出版社，2009：31.

研究范式提出了一系列涉及制度转型与国家治理模式重构的重要议题，主要包括如何认识不同地区和国家的转型发展模式，如何理解处于制度变革进程中的国家与社会的关系，如何看待转型进程中社会结构、组织制度的变迁，如何分析和治理转型社会的不平等问题等。①作为经济市场化、政治民主化在社会层面的映射，转型国家普遍出现了社会结构的剧烈变革。资源高度垄断条件下的"总体性社会"不断弱化并解体，公民社会的形成与社会重建成为社会转型的主题。②这一变革进程在转型国家呈现出特定的发展脉络。科尔奈认为，伴随着转型的启动，官僚协调机制将退居其次，市场协调机制将居于主导，公民社会也将发挥更大作用。③雷恩认为，在转型国家创建公民社会不仅具有意识形态整合功能，而且可以为市场经济和民主的巩固提供合法性支持。费德罗维奇将公民社会看作一种非正式秩序，公民社会结构的稳定性不仅对经济增长产生刺激作用，而且影响经济秩序的巩固。公民社会可以缩减寻租空间，使国家的承诺更加可信，改革政策更具可预期性。普雷尼斯、曼斯菲尔多娃等学者分析了转型国家的公民团体如何在与国家博弈的过程中影响政策制定。他们认为，将广泛的公民团体整合到决策过程中可以减少协调问题并且减轻国家过度规制产生的负担。④

众多关于转型的经验研究表明，与发达国家相比，转型国家的公民社会发育仍然是不成熟的，它对于新兴市场与民主的协调作用比较弱小。霍尔瓦德对东欧公民社会强度进行的测度表明，从公民社会组织的数量、类型以及公民对公共生活的参与度来看，这些国家的公民社会依然薄弱。⑤此外，从传统体制承袭而来的一些非正式制度、关系网络还蜕变为一种"恶性社会资本"，成为滋生影子经济、有组织犯罪活动的温床，从而扰乱了正常的经济和社会秩序。综合学界的观点，转型国家公民社会发育薄弱主要受以下因素的消极影响：私有财产、自由、民主、法治等核心制度长期缺失，使公民社会缺乏历史传统的支持；经济衰退使社会中间阶层被削弱，公民社会失去了最重要的社会基础；传统价值观念瓦解，缺

---

①② Sun Liping. Societal Transition: New Issues in the Field of the Sociology of Development [J]. Modern China, Volume 34, Number 1, January 2008, pp. 88–113. 中译文可参见：孙立平. 社会转型：发展社会学的新议题[J]. 开放时代, 2008 (2).

③ Janos Kornai. The Role of the State in a Post-socialist Economy [J]. WSPiZ and TIGER Distinguished Lectures Series, No.6, 2001.

④ Heiko Pleines eds. Participation of Civil Society in New Modes of Governance, The Case of the New EU Member States. Part 1: The State of Civil Society [R]. Working Paper of the Research Centre for East European Studies, 2005, p.67.

⑤ Jan Kubik. How to Study Civil Society: The State of the Art and What to Do Next [J]. in East European Politics and Societies, Vol. 19, No. 1, 2005, pp. 105–120.

乏新的价值观念来化解社会分歧、促进社会团结；公民社会无法避免官僚主义的侵扰。寡头政治中形成的精英联盟剥夺社会，削弱公民社会的成长。因此，对转型国家而言，建立一个能够支持市场和民主良好运行的公民社会，依然任重道远。①

二、国家治理模式重构中的治理危机

民主政府、有效市场与和谐稳定的公民社会，是转型国家治理模式重构的理想目标，这也是建立在发展经济学家阿尔伯特·赫希曼指出的"所有美好的事情都会同时发生"这种新自由主义者惯有的假定基础之上的。但是在现实中，激进的制度变革却往往使这一格言倒转过来，即"所有不好的事情都会同时发生"。②这一点在20世纪的非洲、拉美等奉行新自由主义改革战略的国家得以明显显现。在这些国家，迈向"劣质资本主义"和"劣质民主"的转型过程引发了政治领域的动荡和暴力冲突；社会的分裂和不满演变为对政府、制度和政体的脆弱支持。这些因素的综合作用进而使得市场的建立和经济的发展缺乏一个最低限度的秩序支撑，从而长期陷入低水平的发展陷阱之中。显然，这是一种政府、市场及社会协调失灵所导致的系统性危机。在这种条件下，没有任何一种治理主体能够提供一种稳定、有效的激励结构，以降低交易成本，促进投资、交易以及持续的创新活动，因而经济发展长期位于效率边界之下。世界银行将这种无效的制度均衡称为"治理危机"。③

当激进的制度变革与新自由主义的改革旋风吹至苏联和东欧地区之时，治理危机再度在众多转型国家上演，以至于美国著名政治学家瓦蕾丽·邦斯将其形容为一个被"弱国家、破碎的经济和脆弱的政权"包围着的"伤痕累累的新世界"。④德国经济学家乔奇姆·阿仁斯进一步概括了转型国家治理危机的主要表现和特征：一是缺乏制度能力的"弱政府"，无法实施连贯的市场化改革政策；二是政治领导人缺乏对改革的可信性承诺；三是弱的地方政府治理以及界定不完善的中央—地方关系；四是过度的官僚干预和规制所导致的广泛的腐败；五是半市场化半行

---

① 张慧君，景维民. 转型国家的治理结构与策略选择——基于理论和经验研究的总结与反思 [J]. 当代世界与社会主义. 2009 (1).
② 贝拉·格雷什科维奇. 抗议与忍耐的政治经济分析：东欧与拉美转型之比较 [M]. 张大军译. 桂林：广西师范大学出版社，2009: 18.
③ 俞可平. 治理与善治 [M]. 北京：社会科学文献出版社，2000: 1.
④ Valerie Bunce. The Political Economy of Postsocialism [J]. Slavic Review, Vol. 58, 1999, pp. 756–793.

政体制的公共产品采购程序；六是对金融部门薄弱的监管和规制；七是法律相互抵触，缺乏有效的法律实施机制与透明度所产生的制度失效；八是正式制度与非正式制度之间的不一致性所导致的滞后效应；九是早期局部改革获利者对进一步改革的抵制；十是一个不发达的公民社会；十一是缺乏增进不同利益群体之间咨询、协商与合作的传统；十二是政府缺乏向大众解释政策改革的经验。①

研究转型问题的学者们对转型国家治理危机的成因进行了多个角度的解读。这些原因主要可以归纳为以下三个方面的内容：②

第一，初始条件及其路径依赖效应。这一观点主要强调转型国家的历史文化传统以及计划经济体制的制度遗产所形成的结构性约束对转型期治理危机的影响。从历史文化传统来看，大多数转型国家长期处于专制主义、农业经济和社会松散无力的状态，这就使得它们缺乏内生的支持现代市场经济和民主法治体制的传统制度资源。当转型国家从西方世界移植大量的正式制度安排之时，也因这些正式制度与既有的非正式制度的不一致性，导致整个体制结构处于一种新旧制度并存且相互摩擦的状态。与历史文化传统相比，计划经济体制的制度遗产对转型国家制度变迁的影响更为直接。在那些计划经济体制持续时间更长，计划管理体系更加严格、僵化，经济结构扭曲更为严重，经济封闭程度更高的国家，以有效的市场经济体制替代传统计划经济体制就更为艰难，因而延缓了制度调整的速度，降低了新制度安排的运行效率。由此可见，在历史文化传统与计划经济体制遗产的不利因素相互强化的条件下，经济转型所面临的结构性约束越严格，制度改革面临的困难越多，因而也增加了治理危机产生的概率。

第二，社会利益结构及改革的阻力。这种观点认为利益结构变迁是导致转型国家治理危机的重要根源。转型导致利益分配结构的变动，不同的社会利益群体会在转型的不同阶段根据自身的受益或受损状况形成对改革的不同态度——支持或者抵制。他们会采取多种方式来表达自身的利益诉求，这些方式将直接或间接地影响制度改革的公共选择过程。

传统观点认为，制度改革的阻力主要来自于一些短期的失利者，如国有企业工人、前政权的官僚、被解雇的军人、退休人员、贫困阶层等。政府必须采取适当的政策来缓解来自这些失利群体的改革阻力。但是，赫尔曼的研究表明，对制

---

① Joachim Ahrens and Martin Meurers. Institutions, Governance, and Economic Performance in Post-socialist Countries: A Conceptual and Empirical Approach [EB/OL]. 2000, http://www.gov.si/umar/conference/2000/pdf/meurers.pdf.
② 张慧君. 经济转型中的制度陷阱研究 [J]. 现代经济探讨. 2009 (4).

经济转型深化中的国家治理模式重构

度改革进程的最大阻力并非来自上述短期失利者,而是主要来自改革的短期获利者。他们主要包括剥夺企业资产的内部人、反对宏观经济稳定以获取巨大利润的商业银行家、阻止市场进入以保护垄断租金的地方政府官员以及那些破坏创建市场经济法律基础的黑帮。这些改革的短期获利者在扭曲的制度环境中获取了大量垄断租金,他们既不希望退回到传统计划经济体制的原点,也不希望改革推进到建立起完全的市场经济体制,这两种情况都会使他们高度垄断的租金收益迅速耗散。因此,他们更希望扭曲的、无效的制度结构长期存续。在这种目标偏好的主导下,改革的短期获利者就可能形成极具集体行动能力的"狭隘利益集团",并利用他们手中的巨大政治经济资源影响政府的改革决策,使整个国家落入一个无效的"局部改革均衡"之中。[1]

短期获利者集团的出现使得政府的改革决策面临着更多的制约,也增加了转型国家治理危机出现的可能。霍夫、斯蒂格利茨以及波利什丘克等经济学家对转型国家产权保护薄弱与法治缺失问题的研究为此提供了有力的证据。他们的研究表明,控制财产的人既进行经济决策(让资产增值或掠夺资产)又进行政治决策(就建立产权和法治进行投票)。如果个人能够从掠夺财产中获益,那么他就会反对法治的建立。[2] 在转型国家,以内部人和寡头为代表的利益集团是反对建立有保障的产权制度和健全的法制制度的重要力量。他们可以通过多种途径俘获政府的改革决策,以维系一种产权与法治缺失的局面。而广大普通民众虽然有改进产权保护与法治的强烈需求,但是却没有必要的资源和能力将他们的诉求转化为现实的政策。结果,在公共选择的舞台上,有效率的法治均衡被剔除,无效率的法治均衡却得以长期延续。[3]

第三,转型战略选择与政府行为。这种观点认为,在特定的初始条件、利益结构的约束下,转型战略选择与政府行为是决定制度变迁能否持续、深入、有效推进的关键因素。在俄罗斯和东欧的许多转型国家,自由派改革者接受了西方主流经济学家和国际经济机构推荐的激进式转型战略。但是从实践来看,激进式转型战略的实施并没有达到预期的理想效果,反而加重了转型危机。激进式转型战略的主要失误之处在于:过度关注自由化、稳定化政策,而忽视了市场竞争环境

---

[1] Joel S. Hellman. Winners Take All: The Politics of Partial Reform in Postcommunist Transitions [J]. World Politics, Vol. 50, No. 2, 1998, pp. 203-234.

[2] 卡拉·霍夫、约瑟夫·斯蒂格利茨. 大爆炸之后?后共产主义社会法治形成的障碍 [J]. 比较. 2005 (17).

[3] 列昂尼德·波里什丘克. 转轨经济中的制度需求演进 [J]. 比较. 2003 (9).

的构建;过度强调政府从社会经济中的激进退出,忽视了其本应发挥的克服市场失灵的作用;无视制度对经济转型与发展的重要性,特别是以社会资本、公民信任为代表的非正式制度的作用;忽视了政治与经济的互动效应,包括改革策略选择的政治约束、利益集团的进化与阻力。①

除了转型战略选择失误之外,政府的行为不当与能力薄弱也是造成转型国家陷入治理危机的重要原因。大规模制度变迁带来了巨大的社会经济动荡,在这一过程中,政府作为转型秩序的稳定器、制度变迁的推进器发挥着关键性作用。②特别是面对不利的初始条件、巨大的改革阻力,政府的改革决策与执行能力将关系到转型国家能否顺利推行制度改革。然而,在许多转型国家,政府却远远无法发挥上述功能。由于激进式转型伴随着政治和法律秩序的突然中断,因此政府内部的权贵精英利用"制度真空"大肆掠夺国家财产甚至介入有组织犯罪活动,从而使政府机会主义行为泛滥。许多转型国家形成了一种"弱政府"治理模式,即政府官员超越法律,运用权力攫取租金;法律体系无法有效运行,私人暴力组织替代国家实施契约;存在大量掠夺性规制,组织涣散,腐败盛行。因此,行为不当与能力衰竭使得政府本身就成为促使转型国家陷入治理的根源之一。

转型国家制度变迁的初始条件、社会利益结构、转型战略选择以及政府行为等因素之间存在着相互作用的复杂关系。从转型国家的一些典型案例(如俄罗斯)来看,治理危机往往是由不利的初始条件、分裂的社会利益结构、错误的转型战略选择以及政府的软弱无能和行为不当这些因素相互作用和相互强化所导致的。

三、转型进程中的国家构建

国家回归学派的重要代表人物西达·斯考克波指出,从 20 世纪 70 年代开始,社会科学研究领域突然兴起了一股对"国家"的研究热潮。人们试图从以社会为中心的既有理论视角中走出,重新关注作为一个行为主体以及一种组织制度的国家在型构社会经济秩序中的重要作用。在这一学术潮流的感召下,来自政治学、经济学、社会学、管理学等各个学科的研究者广泛探讨了诸如国家自主性、国家

---

① Joachim Ahrens and Martin Meurers. Institutions, Governance, and Economic Performance in Post-Socialist Countries: A Conceptual and Empirical Approach [EB/OL]. 2000, http://www.gov.si/umar/conference/2000/pdf/meurers.pdf.
② 朱天飚. 比较政治经济学 [M]. 北京:北京大学出版社,2006:261.

能力、国家与政治模式、国家与社会经济环境的关系等一系列理论问题,并且将这些理论探讨应用到对拉丁美洲、非洲、亚洲以及东欧各国的政治、经济和社会变革的比较研究中,而这些研究可以笼统地归入"国家构建"(State-building)这一研究范式之中。①

进入 21 世纪以后,对国家构建问题的研究进一步得到深化。恰如美国著名社会学家、政治学家弗朗西斯·福山所言,"国家构建是当今国际社会最重要的命题之一"。这主要源于两大原因:一是在实践层面上,软弱无能的国家或失败的国家已经成为当今人类所面临的许多严重挑战的重要渊薮,从贫困、艾滋病、贩毒到国际恐怖主义。② 二是在理论层面上,虽然我们一直关注国家问题,但对如何构建一个有效的现代国家依然知之甚少,尤其是如何将在欠发达国家、发展中国家移植和培育强有力的制度安排。

引发当今社会科学界对国家构建问题关注的另一个重要原因,显然在于社会主义国家大转型这一重要历史事件。在从计划经济体制向市场经济体制转型过程中,转型国家原有的制度框架、组织体系、价值系统与社会结构发生了根本变革。传统的全能主义国家治理结构无法适应国内和国际的社会经济环境变化,转型国家也同样普遍面临着国家构建的历史重任。③ 实际上,无论是建构市场、创立民主,还是培育公民社会,没有一个强有力的国家都只能是"空中楼阁",而前面提到的转型过程中的治理危机,也往往与国家的软弱无能和行为失当具有密切的关联。

学术界对于国家构建的内涵具有不同的理解,主要包括两个方面。一种理解是侧重于将其理解为一种系统性的、整体性的制度建设。如福山就将国家构建界定为"在强化现有的国家制度的同时新建一批国家政府制度"。④ 而根据郑永年的理解,国家制度建设囊括了国家的暴力、政治、经济以及行政制度等诸多方面。例如,统一的军队和警察制度;财政、金融、税收、食物供应等经济制度;行政官员、技术官僚的考核、选拔、培训制度;等等。⑤ 尽管在西方世界,以上国家制度在近现代民主政治和市场经济体制建立之前就早已展开,但是对于广大转型国

---

① 西达·斯考克波. 找回国家——当前研究的战略分析 [M]. 彼得·埃文斯等. 找回国家. 方力维等译. 北京: 三联书店, 2009.
②④ 弗朗西斯·福山. 国家构建: 21 世纪的国家治理与世界秩序 [M]. 黄胜强, 许铭原译. 北京: 中国社会科学出版社, 2007: 1.
③ 郭晓东. 重构国家: 后社会主义国家构建的类型研究 [J]. 天津社会科学. 2007 (5).
⑤ 郑永年. 中国模式: 经验与困局 [M]. 杭州: 浙江人民出版社, 2010: 40.

家而言，这一进程却刚刚起步。

对国家构建的另一种理解侧重于国家能力的建设。例如，研究俄罗斯转型问题的美国学者辛克·罗伯茨和托马斯·舍洛克认为，"国家构建就是创造、强化或者重新创建国家能力的过程"。① 对于何为国家能力，学术界也有着不同的认知。英国著名政治社会学家迈克尔·曼对国家两种权力的区分成为人们理解国家能力的基础，即"专制性权力"与"基础性权力"（也被称为"建制权力"）。专制性权力主要是指国家不需要与市民社会群体进行制度化的协商就可以强行推行自身目标、政策的权力。基础性权力则是一种"贯穿"社会的"权力"，它通过国家基础来协调社会生活，确保国家政策的有效实施，因而是"一个中央集权国家的制度能力"。② 此后，学术界对国家能力的理解主要侧重于三个方面：一是将国家能力界定为国家运用自身的权力、权威以及各种制度和政策工具实现自身意志、目标和偏好的能力。③ 二是将国家能力界定为国家机构对非国家的资源、活动、人际关系实施干预，并改变在这些活动中的资源分配关系的能力。④ 三是将国家能力界定为国家通过有效的制度供给和公共政策有序治理社会，并促进社会经济持续发展的能力。⑤

"制度—能力"的二元国家构建理解模式实际上存在着紧密的内在联系。作为一个实体的国家，本身就是由一系列组织和制度安排构成的结构和系统。这些制度界定了国家权力运行的过程，国家的职能范围以及国家治理可供使用的资源、手段、方式和政策工具。可以说，制度是影响国家行为、构建国家能力的重要"投入要素"。而国家制度体系是否完善、各种制度安排之间是否协调有序，需要通过国家能力具体体现出来。由此看来，制度建设与能力培育显然是国家构建过程中密切相连、形神兼备的两个重要方面。

与理解国家构建内涵同等重要，并在学术界引起极大关注的另一个问题是影响国家构建的因素，这些因素将直接决定如何在转型国家建立一个制度完备、能力充分的有效国家治理模式。对此，学者们也提出了不同的观点。安娜·格兹马

---

① Roberts, Cynthic and Thomas Sherlock. Bring the Russian State in: Explanstions of the Derailed Transition to Market Democracy [J]. Comparative Politics, Vol.31, No.4, 1999, pp.477-498.
② 迈克尔·曼. 社会权力的来源（第2卷·上）[M]. 上海：上海人民出版社，2007：68-69.
③ 王绍光，胡鞍钢. 中国国家能力报告 [M]. 沈阳：辽宁人民出版社，1993：6.
④ 查尔斯·蒂利. 民主 [M]. 魏洪钟译. 上海：上海人民出版社，2009：15.
⑤ 世界银行. 1997年世界发展报告：变革世界中的政府 [M]. 北京：中国财政经济出版社，1997：3；弗朗西斯·福山. 国家构建：21世纪的国家治理与世界秩序 [M]. 黄胜强，许铭原译. 北京：中国社会科学出版社，2007：7.

拉·布斯和波琳·琼斯·卢恩提出了一个研究后社会主义国家构建的类型学视角。他们认为，后社会主义转型提供了一个观察现代国家是如何形成和运行的最佳机会。但是，现有的关于国家构建的理论主要源于西方国家的经验，它主要建立在以下四个假定基础之上：一是假定现代国家已经作为一个确定的、巩固的实体存在；二是国家作为一个内部统一、一致的行为主体；三是假定国家与社会的边界清晰；四是对国家构建的研究主要关注于诸如宪法、议会、官僚等正式的制度安排。然而，后社会主义的国家构建进程却并不符合这四个假定，因而也对传统的国家构建理论提出了挑战。有鉴于此，布斯和卢恩建立起一个后社会主义的动态国家构建模型，并将国家构建看作权势精英对于公共权威的竞争，以创建政策制定和实施的结构框架的过程。在此基础上，她们从精英竞争、正式和非正式的制度结构、转型速度和国际环境等角度出发研究了后社会主义的国家构建过程，并相应地将转型国家的国家治理形态划分为四种类型，即专制型国家、民主型国家、个人独裁型国家、混乱的国家。①

罗伯茨和舍洛克通过对俄罗斯政治经济转型研究发现，对国家构建的忽视是导致俄罗斯改革失败的重要根源之一。他们认为，在财政崩溃、国家结构解体、精英斗争激化和社会软弱无力的条件下，统治精英没有足够机会和激励机制来构建国家、培育国家能力。因此，他们从培育和增进国家能力的角度出发，提出了影响国家构建的三个维度。一是提高国家的有效性和合法性。这包括国家政治制度的建设以及国家制定和实施政治经济规则的措施和能力。二是国家与社会关系的协调。特别是形成国家与社会的协商合作关系，对权贵精英和寡头加以有效控制。三是培育国家的行政能力。②国家的行政能力主要包括政府提供市场经济所需要的法律、秩序、教育、基础设施等公共物品的能力。美国政治学家迈克·麦克福尔通过对俄罗斯私有化改革的研究得出了国家力量在推动经济转型发挥关键作用的结论。他主要从国家自主性和国家能力两个角度来分析俄罗斯经济转型中的国家构建问题。在他看来，成功的国家构建必然要提升国家对于社会强势利益集团的自主性，以及国家独立界定和实施自身目标偏好的能力。③

---

① Anna Grzymala-Busse, Pauline Jones Luong. Reconceptualizing the State: Lessons from Post-Communism [J]. Politics & Society, Vol. 30, No. 4, 2002, pp. 529-554.
② Roberts, Cynthic, Thomas Sherlock. Bring the Russian State in: Explanations of the Derailed Transition to Market Democracy [J]. Comparative Politics, Vol.31, No.4, 1999, pp.477-498.
③ Michael McFaul. State Power, Institutional Change, and the Politics of Privatization in Russia [J]. World Politics, Vol. 47, No. 2, 1995, pp. 210-243.

最后，不能不提及福山对国家构建极富启发意义的研究。福山从国家范围与国家力量这对变量的关系入手，来探讨国家构建和国家治理问题。在他看来，在世界政治主流中，国家构建与限制和弱化国家职能已经构成了一对矛盾。人们一味地抨击"大政府"，并试图缩减政府规模，将国家原本承担的职能转交给市场和公民社会，以重塑政府，建立一个"小而强的国家"。然而，国家职能范围与国家力量之间的关系却远非如此简单，在现实中，既存在"小而强的国家"，也存在"大而强的国家"；与之相对，也存在着"小而弱的国家"和"大而弱的国家"。因此，我们有必要从过度关注国家职能范围的大小转向关注国家力量或能力的强弱，因为在广大发展中国家，政府的软弱无能或者无政府状态，才是导致严重问题的根源。①

由此可见，转型进程中的国家构建是一个极其复杂的过程，它需要转型国家在多重变量与结构关系的调整中小心权衡、审慎决策。虽然在国家构建过程中，西方国家的历史经验以及来自国际间的外部援助在一定程度上对转型国家的国家构建具有积极意义，但不存在新自由主义所推崇的制度转型与国家构建的"最优制度实践"。在转型国家的国家构建过程中，最需要警惕的是国家制度能力极度弱化而形成"弱国家"治理模式；而一个职能范围与制度能力相适应的"强政府"是转型国家现代国家治理模式成功构建的必要前提。

四、转型与国家治理模式的大分化

有关社会经济发展模式能否趋同的理论争论从20世纪中期就逐步展开。②1942年，美国经济学家熊彼特在《资本主义、社会主义和民主主义》一书中提出了这样一个问题，即由于投资机会和收益将日渐消失，企业家的创新职能也将日益削弱，因而资本主义将无法生存下去，"一种非常清醒而稳重的社会主义将几乎自动出现"，这种社会主义由公共权力机构来控制生产资料、决定生产过程和收入分配。这种社会主义实质上是集中计划管理的国家垄断资本主义。这意味着资本主义和社会主义在本质上并未有根本性差异，而且两者将逐渐走向趋同。从20世纪50年代末开始，以美国学者白金汉、C.瑞特·米尔斯、索罗金、简·丁伯

---

① 弗朗西斯·福山. 国家构建：21世纪的国家治理与世界秩序 [M]. 黄胜强，许铭原译. 北京：中国社会科学出版社，2007.
② 对趋同论嬗变过程的介绍可参见辛向阳. "趋同论"研究 [M]. 北京：中国人民大学，1996：37–47.

根为代表的一批学者完整地提出了"趋同论"。他们不仅明确使用了"趋同"、"社会趋同"等概念,并且提出了比较明确的理论体系,探讨了趋同论的哲学基础、方法论和逻辑结构。其中,最为著名的就是首届诺贝尔经济学奖得主简·丁伯根。他在《共产主义经济与自由经济是样板式趋同吗?》一文中,借用了生物学和数学中的"趋同"这一术语来描述资本主义和社会主义两种社会政治经济制度相互向对方发展的趋势。丁伯根认为,从经济学的角度观察,并无纯粹的计划经济或者市场经济,无论何种经济体制,均包含着计划和市场两种因素,因此"两种经济制度将趋同为一种新的制度"。进入20世纪80年代,伴随着新科技革命的兴起,趋同论者进一步研究了科技革命对各国产业结构、阶级结构、利益结构、政治格局产生的深刻影响,并由此论证世界范围内社会经济制度趋同的趋势。

然而,伴随着20世纪80年代末90年代初社会主义国家制度转型的正式启动,趋同论则变换为另一个版本。在众多的新自由主义者看来,苏联和东欧社会主义体制的解体意味着市场经济大获全胜,从此历史已经终结,资本主义成为唯一的逻辑,它将普遍渗透到全球社会经济生活的各个领域。这意味着转型就是社会主义国家的社会经济制度与全球资本主义制度趋同的过程。由于西方国家已经提供了现代资本主义所具有的一切制度要素,因此,转型国家不必另辟蹊径,而只需将这些现成有效的制度安排移植过来。这里并不存在所谓的"第三条道路",只有唯一的、最好的道路。①

与新自由主义者的制度转型趋同论不同,一些学者发现,转型国家并没有沿着确定无疑的路径向"盎格鲁—萨克逊"版本的西方政治经济体制和治理模式趋同或收敛,相反,转型出现了明显的分化趋势,这不仅体现在转型方式、道路、策略选择和经济绩效方面,而且体现在转型所形成的社会经济体制方面。因此,我们也可以不太严格地将他们称为"转型的分化论者"。这派学者的学术背景更加广泛,有政治学者,有社会学者,当然更少不了经济学者。

埃里克·伯格洛夫和帕特里克·伯尔顿指出,在转型国家面前,横亘着一条越来越大、越来越深的鸿沟。在鸿沟的一端,一些国家实现了经济的复苏和起飞(如中东欧国家);而在鸿沟的另一端,一些国家则仍旧陷入制度落后、宏观经济不稳定的恶性循环之中(如苏联国家)。经济转型大分化的事实从经济绩效的方方面面都能反映出来,例如,国内生产总值(以下简称GDP)增长率和总体经济

---

① David Stark, Laszlo Bruszt. One Way or Multiple Paths: For a Comparative Sociology of East European Capitalism [J]. American Journal of Sociology, Vol.106, No.4, 2001, pp. 1129–1137.

复苏程度的差异，投资、消费比例的差异，政府融资能力的差异，收入分配和贫富差距的扩大，以及各种制度基础设施和制度质量的巨大反差。而且，大分化还比较明显地体现在不同国家在不同时期所采取的转型与发展的策略选择层面，如金融改革和金融发展策略。①

如果我们将视野进一步扩大，将经济转型与政治体制变革结合起来观察，那么转型经济大分化的表现更加明显。美国政治学家瓦蕾丽·邦斯在1999年的一篇颇具代表性的文章中指出，尽管在起点和过程等诸多方面存在着相似性，但是后社会主义转型的主导趋势是分化而非趋同。她区分了转型的三条路径：一是民主与资本主义相互支撑，和谐共存的路径，政治稳定与经济增长体现了这条路径的优良绩效；二是权威主义的政权与半社会主义的经济结合在一起路径，结果是相对稳定的政局与相对合理的经济绩效；三是政治介于民主与专制之间、经济介于资本主义与社会主义之间的路径，结果是政局最不稳定，经济绩效也最差。在邦斯看来，第一条和第二条路径在整个后社会主义转型地区都算得上是少数，而大多数国家徘徊于第三条路径中。如果进一步举出代表性的例子，那么它们分别对应着波兰、乌兹别克和俄罗斯。②

伯格洛夫和邦斯等学者对转型分化的研究依然仅限于苏联和东欧地区，这在一定程度上反映出在第一个十年中，国际转型研究的关注点存在一定的局限性。但是，伴随着另一个转型大国——中国的崛起，转型研究的视野也势必要进一步拓展。正如热若尔·罗兰所言，转型"最大的正面意外可能要算中国经济改革的成功了"。③如果将中国引入转型家族，那么必然导致对转型路径、模式、绩效分化研究的转变。法国经济学家贝尔纳·夏旺斯在《东方的经济改革——从50年代到90年代》一书的中文版后记中补充了中国的改革案例，并进而重新界定了"三种典型的发展轨迹"，即中欧道路、后苏联道路和亚洲道路。中欧道路的基本特征是与传统政体彻底决裂，但在较为平稳的政治变革基础上确立了稳定的民主，国家具有较强的合法性和行政能力，在较短暂的衰退后实现了经济的增长；后苏联道路的基本特征表现为政体的剧变并未切断精英的连续性，民主化流于形

---

① Erik Berglof, Patrick Bolton. The Great Divide and Beyond: Financial Architecture in Transition [J]. Journal of Economic Perspective, Volume 16, Number 1, Winter 2002, pp. 77–100. 中译文可参见《比较》杂志第2辑.
② Valerie Bunce. The Political Economy of Postsocialism [J]. Slavic Review, Vol. 58, No. 4, 1999, pp. 759, 761.
③ 热若尔·罗兰. 转型与经济学 [M]. 张帆等译. 北京：北京大学出版社，2002：19.

式,国家的合法性与行政能力都较弱,经历了持续的、累积的经济危机;以中国为代表的亚洲道路(越南显然也可归入其中)则呈现出这样的特征,即在政体保持稳定性和连续性的条件下实现了渐进的、内生化的经济转型,虽然出现了日趋严重的腐败,但国家拥有较强的合法性和能力,经济保持了持续增长。[1]此后,将中国转型道路和绩效与其他转型国家进行比较分析也逐渐成为国际转型研究中的一个前沿课题。在最近出现的一些文献中,一些社会学家联合经济学家、政治学家试图对后社会主义转型道路和转型中形成的社会经济体制做出更为全面、系统的研究。例如,美国耶鲁大学的社会学与政治学讲座教授艾文·撒列尼提出了一种转型理论,划分了后社会主义的三条转型道路,即中国道路、东欧的新家长制、中欧的新自由主义。[2]剑桥大学政治与社会科学高级副研究员大卫·雷恩和派斯利大学商学院教授马丁·米安特主编的《后共产主义国家的资本主义多样性》一书进一步系统研究了转型国家三大类社会经济体制,即巩固的市场经济(如中东欧国家)、混合的经济(如俄罗斯等新东欧国家)、国家主义的市场经济(如中国和白俄罗斯)。[3]

由于转型分化论者秉持了一种制度多样性的理论视角,因此,他们对转型的发展进程持有一种谨慎的态度。在这些学者看来,目前的转型可以说是喜忧参半,一些国家取得良好的转型绩效,而另一些国家则仍然在为跨越巨大的制度和发展鸿沟积蓄力量。由于各国在转型路径、绩效以及现有的发展水平等方面存在着巨大的差异,因此,很难用一个统一的标准来判别所有国家的转型进程。即便转型国家建立起相对完整的市场经济体制,但各国的市场经济体制依然会保持着许多独有的特征,这将使全球市场体制的家族更具多样性。

五、对相关研究论题的评述

人类社会制度大规模变迁的复杂性在社会主义国家的大转型进程中体现得淋漓尽致。多重制度变革不仅在 20 年的时间里迅速瓦解了高度集中的中央计划经济体制,而且引发了政治和社会层面的深刻变革和调整。在大多数转型国家,政

---

[1] 贝尔纳·夏旺斯. 东方的经济改革——从 50 年代到 90 年代 [M]. 吴波龙译. 北京:社会科学文献出版社, 1999: 207-220.

[2] Ivan Szelenyi. A Theory of Transition [J]. Modern China, Vol. 34, No. 1, 2008, pp. 165-175.

[3] David Lane and Martin Myant (ed), Varieties of Capitalism in Post-Communist Countries, New York: Palgrave Macmillan, 2007.

府深入渗透、控制经济和社会的全能主义国家治理模式也在逐步弱化甚至是解体。政府、市场与社会之间的关系在新的制度框架中不断调试与磨合。尽管法治、民主的政府,有效的市场经济与和谐稳定的公民社会被视为国家治理模式重构目标的三大核心元素,但迈向这一目标的道路却比主流经济学家们原有的预期更为复杂、曲折。受历史传统、社会主义制度遗产以及转型战略和公共政策失误等因素的综合影响,转型国家普遍存在着程度不同的治理危机。这种危机在宏观层面体现为软弱无能的政府、劣质的市场经济以及分裂的社会结构相互影响、相互强化所造成的国家秩序的整体紊乱。在微观层面则体现为缺乏一套有效的治理制度来提供有效的激励约束结构,协调社会成员的行为,以降低体制运行过程中巨大的交易成本,因而整个经济系统长期处于潜在的效率边界之下,既有的资源无法得到充分利用,创新活动也无法展开,这些都严重损害了经济发展的微观基础。对于上述问题显然无法从单一角度加以分析和解读,而只有从政治、经济与社会三个层面进行全方位的、"立体式"的考察,才能对转型国家所发生的社会历史变革进行深刻的理解和把握,从而有助于寻找更加有效的制度改革战略与国家公共政策。

尽管国内外学术界已经对制度转型所涉及的各种宏观和微观主题进行了大量的理论和经验研究,但这些研究依然需要得到进一步的深化。首先,学术界对于转型问题的研究往往是基于不同学科研究人员的知识背景从某个特定角度展开的。例如,经济学家们主要关注对市场化改革的动因、速度、方式、策略以及绩效进行研究;政治学家们则主要关注转型国家的民主化转型、国家政治制度建设、民族国家构建,以及国际政治格局变化对国内改革政策的影响等;而社会学家们则侧重于研究政治经济转型所引发的社会结构变化、社会组织制度变迁等。这些不同领域、不同层面的研究虽然丰富了我们对转型的认识,但却不免有"只见树木,不见森林"的弊端,从而缺乏一个能够对转型国家不同领域的制度变迁与协同演化过程进行全面系统分析的理论视角与研究框架。其次,西方学者以及东欧学者研究的着眼点主要放在苏联和东欧国家的制度转型与国家治理模式的演进与构建上,而中国学者则主要着眼于中国的渐进式改革与现代国家治理模式建设,而缺乏从一个更加广阔的研究视野出发,对转型国家整体的制度转型与现代国家治理模式构建进行系统的比较研究。虽然近年来,国内一些学者已经开始关注苏联和东欧转型进程中国家治理模式构建的经验与教训,但这些有限的研究也主要涉及对国外相关研究文献的引介、综述与评析,而没有从理论和经验层面对转型国家的国家治理模式演进与构建进行系统和深入的比较与分析。这种中外转型研究领域长期形成的学术"隔阂"不利于我们深刻把握决定制度转型与现代国家治理模式构建的一般性规律，以及影响不同类型转型国家的制度转型路径与国家治理模式构建特色的关键性因素。再次，现有的研究主要侧重于对转型国家的制度变迁进行定性化的理论与经验研究，而缺乏对转型国家所发生的制度变迁与社会经济发展进行定量的研究，这在一定程度上削弱了转型研究的可实证性，因而也遭受到来自西方主流经济学的责难。虽然国内外学术界曾经构建了一些指标体系对转型国家的制度变迁与经济发展状况进行定量测度，但这些指标体系无论从指标的选取还是从测度的结果来看，都不能做到对所有转型国家真实的状况做出全面、客观的评价。最后，国内外学术界对制度转型与国家治理模式演进的研究大多侧重于对某一个时期或某些转型国家的具体状况进行描述和分析，而缺乏从一个长期的历史维度出发，对转型国家整体的制度变迁与国家治理模式演进的相对完整的历史演化路径进行详尽的刻画与剖析，也缺乏对转型国家未来的国家治理模式演进趋势进行分析。

  以上种种的欠缺和不足虽有遗憾，但也为转型研究的深化提供了契机和进一步拓展的空间。而本书则试图在已有研究的基础上，以国家治理模式重构为聚焦点，对相关研究成果加以整合，同时更加深入地对转型国家制度变迁与国家治理模式重构的长期历史演化进程做出分析，进而对其发展演进的方向做出准确把握，并提出适宜的政策建议。

第三节 本书的分析框架和技术路线

  对经济转型深化中的国家治理模式重构进行研究，需要依托于一个具备较大兼容性的理论分析框架，在此基础上，对政府、市场与社会之间的关系进行深入探讨，进而揭示影响国家治理绩效的关键因素和内在机制，并对经济转型与国家治理模式重构的趋势做出准确把握。

一、本书的分析框架

  经济转型深化中的国家治理模式重构是一个跨学科并涉及多国比较分析的综合性研究课题。为了能够全面、深刻地对这一问题进行研究，我们将遵循如下研究思路来设计本书的研究主题并安排相应的框架结构和研究内容：

1. 构建研究国家治理模式的理论分析框架

研究经济转型深化进程中的国家治理模式重构这一重要课题，必须建立在一个相对统一而又具有理论兼容性的分析框架基础之上。这一分析框架至少需要包括三方面的内容：一是为什么要研究国家治理模式，研究这一问题的逻辑起点与最终归宿是什么；二是一个关于国家治理模式的分析框架应当包括哪些基本构成要素，它们之间的相互关系是什么；三是在解答上述两个问题的基础上，需要结合理论与历史对国家治理模式演进的一般规律、形态特征及建构条件进行分析、比较和总结。有鉴于此，本书将借鉴马克思主义政治经济学、新制度经济学、演化经济学以及政治学的治理理论，构建一个由政府—市场—社会三大制度系统构成的国家治理模式的理论分析框架。该框架建立的基本逻辑关系和主要构成要素可以简要地进行如下概括：①人类社会只有在形成一定的秩序之后才能实现社会经济的发展，而各种正式与非正式的制度安排则是实现上述目的的重要手段。②制度演化一般是按照由内在制度到外在制度、由非正式制度到正式制度的顺序进行的，而外在制度与正式制度的演化过程也就是政府出现的过程。③政府主要通过外在的、正式的制度安排实施秩序治理，但这并不意味着其他经济与社会制度安排就此消失；相反，政府与其他社会制度相互协调才能维系人类社会的秩序治理，并在此基础上实现经济发展。④现代国家治理模式是由政府—市场—公民社会三大制度系统按照一定的耦合关系构成的整体性制度结构模式，这三大制度系统各自包含了一系列相互关联的规则、组织和治理机制。⑤政府、市场与公民社会三大制度系统都服从"边际报酬递减"规律的制约，即三者都具有优势与不足，任何一方的过度扩张对秩序治理与经济发展都是不利的，因此，只有综合运用上述三种制度系统与治理手段，使之相互之间形成一种互惠共生的关系，才能实现国家秩序的有效治理与社会经济的持续发展。⑥历史与现实中国家治理模式的形成与演进既具有一定的共性特征，但又呈现出明显的个性差异，需要根据特定的历史与现实约束来研究特定国家的治理模式的演化路径以及秩序治理与社会经济发展的绩效。⑦在国家治理模式构建过程中，虽然存在着一些可以遵循的共性规律，可以借鉴的先进经验，但不存在新自由主义所谓的"最优制度实践"。

2. 以转型时期的政府能力演化与构建为主要的研究切入点

政府是国家治理模式中最为重要的公共治理主体，而经济转型深化与现代国家治理模式构建也必然要以一个有能力的政府的存在为前提。政府作为一个国家最为重要的公共秩序治理主体之所以区别于社会其他主体，最根本的特征就在于政府具有强大的政策、法令制定能力和执行能力，从而保证对社会的有力掌控，顺利地贯彻落实自己的意志，并适应性地进行制度协调，推动社会经济的持续稳定发展。在苏联、东欧国家的转型进程中，伴随着激进的制度变革，大多数转型国家都出现了程度不同的政府能力弱化、退化现象。政府不仅在履行诸多基本职能方面（如维护法律秩序、征收税款、提供必要的公共产品和服务等）出现了严重的功能性障碍，而且在各种强大的社会利益集团的俘获之下，政府的自主性也遭到了严重削弱，结果导致许多制度改革不是无法有效实施就是在实践中发生了严重的扭曲。转型国家的政府能力退化显然是在历史和现实的多种因素综合作用下形成的，但其中一个重要原因与新自由主义转型战略强调政府激进过度退出有着莫大的关联。与俄罗斯及东欧国家相比，中国经济转型成功的一个基本经验就是始终保持了一个具备充分制度能力的"强政府"对社会经济转型的有效调控并根据新的社会经济环境而适应性地调整和重塑政府的治理能力。因此，对转型国家政府能力的演化路径与重构机制的分析，将成为揭示经济转型与国家治理模式构建的内在规律与演进趋势的重要切入点。具体而言，本书侧重于从以下四个角度对转型国家的政府能力演化与构建展开深入的分析：①政府行政系统内部的组织设计和管理，即缓解科层体系中的委托——代理问题，提高公务人员的专业培养和素质，改进组织中的信息沟通与交流，提高行政效能。②政治体系的设计，即通过合理的政治制度和法律制度设计适度权衡国家权力的集中与分散（如中央——地方的权力体系设计），协调民主制度的规范运行，建立促进社会经济发展的关键性制度——法治。③合法性基础，即通过政府与社会的互动交流，增进社会对政府的政治信任，提高社会民众对政府的合法性认同。④文化和结构性因素，即政府治理社会的有效性取决于正式制度与非正式制度能否协调一致，正式的法律和政策是否与社会长期形成的规范、价值和文化相容。

3. 深入探究经济转型深化进程中政府与市场及社会的关系协调与构建

在国家治理模式的理论分析框架之中，政府、市场与社会是三大基本结构要素。而政府与市场、政府与社会之间的相互关系则直接决定国家治理模式的基本制度特征与国家整体的治理绩效。就转型国家而言，伴随着经济与社会转型的深入推进，这些国家传统体制下所形成的政府与市场、政府与社会关系发生了重大转变。

从政府与市场的关系来看，尽管各国国情不同，所采纳的转型战略存在重大差异，但毫无疑问的是，各国的政府在构建现代市场经济体制、治理市场经济秩序方面发挥着不可或缺的重要作用。由于大多数支持市场经济运行的良好制度安排具有公共物品的属性，单纯依靠市场机制自发的制度供给很难达到社会最优的水平，因此，政府必须一方面建立不能由市场自发建立的经济制度，另一方面要对政府及社会民众的公共偏好进行规范；否则，一些不合法的私人部门可能会插手缺失制度的创设，并由此滋生大量的"恶性社会资本"，从而严重干扰规范有效的市场经济秩序的生成，这时的市场也必然处于效率低下与能力薄弱的状态，结果必然会形成一种"弱政府—弱市场"并存的低效"制度陷阱"。而转型国家理想的政府与市场关系应当是建立一种"强政府—强市场"共生的"市场增进型"或"强化市场型"治理结构。以中国和俄罗斯为代表的转型国家显然提供了上述正反两个方面的典型现实案例。因此，我们需要通过全面系统的比较研究与理论分析来揭示转型国家协调政府与市场关系，构建"市场增进型"治理结构的规律与内在机理。

在国家治理模式的整体结构中，政府与社会是另一对关键性的关系要素。在某种意义上，经济转型就是一个全能型政府逐步退出经济和社会领域的过程，也就是政府与社会关系重新塑造的过程。在转型进程中，社会分化与社会整合机制重构成为研究转型国家政府与社会关系最为重要的切入点。与全能主义国家治理模式下的"总体性社会"不同，转型时期的社会分化与社会整合机制发生了根本性的变化。前者主要体现为伴随着政治控制放松、私有财产、市场竞争、要素流动和对外开放等因素的出现，原有的单一社会结构发生了巨大分化，新的社会阶层、社会力量乃至思想文化观念不断涌现；后者则主要表现为，原有的严格的政治社会控制体系重构，新的社会整合与控制体系尚未形成，因此不可避免地增加了转型时期国家秩序治理的困难。从俄罗斯、东欧乃至中国转型期的教训和经验来看，综合运用政治、经济与思想文化手段来实现转型期的社会整合是保证经济转型深入推进和国家秩序有效治理的基本社会前提。而从国际发展趋势来看，构建一个符合本国国情的、具备较强的社会利益整合功能的现代公民社会，并且形成一种公民平等广泛参与公共政策的"参与式治理"（Participant Governance），不仅有助于转型时期的社会经济秩序和谐治理，而且可以增进公共信任和政府的治理能力。

4. 对经济转型与国家治理模式构建进行全面、深入的国际比较与绩效评估

转型国家的现代国家治理模式构建既具备一定的共性特征，也存在着明显的个性差异。因此，只有通过对经济转型与国家治理模式的跨国比较研究，才能揭示出决定其共性特征与个性差异的关键因素，并对转型国家综合的国家治理绩效进行全面而客观的评估。

与经济转型的路径分化相似，转型国家整体的国家治理模式也逐渐呈现出三

经济转型深化中的国家治理模式重构

条路径的分化趋势,即以波兰、捷克斯洛伐克和匈牙利等为代表的中东欧模式,以俄罗斯为代表的独联体模式,以中国为代表的东亚转型模式。在这三种模式中,政府—市场—社会各自的制度特征以及三者之间的关系呈现出明显的差异。从国际转型学界的研究动态来看,虽然学者们在不同程度上意识到这三种模式的分化趋势,但是依然缺乏对这三种模式的基本特征进行高度的理论概括,也缺乏对导致三种模式分化的内在机理进行全面、深刻的分析。本书的研究试图在以上两个方面有所推进。

根据"结构主义"的观点,不同的结构要素及其之间的相互关系将决定整体结构的运行机制及其绩效。因此,在对转型国家不同的国家治理模式进行理论和经验分析的基础上,我们需要进一步对转型国家综合的国家治理绩效进行评估,才能够对不同的国家治理模式的结构特征和运行机制做出深刻理解。对转型国家的综合国家治理绩效进行评估和评价需要兼顾转型国家的政治、经济与社会三个层面的发展状况。具体而言,就是要对转型国家的政府治理绩效、市场治理绩效与社会治理绩效进行定性与定量相结合的研究与评估。在本书研究中,我们建立了一套转型国家治理质量监测指标体系,对转型国家综合的国家治理绩效进行全面、客观的评估,从而为经济转型的国际比较研究提供了一个可供实证检验的标准和依据。

5. 探寻全球化条件下经济转型与现代国家治理模式构建的趋势与规律

上述前四个方面的研究内容主要涉及转型国家现代国家治理模式构建的内部层面,而本书第五个方面的研究内容将主要关注影响转型国家现代国家治理模式构建的外部因素、国际因素,并且在国际因素与国内因素的互动关系中揭示转型国家现代国家治理模式的构建规律和演进趋势。从历史和现实来看,传统社会主义政治经济体制与国家治理模式的形成、发展、解体与重构的整个历史过程都与国际政治经济体系的演变与外部因素的冲击有着千丝万缕的联系。在转型正式启动之前,社会主义国家的制度与治理模式选择主要受到美国、苏联主导的两极化的世界政治经济格局的影响。相似的历史经历、国际因素以及苏联的制度示范效应使得社会主义国家的体制结构与治理模式具有极大的"同构性"。伴随着两极世界格局的解体、全球化趋势的加速以及制度转型的正式启动,转型国家整体的制度结构与治理模式也发生了明显的变革和分化。在全球化所形成的新的世界格局之下,外部因素将主要通过以下途径对转型国家的现代国家治理模式构建产生重要影响:一是来自外部世界的制度示范效应和各种长期或偶发性冲击将影响政府的偏好转换、策略选择与国家自主性的维系,从而在整体上影响政府的制度能力、治理能力；转型国家的政府日益需要在国际与国内两方面因素的权衡之下来制定有效的公共政策，确定本国制度改革与转型的可行路径。二是全球化的加速产生了大量超越传统民族国家治理能力的问题（如环境、移民、跨国犯罪、恐怖主义、公共安全、经济与金融体系治理等），这些问题不仅需要国家间的相互协调，而且需要大量的非政府组织的介入（如国际组织、NGO 等），这将直接推动"全球公民社会"的兴起和扩展，并将重塑传统的、单一的民族国家治理模式，转型国家自然也不可避免。三是不同的历史传统与地缘政治因素将促使转型国家的治理模式分化，进而影响转型国家现代国家治理模式构建的未来发展趋势，这一点从中东欧国家坚定的"回归欧洲"与俄罗斯在东西两大文化中的犹豫踟蹰和艰难抉择现象中得到明显体现。总之，只有从全球化的世界趋势着眼，兼顾国际体系与国内政策和制度选择的互动关系，才能深刻体察转型国家在当前和未来的经济转型与现代国家治理模式构建过程中所面临的关键问题，并准确把握转型国家的现代国家治理模式的演进趋势。

6. 为中国转型深化阶段的国家治理模式构建提供适宜的战略选择

通过上述五个方面的研究，我们不仅可以比较全面、深刻地把握经济转型深化与现代国家治理模式构建的共性特征和个性差异，揭示出那些隐含在转型国家的制度改革与国家治理模式演进背后的一般规律，而且可以有针对性地对中国在不断完善社会主义市场经济体制阶段建立符合本国国情的有效国家治理模式提出切实可行的思路与政策建议。总体而言，经历了 30 多年的渐进式改革与转型，中国的经济、政治和社会结构与体制已经发生了重大转变，政府—市场—社会三元并存与互补的国家治理结构已经初步形成，"法治型政府、有效的市场经济以及利益整合型公民社会"应当成为中国现代国家治理模式构建的目标；而这一现代国家治理模式的建立将与经济转型进程的深化与完善相互结合、协同演进。从路径选择来看，坚持中国共产党的领导与社会主义宪法秩序的稳定性是推动经济转型深化与现代国家治理模式构建的基本前提，这是中国前 30 年的改革与转型所积累的宝贵经验，也是中国与苏联和东欧国家相比取得举世瞩目的优良转型绩效的决定性因素。从策略选择来看，保持一个具备充足制度供给、秩序治理与宏观调控能力的"强政府"，对中国而言不是负担而是优势，它依然是支撑中国建立完善的社会主义市场经济体制与有效的现代国家治理模式的基础性要素。在上述前提与基础上，中国需要在经济转型深化与完善阶段进一步推进各个领域和层面的市场化制度改革，完善市场经济秩序治理，提高市场经济体制的综合运行绩效；与此同时，进一步深化政府行政管理体制改革，建立"法治型政府"、"公共服务型政府",并且深化社会管理体制改革,大力发展有利于社会经济发展、能够发挥社会利益整合功能的民间组织、非政府组织,从而最终建立起符合中国国情的现代公民社会。最后,中国经济转型的深化与现代国家治理模式的构建需要纳入到全球化的背景下加以全面考量,特别需要在进一步融入国际政治经济体系的过程中保持国家的自主性,保持政府对本国制度改革与公共政策制定的有效掌控,这也是中国在风云多变的全球格局中实现持续稳定发展与和平崛起的基本保证。对于上述观点与结论,本书通过全面、系统和深入的理论与经验研究以及国际比较加以科学论证。

围绕上述六个主要研究主题,我们对本研究的逻辑结构和具体框架安排做出如下设计(见图1-1)。

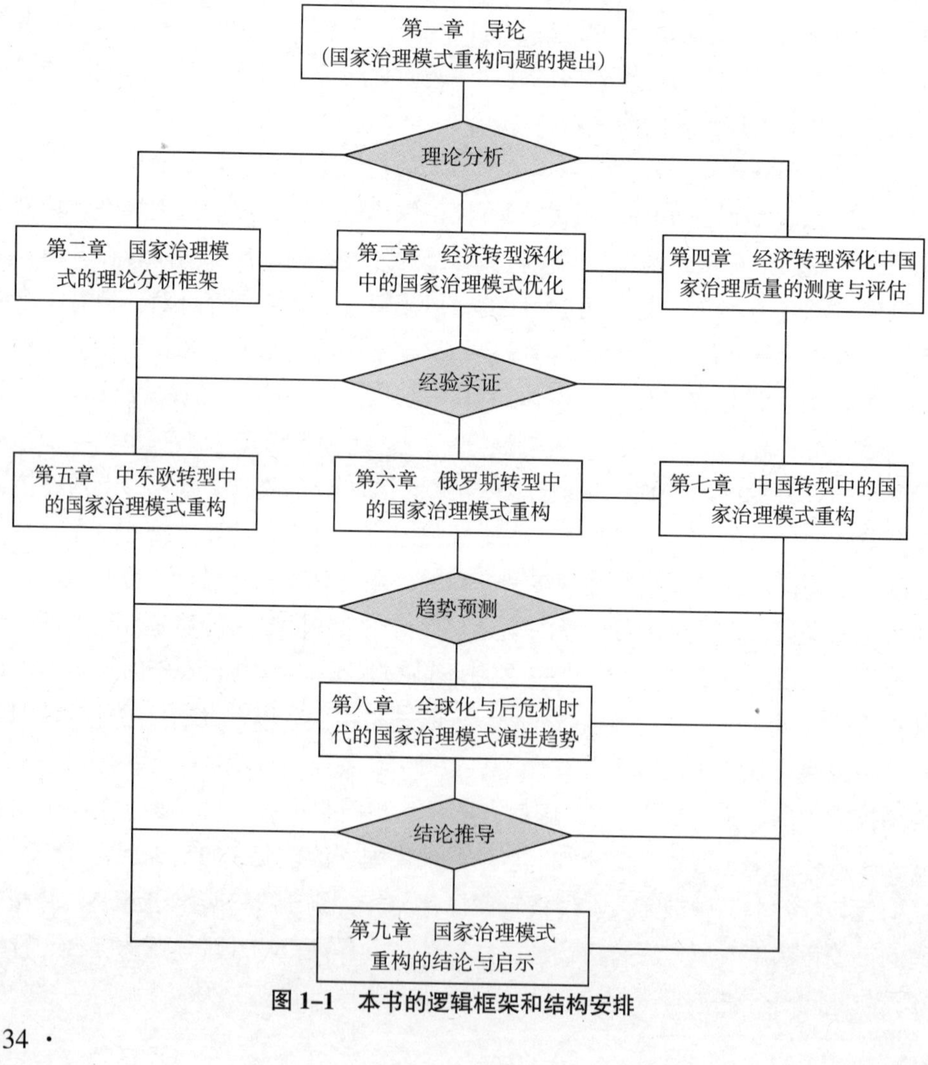

图 1-1 本书的逻辑框架和结构安排

第一章 导 论

第一章为全文的导论。首先，该章提出在转型深化阶段重构国家治理模式这一研究主题。其次，对学术界有关制度转型与国家治理模式重构的研究进行了梳理、归纳和评析。再次，提出了本研究的基本思路、逻辑框架和主要研究内容，并进行了方法论方面的探讨。最后，简要论述了本书所做研究的理论意义和实践价值。

第二章、第三章、第四章是本书的理论分析部分。第二章从制度与经济发展的关系入手，建立起一个国家治理模式的理论分析框架，并探讨了国家治理模式的多样性形态和动态演化机制。第三章对经济转型过程中国家治理模式重构问题的探讨，特别是引入了广义制度关联性的概念，以此为工具分析了经济转型的路径选择以及国家治理模式优化问题。第四章则从定性分析转入定量分析。本章建立起一个转型经济体国家治理质量的评估指标体系，并从政治稳定性与政府能力、市场有效性与经济发展、社会稳定性与社会发展三个层面对转型国家的治理质量进行了综合评估。

第五章、第六章、第七章从理论分析转入经验实证。第五章主要对中东欧国家转型中的国家治理模式重构进程进行了详细考察，对中东欧国家治理模式重构的基本经验、特征以及未来面临的挑战进行了深入研究。第六章主要对俄罗斯转型中的国家治理模式重构的进程进行研究，特别关注了俄罗斯国家治理模式重构的困境与其转型危机之间的内在联系，并对俄罗斯未来国家治理模式重构的趋势和任务进行了探讨。第七章则将目光转向亚洲的转型大国——中国。中国在30多年的转型进程中创造了举世瞩目的"中国奇迹"，这一奇迹显然与中国合理而有效的国家治理模式转换战略具有内在的密切关联。本章不仅对这一经验进行了详细的考察和总结，而且从比较的视野出发，探讨了中国在转型深化与完善社会主义市场经济体制阶段的国家治理模式构建方略。

转型与国家治理模式重构是在内外因素交互作用下发生的。国际政治经济格局的演变显然是推动这一制度变迁进程的最重要的外部力量。因此，第八章首先从全球化这一视角出发，探讨了推动转型国家治理模式重构的外部动力。此外，从2007年末开始席卷全球的国际金融和经济危机不仅再次重塑了新世纪世界格局的转换，而且对转型国家内在的制度变革和经济发展也产生深远的影响。因此，本章也进一步从全球金融和经济危机以及后危机时代的世界格局入手来探讨后危机时代转型国家治理模式变革的演进方向以及面临的严峻挑战。

通过以上章节的分析，我们最终可以推导出对转型国家制度改革与现代国家治理模式构建的若干重要结论和启示，这是第九章的主要内容。首先，国家治理模式构建要以强化政府能力建设为关键切入点；其次，要对转型国家的政府、市场及社会之间的关系进行深入、细致的协调和构建，使之形成一种互惠共生的关系；最后，要立足本国国情，关注国家治理模式构建中的制度关联性效应，避免落入"最优治理实践"的陷阱。

二、本书的技术路线

1. 结构主义研究视角的借鉴

结构主义（Structuralism）的思想渊源最早可以追溯到 20 世纪初。那时，一些西方社会科学研究者认为，只求局部而不讲整体的"原子论"式的社会科学研究方法存在严重局限性，因此，应当恢复文艺复兴时期讲求综合研究的人文科学传统，并由此提出了所谓的"体系论"、"结构论"的思想。结构主义最初得到应用的社会科学领域是语言学。生于瑞士的语言学家斐迪南·德·索绪尔最先将结构主义的方法应用到语言学领域。他将语言看作一个由各种语言要素有机构成的符号系统，主张从整体上来理解语言的社会意义。由于他的杰出成就，人们将索绪尔称为"结构主义之父"。结构主义的另一个重要代表人物是法国的人类学家列维·斯特劳斯。他将结构主义语言学的研究方法进一步应用到人类学研究领域，从而开创了结构人类学。在斯特劳斯看来，人类社会是由经济、技术、政治、法律、伦理、宗教等因素构成的一个具有一定意义的复杂整体，其中的各个因素都需要与其他因素联系起来才能得到理解。结构主义在 20 世纪 60 年代得以发展壮大，从而成为 20 世纪后半期最重要的研究语言、文化与社会的方法之一，并由此渗透到各门社会科学的研究之中，如语言学、人类学、心理学、经济学、社会学等。

在方法论层面，结构主义最为显著的特征有两个。一是强调整体性。换言之，与局部要素相比，整体永远具有逻辑上的优先性。任何复杂的系统都不能被其某一组成部分单独加以解释，必须将所有要素纳入整体的关系网络中加以理解。二是强调共时性。也就是强调在某一个时间片断上，系统的各个组成部分的相互联系、相互作用对于整个系统运行的重要意义。在此基础上，斯特劳斯进一步归纳总结了结构主义方法论的一系列原则：整体高于局部原则；内在性原则；共时性原则；结构通过差异获得可理解性原则；结构分析的现实性原则；结构分析的简化性原则；结构分析的解释性原则等。① 由此可见，结构主义的研究方法对于一些强调整体性原则的社会科学具有极大的吸引力。实际上，我们所熟悉的马克思主义政治经济学、制度主义政治经济学在很大程度上都具备结构主义的色彩，而本书所研究的国家治理模式这一复杂的制度结构、制度系统也为运用结构主义研究方法提供了重要平台。

尽管如此，我们在运用结构主义方法时仍然要保持一种谨慎态度，对其中的一些原则和方法进行必要修正，而不能走向极端。首先，结构主义在强调整体论、系统论的同时，不免有忽视个体主义分析方法之嫌。实际上，经济学的迷人之处很大程度上在于其对个体行为、经济系统的微观基础进行的精妙分析，这对于我们的研究仍然是需要坚持的重要方法，只不过需要将个体主义与整体主义两种方法进行有机结合，在微观的行为基础和宏观的制度结构两个层面都进行适度扩展。其次，在结构主义看来，系统是封闭的，可以不与外部环境交流就具有自我的意义，是可以自足的。这显然与真实的世界是不相符的。就国家治理模式而言，不考虑外部因素的影响是难以理解其运行绩效以及演化动因的。最后，结构主义用共时性反对历时性，也就是说强调研究某一个时刻上的系统，而严重轻视系统的历史演化路径，显然这种观点仅仅是一种静态的分析方法，它与新古典经济学的静态分析具有相同的缺陷，因而是需要我们努力克服的，历史和动态视角的重要性是毋庸置疑的。

有鉴于此，我们在借鉴结构主义研究视角的同时，对其中的某些要素做出必要修正，从而形成适宜于本研究的结构主义视角。其基本内容包括以下几项：对社会成员行为的激励约束机制需要纳入整个政治、经济和社会制度的整体结构中去加以分析；构成整体结构的要素之间不是孤立的、静态的，而是相互之间存在着多维度的、复杂的互动关系；构成整体结构的各种实体要素的排列组合呈现出的基本特点是整体性、转换性和自我调节性；结构要素之间及其与外部环境之间的互动作用不仅决定了整个结构的运行机制、运行绩效，而且影响整个结构变迁的路径走向。显然，这种经过修正的结构主义研究视角和分析方法对于我们研究国家治理模式的基本结构、运行机制、治理绩效以及演进方向具有重要的指导作用。

---

① 以上对结构主义的介绍参考了互联网的"百度百科"：http://baike.baidu.com/view/37895.htm?fr=ala0_1。

2. 比较制度分析

对制度的关注和日趋规范的分析,极大地推动了现代经济学的发展。在新古典经济学中,制度这一重要变量或是被忽视或是被简化为一个既定的约束条件。但是以科斯、诺斯、阿尔钦、威廉姆森、德姆塞茨为代表的经济学家则将制度作为一个影响人类行为和经济绩效并由社会成员加以理性选择的内生变量引入经济系统。从此,新制度经济学就以狂飙突进之势在经济学各个流派中得以扩展,并进而渗透到政治学、社会学等其他社会学科之中。尽管新制度经学在一定程度上已经变成了一个有些含混的术语、一个比较松散的联盟,但是按照约翰·N.德勒巴克和约翰·V.C.奈的观点,可以被贴上"新制度主义者"标签的学者大多关注四个领域的研究主题:产权和交易成本问题;公共选择和政治经济分析;对经济史的计量分析;意识形态、认知模式和历史路径依赖。①

早期的新制度经济学仍然继承了新古典经济学的研究传统和分析方法。它将诸如价格理论、局部均衡、供求分析以及成本—收益分析作为理解真实世界的强有力的工具,并主要集中于对产权、契约、企业这些微观的、单个的制度安排的起源、功能和变迁的研究,以试图丰富和发展新古典经济学。我们可以将其称为是一种"新古典制度经济学"。但是,这种视角具有很大的局限性。它不仅忽略了许多非正式的制度形态以及影响制度变迁的因素,而且无法有效分析历史和现实中发生的大规模、整体性的制度变迁。而新一代的制度研究文献则试图偏离这种新古典制度变迁理论,它们充分吸收了博弈论、演化经济学、心理和认知科学等方面的有益成果,试图构建一种能够解释长期的、大规模制度变迁的理论,青木昌彦、格雷夫等人所建立的比较制度分析范式是这一领域的杰出代表。②

首先,比较制度分析学派重新界定了制度的内涵,将制度被看作社会主体在重复博弈过程中形成的自我维持的共有信念系统的表征。其次,比较制度分析学派还将制度变迁的动因视为源于内部或外部因素冲击导致的社会共有信念系统的变化。特别是当信念系统的边际调整累积超过临界点,形成社会整体认知危机的时刻,大规模制度变迁就可能发生。最后,比较制度分析学派还重新对大规模制度转型的路径进行了理论化和形式化的模型建构。它将制度变迁看作类似于生物进化的"刻点均衡",即制度演化是一个不断被一些转折点所穿刻的过程,这些

---

① 约翰·N.德勒巴克,约翰·V.C.奈. 新制度经济学前沿 [M]. 张宇燕等译. 北京:经济科学出版社,2003:1-2.

② 青木昌彦. 比较制度分析 [M]. 周黎安译. 上海:上海远东出版社,2001;阿夫纳·格雷夫. 大裂变:中世纪贸易制度比较和西方世界的兴起 [M]. 郑江淮等译. 北京:中信出版社,2008.

转折点将整个制度变迁过程分隔成不同的阶段,由此将制度演化看作一个渐进式变迁与激进式变迁相互交织的动态过程。在取得以上三方面重要突破的基础上,比较制度分析学派对历史和现实中存在的各种微观和宏观的制度形态及其演化过程进行了广泛而深入的分析。

总体而言,我们可以将比较制度分析所蕴含的方法论内容进行如下概括:①制度至关重要,它是影响人类行为和经济绩效的决定性因素。②关注制度演化的过程,包括制度选择主体的策略互动以及历史的路径依赖效应。③强调不同层面、不同领域的制度的关联性、互补性。④强调经济体制的多样性与演化,通过对各国经济体制的比较发现一些一般性的,具有理论和实践价值的结论。⑤运用演进博弈论的方法来分析制度的形成、演化与多样性特征。由于比较制度分析综合考虑了上述五个方面的内容,因此,它特别适合对多变量的、长期性的、整体性的制度结构演化过程进行理论分析,显然经济转型进程中的国家治理模式演进与构建符合上述特征,因此,选择比较制度分析这种研究方法是比较适宜的。①

3. 多学科的相互交融

在研究经济体制、制度转型这些问题方面,多学科相互交融的趋势早已显现。最典型的一个例子就是原有的"苏联学"这一研究范式。"苏联学"是"冷战"的产物。从20世纪40年代开始,以美国为代表的西方国家招募了一大批来自各个领域的社会科学家,对苏联的历史、文化以及政治、经济、社会体制运行等问题进行了广泛而深入的研究,以便为西方国家与苏联及其他社会主义阵营国家对抗提供决策依据和政策建议,从而逐步形成了一个跨学科的"苏联学"研究范式。"苏联学"的兴起也为其他学科的发展提供了重要的理论和经验研究成果。后来兴起的比较经济体制或比较经济学在很大程度上借鉴和吸收了"苏联学"的研究成果,对资本主义和社会主义两大经济体制进行了全面、深入、细致的比较研究。"苏联学"的研究甚至对主流经济学的发展做出了许多主要贡献。根据迈克尔·埃尔曼的观点,对苏联政治经济体制的研究对于诸如经济增长理论、制度经济学、非正式部门经济学、产权经济学、奥地利经济学、激励机制等现代经济学领域都产生了深远的影响。

伴随着苏联和东欧国家的改革、开放以及转型,国际学术界有关制度转型的研究数量激增。来自不同学科的学者都试图抓住这个人类制度变迁史上千载难逢的好机会,提出自己对于这场史无前例的大转型的独特理解。这种研究热潮的发

---

① 张慧君. 俄罗斯转型进程中的国家治理模式演进 [M]. 北京:经济管理出版社,2009:38.

展逐步形成了一个可以替代原有的"苏联学"研究范式的新兴学科——"转型学"。根据丹麦著名转型学家奥勒·诺格德的观点，转型学的兴起主要来自四个领域学者的努力（如图1-2所示）。首先，研究"苏联学"的学者们无疑具有得天独厚的优势，他们很自然地将原有的对苏联问题研究的理论工具和丰富的经验资料应用于对转型的研究，从而捷足先登地抢占这一领域的话语权。其次，转型成为新自由主义经济学家和其他学派的经济学家们倾注极大兴趣的新兴研究领域，特别是新结构主义学派、演化经济学派以及新制度经济学派。再次，由于体制转型的一个重要目标就是探寻到一种更为有效、持久的发展模式，因而关注社会经济发展的学者也在转型研究中找到了用武之地。最后，与经济转型相伴的政治和社会变革也吸引了众多政治学家将政治哲学、比较政治学、经验主义模式以及规范政治理论引入到对转型世界纷繁复杂的政治格局的研究中来。由此，转型学便成为了由后苏联学、经济理论、发展研究、政治理论四大学科相互重叠而形成的跨学科研究范式。①

遵循诺格德的思路，我们不难发现，对转型进程中的国家治理模式重构的研究显然也是一个跨学科的问题。首先，从研究对象的界定来看，我们主要考察的是转型国家的国家治理模式重构问题，因此，转型学研究领域已经形成的大量重要的理论和经验研究成果必然成为本研究最重要的支撑。其次，作为主要从事经济学研究的人员，我们自然会将经济学的相关理论和研究方法作为对转型国家治理模式重构研究的主要工具，从而探寻影响国家治理模式运行和重构这一复杂进程背后蕴含的经济学逻辑。其中，可供借鉴的经济学理论除了新古典主流经济学外，还包括马克思主义政治经济学、新制度经济学、演化经济学、发展经济学、新政治经济学等。最后，在上述两大研究方法的基础上，我们还将有甄别地借鉴其他社会科学的研究成果，主要是政治学和社会学的相关理论与研究成果，如治理理论、国家与社会关系理论、比较政治经济学、民主化理论、社会结构理论、公民社会研究、社会资本理论等。由此，我们可以进一步将对转型进程中国家治理模式重构的研究看作是转型学、经济学理论、政治学理论、社会学理论在对特定对象的应用研究中形成的交集（如图1-3所示）。当然，多学科研究方法的运用并非漫无边界地搜罗、拼凑各种理论，而是针对一个特定的现实问题，围绕一个核心的理论分析框架来整合相关理论。就本研究而论，主要是针对转型进程中

---

① 奥勒·诺格德. 经济制度与民主改革：原苏东国家的转型比较分析[M]. 孙友晋等译. 上海：上海人民出版社，2007：46-48.

的国家治理模式重构这一现实问题，围绕着由政府—市场—社会三大制度元素构成的国家治理模式这一核心理论分析框架来吸纳各种相关理论和研究方法。

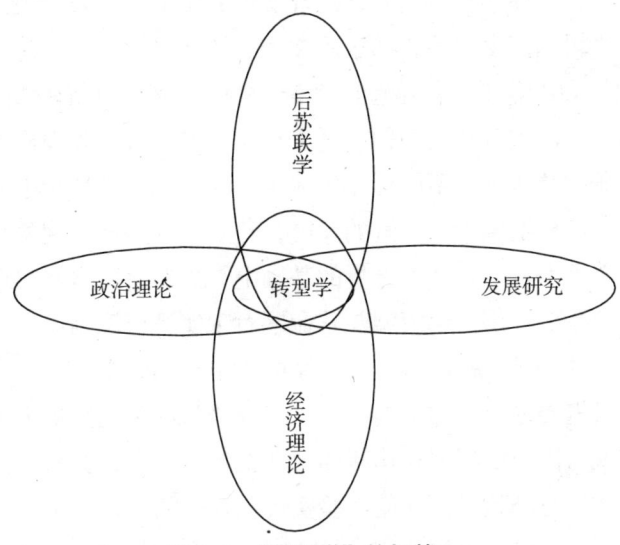

图1-2 "转型学"的根基

资料来源：[丹]奥勒·诺格德著.经济制度与民主改革：原苏东国家的转型比较分析.孙友晋等译，上海：上海人民出版社，2007：48.

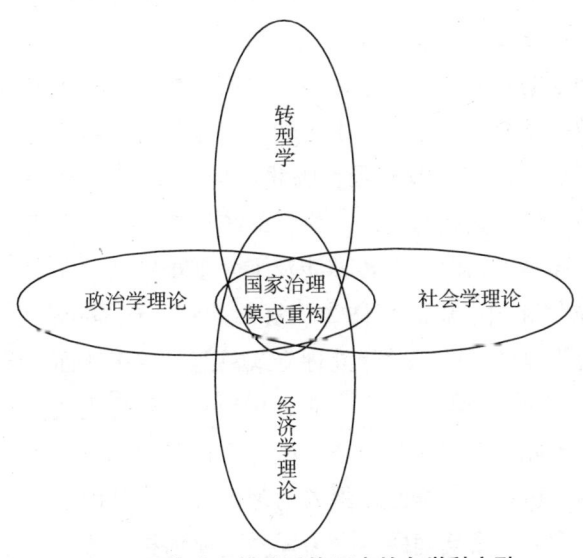

图1-3 国家治理模式重构研究的多学科交融

4. 理论分析与现实经验研究相结合

理论与现实相结合，早已成为社会科学研究领域一个老生常谈的方法，以至于人们已经将其视为一种空洞的口号。然而，作为一种分析问题的思路、方法，它却具有真实的内涵和意义。毫无疑问，理论主要来源于现实，是对现实的某种简化和抽象。其目的在于从纷繁复杂的现实世界中抽象出若干关键性的变量，探寻其中内在的逻辑和因果关系，并运用文字、图形或数学公式建立起形式化的模型，然后从中推导出若干可供检验的理论命题。当然，理论分析如果走向极端，很可能出现与现实严重脱节的问题，这在目前主流经济学为理论而抽象、为形式化而数学化的研究趋势中有不同程度的体现。因此，理论分析中的简化、抽象和形式化工作依然需要把握一个适宜的尺度，特别是要在理论抽象与对现实的解释力之间找到一个平衡点。在理论分析的基础上，需要进一步回归现实，这里包含了两重含义。一是要运用理论模型及其命题对现实进行深刻而合理的解释；二是在这种经验实证的基础上提出若干有意义的、可行的政策建议。就本书所做研究而论，我们不仅需要综合运用不同学科、不同流派的理论知识来构建理论分析框架并对经济转型与国家治理模式构建的内在机制进行深刻分析，而且需要对转型国家的典型案例进行细致、深入的经验实证和比较研究，并进而得出对转型国家制度改革与国家治理模式重构适宜的结论、启示和政策建议。理论分析与现实经验研究的有效结合不仅可以增强理论分析的可信度，而且可以深化对现实转型案例的认识和解释说明，而不至于使我们对转型国家的国际比较流于形式化的描述。

5. 定性分析与定量分析相结合

在对转型问题的研究中，一个最令学者们困扰之处在于如何将定性分析与定量分析进行有效的结合。一方面，由于转型毕竟是一个新鲜事物，能够获得的时间序列数据以及样本数量极其有限，因此很难像经济增长理论那样应用大规模、长时期的跨期数据建立起相对精准、科学的统计模型和计量模式。另一方面，就单个的任何一个样本国家而言，转型涉及了太多难以把握的因素和变量。这种问题被哈耶克、拉尔和敏等思想家称为"复杂秩序"（Complex Orders）。从其他相关研究来看，对于复杂秩序问题的处理方式只能采取多侧面、多角度观察和分析的方法。这在定量研究中集中体现为能否找到一套综合反映秩序演化过程的数量指标体系。有鉴于此，本书在对经济转型的路径走向以及现代国家治理模式构建的基本特征、内在机理进行全面、深入的理论分析的基础上，建立起一个涉及政治、经济和社会发展三个层面的国家治理质量评估指标体系，并运用这一指标体系对转型国家的治理绩效进行评估和比较，以验证理论分析得出的命题，并为今后的政策制定提供可参考的依据。总之，本书努力将定性分析与定量分析相结合，从而兼顾定性分析的深刻性与定量分析的可实证性二者的优势。

第四节 本书的研究意义和创新之处

研究转型深化中的国家治理模式重构，体现了一种兼容经济、政治与社会发展三个层面内涵的"大转型"研究方式，它不仅为转型经济学的发展创建了崭新的知识生长点，而且拓展了经济学对国家问题的研究视野，不仅有助于深入探究支配转型国家社会经济发展的内在规律，而且对于分析发展中国家的制度变迁与经济发展具有重要的理论指导意义和政策实践价值。

一、本书的理论意义

罗兰曾经指出："好的转型经济学研究，总是得出对经济学具有一般意义的结论。"[1] 这几乎是所有从事社会科学研究的工作者最为希望达到的理想目标，而要达到这一目标却又异乎寻常的艰难。它需要研究人员在庞大的理论与复杂的现实间反复地穿梭，严密地推演，精心地提炼。就本书而言，我们试图通过对转型进程中国家治理模式重构的研究，在两个理论层面有所推进，做出一些富有建设性的学术尝试。

首先，对国家或政府的研究始终是现代经济学，特别是新古典主流经济学相对薄弱的一个研究领域。长期以来，在主流经济学中占据主导地位的国家观念当属亚当·斯密的"看不见的手"这一经典条规。20世纪30年代的大萧条以及凯恩斯主义的兴起对这一教条产生了冲击，学术界开始关注国家在市场运行中的作用，但是这种研究充其量只能算作一种国家的职能理论，甚至是更为狭义的国家的经济职能理论。它虽然明确提出了国家在干预和调节市场经济体制方面的重大职能，但是对国家的目标偏好、制度和组织结构，治理能力的来源以及国家与经济和社会的关系等重大理论问题却几乎没有更多地涉及，因而国家依然是主流经济学的一个"黑箱"。

20世纪五六十年代兴起的公共选择理论虽然试图借助经济学的个人主义和

---

[1] 热若尔·罗兰. 转型与经济学——政治、市场和企业 [J]. 比较（第3辑）. 北京：中信出版社，2002：36.

理性选择的工具打开国家理论的"黑箱",但是如同当时政治学界的"行为主义"研究范式一样,它实际上已将国家简化为一个不同利益集团、社会力量进行"锱铢必较"的政治博弈以影响公共政策的舞台。在这里,国家作为一个抽象的实体实际上已经被剔除出人们的视野。因此,在某种意义上,公共选择理论对国家理论的冲击和破坏要比新古典经济学更大。

20世纪80年代以来日益繁盛的新制度经济学(特别是诺斯的制度变迁理论)顺应了社会科学界"国家回归"的潮流,将国家作为影响制度变迁和经济绩效的重要变量引入经济分析,并且从马克思主义政治经济学中汲取灵感,开始涉及对国家的起源、性质、意识形态等问题的探讨。但是现有的新制度经济学的国家理论仍然存在着严重的不足。一是它秉承了公共选择理论中国家统治者"性恶"的基本假设,因而将国家抽象为一种"掠夺之手",这无疑也忽视了国家行为的多样性事实。二是受经济学研究方法的局限,新制度经济学仍然存在着对国家理论过度简化的问题,例如,它更多地关注国家与制度变迁的关系,而对国家的其他结构性因素缺乏更为深入的研究。①

经济学对国家问题研究的不足,大大削弱了其对现实的解释力和政策建议的有效性。因此,对国家问题的经济学研究存在着极大的拓展空间,而制度转型与国家治理模式重构显然为此提供了一个重要的研究契机。在本书中,我们试图用国家治理模式这一分析框架,将现有的有关国家和政府的经济学理论加以整合。不仅对政府的目标偏好、组织制度、能力构建等以往被忽视的问题进行重新审视和研究,而且深入探讨了政府与市场和社会的关系,从而展现了一种全面、系统的国家经济学观念。这一研究理路和分析框架显然具有一般性意义。它不仅适用于对转型国家的制度变迁进行研究,也适用于对其他类型的国家和经济体的分析。在这方面我们也已经进行了初步的尝试,那就是将国家治理模式的分析框架应用于对东亚发展型经济体的研究,并取得了较为合意的研究成果。②

其次,迄今为止,转型经济学的研究已经走过二十多个年头(从1989年算起),国际学术界已经积累起规模巨大的转型经济研究成果。这些成果涉及了经济转型的宏观与微观层面的各种问题,其中既有深刻的理论模型,也有精细的经验研究。尽管如此,这些研究往往是分散的、零碎的,而缺乏某种内在的联系。

---

① 以上对经济学中国家理论的评述可参见张慧君. 国家演进与市场社会主义变迁——历史比较与制度分析 [R]. 天津:南开大学博士后研究工作报告. 打印稿. 2010: 2—5.
② 景维民,王敏. 后发展经济体治理模式的演进与经济发展——以韩国、台湾经济发展为例 [J]. 东岳论丛. 2009 (9).

这在深化转型经济研究的同时，也存在着将转型经济学肢解的潜在风险。因为，当我们将转型分割为局部的、微小的研究主题时，也自然使其弥散于其他经济学的分支学科之中，作为整体的转型经济学也将不复存在。

实际上，一些学者已经意识到这一问题，因而提出对转型经济研究进行必要的综合与整合。在这方面最具代表性的当属科尔奈提出"大转型"视角以及与之相关的"制度范式"。科尔奈指出，之所以将社会主义国家的变革称为"大转型"主要有两大原由。一是因为转型是一个由众多国家置身其中的重大事件，其影响的范围极其广大。二是由于转型涉及诸多领域的变革，甚至是一些微小的转轨进程。也就是说，转型并非仅仅意味着经济的转型，还囊括了政治、法律、文化以及社会生活方式的转型。理解这样一个特殊的社会历史变革进程，必然要对现有的研究范式做出修正，以便对多维度的转型进程进行全面的考察。在此基础上，他提出了转型研究的"制度范式"。该范式的主要属性包括：将体制视为一个整体，关注部分与整体之间的内在联系，而不采取其他研究领域的单纯局部分析方法；制度范式不属于任何传统的分支学科（如经济学、政治学、社会学等），而是形成一个综合性、一般性的研究范式，特别关注经济、政治、文化、意识形态等领域的互动过程；制度范式更加关注长期的、持久的制度演化过程，关注人类组织的历史连贯性；制度范式摒弃主流经济学有关个人偏好先验决定的假设以及静态分析的方法，而是将个人偏好的形成与其所处的社会条件联系起来，并采取动态方法来研究体制的转变；制度范式广泛使用了比较的方法，在比较中理解特定体制的特征。①

显然，对转型进程中国家治理模式重构的研究在很大程度上体现了科尔奈倡导的跨学科、综合性、整体性的"大转型"视角和"制度范式"。从"国家治理模式"这一崭新视角出发，来研究经济转型进程中所发生的不同层面的制度变迁以及整体的社会经济发展状况，可以拓宽原有的转型经济学研究的视野，深化对转型问题的研究，从而为转型经济研究不同分支的整合与发展寻找到一个新的突破点和生长点。通过构建"国家治理模式"的理论分析框架，也可以将国内外有关制度转型问题的经济学、政治学与社会学的相关理论与经验研究成果加以有效整合，这不仅有助于对经济转型的动因、方式、路径以及绩效做出更加全面、合理的解释和评估，而且可以对制度转型的未来发展方向、演进趋势做出更加全面、准确的把握。

---

① 雅诺什·科尔奈. 大转型[J]. 比较（第17辑）. 北京：中信出版社，2005.

二、本书的实践价值

对于转型国家而言，无论是市场化、民主化还是创建公民社会都是一个新鲜事物，都充满了风险和挑战，因而改革者在制定和实施公共政策时必须要保持一种小心谨慎的态度，对与之相关的各种因素进行全面的考量和周到的设计，而不能将某些教科书式的原理不加甄别地套用到现实中。否则，将会产生严重的政策失灵，甚至将经济发展置于危险的边缘。20世纪90年代以来的转型，显然为检验国际社会的制度改革与经济发展政策的有效性提供了一个重要的实验场。在这一时期，以新自由主义为指导的"华盛顿共识"一时间成为国际社会顶礼膜拜的圣典。它在拉丁美洲、撒哈拉沙漠以南的非洲，以及苏联和东欧国家迅疾掀起一阵改革的狂飙，并且彻底改变了发展中国家的政策。自由化、私有化和宏观经济稳定三位一体的政策组合成为这些国家通向繁荣之路的不二法门。然而，与最初的预期相比，这些国家的改革政策并没有取得理想的效果。"华盛顿共识"实际上代表了一种"市场原教旨主义"的意识形态，它采取了一种经济简约主义的视角来指导现实世界中的改革，而忽视了影响政策效果的诸多因素，特别是支撑市场经济有效运行的政治基础和社会基础。

"华盛顿共识"的失败显然是一个理论对政策误导的典型案例。它表明，适宜而有效的制度改革和经济发展政策必须建立在好的理论基础之上。它需要综合考虑转型国家的历史与现实的条件约束，从政府、市场和社会三者互动关系的角度出发，去诊断现实中存在的问题，并由此设计出更为全面、完整的政策框架。显然，国家治理模式的分析框架为此提供了一个适宜的理论参照和政策制定依据。从目前的发展来看，尽管大多数苏联和东欧转型国家已经初步建立起市场经济体制的基本框架，但仍面临着更为深入、细致的制度改革和结构调整的任务，特别是强化政府能力建设以及扶持和整合社会的公共政策。这些改革任务的推进意味着这些国家在未来的转型政策制定过程中势必将现代国家治理模式的构建和完善置于极其重要的地位。与苏联和东欧国家相似，中国从世纪之交开始，也已经进入到一个深化与完善社会主义市场经济体制的阶段，在这一阶段，深化政治体制改革、政府行政管理体制改革以及社会管理体制改革已经成为影响经济体制改革与经济发展的关键性因素，因此，从国际比较的视野出发研究转型国家现代国家治理模式构建的经验和教训，无疑对于中国建立支撑社会主义市场经济体制有效运行的现代国家治理模式具有重要的指导意义和政策实践价值。

三、本书的创新之处

本书研究的创新之处主要体现在以下六个方面：

第一，国家治理模式重构为转型经济研究提供了一个崭新的理论视角，它兼顾了经济、政治和社会三个维度，能够对转型国家整体的制度变迁过程进行全方位、立体式的考察，并对这些国家的综合转型绩效做出全面评估，从而体现了一种"大转型"的整体主义研究理路。

第二，本书在经济学的基础上，借鉴其他相关学科（如政治学、社会学）的研究成果，构建一个相对统一且具备较大理论兼容性的国家治理模式的理论分析框架，并结合理论模型与历史事实在一般层面上总结出国家治理模式的演进规律、多样性特征，在此基础上探讨国家治理模式重构的必要条件。

第三，本书对转型国家现代国家治理模式重构的基本特征、运行机制、治理绩效和路径演化进行全面系统的分析、比较、归纳和总结。其中，尤其归纳和提炼出中东欧、俄罗斯和中国三种典型的国家治理模式重构路径，并对这三种国家治理模式重构路径的主要特征和演化轨迹进行了详细的分析。在此基础上，对中国在完善社会主义市场经济体制阶段构建符合国情的现代国家治理模式提出总体性思路、基本的框架设计以及可行的政策建议。

第四，针对转型国家制度变迁的复杂特性，本书提出了"广义制度关联性"这一分析性概念，并运用这一概念深入剖析了经济转型的路径选择以及在此过程中国家治理模式重构的制度关联与优化问题。

第五，本书建立了一套综合反映和测度转型经济体国家治理质量的指标体系。该指标体系由政治稳定性与政府能力、市场有效性与经济发展、社会稳定性与社会发展三个领域的 26 个具体指标合成，能够对转型国家整体的国家治理质量进行全面、准确的评估，从而为我们对转型经济体的国家治理模式及治理质量的比较研究提供了科学的依据和实证基础。

第六，本书紧紧把握经济转型的时代脉搏和最新进展，深入分析了最近发生的全球金融危机对转型国家的冲击和影响，特别探讨了转型国家在后国际金融危机时代国家治理模式重构的演进趋势和战略抉择。

第二章　国家治理模式的理论分析框架

本章旨在建立一个国家治理模式的理论分析框架。这一框架的逻辑起点在于制度对秩序治理和经济发展的长期影响。虽然人类历史进程中形成的制度形态多种多样，但在现代社会，政府、市场与公民社会成为最主要的制度系统，它们各自由一系列相互关联的规则、组织和治理机制构成。而这三大制度系统的相互耦合在宏观层面形成了国家治理模式的基本制度结构。在不同历史时期和经济发展阶段中，人类社会的国家治理模式也呈现出不同的形态，它们伴随着外部环境与内部结构性因素的变化而不断实现自身的演进与嬗变。迄今为止的历史经验表明，一种政府、市场与社会互惠共生的国家治理模式是实现公共秩序有效治理和社会经济持久繁荣的制度基石。

第一节　国家治理模式的缘起：制度与经济发展

实现社会经济的持久繁荣是人类社会长久以来追寻的目标，也是经济学一个永恒的研究主题。但关于如何促进经济发展的理念却一直充满争议，并处于一个不断流变的过程之中。在经历了对自然资源、劳动力、资本、人力资本对经济发展之作用的争论后，人们最终发现了增进经济发展的一个独特变量——制度。它不仅在微观层面可以发挥克服个体理性与集体理性的悖论、降低交易成本和经济风险、协调人类行为的功能，而且在宏观层面发挥着维系公共秩序治理、提高资源配置效率、促进社会经济持续发展的重要作用。而形形色色的制度安排最终也构成国家治理的制度基础。

一、经济发展理念的演变

被称为"历史之父"的古希腊伟大的历史学家希罗多德通过对古希腊城邦国家的考察,得出了这样的结论:"过去曾经辉煌的城市,大多数已经不再辉煌;而现在强大的城市,过去可能弱小。通过这两类雄辩的事实,我确信人类的幸福不可能永远持续长存。"① 由此可见,在远古时代的思想先贤那里,就已经注意到国家的兴衰交替这一亘贯古今的历史常态。

在经济发展史中,国家兴衰问题被进一步具体表述为什么因素导致了国家的富裕或贫穷;为何有些国家能够取得长期的经济繁荣,而另一些国家则在衰退和贫困中长期挣扎。国富国穷的发展差异不仅早已在历史上得到明显体现,而且在当今世界,这种差距也表现地越发明显。

表2-1是由世界著名计量经济史学家安格斯·麦迪森提供的宏观历史统计数据。这些数据为我们简明而清晰地勾画出两千年来人类社会的经济发展史。从这些数据中不难发现,在公元纪年开始的时候,世界不同地区和国家几乎处于相同的经济发展起点上。即便到了公元1000年,我们会惊讶地发现,人类社会的经济发展几乎在这一千年中没有取得实质性的进步,而是在原地踏步,甚至是略微后退。与之相应,地区和国家的发展水平依然十分的均衡。然而,伴随着历史车轮的缓缓前行,人类社会的经济发展却越来越呈现出不断分化的趋势。西欧国家和西方的衍生国(如日本)逐步占据了经济发展的制高点,而其他地区则被落得越来越远。特别是从工业革命开始,经济发展的差距开始加速扩大。到20世纪末,发达国家的人均GDP(A组国家的合计)已经达到欠发达国家的7倍。在相对富裕的西方衍生国家,人均GDP达到最不发达的非洲国家的19倍。而且,上述差距还在进一步扩大。巨大的发展差距不仅体现在人均产出方面,而且体现在其他福利指标方面。在生活富裕的发达国家加拿大,1998年平均的新生婴儿预期寿命为79岁,而在极度贫穷的非洲国家塞拉利昂,新生婴儿平均只能活到37岁。在美国,适龄儿童平均接受教育的时间为16年,而在亚洲的穷国尼日尔,男童只能接受大约3年的教育,女童则仅为2年。在20世纪90年代,高收入国家每十万人平均配备250~400名医生,而在最为贫穷的国家,每十万人配备20

---

① 曼瑟·奥尔森.国家的兴衰:经济增长、滞胀和社会僵化 [M].李增刚译.上海:上海人民出版社,2007:1-2.

名医生也仍然是一个有待努力的目标。① 诸如此类的巨大发展差距，我们还可以举出很多数字和实例。但对于产生发展差距的原因，似乎依然是一个无法完全得到理解的奥秘。

表2-1　人均GDP规模和增长率（0~1998年）

时期（年） 国家和地区	0	1000	1820	1998	0~1000	1000~1820	1820~1998
	（1990年的国际元）				（年均复合增长率：%）		
西欧	450	400	1232	17921	−0.01	0.14	1.51
西方衍生国	400	400	1201	26146	0.00	0.13	1.75
日本	400	425	669	20413	0.01	0.06	1.93
A组合计	443	405	1130	21470	−0.01	0.13	1.67
拉丁美洲	400	400	665	5795	0.00	0.06	1.22
东欧和苏联	400	400	667	4354	0.00	0.06	1.06
亚洲（不包括日本）	450	450	575	2936	0.00	0.03	0.92
非洲	425	416	418	1368	−0.00	0.00	0.67
B组合计	444	440	573	3102	−0.00	0.03	0.95
世界	444	435	667	5709	−0.00	0.05	1.21

资料来源：安格斯·麦迪森. 世界经济千年史[M]. 伍晓鹰等译，北京：北京大学出版社，2003：16.

实际上，早在古典经济学家那里，探求一国贫穷或富裕的原因已经成为一个受到关注的问题。亚当·斯密在《国民财富的性质和原因的研究》的序论中就开宗明义地提出了这样一个问题：为什么在未开化的民族，尽管人们都在从事劳作，但依然生活得如此贫乏，甚至无法维持温饱；而在文明繁荣的民族，虽然有许多人并不从事劳动，但社会依然富足，甚至最下等贫穷的劳动者，只要节俭勤勉，也会比未开化民族享受更多的生活必需品和便利品？② 这个问题被经济学家们称为"斯密疑问"（Adam Smith question）。那么如何来改良生产力水平，获得丰裕和富足？斯密给出的答案就是社会分工与市场互动形成的规模报酬递增效应。也就是说，生产的专业化和劳动的社会分工能够提高生产率水平，并因此增加就业和收入，进而会促进市场交易；市场的扩展又会进一步促进社会分工和专业化生产。这将使得社会中的资本、劳动得到充分利用，推动生产可能性边界不断向外

---

① 斯图亚特·R. 林恩. 发展经济学[M]. 王乃辉等译. 上海：格致出版社，上海三联书店，上海人民出版社，2009：4.
② 亚当·斯密. 国民财富的性质和原因的研究（上卷）[M]. 郭大力，王亚南译. 北京：商务印书馆，1972：1-2.

扩展。因此，为了实现国家富裕兴盛的目标，一国政府应当给予个人追求私人利益最大的机会，市场这只无形之手将会自动将社会带上繁荣发展的路径。

斯密之后的另一位著名古典经济学家大卫·李嘉图将对经济发展的关注点从生产领域转向分配领域。他认为，需要变革资本家与地主之间的资源和收入分配格局。由于资本积累是促进增长的源泉，而农业增长的报酬递减会妨碍经济增长，因此，如果分配格局偏向于地主阶层，那么经济增长就会受到抑制。李嘉图提出了一个经济学中经典的假设，那就是"边际报酬递减"规律，即当某种生产要素的数量固定不变时（如土地），其他生产要素的增加所能产生的边际产出将会越来越少。李嘉图的理论实际上为我们展示了一个不太乐观的经济增长与发展的前景，那就是在资源约束（特别是土地等自然约束）和边际报酬递减规律的作用下，人类社会在达到产出最大值的那个时刻之后，经济将会处于静止状态，经济增长与发展将会停滞。比李嘉图更为悲观的是托马斯·马尔萨斯的预言，那就是虽然经济发展导致人口数量的增加，但人口数量的增加又会成为经济发展的灾难。受资源的稀缺性和边际报酬递减规律的制约，产出的增长将无法满足不断增长的人口的需要。也就是说，人口将呈现出几何级增长的趋势，而食物却呈现出算术级增长的趋势，人口的增长迟早会超越地球所能提供的生产能力。最终只能依靠战争、瘟疫、饥荒等毁灭性手段来抑制人口增长，重新恢复到自然的平衡状态。

在古典经济学发展时期，马克思也对经济增长和发展问题进行了深刻的阐释。马克思认为，在资本主义社会，最大限度地剥削剩余价值、赚取利润，是资本家的本性，也是资本主义生产的唯一动力来源。但是这种贪婪将导致一系列消极的后果。一是在剩余价值率（m/v）保持不变，但资本有机构成（c/v）不断增加的条件下，资本主义的利润率将出现不断下降的趋势（m/c+v）。二是资本家的剥削会导致无产阶级的贫困化不断加深，这将导致有效需求不足，使剩余价值和利润的实现愈发困难。三是社会化大生产要求的生产按比例有秩序的发展与建立在资本主义私有制基础上的资本家个体生产的无序性之间产生严重的矛盾。这些消极后果的综合作用将导致资本主义频繁地经历周期性的、越来越严重的经济危机。这意味着资本主义的制度外壳已经无法容纳生产力发展和社会进步的需要，最终只能通过由无产阶级发动的社会革命将其摧毁，并建立起社会主义和共产主义制度。在新的制度下，由于消灭了私有制，也就消灭了剥削和阶级压迫的根源，因而人们可以平等地使用生产资料进行社会化大生产，平等地分配社会财富；人的自由得到全面发展，其积极性、创造性和生产潜能得到充分发挥。因此，未来社会可以实现无限的经济增长，使社会财富得到极大的丰富。①

由此可见，在古典经济学家那里，探求一国经济增长与发展的奥秘就成为一个重要课题。他们的许多观点实际上已经涉及现代经济学所关注的关于经济增长与发展的诸多核心问题。在这些思想家看来，一国财富增长的根源来自生产领域，即生产力水平的增进。决定财富增长的因素包括自然资源（如土地）、资本、劳动力、社会分工、专业化水平、交易规模、收入分配格局乃至社会经济制度（如所有制）等。一国经济的成长是一个动态变化的过程，它不仅包括生产规模的扩大，还包括经济结构的调整（如社会分工和专业化程度提高、资本有机构成变动等），同时也伴随着繁荣与衰退的周期循环。此外，古典经济学还蕴涵着影响后来两种重要的经济发展政策的源头。一是源自亚当·斯密的经济自由主义政策。这种政策的基本含义在于，政府除了承担巩固国防、保障法律秩序、提供公共基础设施这三项基本职能外，其他的经济发展职能都将交给市场和私人部门来完成。二是源于马克思，并经由列宁、斯大林等马克思主义者发展而来的计划经济和国家干预的经济发展政策。这种经济发展政策认为，建立在私有制基础上的市场经济常常会带来种种无序和混乱，阻碍生产力水平的提高，因而必须由政府进行积极而有力的干预，直至采取完全计划的方式来管理国民经济的发展。

伴随着 19 世纪末边际革命的兴起以及新古典经济学的形成，经济增长与发展问题逐渐淡出了主流经济学的视野。新古典经济学家们似乎不太关注如何解答古典经济学探求国家富裕或贫穷的秘密这一疑问，而是陶醉在完美的、静态的新古典世界中，以论证依靠市场供求力量的自发作用，整个经济系统能够实现从局部到一般均衡的资源最优配置。如果用形式化的语言加以表述，新古典经济学主要关注于如何将资源配置的组合从潜在的生产可能性曲线的内部移动到最高的效率边界上，而不太关注如何将这条潜在的边界不断向外扩展。然而，20 世纪 30 年代席卷世界的经济大萧条这一无情的现实却将人们从新古典经济学的迷思中拖出。伴随着凯恩斯主义的兴起以及第二次世界大战后世界所面临的一系列重大的社会经济变革，经济增长与发展的问题再一次回到经济学的视野之中。此后，对增长与发展问题的研究进一步得到细化和分工，并由此形成了经济学中的两股研究潮流，即经济增长理论和经济发展理论（或发展经济学）。

---

① 以上对古典经济学家们的经济发展观的归纳参考了斯图亚特·R. 林恩. 发展经济学 [M]. 王乃辉等译. 上海：格致出版社、上海三联书店、上海人民出版社，2009：43-45；阿尔弗雷德·席勒、汉斯—京特·克吕塞尔贝格. 秩序理论与政治经济学 [M]. 史世伟等译. 太原：山西经济出版社，2006：81-85；陈宗胜. 发展经济学——从贫困走向富裕 [M]. 上海：复旦大学出版社，2006：1-3.

20世纪40年代,哈罗德—多马模型的提出,标志着经济增长理论的诞生。哈罗德—多马模型在凯恩斯的储蓄—投资分析方法的基础上,着重探讨了储蓄率、资本产出比例以及使储蓄全部转化为投资条件下的有保证的增长率之间的关系,并探讨了达到充分就业条件下均衡增长的条件。20世纪50年代中期,美国经济学家罗伯特·索洛提出了一个新的经济增长模型,从而标志着新古典增长理论的正式形成。新古典增长理论最重要的发现有两个:一是强调了资本积累对经济增长的作用;二是提出了经济增长趋同的假设。根据新古典增长模型的分析,一国的产出将伴随着资本存量的增加而增长,而储蓄率则是增长的限制条件。但是经济中存在着一个"稳态"水平,也就是投资恰好等于年折旧额。在这一水平下,资本与劳动的比例和人均产出将保持稳定的水平。在长期,稳态条件下的经济增长率将等于固定不变的技术进步率。此外,受资本边际报酬递减规律的作用,在资本稀缺的国家,投资的效率更高,这将促使资本从富国流向穷国,最终富国与穷国的经济增长出现了趋同的趋势,即便实际的收入水平不会趋同,但经济增长率也会趋同。① 新古典增长理论以简单而精致的模型为人们勾画出一幅不同国家最终将走上共同富裕道路的美好蓝图。同时,新古典增长理论还隐含着一个重要的政策含义,即虽然在短期内,政府能够采取诸如提高总储蓄率或提供高效率的劳动力的政策来提高资本的边际报酬,从而提高经济增长率,但从长期来看,这些政策对于加速经济增长没有任何意义。② 然而,正如表2-1所展现的那样,新古典增长理论的美好愿望并未实现,既没有出现资本从富国向穷国大规模流动的现象,更不用谈经济增长出现趋同的趋势了。正是基于这些局限,后来的增长理论家们试图对索洛模型进行各种修正,添加各种变量,以解释为何趋同并未发生。例如,将技术进步内生化,强调人力资本的作用,研究由经济变革刺激的学习和知识传播产生的"规模报酬递增"(新增长理论)等。

与经济增长理论几乎同时兴起的是对经济发展问题的关注,特别是以欠发达国家为研究对象,以寻找到如何使它们摆脱经济落后的困境,实现现代化的目标。这就逐步在20世纪四五十年代形成了发展经济学这一重要经济学流派。发展经济学与经济增长理论有两个最为显著的区别。首先,经济增长理论主要关注

---

① 斯图亚特·R.林恩.发展经济学 [M].王乃辉等译.上海:格致出版社、上海三联书店、上海人民出版社,2009:52-54.
② 罗伯特·吉尔平.全球政治经济学:解读国际经济秩序 [M].杨宇光、杨炯译.上海:上海人民出版社,2003:123.

的是发达国家的经济增长经验,并试图将这些经验作为样板推荐给欠发达国家。实际上,无论是大规模的资本积累、不断涌现的技术创新,还是高素质的人力资本、知识传播的规模报酬递增,往往都只是发达国家才能玩得起的游戏。相反,发展经济学主要关注导致欠发达国家经济困难的特殊原因。其次,经济增长理论主要关注的目标是实现经济规模、总产出的快速、持续增长,也就是总量或人均的 GDP(或 GNP)的规模和增长速度。而经济发展的目标除了包括经济总量和增长速度外,还包括更加广泛的内容,如经济结构的变迁、社会福利水平的提高、公民权利的扩展等。正因为如此,研究经济发展问题的美国学者斯图亚特·R. 林恩对经济发展进行了如下界定:"经济发展意味着人均收入的持久的、可持续的增长;它伴随着生产力的多样化、绝对贫困的减少以及所有公民的经济机会的扩大。"① 经济增长理论之所以不过多关注结构、福利和权利问题,在很大程度上是由于这些问题已经在发达国家得以实现,因此,它们不过是发达国家经济增长的预设前提。然而,在欠发达国家,这些不言自明的前提仍然是需要努力实现的目标。

发展经济学中比较杰出的代表人物包括阿尔伯特·赫希曼、阿瑟·刘易斯、冈纳·缪尔达尔、劳尔·普雷比什、保罗·罗森斯坦·罗丹、马克斯·辛格等。发展经济学家们普遍认为,欠发达国家面临着许多与发达国家不同的结构性约束,因此,发达国家的经验并不能适用于发展中国家。根据刘易斯的观点,欠发达国家普遍存在着二元结构特征,即同时存在着"资本主义部门"和"非资本主义部门",前者主要体现为生产规模大、技术先进、生产率和收入水平较高的城市工业部门,后者则体现为生产规模小、技术落后、收入水平低的乡村农业部门。二元结构的僵化成为制约经济发展的重要因素。缪尔达尔、纳克斯等经济学家还分析了欠发达国家特定的结构性约束导致的"贫困的恶性循环",即低生产率水平导致了低人均产出和低人均收入水平,并由此形成低储蓄率、低投资率和低技术进步率,这将进一步导致生产率无法提高,收入水平持续保持在低水平上。此外,在不平等的国际分工和国际经济秩序中,以出口初级产品为主的欠发达国家将遭受到不利的贸易条件的危害,它们只能受到工业国家的盘剥和控制,而根本无法与其竞争,从而通过对外贸易获利。正是基于这些特定的结构性约束,发展经济学家们认为,欠发达国家不能像发达国家那样单纯依靠市场和私人部门的力

---

① 斯图亚特·R. 林恩. 发展经济学 [M]. 王乃辉等译. 上海:格致出版社、上海三联书店、上海人民出版社,2009:6.

量来积累资本、促进技术进步、培育企业家精神，而必须要求政府在经济中扮演积极的干预者的角色，为经济起飞创造条件。罗丹的"大推进"战略就是一个典型的代表。他认为，基于补充性、不可分割性、市场不完善、基础设施和储蓄五个理由，欠发达国家不可能按照新古典经济学所推崇的依赖市场的渐进式工业化策略，而必须使政府在各个领域同步地、一次性地推进所有的变革，以突破最小临界状态，实现摆脱贫困的恶性循环的目标。此外，发展经济学家们还提出了利用国际社会的外援、实行进口替代式工业化等发展战略。

但是从20世纪70年代后期开始，发展经济学遭遇到严峻挑战，以至于著名发展经济学家赫希曼开出了发展经济学已经死亡的诊断书。与之相应，原先被欠发达国家普遍采用的发展战略和政策，也已经被国际社会弃置如敝屣。形成这种局面的原因既有理论、理念方面的，更有实践层面的。首先，尽管发展经济学领域的观点众多，但并未像经济增长理论那样形成一个统一的理论体系，而且，其重宏观而轻微观、轻实证的研究方法被主流经济学指责为严重缺乏微观行为基础。另外，大多数发展经济学家喜欢文字表述的写作风格，而这也被新一代的习惯于使用数学模型的主流经济学家视为缺乏严密、科学和规范的研究方法。其次，20世纪80年代也是一个新自由主义思潮高歌猛进的年代。西方国家陷入难以摆脱的"滞胀"危机被视为由凯恩斯主义惹的祸，因而需要摒弃政府干预的政策，重申市场至高无上的地位。在新自由主义看来，欠发达国家经济落后的原因在于政府干预扭曲了激励机制，损害了市场的活力，从而抑制了经济发展的动力。最后，实践层面一系列重要的政策失误产生的危机成为发展经济学衰落的重要原因。第二次世界大战之后，欠发达国家普遍采取了进口替代的工业化策略。其主要目标在于以本国生产的工业品来替代进口工业品，以便减少欠发达国家对发达国家关键工业产品的依赖。这一战略包括了一系列相关政策，如提高关税壁垒、实施严格的进口配额、将出口部门的资源转移到国内生产部门、由政府建立国有企业或直接对某些产业加以管理、高估本国货币的币值等。这些政策抑制了欠发达国家出口部门的发展，削弱了本国产业和产品的竞争力，并导致了严重的贸易逆差。对本国产业的保护还催生了各种各样的利益集团，它们对政府实施强有力的寻租活动，以取得生产的垄断权，这进一步导致财政赤字扩大、通货膨胀压力上升，加剧了国内宏观经济失衡。为了弥补财政、贸易赤字，欠发达国家通过国际资本市场以"主权借款"（政府借款）的形式融资，从而形成了巨额的外债负担。伴随着20世纪70年代石油危机的发生，欠发达国家普遍出现了严重的国际收支逆差，债务危机相继爆发，经济发展严重受挫。这些严重的危机都使得国际社会对发展经济学理论和政策的信任度大幅度下降。

伴随着以政府主导、进口替代为核心的传统经济发展理念的衰落，新自由主义成为了主导世界经济发展决策的霸主。新自由主义经济学家们认为，欠发达国家的债务危机以及发展的陷阱存在着深刻的结构性原因。为了摆脱这些危机，在短期内需要采取一系列严格紧缩的货币政策，在长期需要实现经济结构的根本性重组。在20世纪八九十年代，包括美国财政部、国际货币基金组织、世界银行在内的位于华盛顿的决策机构，成为向发展中国家发布政策建议的中心。这些机构汇集了一批在欧美接受主流经济学教育、奉行新自由主义的专家学者，并逐步就如何帮助拉丁美洲国家摆脱危机、实施结构调整达成了一致意见。美国经济学家约翰·威联姆森将其概括为"华盛顿共识"。这一"共识"包括了十条政策建议，其核心内容被浓缩为自由化、私有化和宏观经济稳定化三位一体的政策组合。而后，"华盛顿共识"被广泛推广到拉丁美洲、撒哈拉以南的非洲诸国。东欧剧变和苏联解体后，它又被引入波兰、俄罗斯等转型国家，成为指导从计划经济体制向市场经济体制转型的主导性制度改革战略。"华盛顿共识"的形成与推广，意味着发展政策的"钟摆"从政府一端大幅摆动到市场一端。政府的作用边界被大大推回，市场的自发作用再度占据上风。

虽然新自由主义的某些紧缩性宏观经济政策在短期内对于医治拉丁美洲一些国家的宏观经济失衡产生了一定的疗效（如玻利维亚的恶性通货膨胀），但是从长期来看，这份"市场原教旨"主义的结构重组清单还是使欠发达国家不堪重负。在拉丁美洲，不仅经济增长持续低迷，而且金融自由化和国际资本流动等自由化改革明显超越了这些国家所能承受的界限，引发了一系列金融动荡，如自20世纪末以来相继肆虐墨西哥、巴西、阿根廷等国的金融危机。在非洲，新自由主义战略成功的例子不仅更为罕见，而且也进一步加剧了这些国家的社会分裂以及政府的软弱无能。在俄罗斯等东欧国家，民众不仅经历了"休克疗法"导致的严重经济衰退和社会福利水平锐减的巨大痛苦，而且亲眼目睹了不受约束的市场资本主义的暴戾本性，马克思和恩格斯对早期资本主义罪恶的描述在这些国家无一例外地重现在人们眼前。正是基于新自由主义战略不佳的表现，美国研究经济发展问题的专家丹尼·罗德里克指出："尽管改革的支持者和怀疑者还有些不同的体会，但平心而论再也没有人相信华盛顿共识了。问题现在已经不再是华盛顿共识要不要存续，而是有什么可以用来替代它。"①

---

① 丹尼·罗德里克. 寻找可行的经济发展战略 [J]. 经济社会体制比较，2008（2）.

由此可见，高深的理论、乌托邦式的政策与残酷的发展现实之间的巨大反差，再一次促使人们对原有的发展理念做出反思，以探寻到真正解开"斯密疑问"的答案。而这一答案与对制度问题的关注具有密切关联。实际上，以往的经济发展政策往往忽视了一个重要的内生变量——制度对于促进增长和发展的重要作用。无论是经济增长理论对资本、技术、创新、知识的关注，还是早期发展经济学对结构的强调以及新自由主义对市场的推崇，无一例外的都是建立在特定的制度基础之上的。经济史学家道格拉斯·C.诺斯通过对西方经济史的考察得出这样一个结论，即"一个有效率的经济组织在西欧的发展正是西方兴起的真正原因"。① 这里的"组织"指的就是制度，具体讲包括个人的公民自由、财产权利、法律对契约的保护、受约束的政府。正是由于建立起一套行之有效的制度，才促进了近代西方世界持续的经济增长和社会发展。可见制度在很大程度上成为经济增长与发展的决定因素，而储蓄、投资、人力资本的开发，知识的运用以及企业家才能的发挥无疑不是由制度推动的。相反，在缺乏有效制度安排支持的条件下，无论什么样的发展政策，往往都无法得到有效实施，并取得预期的效果。正因为如此，从20世纪90年代开始，制度分析逐步在经济增长和经济发展的研究中走向兴盛，并进而成为国际经济机构在制定发展战略和政策时必须备加重视的一个关键性变量。

二、增进发展的制度变量

对于制度与经济发展之间的关系，杰出的经济学家们有过许多著名的论断。在老一辈的经济学家中，诺斯的观点堪称经典。他在《制度、制度变迁与经济绩效》这一经典著作中曾经明确指出，"制度是一个社会的博弈规则，或者更规范一点说，它们是人为设计的、型塑人们互动关系的约束"；制度不仅决定了社会演化方式，是理解历史变迁的关键，而且也深刻地影响着经济绩效，即"制度在社会中具有更为基础的作用，它们是决定长期经济绩效的根本因素"。② 在新生代的经济学家中，达龙·阿西莫格鲁是如日中天的制度分析的领军人物。他也做出了与诺斯相似的论断："现在，人们越来越认识到，经济、政治、法律和社会

---

① 道格拉斯·诺斯，罗伯特·托马斯.西方世界的兴起［M］.北京：华夏出版社，1989：1.
② 道格拉斯·C.诺斯.制度、制度变迁与经济绩效［M］.杭行译.上海：格致出版社、上海三联书店、上海人民出版社，2008：147.

'制度'是决定国家经济成败的关键性因素。"① 如同任何社会构设一样，制度具有双重面孔。良好的制度能够促进一国投资的增加、技术创新的突破和采纳、人力资本的积累，从而带动经济增长、结构变迁，实现经济发展；而恶劣的制度会导致盗窃、欺诈、寻租、腐败等非生产性活动，从而给社会施加巨大成本，损害经济增长的基础，导致发展的停滞。从这个意义上讲，我们至少在理论层面上找到了解答"斯密疑问"、揭开国富国穷之奥秘的关键性解释变量。尽管如此，我们并不满足于关于制度与经济发展的表层理解，而是需要进一步深究型构这种关系的内在机理。对此，可以从微观和宏观两个相互关联的层面加以综合理解。

从微观层面来分析，制度显然为协调人的观念、行为提供了某种激励和约束的结构，它们深刻地影响着"理性的经济人"在经济和社会生活中的斤斤算计，进而影响到他所采取的策略选择。在经济学这种以个人主义为主要研究方法的社会科学中，关于个体的基本行为假设就是理性的经济人假设，即个体在既定的约束条件下会力求以最小的付出（成本）获取最大的收益，以实现个体效用最大化的目标。这些约束既包括资源、技术，也包括制度。例如，在一个缺乏法律规范或者法律执行薄弱的社会中，个人当然倾向于通过小到欺诈、大到谋杀这样的活动以近乎于零的成本（当然在现实中这些活动也要付出一定的物质成本）获得巨大的利益。相反，在一个标准的法治社会，迫于法律惩罚所施加的巨大成本，一个"邪恶"的个体也往往因畏惧法律的威严而收敛自己的行为。而对于一个本分的个体，能够相对安全地通过生产、交换等合法的活动来获取自身的产品和财富。在更为复杂的交易或组织结构中，个体的自利性和机会主义行为还会普遍产生委托—代理问题，即由于委托人与代理人的目标不一致和信息不对称导致的委托人不努力工作或违背事先规定的合约条款等问题所造成的效率损失。为了克服这一问题，就需要设计出一套有效的激励约束制度。这种制度将符合两个条件：一是参与约束，即使代理人出于自身利益原因接受契约规定的条款；二是激励兼容约束，即契约设计应当使期望的代理人的努力程度必须是代理人在这一契约下的最优努力水平。围绕着如何克服委托—代理问题，人类社会努力寻找着一系列有效的制度安排，从分成租佃到计件工资、从公司法到宪法等。

当然，以上的分析仍然是一个简单社会的构想，而对于更为复杂的社会，制度对于人类的观念和行为的约束与导引作用更加明显。也正是基于此种原因，诺斯进一步从"动机"和"对环境的辨识"这两个行为假定出发来推演出制度的重

---

① 达龙·阿西莫格鲁.治理与发展的相互作用：世界银行经济学家需要注意的地方[J].比较（第37辑）.

要作用。在动机这一方面,诺斯拓展了新古典经济学关于自私自利的理性经济人的假定,他认为,在人的本性中具有某种利他主义因素,从而使得个体具有对自身行为进行自我约束的能力。但是,笔者认为,即便是考虑到利他主义因素的影响,但是仍然不能忽视制度对于人类行为的激励约束作用。毕竟,利他主义仅仅是人类行为中的一个组成部分,而且很可能是一小部分。另外,如果没有一种完备的制度对人的行为施加必要约束,那么当其他大多数人都采取自利主义或机会主义行为的时候,利他主义者将遭受巨大损失,因而他的利他主义偏好也会相应发生变化,从而蜕变为利己主义者,这显然成为一种人类行为领域的"劣币驱逐良币"的现象。在对环境的辨识方面,诺斯拓展了新古典经济学关于个体对于外部世界具有完备的信息和完全理性的假定,认为由于信息的复杂多样性以及人类具备有限理性,因此必须形成一套简化信息处理过程的规则和程序的制度框架,以弥补个体在认知方面存在的缺陷。

总之,从微观层面来看,制度具有提供必要的激励约束、处理复杂信息的功能,从而约束个体的机会主义行为,引导他们正确认识外部世界,并将宝贵而稀缺的资源运用到投资、生产、交易、创新等财富创造活动中去。

从宏观层面来分析,制度塑造出经济发展和社会生活赖以存在的秩序结构。不管是从事经济活动还是社会交往,人类社会都至少要形成最基本限度的秩序结构。因此,诺斯认为,"秩序是长期经济增长的必要(但非充分)条件。它也是建立和维持构成个人自由和产权基础的各种条件的必要(但非充分)条件"。①德国制度经济学家柯武刚和史漫飞对秩序进行了如下界定:秩序"是一套关于行为和事件的模式,它具有系统性、非随机性,因此是可以理解的"。在无序的状态下,经济活动和一般的社会交往中将会产生昂贵的交易成本,人类根本无法培育信任和展开各种合作,进而生产、分工这些增进生产力水平的活动也自然无法进行。相反,只有建立了基本的秩序结构,社会成员才能够在信任的基础之上进行合作,并尝试各种创新活动。②如果我们进一步借助生产可能性曲线这一形式化的工具,那么我们可以将秩序对于经济发展的作用表述为影响生产可能性曲线向外扩展或者向内收缩。这不仅会提高原制度体系之中的静态资源配置效率,而且伴随着制度的创新还会使整个经济系统获得动态的资源配置效率。

如同其他经济资源一样,秩序是一种稀缺的"物品"。虽然人们普遍意识到

---

① 道格拉斯·C.诺斯.理解经济变迁过程[M].钟正生等译.北京:中国人民大学出版社,2008:98.
② 柯武刚,史漫飞.制度经济学:社会秩序与公共政策[M].韩朝华译.北京:商务印书馆,2000:33.

秩序的重要性，但要建立起一种稳定而有效的秩序结构却是异常困难的，其中有复杂而深刻的经济原因。秩序体现了一种集体理性或公共理性。也就是说，秩序类似于一种公共产品，它需要通过公共选择过程，由全体或者绝大多数社会成员的共同努力才能建立起来。但是正如大多数公共产品供给中存在的困境一样，由于存在着非竞争性和非排他性的特征，总会有一些社会成员出于自身的私利，采取机会主义行为，违反秩序。当这样的成员从中获利时，违背秩序的行为又会通过学习和模仿效应在整个社会扩散，结果，各个成员都我行我素地随意行事，社会自然再次陷入无序状态，甚至是尔虞我诈、弱肉强食的"霍布斯丛林地带"。因此，必须有某种手段来约束和引导社会成员的行为，塑造秩序。而这种手段显然又是制度。诺斯曾经指出，建立起促进经济发展的基本秩序结构都需要一系列制度安排加以保证。这些制度安排主要包括以下几项：一是建立一套组织和建立一套权利和特权的制度矩阵；二是在政治市场和经济市场上形成稳定的交换关系结构；三是国家具备一套能够保护组织和交换关系的政治规则及其实施制度的可信的约束的潜在结构；四是作为规范内在化和强制实施的某种混合的结果的遵从性。① 在诺斯等学者看来，制度变迁与经济发展可以被视为从一种秩序形态向另一种秩序形态转变的过程，即从"自然国家"秩序到"有限准入秩序"再到"开放准入秩序"。②

图 2-1 从微观和宏观两个相互关联的角度将制度与经济发展之间的关系进行了直观的描述。

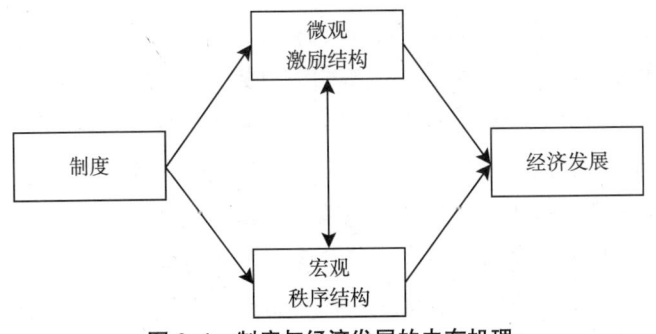

图 2-1 制度与经济发展的内在机理

---

① 道格拉斯·C. 诺斯. 理解经济变迁过程 [M]. 钟正生等译. 北京：中国人民大学出版社，2008：94.
② North, D. C., John Joseph, Wallis Barry R. Weingast. A Conceptual Framework for Interpreting Recorded Human History [R]. NBER Working Paper, No. 12795.

对经济发展发挥作用的制度包括多种类型,新制度经济学家曾经从理论层面对这些制度进行了分类和归纳。舒尔茨将制度分为:用于降低交易费用的制度(货币、期货市场等);用于影响生产要素的所有者之间配置风险的制度(和约、分成制、合作社、公司、保险、公共社会安全计划);用于提供职能组织与个人收入流之间联系的制度(财产,包括遗产法、资力和劳动者的其他权利);用于确立公共品和服务的生产与分配的框架的制度(高速公路、飞机场、学校和农业实验站)。① 诺斯把制度区分为:一项制度安排,即支配经济单位之间可能合作与竞争方式的一种安排;制度环境,即一系列用于建立生产、交换与分配基础的基本政治、社会和法律规则,如宪法规则。此外,诺斯还使用了正式约束和非正式约束这对概念来区分不同的制度,前者包括了政治、经济规则和契约;后者则包括了行事准则、行为规范和惯例。与诺斯相似,柯武刚和史漫飞将制度划分为:内在的制度,即从人类经验中自然演化出的制度,如习惯、伦理规范、良好礼貌和商业习俗;外在制度,即被自上而下地强加和执行的制度,如司法制度。可见,制度是一个内容相当宽泛的概念,它不仅包括各种有形的规则,还包括各种无形的规则,如意识形态、文化习俗等,它们共同构成了人类社会复杂的制度形态。

除了从理论层面界定和区分影响社会秩序治理和经济发展的各项制度外,经济学家还通过广泛的历史和经验研究,来检验那些对长期经济绩效产生深远影响的制度安排。在这方面,诺斯首先做出了开创性的贡献。在诺斯的一系列著作中,他对西方两千多年来的经济史进行了考察,发现了国家对产权的清晰界定和保护对于促进分工、降低交易成本、推动技术进步和组织变革发挥的巨大作用,因而将有保障的私人产权制度看作促进西方世界兴起的关键因素。20 世纪 90 年代以来,新生代的历史比较制度分析学者阿夫纳·格雷夫对诺斯的理论提出了质疑。他认为,将制度界定为博弈规则实际上是将制度外生化的分析方法,它无法检验一项制度被遵守的动机以及被实施的能力是如何内生出来的。为了解决这一问题,他将制度看作由规则、信念、规范和组织构成的可以自我实施的系统。在此基础上,他以中世纪地中海沿岸的马格里布商人联盟的贸易制度的形成和演化为例,研究了在缺乏正式规则约束之下,基于共同的文化信仰和紧密的家族、社团关系自发演化出的民间制度——海外代理人如何克服委托—代理问题,促进了

---

① T.W.舒尔茨.制度与人的经济价值的不断提高 [M] // R.科斯等.财产权利与制度变迁——产权学派与新制度学派译文集.上海:上海三联书店,上海人民出版社,1994:253.

第二章 国家治理模式的理论分析框架

长途贸易的案例。①这种研究使人们进一步关注了各种非正式的、内在的、可以自我实施的制度安排对于经济增长和发展的作用。

在探究经济发展因素的过程中，人们普遍认为法律制度发挥了重要的作用。以詹科夫、拉·波塔、格拉泽、施莱弗为代表的经济学家考察了不同的法律起源对于产权保护、金融体制、公司治理结构等制度安排的影响。他们的研究表明，法律制度是影响产权保护的核心因素。不同的法律起源对于产权保护的作用是不同的。起源于英国和美国的普通法体系对产权的保护最为严格，由此衍生出的金融体制和公司治理结构的基本特征表现为，高度分散的股权结构和外部治理模式，资本市场上高度的流动性和公司控制权的接管。与之相对，起源于法国的大陆法体系对产权的保护比较薄弱，相应地形成了集中的股权结构和内部人治理模式，资本市场的流动性较小，银行与企业之间的交叉持股、共同治理的现象比较明显。而以德国民法和斯坎的纳维亚民法为源头的法律体系居于中间。这些不同的法律制度起源进一步影响到对商业活动的监管、对劳动力市场制度的监督以及政府的治理质量。②

经济与政治的互动关系同样是制度与经济发展经验研究的一个重要组成部分，在这方面已经积累了大量的理论和经验研究文献。其中，一个经典的研究是诺斯和巴里·R.温格斯特做出的。他们认为，在政治经济发展中存在着一个重要的国家悖论，即强大的国家既可能去保护产权、促进经济增长，同时也可能随意侵犯产权、损害经济增长的基础。因此，需要找到一种能够有效约束国家行为的政治制度，以确保国家统治者不会出于利己动机而随意改变博弈规则的承诺更加可信。这种政治制度就是宪政。为此，他们对英格兰17世纪的政治制度演进进行了考察，特别关注了1688年"光荣革命"后出现的议会制度和独立的司法体系对国家权力的约束和规范作用。正是这套宪政制度的出现，使国王不随意侵犯私人产权的承诺更加可信，促进了私人投资和资本市场的发展，也相应地增加了财政收入的来源，建立起现代财政税收制度。这些都为英国经济的崛起以及在国际舞台上赢得霸主地位发挥了关键性的作用。③与诺斯等学者对政治制度的关注不同，曼瑟·奥尔森开创了研究政治经济互动的另一条道路，那就是分析利益集团

---

① 阿纳夫·格雷夫.大裂变：中世纪贸易制度比较和西方的兴起 [M].郑江淮等译.北京：中信出版社，2008.
② La Porta, et al. Law and Finance [J]. Journal of Political Economy, Vol.106, pp.1113–1155.
③ 道格拉斯·C.诺斯，巴里·R.温格斯特.宪法与承诺：17世纪英格兰治理公共选择制度的演进 [M]//李·J.阿尔斯通等.制度变革的经验研究.罗仲伟等译.北京：经济科学出版社，2003.

对国家兴衰的影响。利益集团可以被看作利用各种渠道和方式对政府施加影响，以图促进或阻碍某些公共政策的改变，从而实现自身利益的松散或严密的团体组织。长期稳定的社会可能滋生出大量的分利性利益集团，它们为了保住既得利益，往往会俘获政府决策，阻碍新的经济力量的进入、反对新技术和创新的利用，导致经济结构的僵化和经济增长动力的丧失。奥尔森的研究表明，第二次世界大战后，英国、澳大利亚、新西兰等发达国家经济走向衰落的重要原因就在于大量分利性集团和分利性联盟的形成。①

在近期的研究中，阿西莫格鲁、西蒙·约翰逊和詹姆斯·罗宾逊建立了一个研究制度与增长的分析框架。这一框架在很大程度上将诺斯的正式的政治制度研究思路和奥尔森的利益集团的研究思路进行了整合。他们认为，经济制度决定了经济行为主体的激励约束结构，并形成了经济结果。因此，行为主体将为了他们最终的收益而进行社会选择。由于不同的个体和利益集团来自不同经济制度的利益不同，因此他们在社会选择中会产生冲突，最终的结果由具备更大的政治权力的集团决定。社会中的政治权力的分配是由政治制度和资源的分配决定的。政治制度负责名义上的政治权力分配，而拥有经济权力的团体又拥有实际的政治权力。由此可以形成一个跨时的政治经济相互影响的动态分析框架（如图2-2所示）。运用这一框架，他们广泛地研究了殖民地传统与经济制度和发展绩效的影响；从专制政体向民主政体过渡的问题；经济增长与收入分配问题等。②

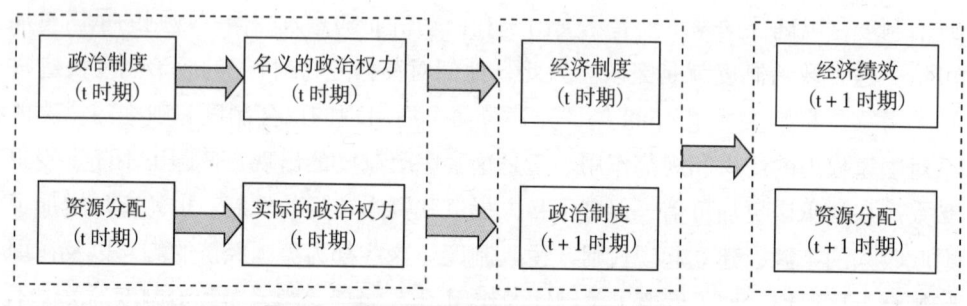

图2-2 阿西莫格鲁等学者的制度分析框架

---

① 曼瑟·奥尔森. 国家的兴衰：经济增长、滞胀和社会僵化 [M]. 李增刚译. 上海：上海人民出版社，2007.

② Daron Acemoglu, Simon Johnson. Institutions as a Fundamental Cause of Long-run Growth. In: Philippe Aghion and Steven N. Durlauf, eds [J]. Handbook of Economic Growth, Volume IA. Elsevier B.V., 2005. pp. 386-472.

第二章　国家治理模式的理论分析框架

在制度与经济发展的经验研究中，一部分学者开始关注政治制度、经济制度之外的第三种特殊的社会组织制度的作用，这就是社会资本。社会资本这一概念缘于布迪厄、科尔曼、帕特南、福山等社会学家、政治学家的开创性研究。按照世界银行的经济学家伊斯梅尔·撒拉格尔丁和克里斯琴·格鲁特厄特的归纳，学术界对社会资本的理解大致有三种观点。一是由帕特南做出的，他将社会资本理解为"对社区生产能力有影响的人们之间所构成的一系列'横向联系'"，包括"公民约束网"和社会准则。二是由科尔曼做出的，即社会资本是两个共同要素构成的不同实体，它们通过一定的结构来促进社会成员的某些行动。三是更加广泛的观点，"包括使准则得以发展及决定社会结构的社会环境和政治环境"。它不仅包括各种横向和纵向的非正式的规则，还包括了诸如政治制度、政府、法律、立法体系以及公民和自由等正式的制度安排。社会资本可以发挥沟通和共享信息、协调行动、促进集体决策的功能。因此，它被视为凝聚社会的"黏合剂"，对于管理公共资源、提供公共产品、培育信任与合作关系、缓解利益冲突发挥着重要作用，从而对促进经济发展发挥重要作用。①

社会资本作为增进发展的制度变量作用也得到了大量的经验研究。最为著名的就是罗伯特·帕特南花费 20 年时间对意大利 20 个地区的社会资本与经济发展进行的研究。他的研究发现，在发展绩效较好的地区往往都存在着众多社团组织，如合唱团、足球队、俱乐部等。这些公民团体增强了人们对公共事物的关心，养成了遵纪守法的习惯，增进了相互之间的信任，形成了丰厚的社会资本。相反，在发展绩效差的地区，这种社会资本很少。②此后，许多经济学家还对其他发展中国家的社会资本与经济发展的关系进行了研究。例如，一些学者和组织认为，"东亚奇迹"的形成除了物质资本、人力资本和技术进步的因素之外，还有一个重要原因就是政府出台的政策实现了向社会资本的投资，促进了信息交流以及政府与企业之间的合作（世界银行，1993；Stiglitz，1996）。伯克利（1996）对非洲索马里的研究发现，经历了长期的内在和贫困袭扰之后，Boosaaso 港口城市的繁荣在于当地军阀得到居民组织的安全力量和部落长老的支持，形成了社会资本，促进了贸易的繁荣和收入水平的提高。佩森、阿若尔和波芬博格的研究发现，在印度的吉吉拉特邦，当地居民与政府部门时常因森林管理问题发生冲突。

---

① 帕萨·达斯古普特，伊斯梅尔·撒拉格尔丁. 社会资本——一个多角度的观点 [M]. 张慧东等译. 北京：中国人民大学出版社，2005：50-73.
② 罗伯特·帕特南. 使民主运转起来 [M]. 王列，赖海榕译. 南昌：江西人民出版社，2001.

不过，当社区成员动员起来，建立了联合的森林管理部门时，纠纷减少了，而土地生产率和乡村的收入水平则提高了。这又是社会资本发挥作用的一个典型案例。①

三、从制度构建到国家治理

制度并非固定而凝滞的，而是处于不断流变状态之中。一些前所未有的新制度会被创生出来，一些原有的旧制度会被新制度取代，而一些中间性和过渡性的制度又会继续演化为其他形态。这些种种的制度流变被关注制度演化的学者们所捕捉、记录，并进而加以理论化和形式化的归纳、分析，从而形成了制度变迁与制度构建理论。

从新制度经济学的角度来观察，制度变迁视为由制度均衡到制度非均衡再到制度均衡的永续变化的动态过程。制度均衡是指这样一种状态，即在现有的制度安排下：已经获取了各种要素资源所能产生的所有潜在收入的全部增量；潜在利润虽然存在，但改变现有制度安排的成本超过潜在利润；如果不对制度环境做出某些改变，就不可能实现收入的重新分配。②制度均衡意味着社会整体的制度结构或者其中的某项制度安排已经处于"帕累托最优状态"，制度对个体行为激励以及整体经济发展的促进作用已经得以充分发挥。

然而，制度均衡状态具有一定的时效性，当某些因素发生变化时，原有的单项制度安排或整体的制度结构将不再符合上述三个条件，从而使制度由均衡走向非均衡。诺斯将导致制度非均衡的原因归纳为以下三方面内容：首先，新的潜在收入随着条件的变动而产生，一项新的制度安排会实现这种潜在收入。潜在收入的来源主要包括服从报酬递增的新技术应用及规模经济带来的利润、外部经济内部化带来的利润、克服风险带来的利润、交易费用转移与降低带来的利润。③由于存在潜在利润（或外部利润），一项新的制度安排能够实现潜在利润或把外部利润内在化。其次，组织或者群体（个人）操作一个新的制度安排的成本可能发生改变。例如，由于出现了新技术发明，使得某项制度变迁成本大为降低。最后，法律上或政治上的某些变化可能影响制度环境，使得某些集团实现一种再分配或获得现存的外部利润的机会成为可能。

---

① 帕萨·达斯古普特，伊斯梅尔·撒拉格尔丁. 社会资本——一个多角度的观点 [M]. 张慧东等译. 北京：中国人民大学出版社，2005：50-73.
② R. 科斯等. 财产权利与制度变迁 [M]. 上海：上海三联书店，上海人民出版社，1994：297.
③ R. 科斯等. 财产权利与制度变迁 [M]. 上海：上海三联书店，上海人民出版社，1994：276-291.

制度非均衡的出现仅仅表明原有制度结构的不稳定性增加,并存在变迁的可能,但并不意味着制度变迁一定会发生。要想真正推动制度变迁还需要满足以下必要条件,即制度变迁的预期净收益超过预期成本。[①] 所谓制度变迁的预期净收益是指新制度建立并得以正常运转后所实现的收益的贴现值（R）减去实施制度变迁的现期成本（C1）,这一成本包括拆除旧制度的成本,设计、组织推动制度变迁的成本,制度变迁带来的损失及变革的机会成本等。制度的预期成本为维持新制度正常运转的成本的贴现值（C2）。上述制度变迁得以发生的成本收益权衡可以用这样一个公式加以表示：$R - C1 \geq C2$。

由此可见,伴随着社会经济结构的变化,人们需要不断地发现、识别潜在的获益机会,洞悉制度变迁的契机,从而构建出能够促进经济发展的更为有效的制度安排。

根据制度构建的内在机理,制度构建一般可以采取两种方式。一种是由社会的民间主体（包括个人和团体组织）自下而上地发现、培育和建立起新的制度,这种方式类似于新制度经济学中所谓的"诱致性变迁"模式。它主要是指当民间主体捕捉到潜在的获利机会时,自发倡导、自我组织和实施的制度创新。潜在的获利机会来自于制度的非均衡,包括制度选择集合改变、技术改变、制度服务需求的改变和其他制度安排的改变。特别是当变迁的预期收益大于预期成本时,个人或组织就会自发地做出响应,在制度的边际上自行调整,从而形成一种自下而上、从局部到整体的制度创新。制度构建的另一种方式主要是由国家的公共权威主体自上而下推动和实施的。它也类似于新制度经济学中所谓的强致性制度变迁模式,即由政府通过一系列法或行政命令自上而下地推动的制度变迁。[②]

当然,以上对将制度变迁做出的两种区分是一种理论的简化和抽象。在现实世界中,这两种制度构建方式往往交织在一起,难以精确区分,只能在特定的情形中,某些制度构建过程中民间力量的作用多一些,而在另一些制度构建过程中政府的作用多一些。民间自发推进与政府主导这两种制度构建方式各自具有优势和不足。民间自发推进的制度构建以个体理性为基础,这种制度构建更贴近于人们的实际需要,在局部范围内有较大的灵活性、适应性,因而比较有效。但是由于制度构建是一个公共选择的过程,一项制度的出现往往需要社会各个阶层以及

---

① 卢现祥. 新制度经济学 [M]. 武汉：武汉大学出版社, 2004：145.
② 林毅夫. 关于制度变迁的经济理论：诱致性变迁与强制性变迁 [M] //R. 科斯等. 财产权利与制度变迁. 上海：上海三联书店, 上海人民出版社, 1994.

不同的利益集团不断地进行协商和讨价还价的谈判,其间还要防止"搭便车"行为的发生,而且在政治环境比较僵化的条件下,制度创新还伴有很大的政治风险,因此单靠人们自发地逐渐推进制度构建,常常会导致新制度的供给低于社会最优水平。在这种情况下,政府自上而下的构建可以弥补制度供给的不足。但是这又出现了新问题,如何保证政府一定能提供有效的制度安排,如何能避免将国家意志凌驾于个人意志之上,压制个人自主创新的动力,这些问题是单靠政府强制无法解决的。尤其是由于统治者具有有限理性、意识形态刚性以及官僚利益集团的左右,会产生制度构建的"政府失败"或"公共政策失灵"。正是由于两种制度构建具有优势与不足并存的特点,因此,在现实中,伴随经济环境的不断变化,两种制度构建方式总是结合在一起的,以充分发挥二者的优势,推动经济发展。

正因为如此,世界银行在2002年的世界发展报告《为市场构建制度》中提出了制度构建主体多元化的主张,即参与制度构建的主体主要包括政府、私人商业部门、社区成员以及国际市场的参与者(如国际组织和国际投资者)。[①] 从历史发展来看,不同主体在不同时期和不同国家所发挥的作用是不同的。在整体制度结构比较稳定、没有外敌侵扰而且政治经济体制分权化程度较高的国家,如1689年"光荣革命"后的英国,私人商业部门、社区成员和国际市场的参与者成为主要的制度构建主体;政府尽管也从事重要的制度构建活动,但主要发挥确认并推广非政府部门所构建的有效的制度安排的作用。在整体制度结构发生剧烈变化、面临相对不利的外部环境而且政治经济体制高度集权的国家,制度构建的主体主要来自政府,特别是中央政府,而其他主体从事制度构建的活动则被限制在非常狭小的空间内,甚至任何未经中央政府批准的制度构建都是非法的,第二次世界大战后东欧和亚洲的社会主义国家采取的一系列社会政治经济体制改造就是这种制度构建模式的典型案例。在20世纪80年代末90年代初开始从计划经济向市场经济转型的国家,介于上述两种类型之间。一方面,转型国家(特别是苏联和东欧国家)整体的制度结构发生了剧变,在这种情况下,即使是奉行极端自由主义的改革派政府,也无法逃避在制度构建领域的重任(如产权制度变革、竞争体制构建以及国家治理模式的重构);另一方面,伴随着政治、经济自由化的展开以及外部环境的改善("冷战"结束、经济全球化浪潮),私人商业部门、社区以

---

① World Bank. Building Institutions for Market: World Development Report 2002 [EB/OL]. www.worldbank.org.

及国际组织和跨国投资者也都争先恐后地参与到制度构建与创新的大潮中来。由此可见,在当今世界,制度构建主体多样性的趋势已日益明显,因此,政府在继续推动一些关键领域的制度构建的同时,需要鼓励私人部门进行各种制度实验与制度创新活动,以拓宽制度构建的渠道。在此基础上,政府也可以确认并推广私人部门所创造的各种有效制度安排,以促进有效制度在全国范围内的扩散。在这方面,中国改革初期家庭联产承包责任制的推广是一个经常被人们援引的经典案例。[①]

  由此可见,在制度构建过程中,政府与经济和社会主体的有效沟通与协调互动,是促进有效制度供给的核心国家治理问题。在这一过程中,政府与私人部门需要遵循一些必要的制度构建原则。首先,要对新制度进行精心的设计。一是要考虑到制度的关联性、互补性,就是要使新制度与其他既有的制度有效衔接和相互协调,特别是关注当地的文化传统、社会资本的积累状况,这些都是制度内生性的必然要求。二是要考虑到现有的知识、技术和人力资本的约束,在缺乏这些必要条件的支持下,不管是制度抑制还是制度创新都是成本昂贵的。三是要考虑到激励约束结构的作用,这既适用于制度的执行者(如政府官员),也适用于制度的调节对象(如社会成员)。其次,在制度构建过程中要不断识别那些有效的制度,废除那些无效的制度,或者不断修正、改进那些既有的制度。在这方面,改革实验的作用十分重要。由于制度设计者的有限理性和制度知识的约束,制度设计者通常不能事先设计出一套完备有效的制度安排,因此,通过改革实验或试点的方式可以降低大范围制度构建失效的问题。此外,当无法一步到位地找到最优的制度安排的时候,可以先尝试建立一些介于新旧制度之间的中间性、过渡性制度安排,以作为跨越制度鸿沟的桥梁。再次,利用促进信息自由流动和贸易开放的环境,增强市场参与主体之间的相互联系。开放市场可以创造出人们对有效制度的需求,相互之间的信息交流也可以改变人们僵化的思想,提供制度变革的动力,并增强人们参与改革的社会责任感。最后,要促进辖区、企业以及个人之间的竞争。竞争不仅可以创造出对制度的需求,而且可以淘汰那些无效的制度安排,甄别和挑选出那些有效的制度安排。竞争还可以提供有效的激励约束结构,这不仅有助于改进私人经济主体的行为,而且可以发挥约束政府的"掠夺之手"的功能。[②] 由此可见,这些制度构建的原则不仅考虑创造制度供给和需求的力量,

---

  ① 景维民,张慧君等.经济转型的阶段性演化与相对市场化进程研究.北京:中国财政经济出版社,2006:214-219.

  ② 以上受到了下列文献的启发:世界银行.2002年世界发展报告:建立市场体制[M].北京:中国财政经济出版社,2002:4-5.

同时也兼顾了制度创新主体的多元性、制度构建的互补性与多样性，以及强调制度实验、创新与推广的重要性。因此，这些经验对于发展中国家和转型国家创建有效的制度构建机制具有重要的指导意义。依据这些经验，我们可以发现，许多发展中国家在制度构建与国家治理的实践中还存在着诸多不足之处。例如，在制度构建过程中，发展中国家移植了许多西方国家的先进制度安排，但由于缺乏相应的互补性制度，因而影响了这些制度功能的发挥。[①] 再如，由于缺乏必要的信息沟通机制和竞争环境，许多市场参与者对各种正式的制度安排的需求不足，而大量依靠各种非正式的制度来从事交易活动（如私人关系网络甚至犯罪组织）。又如，由于缺乏一种有效的国家治理模式，一些国家的政府往往被强势利益集团所俘获，不能有力地推广一些行之有效的制度安排。因此，建立一套能够广泛调动多元化制度构建主体的积极性，通过多种渠道源源不断地供给支持市场经济运行的有效制度安排的社会治理机制，是所有发展中国家在强化制度构建与国家治理过程中面临的重大挑战。

第二节　国家治理模式的结构与关系

　　国家治理模式是由政府、市场和公民社会三大制度系统相互耦合所构成的整体性制度结构模式。政府、市场和公民社会相互协调、相互配合，共同型构出社会成员的激励约束结构，并维系着国家秩序治理，在此基础上推动社会经济的持续发展。本节首先界定了国家治理模式的制度内涵，然后分析了国家治理模式的具体制度构成，最后探讨了政府、市场和公民社会之间的制度互补性关系。

一、国家治理模式的制度内涵

　　自 20 世纪 80 年代以来，在制度与经济发展的研究中，学者们又引入了一个崭新的概念——"治理"。对于这一概念，经济学界和其他社会科学界有着各种各样的理解。经济学界大多秉承了个体主义和微观分析的传统，将治理看作一种协

---

① 例如俄罗斯 1996 年的公司法是在美国专家的参与下制定的，但是由于缺乏有效的法律执行机制，因而削弱了其对公司治理行为进行规制的有效性。

第二章 国家治理模式的理论分析框架

调个体行为，削减交易成本，缓解委托—代理等问题的一些契约、组织、机制或制度安排。在一些交易成本经济学家看来，治理结构、秩序、制度这些概念在很大程度上是意义相近并可以互换使用的。① 在政治学和行政科学中，对治理的理解主要有两种代表性观点。一是将治理等同于政府治理，也就是政府如何来统治、管理、协调社会；二是将治理看作一个在既定范围内维系公共秩序的过程。这两种理解都侧重于对治理的宏观层面进行分析。②

在最近的研究中，一些关注治理问题的制度经济学家对治理的内涵又提出了许多新的见解。阿西莫格鲁认为，治理可以被理解为国家与社会中广泛存在的核心制度构成部分，这些核心制度主要包括以下内容：政治制度，如政策的公共选择过程、政治家和利益集团的制度约束；构建政府能力，即政府提供公共产品和服务的能力；经济制度，如政府利用规制手段对不同主体的经济行为施加影响。③

福山从政治维度与经济维度之间的相互关系来理解治理。在他看来，经济发展可以简化为人均GDP的增加。政治发展的定义更为复杂，主要包括四个部分。一是国家制度建设，即界定主权领土范围；培育公共官僚体系的行政能力，保障法律规则的执行、征收赋税和提供公共产品。二是创建法治，使政府权力得到清晰透明的法律约束。法治构成产权的基础、裁决商业争端规则，还是人权的重要保障。三是民主制度，即通过有序的选举方式实现人民主权。此外，成熟的民主制还依靠其他机制提高政府责任，如权力的分立与制衡、新闻自由、独立的可监督政府绩效的公民社会。四是经济和政治发展之外的社会发展的独立空间，包括复杂的劳动分工，以及基于阶级、种族、性别、文化等的归属认同和自愿认同。④

发展经济学家丹尼·罗德里克从制度改革和发展政策的角度来理解治理。他认为，经济学家一般在两个层面上来讨论治理，即"作为目的的治理"和"作为手段的治理"。前者的含义包括建立具备良好治理特征的政府，如透明、高效、法治、低度腐败、表达和参与。后者的含义包括治理能够为企业和家庭创造更为清晰有效的规则以及为投资者权益提供更大的保障。罗德里克认为，经济学家们不要染指"作为目标的治理"，因为在解决这些问题时他们并不具有优势。在"作为手段的治理"方面，经济学家可以发挥更多的作用，但仅仅限于设计那些

---

① 埃里克·弗鲁博顿，鲁道夫·芮切特. 新制度经济学——一个交易成本分析范式 [M]. 姜建强、罗长远译. 上海：上海三联书店，上海人民出版社，2006：7-8.
② 参见导论第二节的总结.
③ 达龙·阿西莫格鲁. 治理与发展的相互作用：世界银行经济学家需要注意的地方 [J]. 比较（第37辑）.
④ 弗朗西斯·福山. 关于发展的政治维度和经济维度间的关系我们知道什么？ [J]. 比较（第37辑）.

· 71 ·

最有助于放松对经济发展"有束缚力的约束"的制度安排方面。①

由此可见,在关于治理的理解领域,经济学家们或许存在一定共识,但更多的是存在严重的分歧。就共识而言,经济学家都将治理与制度和经济发展问题相互勾连。或是将治理看作国家与社会中最为核心的制度组成部分,或是将治理改革看作解开对经济发展最具阻碍作用的约束条件的一种手段。但即便如此,经济学家对于治理究竟具体指代什么,治理的目标是什么,治理的工具是什么依然语焉不详。甚至在治理对于经济发展的作用、治理改革的紧迫性方面,仍然存在着重大分歧。当然,这些分歧的存在,并不妨碍我们引入治理这一范式来研究现实中的制度与发展问题。诚如英国学者格里·斯托克指出,治理的意义可能并不在于为我们提供一个精确的概念体系,或者为我们提供"一种新的规范的理论",它的价值在于,"它是一种组织框架","一种语言和一个参照系",通过"治理"这一分析框架和研究范式来整合相关理论,以分析日趋多样化和复杂化的政治、经济与社会的协调和管理活动。②因此,学者们往往针对不同的研究主体,从自身的学术背景出发,对治理的内涵加以具体界定。

有鉴于此,我们将国家治理模式界定为:在一定领土范围之内,政府、市场和公民社会相互耦合所形成的一种整体性的制度结构模式;其中,政府、市场和公民社会各自都是由一系列相互关联的规则、组织和治理机制构成的制度系统。在微观层面,它们发挥着协调社会成员行为,提供有效的激励约束结构,降低交易成本、社会风险和不确定性的功能;在宏观层面,政府、市场和公民社会三大治理主体则相互协调、相互配合,共同维系着一个国家整体的秩序治理,并在此基础上协调资源配置,促进社会经济的持续发展。对国家治理模式的这一界定实际上兼顾了经济学对治理的微观理解和政治学对治理的宏观理解。也就是说,我们既关注国家与社会中某些具体的治理结构对人类行为的激励约束作用,更关注政治、经济和社会制度相互协调所形成的国家的整体秩序对经济发展的重要作用。

表2-2将我们对国家治理模式的内涵的界定以及其基本的制度构成、功能作用进行了清晰的归纳。其中的主要内容包括以下几个内容:一是国家治理的目标是建构一种能够促进社会经济持续发展的秩序结构,这里的发展不仅包括经济增长,还包括经济结构的改善、社会收入分配的公平、公民参与社会经济事务的权利拓展等。二是国家治理的手段,主要包括相互协调的正式的、外在的制度安排

---

① 丹尼·罗德里克.关于治理问题的思考[J].比较(第37辑).
② 俞可平.治理与善治[M].北京:社会科学文献出版社,2000:34.

和非正式的、内在的制度安排,它们的重要功能就是协调社会成员的行为,提供有效的激励约束机制,促进合作秩序的形成等。三是参与国家治理的多元行为主体,它们既包括内部的行为主体,如政府主体、市场主体和社会主体,还包括外部的行为主体,如外国政府、跨国公司、国际组织等,它们之间进行着互动博弈。四是国家治理模式的制度结构就是政府制度、市场制度和公民社会互惠共生形成的多元结构模式。① 在下文中我们将对政府、市场和公民社会这三大制度系统的特征和功能进行详细分析。

表 2-2　国家治理模式的制度内涵、构成及内在关系

治理目标	形成一种能够促进经济持续发展和社会公正目标的国家整体的政治、经济和社会秩序结构:Y=O (G, M, C) F (r, l, k, a, …)。
治理的手段	维系国家秩序的一整套相互协调的正式(外在)制度(宪法、普通法、政府指令、正式合约安排等)和非正式(内在)制度(惯例、习俗、传统、文化等)。作用方式:相互协调。
治理的行为主体	政治行为主体:政治家、官僚等;市场行为主体:个人、企业、中间性组织;其他社会行为主体:公民社会组织、利益集团等;外部行为主体:外国政府、跨国公司、国际金融机构,国际NGO等。行为方式:互动博弈。
治理模式的制度结构	政府(G):强制性的制度供给和秩序治理;市场(M):基于自利性交易基础上的自发制度供给和秩序治理;公民社会(C):互利关系的团体和组织及蕴涵在组织网络内的"社会资本"。结合方式:互惠共生与多元结构模式。

二、国家治理模式的制度构成

从宏观的制度结构层面来看,国家治理模式由三个基本的制度系统构成,即政府、市场和公民社会。这三大制度系统各自具有一系列不同的组织制度特征,并发挥着不同的治理功能。在一种有效的国家治理模式之中,政府、市场与公民社会不是此消彼长的"零和博弈"关系,而是互惠共生的"正和博弈"关系。

1. 政府制度

在社会科学中,国家与政府这两个范畴既存在密切的联系,也具有一定的区别。英文中有三个单词可以表示国家,即 State, Country, Nation。其中,State 侧重于主权和一套不同于其他社会组织的机构和制度安排;Country 侧重于领土和地域范围;Nation 侧重于人口和民族。政府(Government)有广义和狭义两种含义。广义的政府包括了一国的立法、司法和行政系统,也包括中央政府和地方政

---

① 张慧君.俄罗斯转型进程中的国家治理模式演进 [M].北京:经济管理出版社,2009:56-82.

府;狭义的政府则专指一国的行政机构。而经济学中使用的政府一词是指广义的政府,它与政治国家(State)一词的含义基本相似,可以互换使用,本书也遵循此例。因此,社会科学中有关国家的政治经济理论也适用于对政府这一范畴的理解。

(1)政府的组织和制度特征。政府既是一个古老的事物,也是一个现代的事物。政府的原初形态在人类脱离原始社会的蒙昧状态后就已经出现,但真正意义上的现代政府是近现代历史的产物。它的基本结构形态和组织形态形成于西欧封建专制主义国家崛起时期(从14、15世纪到17、18世纪)。根据英国学者帕特里克·邓利维和布伦登·奥利里的观点,现代国家就是一种特殊类型的政府制度,它具有五方面的基本特征:①政府是一个或一组可加以识别的独立机构,它分属于社会的其他部分,能够清晰地划分和辨别出公共领域与私人领域。②政府在其领土范围内享有至高无上的主权,并以其合法强制力为支持,享有制定法律的最终权威。③政府的主权扩展到其领土范围内的所有公民,包括那些身居高位的政府官员和政策制定者。④现代政府在人事上由一个理性的官僚制构成,并对其成员进行更新与管理培训。⑤政府具备从其治下的社会成员中汲取税收的能力,为其活动提供必要的财政支持。[①] 由此可见,政府是一种以官僚制为核心的科层结构,它体现了一种自上而下的权威关系。政府在其统治范围与领域内具备合法强制性、公共权威性,并以此为依托向社会提供法律、秩序以及基本的公共物品和服务。

(2)政府悖论与治理绩效的不确定性。在理论和现实中,人们对政府的印象争议颇多。有人将其视为拥有绝对理性的仁慈的统治者,也有人将其视为一切罪恶的渊薮,还有学者将政府比喻为"三只手":一是无为之手,即除了提供基本的法律和秩序外,对社会经济不加干预;二是"扶持之手",即政府广泛发挥着干预经济、扶助社会发展的职能;三是"掠夺之手",即政府常常随意破坏博弈规则,攫取私人利益和社会财富。[②]

以上这些有关政府角色和行为的争议均来自于政治经济中的一个基本悖论——"政府悖论"。对于这一悖论的内涵,诺斯提出的新古典国家理论模型给予了深刻的诠释。在该模型中,政府被看作由一个理性的统治者构成的主体(以实

---

① 帕特里克·邓利维,布伦登·奥利里.国家理论:自由民主的政治学[M].欧阳景根等译.杭州:浙江人民出版社,2007:2-3.
② 安德烈·施莱弗,罗伯特·维什尼.掠夺之手——政府病及其治疗[M].赵红军译.北京:中信出版社,2004.

现效用最大化或福利最大化为目标)。这样一个政府具有三个特征：一是政府用一组公共服务（保护）为条件，换取社会成员交纳的税收，以增加财政收入。二是作为一个具有歧视性的垄断者，政府将社会成员区分为不同的集团，并为它们设计有差别性的产权，以实现国民收入最大化的目标。三是存在着潜在的可以替代现政府的竞争对手，它们也具有为社会成员提供同样公共服务的能力。政府提供基本的博弈规则出于两个目的：一是在产品和要素市场上制定所有权结构，以使统治者的垄断租金最大化。二是在此框架下降低交易成本，增加产出，以获取更多税收。但是这两个目的并不一致，政府需要在两者之间进行权衡（如图2-3所示）。当第一个目的占据主导地位的时候，政府就会破坏博弈规则，阻碍经济增长；而当第二个目的占据主导地位的时候，政府就可能遵守和保障产权，促进经济增长。正因为如此，诺斯指出，"在统治者（和他的集团）的租金最大化的所有权结构与降低交易费用和促进经济增长的有效率体制之间，存在着持久的冲突"，因而"国家的存在既是经济增长的关键，然而国家又是人为经济衰退的根源"。①

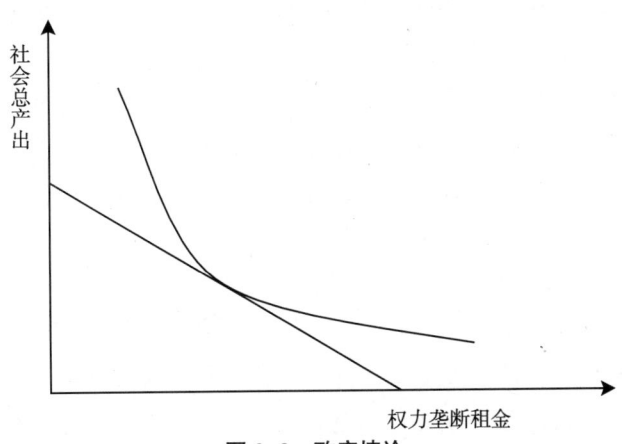

图2-3　政府悖论

政府悖论的存在表明，在促进经济发展方面，政府的目标、行为和治理绩效具有不确定性的特征。毫无疑问，从长远来看，任何政府要想维系其合法性和统治的稳固性，必然要关注社会经济的长期发展利益，但是在短期内，受特定利益偏好的约束，政府也可能为追求自身的一己私利违背社会发展的长期利益，并由

---

① 道格拉斯·C.诺斯，经济史中的结构与变迁 [M].陈郁、罗华平等译.上海：上海三联书店，上海人民出版社，1994：23-26.

此导致其出现严重的掠夺行为倾向。那么进一步地需要分析是什么因素导致了政府的不同行为选择。

从历史经验来看，影响政府行为原则的因素大致可以划分为非制度因素和制度因素两大类。非制度因素主要包括两方面内容，一是竞争约束，二是交易成本约束。所谓竞争约束主要是指与现政府形成潜在竞争关系的国内和国外的竞争者。如果不存在势均力敌的竞争者，那么现政府的统治者就会拥有绝对垄断的独裁地位和自由度，他可以毫无顾忌地滥用权力来攫取租金；相反，当存在强有力的竞争者时，他出于维护统治合法性的需要，就可能会对自身的行为进行必要的约束，否则，选民就可能采取"用脚投票的"形式选择其他统治者取而代之。所谓交易成本约束，主要是指统治者需要准确侦测到社会成员所拥有的财富数量，也需要提供一套有效的激励机制来确保社会成员努力工作，这些都需要花费不小的成本。如果政府随意采取掠夺行为，那么社会成员就会有意隐匿自己的财产，并采取消极怠工的方式来抵制政府的掠夺，这都将影响政府获取收入目标的实现。非制度性因素对于政府行为的约束力毕竟有限，而且是不稳定的。因此，在长期的历史演化过程中，人类社会经过不断的摸索和试错，逐渐形成了一套现代国家制度，为约束政府行为施加了刚性约束。这些现代国家制度包括宪政、分权、法治、民主等。总之，从经济学的角度看，非制度性和制度性约束的一个重要作用实际上是增加了政府随意掠夺社会，攫取垄断租金的成本，这意味着在图2-3中，政府的等成本线更加陡峭，因此，理性的统治者会相应地调整自身的行为选择。

（3）政府权力与政府能力。政府悖论的背后，实际上体现出一种政府权力与政府能力的悖论。① 马克斯·韦伯在《社会学的基本概念》中对权力做了如下界定："'权力'意味着在一种社会关系内，自己的意志即使遇到反对也能贯彻的任何可能性，而不管这些可能性建立在什么基础上。"② 意大利政治哲学家博比欧进一步区分了权力的三种形式，即"我们可以通过将积极主体用于对消极主体设定行为边界的手段来划分出不同权力形式……我们可以区分出三种主要的权力形式：经济权力、意识形态权力和政治权力。经济权力利用其所拥有的特定稀缺物品，指挥那些不拥有稀缺物品的人们从事特定的活动，通常是从事某种劳动……意识形

---

① 以下对政府权力与政府能力的论述可参见景维民，张慧君. 国家权力与国家能力：俄罗斯转型进程中的国家治理模式演进——兼论"梅—普"时代俄罗斯的国家治理前景 [J]. 俄罗斯研究. 2008 (3).

② 斯科特·戈登. 控制国家——从古代雅典到今天的宪政史 [M]. 应奇等译. 南京：江苏人民出版社，2005：11.

态权力建立在这样一种事实基础上,即具有特定权威的人以特定方式所明确表达出来的某些观念,对有关的人们所施加的影响……最后,政治权力依赖于拥有各种工具(如各种类型的武器和能力)以施加暴力。从严格意义上讲,政治权力是一种强制性权力。"① 上述关于权力的经典理解已经凸显出权力的几种特性:首先,权力代表了一种社会关系,存在着权力主体与权力客体的某种相互依赖性;其次,权力代表了某种能力,它可以影响权力客体的行为,以实现权力主体的意志;最后,权力有不同的来源,因而有不同的实施和表现形式,如基于物质暴力的强制、基于经济利益的交易和基于意识形态的说服。② 权力的上述特性决定了它具有某种经济价值、经济属性,即权力不仅是一种稀缺的资源和要素而且可以影响微观社会经济主体的行为以及一国的宏观资源配置和经济增长与发展。尽管具备上述特性的权力可以在社会不同主体之间进行分配,但是从近现代历史来看,政府显然是一个集上述三种主要形式的权力为一身的组织化、制度化的公共治理主体。无论在对暴力资源的占有、对经济资源的掌控还是在对意识形态的传播与合法性塑造方面,政府都已经远远超越了所有其他社会主体,因而政府也往往成为影响社会秩序治理与经济发展的关键。有鉴于此,我们可以将政府权力界定为政府综合运用其所掌握的政治、经济与意识形态等权力资源对社会成员的行为以及社会整体的运行状况施加干预和控制的力量(State Power)。

一般而言,政府权力与政府实现自身意志、目标和偏好的能力具有很强的正相关性。政府拥有的政治、经济与意识形态权力越集中、越丰厚,政府相对独立自主地实现自身的意志、目标和偏好的能力越强。但是,政府权力与政府通过有效的制度供给和公共政策有序治理社会,并促进社会经济持续发展的能力之间的关系相对比较复杂。一方面,政府只有掌握了必要的政治权力(强制力)、经济权力以及意识形态权力,才能提供必要的制度供给和秩序治理,也才能使政府的法令和政策得到有效执行;另一方面,政府权力的过度扩张也很可能因侵犯个人权利、破坏必要的社会自组织能力和自我发展能力而损害社会经济的长期发展。正如温加斯特所归纳的"经济制度的基本性政治悖论"表述的那样:"强大到足以保护产权和合同实施的政府也同样强大到足以剥夺公民的财产。市场繁荣不仅需要适当的产权制度和合同法,而且还需要一种能够限制国家剥夺公民财富的能

---

① 贾恩弗朗哥·波齐. 国家:本质、发展与前景 [M]. 陈尧译. 上海:上海人民出版社,2007:4.
② 查尔斯·林德布洛姆. 政治与市场——世界的政治经济制度 [M]. 王逸舟译. 上海:上海三联书店,上海人民出版社,1995:12–15.

力的政治基础。但导致政治制度发挥某种作用而不是另一些作用的条件还远远没弄清。"①

由此可见，政府悖论背后隐含着这样一种政府权力的政治经济逻辑：无论是政府实现自身目标偏好的能力还是推动社会经济发展的能力都要以一定的政府权力为基础，或者用经济学的语言加以表述——政府掌控的政治、经济、意识形态与社会控制等权力资源是产生政府能力这种"产品"的必要"生产要素"。但是在特定的历史与现实约束条件下，一方面，政府为了实现自身的目标偏好而过度集中、扩张自身的权力，结果必然会损害社会经济长期发展的利益，从而产生权力过度扩张所导致的"边际报酬递减"的无效率甚至是负效率现象；另一方面，不顾历史与现实的约束而过度分散、削弱政府的权力同样也会导致国家制度的解构，结果对政府能力的有效发挥带来严重不利影响，从而产生政府能力供给不足的问题，这对于提高全社会的福祉水平而言同样是无效率的。因此，化解政府悖论的治理之道在于合理界定、配置和运用政府掌控的权力资源，有效规范政府的治理行为，从而使政府实现自身目标偏好的能力与推动社会经济发展的能力相互协调、兼容，并最终走向统一。

2. 市场制度

与政府相比，市场体现了一种横向的制度协调机制。市场制度以自利性交易、公平竞争和经济利益激励为核心特征。各种经济主体在市场中进行交易活动以取得相应的经济利益。市场中的各种制度安排的相互作用，使经济主体在重复博弈过程中达成一种相对稳定的行为模式，从而型构出宏观层面的经济秩序。

（1）主流经济学的市场观。新古典经济学将市场看作买方和卖方相互作用，以共同决定商品和劳务的价格和数量的机制。市场经济被视为"一部复杂而精良的机器，它通过价格和市场对个人和企业的各种经济活动进行协调"。同时，市场也是一部传递和处理信息的机器，它可以将各种分散的个人的知识和信息加以汇集。由此，市场不需要一个集中的具备超级理性的中央计划者的协调和管理就可以解决人类经济生活中的三个基本问题：生产什么商品和服务，如何生产出这些商品和服务以及为谁来生产。②

那么市场如何实现这些精妙的功能呢？这需要进一步地加以分析。在市场上主要活动着两类经济主体：消费者（个人和家庭）和生产者（厂商）。消费者是

---

① 青木昌彦. 比较制度分析 [M]. 周黎安译. 上海：上海远东出版社，2001：156.
② 萨缪尔森，诺德豪斯. 经济学（第16版）[M]. 萧琛等译. 北京：华夏出版社，1999：21-22.

效用最大化的经济主体，他们在收入的预算约束下对不同商品构成的组合进行选择，直到最后一单位货币购买的最后一单位商品提供的边际效用相等时为止。这样，单个消费者对商品的需求的加总形成了整个市场对商品的需求量，这可以形成一条向下倾斜的需求曲线。生产者是追求利润最大化的经济主体。他们在生产成本的约束下，对生产某种商品的不同生产要素组合进行选择，从以最小的成本来生产商品。在完全竞争的条件下，由于众多一样的厂商生产着同质的商品，他们不能左右商品的价格以及其他潜在生产者的进入和退出，因此，他们只能被动地按照等于长期平均成本最低点的价格销售产品。如此，生产者高于平均成本最低点之上的那部分边际成本曲线就构成了单个生产者的商品供给曲线，而单个厂商供给曲线的加总构成了该商品市场上的向上倾斜的供给曲线。这样，市场需求的力量与市场供给的力量相互作用达到均衡状态之时（需求曲线与供给曲线相交那一点），就决定了使市场出清的商品数量和价格。

以上是商品市场上的均衡状态的形成机理。与此同时，要素市场上的需求与供给相互作用还可以自动决定收入的分配。在新古典经济学看来，对要素（包括劳动、资本、技术等）的需求是一种派生的需求。它等于某种生产要素（如劳动）的边际产出和商品的边际收益（在完全竞争条件下等于商品市场均衡时的价格）的乘积。这样，就可以通过生产者的利润最大化行为，推导出厂商对生产要素的需求曲线。生产要素的供给曲线由于要素的不同性质而具有不同的特征。以劳动这种要素为例，劳动者要在劳动提供的边际收益（工资）与劳动产生的边际负效用（闲暇的机会成本）之间进行权衡。这进而决定了单个劳动者的要素供给曲线，而这进一步加总可以得到劳动力市场的供给曲线。这样，在要素的需求曲线和供给曲线的共同作用下，也决定了要素市场均衡条件下的要素价格和数量，这进一步决定了要素所有者的收入。

由此可见，在完全竞争的商品市场、要素市场上，需求与供给力量的相互作用不仅决定了市场均衡时商品的价格和数量，而且决定了要素所有者的收入分配。在这种情况下，局部市场实现了资源配置的帕累托最优状态。在此基础上，根据瓦尔拉斯法则，当所有市场都达到均衡状态的时刻，整个经济系统也达到了一般均衡的最优资源配置状态。

（2）作为制度和组织形态的市场。新古典经济学对市场的理解是建立在一系列严格的假定条件基础之上的。这些假定主要包括不存在信息费用、交易费用和不确定性因素。在这些严格的假定条件之下，市场是完美的，世界是和谐的，因此不需要制度的存在。由于信息是对称而完全的，因此消费者很容易能寻找到他们合意的优质的商品，厂商也能够顺利发现获利机会和潜在的合作者。由于不存在事前和事后的交易成本，因此契约很容易达成和实施。缔约双方既不用担心在合同中未事先写明各种条款，也不必担心事后发生合同纠纷。在这种情况下，机会主义行为被降低到最低限度，产权的界定失去了意义，政府作为公正的第三方裁决者的角色也没有存在的必要，人们只需要一个私立的司法秩序就可以解决一切潜在的争端。由于不考虑不确定性因素，因此一切投资都不存在风险，那些用来分散风险的制度安排也不需要存在。然而，现实中的市场并非如此理想，上述三个严格的假定前提没有一个能够得到满足。因此，市场的运行效率必须要由一整套相互关联的制度、组织和治理机制构成。制度主义经济学家 G.M.霍奇逊对市场的制度特征进行了如下界定：在市场中大量特种商品的交换有规律的发生，并在某种程度上受到这些市场制度的促成和构造，这些制度主要包括支持产权让渡和契约性协议的各种正式和非正式的制度安排、治理结构以及实施这些制度的各种组织。①

协调市场经济运行的正式制度安排主要包括产权制度、政府规制和法制等一系列正式的规则系统和治理体系。首先，产权制度是市场交易的基础，维持市场有效运行的产权制度要求明晰企业产权的归属、控制产权收益和风险。根据现代产权制度要求进行的企业改革包括以下内容：确认私人产权并发展私人产权经济；将私人产权引入国有企业；多元股权合作也可成为私营企业发展的方向；投入企业的各种生产要素形成相应的股权，实现按要素贡献取得报酬。与市场秩序相关的产权制度涉及三方面内容：①明晰产权归属，这是市场交易的前提。②严格的产权保护，即严格遵守等价交换基本市场秩序和保护有效率的产权结构。③顺畅的产权流动，从效率角度出发，产权的调整比产权的初始界定更为重要，它可以使产权集中于更有效率的市场参与者。其次，法制是现代市场经济制度的必备构成要件。市场经济在一定意义上说是分散化的经济，对分散化经济来说，法律制度就显得更为重要。也正因为如此，市场经济必须是法制经济。只有如此，才可能有市场经济的存在和发展。法律制度的建设主要是完善立法和加强执法，其内容主要包括产权界定和体制的法律保障，企业进入市场、退出市场和市场竞争秩序的建设，企业之间合同的签订、执行的法律约束和监督方面的制度建设等。最后，市场经济需要大量中介组织的支持。在现代市场经济中，政府与市场以外的第三方力量即市场中介组织起着十分重要的维持市场秩序的作用。其中

---

① G. M. 霍奇逊. 现代制度经济学宣言 [M]. 北京：北京大学出版社, 1993：208.

包括协调经济组织的商会之类的中介组织，协调行业的行业协会之类的中介组织，对市场活动起监督作用的会计师事务所、审计师事务所之类的中介组织，以及帮助企业进行市场交易的经纪机构之类的中介组织。中介机构公平、公正地维持市场秩序的基础是其制度建设，中介机构一方面要真正与政府职能分开，另一方面要明确其责任和风险承担。①

除了正式的制度安排之外，市场经济的有效运行还需要各种非正式的制度安排。对于建立市场经济而言，虽然可以大量移植正式的制度安排，但如果非正式制度安排得不到相应改进，所有正式的制度安排都可能走样。首先是干预市场活动的政府也会失灵。官僚主义、"寻租"、行政垄断都是政府失灵的主要表现。除此以外，由于政策制定者个人主观认知的困难也会造成政府的失灵。其次是针对违约行为的法制安排不可能总是有效。第一，针对不完全合同，法律调整不可能完全有效；第二，不存在完备的法律；第三，司法过程相当缓慢，执法过程会遇到困难。实践已经证明，在一个缺少道德规范的社会里，法律执行往往是最困难的。因此，建立市场经济必须高度重视道德规范等非正式制度建设，解决好市场经济的道德基础即诚信问题。只有当交易者的行为建立在诚信的基础上时，所有各种正式的制度安排才能起作用。道德规范作为社会信用制度的重要组成部分，有一整套机制。虽然道德规范属于一种文化或习俗，但不意味着道德规范是自然形成的。从机制上考虑，道德规范作为一个系统，包括诚信或失信的识别、诚信的激励、失信的惩罚、诚信文化的弘扬等。这种机制或制度不可能自发地形成，需要进行建设，而且要作为一个系统来建设。②

由此可见，支持市场经济运行的各种制度安排是一个整体，不可能单靠其中的某一种制度就能解决问题。每一种制度安排都有其特定的功能，不能通过比较其作用效果而得出某种制度可以替代另一种制度的结论，只能说一种制度的缺陷可以被另一种制度弥补。因此，各种制度安排的功能是互补的，我们需要的是各种治理市场的制度作为整体来发挥作用。市场的多层面制度特征实际上表明，市场已经不单纯是一种"自我收敛"的自由交易秩序机制，而是需要来自国家与社会各个层面的制度、组织的扶助与支持。正是基于上述制度特征，著名经济史学家卡尔·博兰尼在《大转型》一书中将近现代市场经济的发展看作一种自然秩序的

---

① 景维民，孙景宇等. 转型经济学 [M]. 北京：经济管理出版社，2008：190.
② 景维民，孙景宇等. 转型经济学 [M]. 北京：经济管理出版社，2008：191.

自发演化与社会有意识的制度构建（制度化）并行不悖的运行过程。①

（3）市场与经济秩序。从亚当·斯密开始，市场就被看作一种自发秩序，即理性的个体能够在自由选择的过程中实现有效的分工与合作，从而实现提高社会整体福利水平的目标。这种观点被大多数自由主义者所推崇，并进一步得到发展。经济自由主义认为，市场的扩展瓦解了以特权和等级为基础的传统社会制度。有保障的私有产权和公民自由的共同作用，赋予个人积极的自由交易的权利。这种自由选择的自主感不仅提高了公民个人的效用水平，而且有助于促进一个有序社会的形成。市场的扩展深化了专业化的劳动分工，将分散的、分割的群体联系起来，形成有序的经济结构，使它们相互尊重，成为友好的贸易伙伴，在这种情况下，国家与国家之间的关系也会变得和平友好。最后，市场排除了政治权力的干扰，使个人的成功与失败取决于非人格化的市场力量，消除了人们的不满和嫉妒，这也有利于社会的和谐与稳定。

但是，与经济自由主义者的乐观预期不同，在许多思想家看来，市场也存在着反秩序的一面。自由放任的市场力量会瓦解传统的价值观念和社会结构，过度追求个人私利会削弱共同体的内聚力，损害维系社会秩序的道德伦理基础。当自利行为恶化为自我放纵之时，社会约束就会崩溃。市场的自发运行还会产生因对生产资料和社会财富占有的不平等配置导致的收入分配差别、社会阶级或阶层的差别。结果，社会的一端被富有的资产阶级所占据，而另一端则成为大量贫苦的无产阶级、社会边缘人群的寄居地，从而使社会结构处于断裂状态。在这种情况下，阶级仇恨和敌意就会不断自我强化，从而最终演变为犯罪、种族冲突和民族骚乱。②

以上正反两个方面的观点实际上都指向了市场与经济秩序的关系这一核心问题。应当说，市场本身确实有促进经济秩序形成的功能，经济秩序是市场经济运行状况的一种反映，是各类市场主体（企业、个人、政府、中介组织等）在社会经济活动中对各种市场规则的遵从状况。但同时我们也应该认识到，单纯的市场力量并不必然保证和谐有效的经济秩序的形成。经济秩序本身是参与者按照特定的市场规则开展经济活动的结果，是集体理性的产物，它要求市场经济在其运行过程中必须要克服个体理性与集体理性的悖论。这显然不是市场本身就可以解决

---

① 黄德发.政府治理范式的制度选择 [M].广州：广东人民出版社，2005：33.
② 巴里·克拉克.政治经济学——比较的观点（第2版）[M].王询译.北京：经济科学出版社，2001：14–15.

的，而是需要政府与社会力量的介入，共同型塑经济秩序。从这个意义上讲，经济秩序已经不再是单纯的自然秩序，而是政府、市场和社会共同建构的治理秩序。

此外，经济秩序本身是一个秩序系统，它是由不同层面的子秩序相互作用，共同构成的整体性结构。我们可以从市场行为的具体内容出发，进一步将经济秩序划分为四个层次：①市场进出秩序。市场进出秩序是指市场主体进出市场时对有关市场规则的认同和遵从状况，反映着市场主体进出市场的规范化程度。市场主体是参与市场经济活动的当事人，包括企业、个人、社团、市场中介机构等，它们以不同的身份支配着市场客体，是市场运行的基础。②市场交易秩序。市场交易秩序是指市场主体围绕市场客体所进行的一系列购买和销售行为，即市场买卖行为。主要包括交易对象的选择、交易条件的洽谈、交易合同的签订、合同的履行、监督及对违约的惩罚等。市场交易秩序是在市场交易活动中各类市场主体对市场交易规则的认同和遵从状况。对市场交易秩序的评判应主要围绕市场客体的规范化状况、市场交易价格的规范化程度、经济交易合同的规范化及履行状况三方面展开。③市场竞争秩序。市场经济是一种竞争经济，竞争是经济活力的源泉，要发挥竞争的有效作用，必须形成良好的市场竞争秩序。市场竞争秩序是市场主体在进行竞争时对市场规则的遵从状况。良好的市场竞争秩序应该是一种公平、公开、公正的竞争。对公平竞争秩序的破坏主要来自两方面：一是各种不正当竞争行为（如假冒或仿冒行为、商业贿赂行为、引人误解的虚假宣传、侵犯商业秘密的行为等）；二是限制竞争即垄断行为。因此，在评价市场竞争秩序时主要考察市场上存在的不正当竞争行为和限制竞争行为的状况。④市场管理秩序。市场管理是政府机关对市场主体及其行为的监督与管理，适度的市场管理是维持良好市场秩序的前提，如果市场管理缺位、越位或不到位，都会引起市场秩序的混乱。市场管理秩序是国家行政机构在进行市场管理活动时对有关市场规则的遵从状况，即市场管理机关及其执行人员依法行政的状况。如果执法机构秉公执法，严格依法行政，就会形成良好的市场管理秩序。评价市场监管秩序时，主要考察市场监管法律法规的建立状况、市场管理机构的建立状况、市场执法人员队伍建设状况及市场监管职能的到位情况等方面。①

3. 公民社会

公民社会是介于政府和市场之间的第三种制度安排和治理机制。它由建立在自愿互惠基础上的一系列组织构成，也发挥着弥补政府失灵和市场失灵的功能。

---

① 景维民，孙景宇等. 转型经济学 [M]. 北京：经济管理出版社，2008：187-188.

公民社会也是培育社会资本的温床，发挥着弥合社会裂痕的独特作用。

（1）公民社会的内涵界定。在社会科学界，公民社会这一概念有着悠久的历史，但至今并未就其界定和基本含义达成统一的共识。从这一概念的发展演化过程来看，它植根于西方哲学传统，并可以上溯到四个学术渊源。①

第一个渊源来自英国著名哲学家约翰·洛克。这一渊源强调政府的出现是为了控制个人及社会之间的冲突，但必须对政府权力加以必要的限制，以保障自然法衍生出的个人权利和自由。统治者与公民之间必须缔结一个社会契约，既要使政府对社会进行必要的保护，防止社会陷入冲突状态，又要保障个人的自然权利不受侵犯。

第二个渊源来自托马斯·潘恩和苏格兰启蒙运动的思想家们（如亚当·斯密）。他们认为，劳动分工促进了制造业和商业的发展、市场经济的扩展，人们便进入到公民社会状态中。但是国家统治领域的扩张却可能威胁到公民社会得以兴盛的个人自由。只有当个人能够自由地行使其自然权利时，公民社会才能得到发展，因此，只有市场而不是国家能为公民社会的发展创造条件。

第三个渊源来自法国著名哲学家托克维尔。他认为，权威式的国家或多数人的集权都是令人担忧的外部袭扰因素，而各种自治的社会组织是个人抵御这种威胁的重要屏障。各种公民社会组织可以协调公众的意愿，为社会自治奠定基础。公民社会还能够训练全体公民，对国家的行为进行审查，改进权利和权力的社会配置，为公民直接参与公共事务创造各种渠道。

第四个渊源来自德国著名哲学家黑格尔，并由马克思、葛兰西进行拓展。黑格尔认为，公民社会是历史发展的产物。劳动分工使社会出现了阶层分化，也增加了各阶层之间的冲突。公民社会是由各社会阶层中的组织、公司和等级构成的。公民社会处于公民和立法机构之间，由立法机构来调节公民与国家之间的利益冲突。马克思批判地发展了黑格尔的理论。他认为，在资本主义条件下，公民社会建立在生产资料私有制和资产阶级统治基础上。在这一条件下，公民社会只能为资产阶级的利益服务，要想改变原有的经济结构，必须通过阶级革命建立超越资产阶级的公民社会。葛兰西认为，公民社会中的各种组织可以形成反霸联合，来推翻统治阶级控制其他阶级的权威。

由此可见，公民社会是一个与国家、政府相互区别的相对独立、自治的社会生活领域。它伴随着市场经济的发展而出现，并且由大量的社会团体、组织、关

---

① 刘明珍. 公民社会与治理转型——发展中国家的视角 [M]. 北京：中央编译出版社，2008.

系网络形成,能够实现协调社会成员行为、保障社会成员的权利和自由的目的。公民社会往往被视为一种"善"、一种美德,它改进了社会的风尚,拓宽了公民参与国家政治经济活动的渠道,也相应提高了社会成员的素养和社会责任感。

(2) 公民社会制度特征和功能。公民社会是既不同于政府,也不同于市场的第三种制度系统和治理机制。与政府相比,公民社会体现为一种横向的协调机制,社会成员可以在互惠性联合的基础上来协调集体行动,以获取合作收益,它具有非官方性、独立性和自愿性的基本特征。与市场相比,公民社会中的组织和团体大多具有非营利性的特征,它们主要是基于团体和社会利益形成的公益性组织,而不同于私人企业这种典型的以追求利润最大化为目标的经济组织。

公民社会中的各种非政府组织或第三部门在协调资源配置、促进社会经济持续发展方面具有独特的优势:首先,公民社会能够弥补政府与市场的缺陷,向各种人群提供更为贴切的公共服务,它可以与政府形成互补或竞争的关系,提高公共物品供给的效率和质量;其次,公民社会有助于培养社会成员的同情心和责任心,能够塑造社会成员的自治与合作精神,减少社会成员对政府的过度依赖,为抵御政府权力的过度膨胀构筑起坚实的屏障;再次,公民社会组织的蓬勃发育可以使国家具备更加全面的处理社会公共问题的能力,并由此提高政府治理经济和社会的能力;最后,公民社会能够增进社会成员之间的信任能力,克服集体行动中的协调问题,促进社会经济交往的扩展,改进资源配置效率,提升混合经济的效率空间。正是基于这些独特的优势,公民社会被视为能够同时克服市场失灵和政府失灵的第三种治理机制。

(3) 公民社会与社会资本。亚当·斯密曾经指出:"在文明社会中,人们随时有取得多数人的协作和援助的必要。别的动物,一达到壮年期,几乎全都能够独立,自然状态下,不需要其他动物的援助。但人类几乎随时随地都需要同胞的协助。"[1] 这种合作与互助的社会属性不仅使人类脱离了野蛮而孤独的蒙昧状态,而且赋予了社会实现繁荣富足的内在机制。它们由各种社会规范、人际关系、团体和网络构成,这就是社会资本。社会资本与自然资本、物质资本和人力资本构成了一种互补的关系。与其他形态的资本相比较,社会资本具有如下特征:首先,社会资本是一种越用越有价值的资本,即它不会因为使用而受到磨损;相反,如果长期将其闲置,会导致社会资本的枯竭(如人际关系网络)。其次,社会资本是一种无形的,不易被测度和观察的资本形态,但它又是我们能够亲身感受到

---

[1] 世界银行.2002 年世界发展报告:建立市场体制 [M].北京:中国财政经济出版社,2002:171.

的。再次,社会资本并非通过外部强制就能立即形成的,相反,社会资本只能通过社会成员的相互作用自发演化而来,而且往往是内嵌于特定的历史和文化传统之中的。最后,尽管社会资本是长期内生的产物,但是政府机构却可以采取特定的政策来扶持社会资本的形成,促进社会的内聚力。①

从制度经济学的角度来看,社会资本主要体现为一种非正式的制度安排和社会机制,它有助于协调人类的交易行为,增进信任与合作,克服交易过程中的机会主义和违约行为。从理论上讲,有三种机制能够促进个体决定履行契约义务。一是在建立个人内在准则(如诚实)的基础上,或者基于对社会成员的道德责任感。二是个人的违规行为不能被社会所容忍,它将可能受到某种形式的社会惩罚。三是违规者可能受到经济上的惩罚,如罚款、监禁、断绝交易往来,这些惩罚还伴随着社会给予的羞耻感。一般而言,社会中的正式法律制度安排主要着眼于第三种契约的执行机制。但仅仅依靠这些正式机制是远远不够的,必须依靠其他类型的机制。而以社会规范、人际关系网络为核心的社会机制可以成为正式的法律和规则的重要补充。当这些正式机制并不存在或是不能有效发挥促进市场交易时,非正式的社会机制可以发挥替代的作用。

在现实世界中,以社会规范、人际关系网络等非正式机制为核心的社会资本不仅存在于贫困而狭小的乡村、社区,而且存在于现代化的大都市之中。不管是在大公司中还是在小企业中,各种惯例、习俗、个人关系都在潜移默化地发挥着润滑社会经济交往、降低交易成本的重要功能。它们使社会群体内的成员更加便捷地共享信息,更加有效地解决社会成员之间的争议、纠纷,确保合约的顺利实施。尽管如此,非正式的社会机制也存在不足之处。首先,仅仅依赖社会规范和人际关系来协调人类行为、促进产权和契约的实施是不充足的手段,必须要与正式机制相互配合。其次,非正式机制发挥作用的范围是有限的,而且常常具有排斥圈外的新进入者的消极方面,不利于规范的经济秩序的扩展。因此,如何调节、利用好这些非正式的社会机制,依然是现代国家面临的一个重要治理问题。

福山曾经指出:"充裕的社会资本储备往往会产生紧密的公民社会,而公民社会反过来也普遍被看作现代自由民主主义制度的必要条件。"② 这意味着社会资本与公民社会之间存在着一种内在的相互作用的关系。一方面,公民社会是培育社会资本的温床。罗伯特·帕特南对意大利南部和北部地区的长期研究表明,诸

---

① 曹荣湘. 走出囚徒困境——社会资本与制度分析 [M]. 上海:上海三联书店,2003.
② 曹荣湘. 走出囚徒困境——社会资本与制度分析 [M]. 上海:上海三联书店,2003:78.

如体育俱乐部、保龄球联合会、文学社、政治俱乐部以及类似的公民社会组织的大量出现，促进了社区成员的信任、互助、参与、合作，培育了丰厚的社会资本。相反，在一个缺乏公民社会组织联结与整合的分散的社会中，很难形成社会资本。另一方面，社会资本的积累也进一步促进了公民社会的发育，提高了公民社会的协调能力、动员能力，促进了大范围集体行动的实施。

三、国家治理模式诸要素的内在关系

长期以来，秉持新自由主义观点的理论家们以一种"零和博弈"的视角来看待人类的各种国家治理模式，而这一观点的核心是批判政府在社会经济生活中发挥过多的职能。在他们看来，政府、市场和社会之间存在着一种此消彼长的关系，即只要政府介入就势必会压缩市场和社会的作用空间，这不仅是无效率的，而且是一种必然的"恶"。但现实并非如此。尽管政府、市场和公民社会三大制度系统形态不同、功能各异，但它们绝非各自独立、互不相关的制度实体；相反，在民族国家（Nation）这个大的治理结构之中，政府、市场与公民社会相互协调、相互扶助，形成了一种共生与互补的"正和博弈"关系形态。对于此种关系，我们可以用一个简单的图形加以直观的表述（见图 2-4）。①

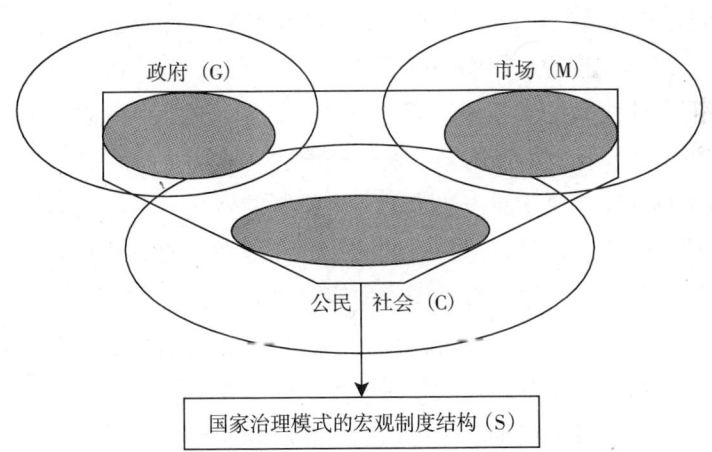

图 2-4 政府、市场与公民社会的"正和博弈"关系形态

资料来源：Niels Hermes, Wiemer Salverda, eds. State, Society and Development: Lessons for Africa? [J]. CDS Research Report, 1999, No.7, p.14.

---

① 以下对国家治理模式各要素关系的分析可参见张慧君. 俄罗斯转型进程中的国家治理模式演进 [M]. 北京：经济管理出版社，2009：70-72；张慧君，景维民. 国家治理模式构建及应注意的若干问题 [J]. 社会科学. 2009（10）.

首先，在国家治理模式中，作为唯一合法性强制主体的政府所提供的法律和各种博弈规则为市场经济与公民社会的平稳有效运行创建了一个基本的制度环境，没有政治与法律这一坚固"外壳"的保护，市场中必然出现大量的欺诈、违约以及损害公共安全的各种机会主义行为，也必然会导致市场经济秩序的紊乱；公民社会也会成为利益集团俘获政府的工具，甚至成为诸如封闭性网络、族群冲突、黑社会和私人暴力组织等"恶性社会资本"孳生的"温床"。尽管政府过度扩张无疑对市场和公民社会的发展带来不利影响，但过度削弱政府权威、缩减政府职能必然会使人类社会从文明状态再次退回到"自然状态"的无序与纷争之中。一个软弱无能、缺乏必要治理能力的"弱政府"面对的必然是一个难以驾驭的分裂型社会，这一点无论在制度自我解构的苏联和东欧的转型国家，还是在所谓的外部"民主力量"入侵后的中东国家（如伊拉克），以及在索马里、海地、柬埔寨、科索沃和东帝汶等被民族分裂、种族冲突所困扰的"后殖民地"国家和"欠发达国家"都表现得尤为突出。①

其次，作为迄今为止最有效率的经济制度的市场，不仅为政府提供必要的财政收入，而且为公民社会的发展提供巨大的资金支持和公共活动的空间。与此同时，一种健康有效的市场经济秩序的形成也需要来自政府的保护和培育，并且有赖于各种形式的公民社会组织以及丰厚的社会资本来克服市场主体的"败德行为"，化解因各种政治经济因素导致的社会分裂与冲突，增进交易各方之间的信任关系，促进互利互惠的合作秩序的形成。由此可见，现代市场经济实质上是一种由各种正式和非正式的规则和治理机制相互配合、相互支持而有机构成的混合制度形态或混合经济体制。新古典主流经济学舍弃型构市场经济的政治与社会制度基础，将市场简化为供求自发决定的价格机制的做法，不仅使理论建构与真实的世界出现严重背离，而且以这种过度简化的经济理论为基础的自由化、市场化改革战略注定在发展中国家和转型国家的实践中面临失败的命运。

最后，公民社会包含了许多在自愿互利基础上形成的内在的、非正式的制度、组织、关系和网络系统。现代公民社会团体所提供的局部的、多样化的公共物品和服务，承担的社会治理职能可以减轻政府职能扩张所造成的效率低下的弊端，并防止因政府规模和国家权力过度膨胀给公民个人自由与权利造成的侵犯，以及给社会经济资源造成的巨大浪费。一个多元、开放、具备利益整合功能的现

---

① 弗朗西斯·福山.国家构建：21世纪的国家治理与世界秩序 [M].黄胜强，许铭原译.北京：中国社会科学出版社，2007：2.

代公民社会，对于同时缓解市场失灵和政府失灵，并最终打破政府与市场的"零和博弈"关系，形成一种政府、市场与公民社会之间功能互补、利益共享的"正和博弈"关系发挥着至关重要的作用。正是基于上述原因，"重建全球公民社会"不仅在发达国家，而且在广大发展中国家和转型国家正在从口号转化为现实。正如瑞士社会学家汉斯-彼得·迈耶-达拉奇和雅·尤克勒在《全球化世界中的后社会主义转型与公民社会》一书中指出的那样：一方面，在西方国家中，公民社会不断增长和多样化的趋势日益彰显；另一方面，在中东欧国家，公民社会也已经形成，只是特点不同而已，对后社会主义国家公民社会的发展、重要性和机能的探讨是后社会主义转型研究的核心主题之一。①

如果借用生物学的一个术语，那么构成国家治理模式的三大制度系统——政府、市场和公民社会只有形成一种"互惠共生"②的关系模式，才能不断生产出能够推动社会经济持续发展的"治理秩序产品"。对于这种逻辑关系，我们可以借助一个经过简单修正的新古典生产函数加以表示：$Y=O(G, M, C) F(r, l, k, a\cdots)$。在这里，Y 表示一国的总产出；F 为生产函数，r、l、k、a 分别表示影响经济增长的因素：自然资源、劳动力、资本和技术进步等；G、M、C 分别表示政府、市场和公民社会三大制度系统和治理手段，它们综合作用所形成的国家治理秩序将对经济增长产生类似全要素生产率的影响，它们将共同推动社会的生产可能性边界向外扩展，从而提高全体社会成员的福利水平。

第三节　国家治理模式的演进机制

构成国家治理模式的三大制度系统——政府、市场和公民社会，都是历史发展的产物。它们伴随着时空的转换、内部与外部环境的变迁也在发生着持续不断的动态演化。在不同历史时期、不同经济发展阶段中，政府、市场和公民社会呈现出不同的组织制度结构和治理形态，它们各自发挥的治理功能以及三者之间的关系也呈现出多样化的特征。本节首先从历史与逻辑相统一的角度出发，构建起一个国家治理模式的动态演化模型；然后以理论模型为工具并结合历史经验来探

---

① 苑洁. 国外后社会主义研究的理论视角[J]. 当代世界与社会主义, 2007 (1).
② 张淑惠. 互惠共生与转轨中的政府治理[D]. 天津：南开大学博士学位论文, 2006.

讨国家治理模式的宏观历史演化轨迹。

一、国家治理模式的动态演化模型

我们的研究着眼点在于从国家治理模式与社会经济发展的互动关系出发,构建一个具备一般意义的国家治理模式变迁的动态演化模型,从而为研究转型国家的国家治理模式演进提供一个稳健且具有解释力的理论分析工具。①

1. 国家治理模式演进的系统层次特性

按照系统层次性观点,一般而言,高层次的系统是以低层次的系统为其载体的,高层次的系统的功能通过低层次的系统来实现。低层次的系统是高层次系统的子系统,低层次的系统的状态和行为为高层次的系统构建条件基础。国家治理模式从"国家单元治理结构"到"国家—市场二元治理结构"再到"国家—市场—公民社会三元治理结构"的演进是具备系统层次性的。

政府、市场和公民社会都是由一系列相互关联的规则、制度、组织和机构构成的制度系统,共同维系着人类社会的秩序治理并在此基础上推动经济发展。在不同的历史时期、不同的国家和社会关系中,三者各自占有的比重、发挥作用的范围以及相互结合的形式不同,因而使得历史与现实中的国家治理模式呈现出多样化的特征。政府作为治理主体,其核心手段是命令,国家可以利用其在暴力手段上的垄断地位对社会资源进行强制性的整合和控制,并且可以以国家的战略利益、集体性目标取代个体利益与偏好;因此在总体的功能结构上表现出效果和公正的特点,即国家利用强制手段能够快速达到经济效果并且国家作为公共利益的代表,其成果为全体公民所享,因此社会整体的公正性也较强。市场作为治理主体,其核心手段是交易,以市场机制为基础,各个市场经济行为主体通过市场的交易行为实现秩序的自我优化。其优势在于基于产权制度的安排实现收益和成本的内在化,因此对各个经济行为主体有着普遍的激励和约束机制,并且能够刺激创新的不断涌现。此时总体的功能结构上表现为经济、效果和效率;即各个行为主体在成本和收益内在化的约束下,在行为上都会做出最为经济的选择,通过市场的无形之手能够实现社会产出的扩大并且表现出高效率性。公民社会作为市场的治理主体,介于市场和国家之间,具有相对自治性与自组织能力。它的存在和

---

① 该模型的具体内容可参见景维民,王敏. 后发展经济体治理模式变迁与经济发展——以韩国、台湾经济发展为例 [J]. 东岳论丛, 2009 (4).

发展与私有产权和市场经济的发育具有密切联系，并且在自组织内存在较为统一的价值观。其核心手段在于合作，能够通过公民的社会的自组织网络来克服市场失灵和政府失灵时所面临的困境。通过短期、中期、长期的不断重复博弈来实现一种"反思的理性"和"合理的利他"，从而实现社会经济的发展。国家治理模式的变迁实质就是上述三者在国家治理中所处的地位以及发挥作用的空间的一种动态演进的过程。政府、市场、公民社会作为实现国家整体秩序的稳定与社会经济的持续发展相互间协调互动的手段是始终贯穿于各个治理模式之中的，但是就治理主体而言，上述的各个手段是随着不同社会经济发展阶段而相继出现的。根据各个治理主体所处地位的不同，划分为"国家单元治理结构"、"国家—市场二元治理结构"、"国家—公民社会—市场三元治理结构"三种模式。表2-3将三种国家治理模式的基本特征进行了划分和总结。

表 2-3 三种不同国家治理模式区别

模式 特征	单元国家治理结构	国家—市场二元治理结构	国家—市场—公民社会三元治理结构
治理主体	政府	政府、市场	政府、市场、公民社会
核心手段	命令	命令、交易	命令、交易、合作
比较优势	整合与控制	创新与激励	协商与合作
功能结构	效果、公正	经济、效果、效率	经济、效率、效果、公正

根据治理模式演进的系统层次特性假定，单元国家治理模式为二元国家治理模式首先奠定经济发展的基础，培养起市场经济发展的内在要素，从而使得二元国家治理模式有了根基；而二元国家治理模式通过市场经济的发展培养起有自治能力的公民社会又为国家治理模式迈向三元结构提供了基础。在新的治理模式中原有的治理模式作为子系统继续发挥着作用，治理主体的演进存在着从单一到多元的演进趋势。

2. 国家治理模式的逻辑斯蒂特性

逻辑斯蒂曲线的概念最早应用于种群生态学，最初是在研究人口增殖规律时提出来的，其内在机制包含以下两方面内容：一是随着种群数量逐渐增加到平衡密度 L（即最大环境容纳量）的过程中，未利用的"剩余空间"逐渐变小；二是种群增长的速度经过高峰以后，越靠近最大环境容量，其速度越慢，并无限趋近于最大环境容量。后来，比利时数学家 Verhulst 将其归纳提炼成数学模型，此曲线表明，某研究变量在开始阶段增长速度随时间的增加而增加，经过发展的生长期后，y 值增长速度表现出不同的阶段性，并且最后逐渐地逼近于一定的极限值,因此表现为一种S型的生长曲线。可以假定,不同国家治理模式下的经济增长都遵循逻辑斯蒂生长曲线的轨迹,且不同国家治理模式下的经济增长存在着一个极限;同时将国家治理模式的调整视为重大的结构性变化,调整后的经济又重新进入新的成长周期。在一种国家治理模式确立初期,其框架下的经济增长存在着一个适应性阶段,因此对经济增长的促进作用是较弱的;当一种国家治理模式逐渐运行成熟以后,其优势逐渐显现,经济增长进入一个指数型增长的阶段;而后该治理模式对经济增长的阻滞作用开始显现,从而经济增长逐渐放缓,并遭遇瓶颈。利用合成的逻辑斯蒂方程,得出相应的函数:$\frac{dy_i}{dt_i} = r_i y_i (1 - \frac{y_i}{L_i})$,$i = 1,2,3$(依次代表单元、二元、三元治理模式),其中 L_i 为 y_i 的极限参数即饱和值,r_i 为不同国家治理模式下经济增长速度因子;通过进一步变换积分可得:$y_i = \frac{L_i}{1 + ae^{-r_i t_i}}$,$a$ 为一般常数项。令 $\frac{d^2 y_i}{dt_i^2} = 0$,可得上述函数存在的唯一拐点,$t_i^* = \frac{\ln a}{r_i}$,$y_i^* = \frac{L_i}{2}$;当 $0 < y_i < \frac{L_i}{2}$,$0 < t_i < \ln\frac{\alpha}{r_i}$ 时,$\frac{d^2 y_i}{dt_i^2} = 0$ 即刚开始时 y_i 较小,随着时间的推移,增长速度变得越来越快,在拐点时达到最大增长速度,曲线通过此点由下凹变成上凸;当 $\frac{L}{2} < y_i < L$,$\ln\frac{\alpha}{r_i} < t$ 时,$\frac{d^2 y_i}{dt_i^2} < 0$,拐点后增长速度逐渐变小,最后达到该国家治理模式下的经济增长到达饱和状态。如图2-5所示。

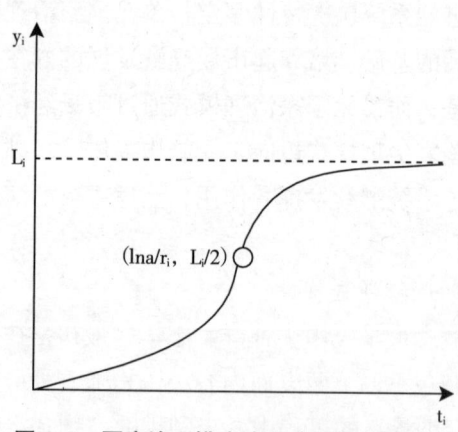

图2-5 国家治理模式演进的逻辑斯蒂曲线

该假定表明在各个国家治理模式的初期阶段,经济增长存在边际产出递增的现象,在拐点以后边际产出递减,最终只能无限趋近于极限 L_i 而无法实现经济进一步的增长。

3. 国家治理模式演进的结构优化模型

通过上述的两个假定，我们试图构建一个具备普遍意义的国家治理模式演进的结构优化模型，如图 2-6 所示。

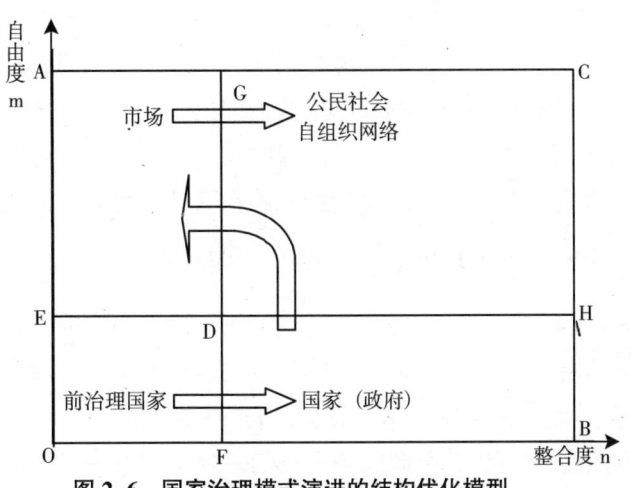

图 2-6　国家治理模式演进的结构优化模型

从以上国家治理模式演进的结构优化模型中，我们可以发现，在国家治理模式演化的最初阶段中，由于社会经济发展的落后，市场的私人部门尚未充分发展，其自身并不具备强大到足以成为治理主体的条件。因此，整个社会在信息搜集层面上的要求是相对较低的。相反，由于社会经济的落后，在经济的发展初期，行为的共同协调对实现总体社会经济的发展是很有必要的。在社会经济发展落后的情况下，私人部门在资源整合、抵御风险等方面的能力很低，因此客观上也存在着需要整体行动部门的协调以实现社会经济的发展。这一时期，即国家在治理过程中加强社会要素的行动整合有利于社会经济的发展，单元国家治理模式的整合优势 n 很好地契合经济增长，此时 $\frac{dy_1}{dt_1} > 0$，在中前期表现为指数型的增长；这个时候设总的产出表现为 Q (OEDF) 扩大为 Q (OEHB)。

在单元国家治理模式经过一定阶段的发展以后，私人部门等市场主体开始酝酿、发展，而国家过多的干预对社会经济的发展起到了阻滞的作用，$\frac{dy_1}{dt_1} \approx 0$，即单元国家治理模式下的整合度 n 无法实现对经济增长对 L_1 的突破。国家信息搜集方面的缺陷以及行政者的选择性执行导致了国家很多的经济政策和行为不能实现社会经济发展效率的提升；相反，市场在信息搜集方面有着无可比拟的优势，并通过信息的有效沟通大大降低社会的交易成本，国家治理结构逐渐从单元治理到二元治理的转变，经济发展进入一个新的成长周期，自由度 m 对经济增长的作用不断显现，即 $\frac{dy_2}{dt_2}>0$，在初期也能实现指数型的增长。此时，社会总产出也从 Q（OEHB）扩大为 Q（OAGDHB）。但是，在社会经济在新的治理结构契合下高速发展后，社会经济的发展受到新的治理结构的阻滞困境而无法实现产出的进一步扩大，原因在非市场即国家的治理模式中，一些既需要信息搜集又需要行为协调的经济领域中，成为二元治理结构下的死角，而此时不管是单方面地提高国家在行动整合上的能力还是加强市场在信息搜集方面的能力都不能提升社会总产出，即到达二元治理模式的极限 L_2，$\frac{dy_2}{dt_2}\approx 0$。

在这样一种背景下，社会经济有了改革国家治理模式的迫切要求，从而促使国家从二元治理模式向三元治理模式转变。在三元的国家治理模式中，我们在治理主体中引入另外一种机制（市民社会的自组织网络），并利用该机制的长处来弥补原有二元国家治理模式下政府和市场的短处（政府失灵与市场失灵的缺陷），通过公民自组织网络的优势来实现国家治理模式的优化，从而实现了经济效率的提升和社会产出的扩大，经济增长得到了新的结构性调整，从而进入第三个增长周期，此时 $\frac{dy_3}{dt_3}>0$；整个社会的产出逐渐实现了从 Q（OAGDHB）到 Q（OACB）的提升。在这种状态下，新的国家治理模式趋于一种政府、市场和公民社会互惠共生的良性互动状态。

二、国家治理模式演进的宏观历史叙事

国家治理模式演进的结构优化模型的意义在于揭示国家治理模式与经济增长的内在联系，将两者置于特定的社会形态和历史背景下是上述分析框架得以成型的事实前提和逻辑前提。我们建立的国家治理模式与经济增长的模型可以视为理论与经验相结合的中层理论，[①] 而国家治理模式与经济增长的宏观历史经验事实是我们的理论预设和分析背景。

在"前治理国家"中，统治者的活动范围往往较窄，甚至无法满足国民一般

---

① 中层理论的研究目的在于指导经验研究，并能够通过经验加以验证。请参见徐湘林. 从政治发展理论到政策过程理论——中国政治改革研究的中层理论建构探讨 [J]. 中国社会科学，2004（3）：9—22.

的政治和经济要求，也就谈不上什么选择的余地，国家对经济的促进作用是非常有限的，也较少地参与到社会经济的具体建设过程当中，更多的是以统治者的姿态出现，国家和政府将统治集团的私利凌驾于所有社会经济主体的利益之上，其行为的核心目的更多的是在于维持其统治。而在整个社会运行过程中，氏族与宗教的力量在其中扮演着重要的地位。只有到了 16 世纪后，随着可支配的政治权利的增加，人们才开始更多关注政府应当做什么以及其正当的职能是什么，此时作为治理主体的国家才开始真正的出现（奥坎肖特，1962）。只有政府通过自身的优势手段来有意识地参与并且能够实现国家财富和公共利益最大化时，政府本身才作为一个治理主体出现。诺斯（1998）也曾指出，"在历史的大部分时间里，国家并没有为经济增长提供一个很好的结构。在过去，与其说国家是一个为公共利益服务的机构，还不如说它的性质更像黑手党"。从西欧国家的发展历程中，我们也能够看出，在 16 世纪前的早期国家很少参与到社会经济建设的具体行为中，其考虑更多的是在统治的地位上实现自身的享乐。那时候的国家不是以社会为发展取向，而是以统治者的利益为发展取向，公民在经济上不独立，公民文化发展程度低，且大部分人对社会发展持沉默的态度。

在向资本主义社会的转变过程中，"国家单元治理模式"中的国家开始作为唯一的治理主体对社会经济发展起着绝对的主导作用，而市场则处于从属地位，真正独立、自治的公民社会并不存在。波兰尼（1944）认为，在前现代社会是通过被行政操纵的价格来干预市场的，经济活动通过政治机制才能"融入社会"，并受其调节，政府可视为唯一的治理主体。国家因为其垄断的合法暴力潜能而成为一个凌驾于市场和社会之上的强有力的公众秩序的治理主体。这一国家单元治理模式表现为，国家处于绝对的权威地位，在一般社会经济的发展过程中单方面决定着各个社会发展要素之间的关系，缺乏对市场的尊重，缺乏对私有产权的保护，社会的其他要素不能影响到整个国家的治理模式，在信息传递上是自上而下的单维传导，其核心表现为命令与控制。但在这样的一种治理模式主导下，国家在行动整合的能力也存在着明显的优势因而具备"准确性、迅捷性、明确性、连续性、统一性、严密的服从关系、减少摩擦、节约费用"（韦伯，1922）等优势，在社会发展的初期通过集中社会稀缺资源、维护社会秩序的稳定、约束公民机会主义行为等促进了经济社会的发展。而市场经济运行的三大制度基础——私有产权、契约自由和法治尚处于孕育时期，因此市场无法在国家治理过程中占据主体的地位。相反，综观市场发展的进程可以看出，市场具有自发演进的惯性和权利依赖的特性，在经历自然内生阶段向市场成型进一步扩张之际，需要外在权力为其扩张创造条件。从某种意义上讲，市场甚至可以说是靠权力和政治手腕产生的人工制品。(约翰·格雷，2002) 此时，正是作为唯一治理主体的国家通过为市场交易提供全方位的保护和支持才使得市场得以生成和实现。波兰尼（1944）指出，西欧资本主义的发展和市场的出现实际上是由国家干预所创造的。国家的职能不是代表阶级利益，而是建立一些中介结构进行国家治理，调节社会再生产和维持社会关系。16~18世纪，西欧商业资本主义形成和发展时期，国家在治理模式中作为唯一的治理主体，通过推动原始资本积累，开拓海外殖民地，制定圈地法案，推行国债和贸易保护制度，纵容对非工业部门的强制性剥夺来实现资本的积累，策动商业战争、制定各种政策措施来促进科学技术的进步等极大地促进了本国社会经济的快速发展，同时国家也承担起了构建和培育市场制度的职能。另外，由于信息沟通的严重缺乏，导致了社会交易成本的畸高，并且随着官僚制度的自我膨胀，使得原有的一些效率丧失；治理上过度管制的刚性无法适应变化多端的环境，不可避免的"行政的选择性执行"，[①]再加上在国家治理模式中的一角独大而不可避免的腐败行为使得整个社会处于低效率的发展阶段。在私人部门和市场经济逐渐发展并成为社会经济发展的重要因素后，由于其在社会治理结构中的被动地位，从而导致其在社会经济发展过程中的有效地位无法得到应有的保障，因此经济活动的积极性被严重的压抑。这时候，单元国家治理模式出现了对经济社会发展的阻滞作用。

随着现代市场经济的发展，产生了一个占有大量财富资源并具有自治能力的私人部门，公民之间通过市场的无形之手形成优化的、稳定的秩序网络，并且私人部门的壮大也开始抗衡并制约国家的权利，同时市场还将社会主动嵌入经济关系之中，通过市场来实现对社会运行的调控。当社会中产生自我调节的市场以后，整个社会开始逐渐主要地从属于经济、从属于市场，国家主要表现为对市场机制体系的维护。国家—市场二元治理模式逐渐地取代了国家单元治理模式，经济发展进入一个新的成长阶段。大约到19世纪，近代欧洲国家吞没社会，国家与社会一体化的局面由于市场经济（商品经济）的迅速发展而趋向解体，市场的扩展开始将整个社会经济生活从国家和政府的政治控制下解放出来，使政治和经济开始相对分化。马克思认为，近代资本主义发展所取得的一个重大成果就是完成了国家与社会的二元分化过程，即完成了政治生活同市民社会的分离过程。这

---

① 公共政策选择性执行的实质是：在公共政策执行过程中，政策执行主体根据自身利益和价值观的需要以及对政策的片面理解，对政策原来的信息或是精神实质误解或部分内容有意曲解，导致政策无法真正得到贯彻落实，甚至收到与初衷相悖的绩效。

种二元分化又通过资产阶级革命后建立起的代议制民主政体得以巩固。① 从某种意义上，上述的二元分化可以理解为市场和国家作为两种治理主体的分离。此时，政府协调机制并不会消失，而是从唯一主体退居到与市场一起成为二元主体之一的地位来实现共同治理。波兰尼（1944）认为，不能过度强调市场对社会的决定性作用，而应该看到国家对经济活动动机和目的的塑造。布罗代尔（1985）也曾指出，市场并不具备绝对的独立地位和品质。市场也是一种社会结构，它要同其他社会组成部分发生关系。在国家—市场二元治理模式中，国家开始重视私人部门在经济社会发展过程中的地位，从而使得市场开始成为国家治理模式中的重要因素，市场作为治理的重要主体参与到国家总体的治理活动中来，并在治理的过程中扮演着重要的角色。国家逐渐退出日常的治理活动中，将更多的治理行为让渡给市场，而主要将治理的行为局限于法律的制定等最为基本的秩序的维护。在西欧资本主义经济发展的历程中，我们可以看出，随着市场主体的壮大，二元治理模式具备的自由度上的优势在信息搜集方面表现出了极大的优越性，并且由于其治理主体的地位得到确认，因此在社会经济的运行过程中，私人部门的产权得到了有效的保障，从而极大地激发了市场私人部门开展生产活动的热情，整个社会以极高的效率运行。西方社会正是基于这样一种国家治理模式，在两百年的时间里创造了比过去几千年创造更多的产品。

但是，该国家二元治理模式在高效运行了几百年以后开始显现出了巨大的弊病。在社会经济发展的过程中，始终存在着一些市场失灵和国家失灵的状况。西方国家在国家、市场二元治理模式下不断地尝试对国家和市场的相应地位进行调整和重新组合，以希望找到一个有效的契合点来解决市场失灵和政府失灵。但是，令人遗憾的是这样的契合点始终无法出现，从而使得西方国家的经济运行过程中，始终有一些问题不能有效地得以解决，始终酝酿着一种危机。最典型的例子，20世纪二三十年代，由于自由放任型的无序性生产与社会化大生产之间矛盾等导致市场机制的自我调节失灵，从而使整个资本主义世界在大危机的打击下陷入极端混乱无序的状态中，市场自组织秩序治理的功能严重丧失，国家加强介入和干预；但是随着政府的过度干预以及福利国家的过度膨胀，又使得经济陷入一种滞胀的状态之中而难以自拔。以哈耶克（1944、1973）为代表的自由学派经

---

① 关于该时期政治和经济的分化，请参见王英津.国家和社会：马克思主义经典作家之阐释 [J]. 江苏行政学院学报. 2004（2）：78. 其中，笔者将这里政治与经济分化的过程理解为政府—市场二元治理模式逐渐建立。

济学提出的竞争性市场的自动调节就可以看作在国家—市场二元治理模式下，两个治理主体之间做出的一种调整。但在20世纪80年代西方国家掀起自由化浪潮，经过短暂的高速增长后，西方国家滞胀，过度自由化的弊端又开始不断显现。可见，传统的非市场即政府的二元国家治理模式无法满足整个社会经济进一步发展的要求。

在这样的背景下，政府—市场—公民社会这一新型的三元国家治理模式开始出现，以突破二元国家治理模式下经济增长的瓶颈极限；通过市民社会自组织来进一步挖掘政府、市场外的治理潜力并表现出强大的生命力，在发达的经济体社会中，越来越扮演着举足轻重的角色。在20世纪后期，大量建立在自愿、独立和自治基础上的公民社会组织蓬勃发展，并承担了原有的政府与市场的治理职能，在很大程度上同时缓解政府失灵与市场失灵。国家—市场—公民社会三元治理模式，引入了一个新的治理主体，即公民社会，以试图解决传统二元治理结构体系下一些无法得到有效合理解决的顽疾。公民社会作为新兴的治理主体，具有着市场、国家无法比拟的优越性。其作用机理就在于，在公民社会的维度下，通过孕育在公民社会中的各种关系、网络中的"社会资本"来缓解社会交往中广泛存在的信息不对称、道德风险和机会主义行为等问题，从而形成"互惠主义"的激励结构、实现社会效率的优化。通过长期的博弈，三元治理模式中的公民社会自组织网络存在一个"反思的理性"的优势。这种优势体现在通过持续不断的对话、信息交流与沟通来减少人类有限理性的束缚；并且通过一系列的短、中、长期等不同形式的合作来增强多元主体的相互依赖与合作关系，从而减少和杜绝机会主义的产生，实现各个参与主体的一种互利行为，从而摆脱传统的市场失灵和政府失灵。市场交换的目的并非互助，缺乏将各成员统合起来的共同性；而在公民社会的自组织网络中，各个参与的利益群体相互依存，在重复无限次的博弈中，构建了一个"合理性利他"的行为集，从而使得在总的社会产出上实现了帕累托最优。三元国家治理模式在经济上能给经济主体创造一个充满活力的自由空间，有利于促进市场主体的完善以及经济组织的利益表达和权益维护，弥补政府失灵和市场失灵，从而成为社会经济发展的综合驱动力，为稳定和成功的经济增长提供一个平台。

三、国家治理模式构建应注意的问题

以上，我们以国家治理模式演进的结构优化模型为基础，并结合相关历史事

第二章 国家治理模式的理论分析框架

实探讨了国家治理模式演进的宏观历史轨迹。由此可见，通过制度结构的合理安排和有效协调，以实现国家秩序的和谐治理与社会经济的持续、均衡发展是国家治理模式构建的最终目标。政府、市场和公民社会是实现上述目标的三大治理手段，它们之间的协调互动构成了国家治理的过程。因此，构建一种有效的国家治理模式需要将治理的目标、治理的手段与治理的过程有机结合起来加以综合考虑。[①]

首先，要警惕国家治理模式构建过程中的"三个谬误"，倡导综合治理。政府、市场和公民社会都有其各自发挥作用的空间，但是如果任意扩张任何一种治理方式，必然会产生雅诺什·科尔奈所说的"三个谬误"。[②] 第一个谬误就是对政府治理功能的过度迷信。公共选择理论、新制度经济学以及新公共管理理论都对政府的内在缺陷进行了深刻分析，并将其概括为"政府失灵"。它是指由于政治家的有限理性，官僚机构的自利行为，政府科层结构固有的信息、决策、激励等低效率弊病使得政府无法将经济推至帕累托最优的效率边界，用政府替代市场可能会带来更大的损失。从历史经验来看，迷信政府万能、加速国家扩张也确实给世界各国带来过惨痛的教训。第二个谬误就是对市场的过度迷信。经济学对"市场失灵"的表现和形成机制已经进行了深刻分析，即由于存在规模经济、外部性、信息不对称以及收入分配等问题，市场自发的资源配置和秩序治理能力存在着内在的不足。显然，20世纪30年代乃至当前的经济危机是市场失灵的集中表现。第三个谬误就是对公民社会、非政府组织、非营利机构以及社会资本的过度迷信。尽管公民社会的各种组织、机构和网络在资源配置与秩序治理方面具有政府和市场所不具备的优势，但公民社会本身也存在着严重失灵的可能。一方面诚如科尔奈所言，公民社会并非像一些理想主义学者所认为的那样是既远离"肮脏"的政治又远离"利润饥饿"的市场的绝对"清洁"的第三种治理方式；相反，大多数公民社会组织既需要市场给予的资金来源，又需要政府在法律和政治上的支持（当然也有资金上的资助），因此脱离了经济与政治、市场与政府，公民社会只剩下一副空虚的外壳。[③] 另一方面，在发展中国家和转型国家，公民社会的发育还远未成熟，在许多情况下它尚不能有效发挥整合社会利益，缓解政府失灵和市场失灵的独特功效，反而可能被"内部人"和"寡头阶层"操纵作为俘获政府决

---

① 以下内容可参见张慧君. 俄罗斯转型进程中的国家治理模式演进 [M]. 北京：经济管理出版社，2009：77—81；张慧君，景维民. 国家治理模式构建及应注意的若干问题 [J]. 社会科学，2009 (10).

②③ Janos Kornai. The Role of the State in a Post-Socialist Economy [J]. WSPiZ and TIGER Distinguished Lectures Series, No. 6, 2001.

策甚至与国家对抗的工具。正是基于上述原因，国家治理模式构建需要综合利用政府—市场—公民社会三种治理手段，使之相互协调、相互平衡、形成一种促进秩序治理与经济发展的"合力"。

其次，以现代国家制度规约治理的过程。所谓治理的过程就是政府—市场—公民社会的互动协调过程，更具体地说是政治行为主体（如政治家和官僚等）、经济行为主体（如个人、家庭和企业等）以及其他社会行为主体（如各种民间组织、社会团体、利益集团等）在各自目标偏好的引导下采取不同的行为策略，进行互动博弈的过程。从新制度经济学的角度来看，只有通过制度构建，形成一种有效的激励约束结构，才能规制或缓解各种机会主义行为，克服个体理性与集体理性的悖论，将人类行为导入财富创造性活动，而避免其从事诸如寻租、腐败等非生产性和分利性活动。从发达国家的实践来看，它们之所以在秩序治理和经济发展领域表现出长期的良好绩效，基本的前提就是有一套比较完善的现代国家制度来协调政府的行为，特别是约束政府的"掠夺之手"，而发挥其"扶持之手"的作用，只有约束和规范好政府的行为才能约束其他经济与社会主体的行为。现代国家制度主要包括三个方面的内容，即法治、分权和民主，三者作为一个整体相互支持，缺一不可。[①] 如果从国家治理模式的角度来看，现代国家制度的意义不仅限于约束政府行为，它还是维系政府—市场—社会三者均衡的手段。例如，法治不仅有约束政府机会主义行为的含义，也有在此基础上约束私人机会主义行为的含义；[②] 分权不仅意味着政府内部的三权分立、中央—地方的分权制衡，还意味着政府与市场、国家与公民社会的分权制衡；至于民主，更是一种依赖社会来选择和监督政府的机制。实际上，规约国家治理的各种制度安排本身就是政府主体、市场主体和社会主体长期博弈、反复协调所形成的一种制度均衡。只有在现代国家制度所确立的基本权力分配与规则约束结构之下，参与国家治理过程的不同行为主体才能规范有效地试验、摸索、创新出各种更加有效率的制度安排来维系社会秩序，促进经济发展。

最后，立足本国国情，避免落入"最优治理实践"的陷阱。政府—市场—公民社会三者的具体结合方式是多样化的，因此形成了多样性的国家治理模式。然而，在20世纪80~90年代新自由主义大行其道之时，西方主流经济学家和国际组织却往往向发展中国家和转型国家推行一套统一的自由化改革方案——"华盛

---

① 王一江. 国家与经济 [M] //吴敬琏. 比较（第18辑）. 北京：中信出版社，2005.
② 钱颖一. 政府与法治 [M] //吴敬琏. 比较（第5辑）. 北京：中信出版社，2003.

顿共识",经济学家将其称之为"最优治理实践"(Best-Practice Governance)。"华盛顿共识"的实质是一种倡导政府迅速从社会经济中撤出的"最小国家"战略,由于它忽略了发展中国家和转型国家现有的制度基础设施,也忽略了这些国家的历史传统,因此注定走向失败。① 在这些国家,市场与社会中所蕴涵的自组织治理能力和自我发展能力相当薄弱,因此,政府的仓皇撤退必然形成秩序混乱的市场和濒于分裂的社会。这就决定了发展中国家和转型国家的制度改革与治理模式转变需要经历一个循序渐进的适应性调整过程。否则,盲目地遵从各种版本的"最优治理实践"只能给这些国家留下无穷的遗憾。对于在制度改革与国家治理模式构建过程中如何将外来的先进经验与本国的特定实践相互协调、相互兼容,弗朗西斯·福山的观点颇具启发意义:要想提高欠发达国家的制度能力,外来援助者就必须改变他们的期望值,他们不应将事先设计的蓝图强加给受援国,而是要通过提供资源来激励当地人设计和实施其制度改革与国家治理模式构建方案,任何外来援助都不能替代当地社会的实际适应能力。②

总之,国家治理模式构建确实是一项艰难而复杂的制度工程。由于涉及众多制度变量的转换、多重结构关系的调整,因此,需要各个国家的政府—市场—社会在互动协调过程之中进行反复的调试与磨合。国家治理模式构建不可能在"大爆炸"声中一蹴而就,只能在历史与现实的基础上渐进地探索。

---

① Joachim Ahrens. Governance in the Process of Transformation [EB/OL]. April 2006, http://www.oecd.org/dataoecd/52/20/37791185.pdf.
② 弗朗西斯·福山. 国家构建:21 世纪的国家治理与世界秩序 [M]. 黄胜强,许铭原译. 北京:中国社会科学出版社,2007:85.

第三章 经济转型深化中的国家治理模式优化

在构建国家治理模式的理论分析框架并对其演进的一般机制做出分析后,我们将进一步深入到对转型国家的经济转型与国家治理模式重构进程的分析。经济转型呈现出明显的阶段性演化特征,转型国家在相继经历了改革阶段、转型的正式启动与全面推进阶段之后,进入到一个转型深化与完善的阶段。在此过程中,经济、政治和社会领域的各项制度变革也在深刻重塑着这些国家的经济体制与治理模式。通过引入广义制度关联性的概念,我们进一步深入探讨了经济转型的路径选择以及在此过程中国家治理模式重构的制度优化问题。

第一节 经济转型的路径演化及阶段性特征

在苏联、东欧以及东亚部分国家从计划经济向市场经济的转型过程中,尽管由于各国的国情不同,所采取的转型战略各有差异,但是我们还是可以从整体上寻找到经济转型的一般规律,这一般规律突出表现为转型国家的转型过程呈现出相似的阶段性特征。首先,转型国家在正式启动经济转型之前都经历了一个长短不一的经济改革阶段。在这一阶段,各国尽管出于扭转经济效率下滑的考虑而对本国的计划体制进行了局部的修补,但并未从根本上改变计划体制的基本制度。其次,从20世纪80年代末开始转型国家纷纷抛弃计划经济体制,拉开了向市场经济体制转型的序幕。在经济转型的启动和推进阶段,转型国家初步建立了市场经济体制框架。最后,在世纪之交转型国家开始向比较成熟、完善的市场经济迈进。[①]

[①] 对于经济转型阶段性划分的具体内容可参见景维民,张慧君等.经济转型的阶段性演化与相对市场化进程研究 [M].北京:中国财政经济出版社,2006:77-153.

一、经济转型的准备阶段:从改革到转型

计划经济体制的制度结构与经济发展之间的持久冲突,迫使社会主义国家从20世纪50年代起开始对高度集中的计划经济体制进行改革。局部的经济改革无法从根本上克服计划经济体制的弊端,但却为从计划经济向市场经济转型创造了某些条件,并在一定程度上影响了经济转型的方式,从这意义上来说,经济改革是经济转型的准备阶段。

根据法国学者贝尔纳·夏旺斯的概括,社会主义国家从20世纪50~90年代初大致经历了三次改革浪潮:① 第一次改革浪潮大约发生在1950~1960年,这次改革浪潮发端于南斯拉夫,其他社会主义国家(如苏联、匈牙利、波兰等)也随后卷入其中,这次改革浪潮的核心是反思斯大林模式的弊端,并开始尝试改革本国的计划经济体制;第二次改革浪潮大约发生在1960~1970年,苏联和东欧的许多国家都参与其中,但一些国家的改革发生了部分退却(如波兰)或受到了遏制(如捷克斯洛伐克),而另一些国家的改革则坚持下来(如匈牙利1968年的"新经济体制");在经历了20世纪70年代勃列日涅夫的保守主义所造成的改革低潮后,20世纪80年代掀起了第三次改革浪潮,波兰、匈牙利和苏联(戈尔巴乔夫执政后)采取了更为激进的政治经济改革,中国也从1978年开始进入了改革开放的新时代。社会主义国家经济改革的一个重要后果是各国的经济体制逐渐偏离了斯大林时期高度集中的命令经济体制,而在不同程度上将某些市场机制引入到计划经济体制中来。

1. 改革的第一次浪潮(1950~1960年)

对传统计划经济体制的第一次真正改革,开始于1950年铁托领导的南斯拉夫。1950年起,南斯拉夫实行工人自治。明确规定生产资料的社会所有制;实行分权化,减少国家经济管理职能,国家机关不再给企业下达生产计划,给予企业初步的自治权,让工人民主参与企业管理,调动劳动者积极性;生产资料转交劳动集体自行支配,扩大企业使用和分配收入的管理权;大多数产品价格放开,发挥市场机制的作用。在南斯拉夫实行工人自治期间,经济得到迅速发展。从1953~1960年工业生产年均增长13.8%,为南斯拉夫历史所罕见。但由于宏观调

---

① 贝尔纳·夏旺斯. 东方的经济改革——从50年代到90年代 [M]. 吴波龙译. 北京:社会科学出版社,1999:8-9.

控弱化等原因，出现了连续不断的比例失调、国家收支逆差和通货膨胀现象，困扰了南斯拉夫的经济发展。①

1957年起，赫鲁晓夫在苏联开始了对传统经济体制的改革。他的改革内容有：①农业改革。包括改革农业劳动报酬制度，废除劳动日制，改为工资制；废除农产品义务上交的制度，实行单一的农产品收购制度；提高农产品的收购价格；改革农业技术服务体系等。赫鲁晓夫对农业的改革使农业生产状况有所改善，起到了一定的效果。②计划管理体制改革。将部门管理原则改为地区管理原则，在中央与地方之间进行行政分权。比如改组中央计划管理机构，设立地区经济委员会以管理地方企业。企业的上级机关不再是政府的一个产业部，而是地区经济委员会，从而能够缩减中央制订的计划指标，并能够使制订计划的领导部门更贴近实际情况。这实际上是将原来的"条条"管理改为"块块"管理。赫鲁晓夫改革的初衷是通过重组计划管理体制以扩大地方的自主权，从而使中央的计划管理更加贴近地方的实际情况，但很快带来了地方主义和地方自给自足的消极倾向，最终却打乱了原有的计划秩序，导致了地方主义的泛滥。于是赫鲁晓夫被迫合并行政区，成立最高国民经济委员会，重新设立若干产业部门委员会，基本行使原部委职能。

波兰在1956年也加入了反思斯大林模式的行列，开始尝试改革本国的计划经济体制。虽然持续时间不长，但它是该国1980年以前最重要的一次改革。并且这次改革对其他国家的改革产生了重要的思想影响。

匈牙利在20世纪50年代也曾经尝试过对传统计划经济体制的改革。其他如民主德国、捷克斯洛伐克、保加利亚也分别做过局部改革的尝试，但由于各种原因，改革的效果都没有达到预期的目的。

2. 改革的第二次浪潮（1960~1970年）

20世纪60年代中期，苏联、东欧国家掀起的经济改革的高潮与当时理论界对于商品货币关系和价值规律的重新认识是分不开的。

斯大林逝世后，斯大林的个人迷信受到赫鲁晓夫的批判，这使人们冲破了教条主义的严重束缚。苏联理论界开始重新认识斯大林的经济理论，承认生产资料的商品性和价值规律对生产领域的作用，进而提出了商品货币关系"新内容论"取代了"自然经济论"。这一认识上的重大突破，为利用商品货币关系和市场机制提供了比以往更大的余地，孕育和推动了20世纪60年代中期席卷大多数苏

---

① 马凯，曹玉书. 计划经济体制向社会主义市场经济体制的转型 [M]. 北京：人民出版社，2002：25.

经济转型深化中的国家治理模式重构

联、东欧国家的经济改革。

在这一时期苏联的经济改革主要内容有：取消地方经济委员会，改为按部门原则管理产业，即由"块块"管理改为"条条"管理；扩大企业自主权，企业有权确定财务计划、企业编制、确定工资形式和奖励办法；推行经济核算制和物质刺激原则，将企业经济利益与经营成果挂钩，将企业职工的收入与劳动成果挂钩；在外贸方面也采取了促进出口、提高进口机器设备利用效率的措施。

南斯拉夫针对20世纪50年代工资改革导致的工资失控，进而引发的通货膨胀等问题实行全面经济改革。其主要内容有："工人自治"发展为"社会自治"；扩大企业自主权，取消国家对企业扩大再生产的决策权，使企业成为扩大再生产的主体；以国际价格为标准，全面调整物价，逐步解决工农产品比价不合理的问题；改革银行体制，建立两级银行管理体制。

匈牙利于20世纪60年代中期再次掀起改革浪潮：废除了集中化的生产计划，企业有权自己制订生产计划，国家通过运用各种经济杠杆影响企业计划，而不再以具体的指令来影响企业计划；扩大企业自主权，企业有权决定部分投资、产品销售、部分产品价格（一些重要物质由国家进行统一调拨和指令性供货）、企业对工人的雇佣，但同时企业要承担相应的经济后果；收入分配方面，对工资所做的变革是渐进而复杂的，防止企业职工之间收入过于悬殊；对于外贸体制也进行了改革。

在20世纪60年代改革的第二次浪潮中，波兰处于落后的地位。20世纪60年代末，围绕价格体制和激励制度的改革因哥穆尔卡政府的下台而终止。捷克斯洛伐克的改革于1968年因苏联出兵干涉而夭折。

总之，20世纪60年代的改革使苏联和东欧国家取得了一些积极成果，但同时也暴露出不少问题。南斯拉夫由于宏观调控不力，各地出现盲目投资、重复建设、比例失调。捷克斯洛伐克的改革虽取得一些成果，但由于苏联出兵而夭折。而作为国民收入的50%以上靠外贸实现的匈牙利，由于20世纪70年代国际经济环境的变化而处境艰难。经济上的艰难导致关于改革的争论激化。1969年12月受勃列日涅夫保守思想的影响，苏联改革的方向发生了逆转，即不再进行分权式和引入市场机制的改革，而是强化中央的集权管理模式，在此基础上通过完善计划制定工作，增加投资和技术更新等方式来维持计划经济体制的运转。苏共中央提出加强集中统一的措施使改革势头大为削弱。苏联和东欧国家纷纷调整改革战略，普遍转向国家计划控制，加强对企业的管理。改革的进程放慢甚至停顿，改革进入20世纪70年代的低谷期。

3. 20 世纪 80 年代改革的第三次浪潮

经历了 20 世纪 70 年代的改革低谷，苏联和东欧国家普遍经济增长速度放慢，生产下降、物资短缺、通货膨胀等各种问题日益严重。迫于日益严重的社会经济危机，20 世纪 80 年代苏联和东欧国家掀起了又一次改革浪潮。在这一轮改革浪潮中，大多数国家的改革比以前更深入。但改革仍是以坚持公有制、坚持计划经济为前提，只是更注重对企业放权让利、更注意按价值规律办事。

自戈尔巴乔夫于 1985 年上台以后，他初期的改革与以前的改革相比，并没有实质的不同，仍是苏联以前"赶超"战略的继续。然而改革措施实施的情况并不理想，加之 1986 年国际油价的暴跌，苏联经济环境恶化，人民不满情绪高涨。戈尔巴乔夫不得不改变策略，将改革的重点从经济领域转向政治领域，提出了"公开性"和"民主化"的口号。然而政治改革非但没有改善日益恶化的经济形势，反而使得社会主义制度基础发生了动摇，最终在保守势力和激进改革派的斗争中揭开了苏联解体和政治经济转型的序幕。①

二、经济转型的启动和推进阶段：变革与调整

从上文的分析中我们可以发现，由于长期的改革实验不仅没有从根本上克服日益严重的社会经济危机，反而使得计划经济体制在各种矛盾与冲突中不断消耗着自身的效率与能量，从而使原计划经济体制国家的民众对计划经济体制的局部调整彻底失去了信心。20 世纪 80 年代末 90 年代初，苏联和东欧国家揭开了抛弃社会主义计划经济体制并向资本主义市场经济体制转型的序幕。与此同时，以价格双轨制的并轨和中共十四大的召开为标志，中国也正式踏上了全面建设社会主义市场经济体制的道路。在转型中，中国和苏联、东欧国家采取了两种截然不同的方式来进行产权改革、重建经济运行机制，其中，苏联和东欧国家采取的是激进式经济转型方式，中国采取的是渐进式经济转型方式。

1. 激进转型方式的实施与调整

激进式转型又被称为"休克疗法"，是围绕着三个核心内容展开的，即宏观经济稳定化、经济自由化和产权私有化。宏观经济稳定化是必要条件，产权私有化是基础，而经济自由化是核心，三者构成一套完整的体系，力图在最短的时间

---

① 景维民，张慧君等. 经济转型的阶段性演化与相对市场化进程研究 [M]. 北京：中国财政经济出版社，2006：55-56.

内同时实现。波兰是东欧国家中最先实行"休克疗法"的国家,并且波兰的"休克疗法"是在萨克斯的直接参与下制定的。1989年9月,马佐维耶茨基出任第一届团结工会政府总理并向国际货币基金组织递交了有关波兰实施"休克疗法"的备忘录,得到了国际货币基金组织的认可和信贷保证。波兰国会也通过了当时主管经济工作的副总理兼财政部长巴尔采罗维奇(Leszek Balcerowicz)提出的以"休克疗法"根治波兰经济危机和以最快速度向市场经济体制转型的计划,这就是著名的"巴尔采罗维奇计划"。"巴尔采罗维奇计划"主要包括稳定经济——尤其是抑制通货膨胀和改革经济管理体制两方面的内容,具体包括:对国有企业进行经济核算,允许国有企业破产或关闭其效率低下的部门;制定银行法,禁止通过国家中央银行解决政府预算赤字,禁止发行新货币;在信贷方面,废除那些有利于国有企业融资的法律,提高利率遏制通货膨胀;向过度的工资增长征税,对一些存在工资增长过高现象的国有企业征收税收罚金,以遏制恶性通货膨胀;实行新的税收规则,对所有企业实行统一征税,取消以前由行政管理方式确定的适用于私营企业的特别税;吸引国外投资,允许国外企业和个人到波兰投资并把利润带到国外;实现外汇和兹罗提的自由兑换,废除国家对国际贸易的垄断;指定海关法,建立适用于所有企业的统一关税税率;促进就业,规范与失业相关机构的职责;允许企业在特殊情况下解雇工人,向被国有企业集体解雇的职工支付失业保障金和遣散费;在货币回流方面,当通货膨胀达到较高水平时,冻结流通领域现金的兑换。

"巴尔采罗维奇计划"于1990年1月1日开始实施。继波兰之后,保加利亚、捷克斯洛伐克、阿尔巴尼亚、罗马尼亚、斯洛文尼亚乃至匈牙利等国家都在不同程度上仿效波兰,"休克疗法"随即在东欧得到广泛推行。

俄罗斯"休克疗法"的实施始于1992年年初。俄罗斯激进转型策略的内容与其他东欧国家相差不多,其主体内容包括:

(1)一次性全面放开价格。这是实行"休克疗法"的首要步骤。规定1992年1月2日放开90%的消费品价格、80%的生产资料价格;到3月底消费品价格全部放开(房租、公共服务、公共交通除外);4月中旬放开燃料价格(天然气和电力仍使用调节价),后来实际是价格分阶段到位。政府认为这是向市场经济过渡、形成市场自我调节机制的重要前提。在放开价格的同时,对居民实行社会保护措施。在物质生产领域实行自由工资,对预算拨款单位工作人员提高工资,对退休人员提高退休金,对失业者发放补助金。

(2)实行"双紧"的宏观经济稳定化政策。在大幅度放开物价的同时,为了防止出现高通货膨胀率,维护国家宏观经济稳定,俄罗斯政府推行了所谓的"双紧"政策,即紧缩的财政政策和紧缩的货币政策。如表 3-1 所示,紧缩的财政政策既包括削减支出也包括增加收入,而紧缩的货币政策既涉及中央银行也涉及商业银行。

表 3-1　俄罗斯的"双紧"稳定政策

紧缩的财政政策		紧缩的货币政策	
削减支出	增加收入	中央银行方面	商业银行方面
1. 压缩基本建设投资。 2. 削减价格补贴和企业亏损补贴。 3. 削减军费开支和机关经费。 4. 社会福利基金由国家拨款为主,改为企业、个人集资为主。	1. 恢复所有商品的增值税,税率为 28%。 2. 提高企业所得税,税率高达 45%。 3. 取消很多税收优惠政策。 4. 对进口产品征收增值税和消费税,对原料、燃料出口征收出口税。	1. 硬性控制货币发行。 2. 控制财政透支,中央银行为预算赤字提供的贷款数额不得超过 GDP 的 2%。 3. 提高再贴现率(从 2% 提高到 9%)和商业银行准备金率。	1. 对商业银行的贷款实行统一限额,其贷款不得超过限额。 2. 实行银行活动许可证制度,限制银行和其他金融机构数量的增长。 3. 提高居民存款利率以回笼货币。

(3) 国有企业私有化。俄罗斯的私有化分为小私有化和大私有化。小私有化的对象是商业、服务业及小型工业、运输业和建筑业,采取的主要方式有拍卖、投标、赎买租赁和股份合作制。俄罗斯的大私有化分为三个阶段:1992 年 7 月至 1994 年 6 月为"证券私有化"阶段,通过发放证券的方式无偿地向公民转让国有资产;1994 年 7 月 1 日至 1996 年 12 月为"货币私有化"阶段,通过出售企业股票转让国有资产;从 1997 年起是"个案私有化"阶段,按"点状方案"有选择地进行国有企业股份制改造。

截至 1996 年底,俄罗斯实现私有化的企业共 12.46 万个,占私有化前国有企业总数的 60%;在资产上,国有资产约占资产总量的 45%,非国有资产约占 55%;在产出上,国有经济占国内生产总值(以下简称 GDP)的 28%,非国有经济占 72%。①

"休克疗法"在苏联和东欧国家并没有实现预期目标,反而使这些国家无一例外地陷入严重经济衰退的漩涡之中。为了摆脱经济衰退,激进转型国家开始调整"休克疗法"。波兰从 1993 年开始实行"波兰战略",其主要内容包括两个方面:一是合理有效的宏观经济政策,二是渐进的自由化及私有化政策。在俄罗斯,普京总统对"休克疗法"的调整是全方位的,其中最重要的是两个方面:一

---

① 1997~2000 年俄罗斯政府中期纲要构想:结构改革和经济增长 [J]. 经济问题,1997 (1).

是限制石油、天然气、电力等战略企业的私有化,并对一些已经私有化的战略企业重新国有化;二是实施政治体制改革,放弃"自由民主"实行"可控民主"。激进转型国家的调整战略不仅遏制了经济下滑,而且为这些国家后来的经济复苏奠定了基础。

2. 渐进转型方式的实施与调整

与苏联和东欧国家不同,中国、蒙古国、越南等国在转型过程中实行的是渐进转型战略。具体而言,所谓渐进转型方式,是指在暂时不破坏旧体制的前提下,从对传统计划经济体制的调整开始,通过培植新体制因素来逐渐实现体制的转变,从而让市场在经济发展过程中发挥更大的驱动作用,最终实现市场对资源配置的基础性作用。与激进式经济转型方式不同,渐进式经济转型方式并不认为经济转型过程应当是一次性的和全面的,而是认为经济转型过程应当是部分推进并且分阶段的,它在速度上并不认为越快越好,而是强调经济转型的先后顺序;在范围上主张可以部分地先行试点,然后再推广到其他地区。

渐进式转型一般经历体制外市场化改革、体制内增量市场化改革和体制内存量市场化改革三个阶段。所谓"体制外改革"并不是指计划经济体制之外的改革,而是指国有经济范围之外的改革,所以"体制外"指的就是非国有经济和农村。① 体制外市场化改革具有积极的作用,不仅为体制内改革提供了示范作用,而且非国有经济效率的提高也无形中增加了国有经济的竞争压力,这反过来又成为促使国有经济进行改革的外在压力。然而,体制外的市场化改革还不足以作为转型开始的标志,只有涉及国有经济市场化的改革其强度和规模才能称为转型,而渐进转型国家的体制内改革始于增量。所谓"增量"就是新增加的数量。所谓"体制内的增量改革"就是指,国有企业在完成它们对政府承担的义务以后的产量增量部分,可以按照市场经济的规则安排,包括在定价、销售方式和收益分配方面的安排。② 由于增量改革对于渐进式转型而言具有标志性意义,因此,有的学者认为渐进式转型的基本涵义就是增量改革。③ 从这个意义上讲,渐进转型国家的转型启动与推进阶段是指体制内增量改革阶段,这一阶段包括体制内增量改革启动、推进两个阶段,在有的国家还包括有小范围的体制内存量改革。

中国体制内增量改革始于20个世纪80年代中后期,其标志是从1985年开

---

① 吴敬琏. 中国采取了"渐进式改革"战略吗? [J]. 经济学动态,1994 (9).
② 景维民. 从计划到市场的过渡——转型经济学前沿专题 [M]. 天津:南开大学出版社,2003:145.
③ 吴敬琏. 渐进与激进——中国改革道路的选择 [M]. 北京:经济科学出版社,1996:11.

始实施的价格双轨制和从 1986 年开始全面推行的国有企业经营承包制。起初中国实行价格双轨制和国有企业经营承包制并不是为了向市场经济转型而只是想搞活国有企业提高其运营效率。因此，伴随增量改革，当"寻租"、"投机倒把"等活动大范围出现和国有企业经营行为短期化日益严重的情况下，举国上下对体制内增量改革骂声四起，改革大有逆转之势。关键时刻邓小平南方谈话和中共十四大确立市场化改革目标使增量改革不仅没有被逆转反而逐渐向存量改革推进。从增量改革到存量改革是中国经济改革的重要调整。

根据国有企业规模的不同，中国国有企业存量改革也有所区别。国有小企业产权改革的逻辑是清晰的。首选方式是采取公司制改组，将国有资本与其他资本绑在一起，在所有者权益不断扩大的同时，国有资本亦随之增值。第二种方式是将企业卖掉，把国有资本从低效运转的制度中抽出来，投入到国有经济需要加强的领域中去。第三种方式是当企业卖不出去或无人愿意合资的情况下，才采取比较现实的选择，即动员企业职工入股，进行股份合作制改造。职工作为所有者和劳动者的双重身份，使企业在增强激励机制的同时，降低了管理和监督的成本。上述三种方式，均在不同程度上对传统的国有产权制度进行了比较大的变革。除此之外，由于条件的不具备，势必还要采取一些过渡的方式，即实行租赁、委托经营、兼并（国有企业之间）、分立等。过渡方式的选择，为一些资不抵债或资债相等又无法破产的企业赢得了暂时的生存空间，待企业经营状况扭转后，再进行产权制度上的变革。最后，才是最不得已的选择——企业依法破产。[①]

中国国有大中型企业的产权改革目标是公司化。公司化在我国大体上包含 3 个互相衔接的步骤：①实现政企职责分离。在计划经济时期，国有企业既要履行企业职责，又要履行行政职责。推进企业公司化改制，显然需要将国有企业的行政职能移交出去。为此，中央政府成立了国家经贸委的"国家局"，负责接收中央政府所属的"总公司"、"集团公司"的行政职能，使这些企业成为不具有行政职能的企业。②将垄断性企业改组为竞争性企业。在计划经济时期，为了减少计划企业的数量，通常一个行业或一个子行业只建立一个企业，于是这个企业在它负责的领域内就具有垄断地位。为了营造竞争局面，我国政府采取了拆分改组的办法来打破垄断。③经过资产重组在国内外证券市场上市。公司化之前，一般的国有企业仍然是机构臃肿、冗员众多、债务沉重，这显然不符合上市的要求。我

---

① "中国改革与发展报告"专家组. 透过历史的表象：中国改革 20 年回顾、反思与展望 [M]. 上海：上海远东出版社，2000：32.

国政府主要采取两种方法重组国有资产,使其符合上市的要求。其一是将企业非核心资产和多余的人员剥离出来,然后对核心资产进行重组、上市。其二是将企业的核心资产从原来的企业剥离出来成立新企业,以保证新设立的企业在账面上有良好的财务业绩和上市的可能性。

由上可知,中国对转型策略的调整虽然不像激进转型国家那样剧烈,但其重点仍有前后区别。起初重点是体制外转型,20世纪80年代中后期调整为体制内转型,到了20世纪90年代中期转型重点进一步调整为体制内存量转型。正是由于中国转型策略随时代变化而不断深化调整,所以中国转型经济保持了持续而快速的增长并逐步走向成熟的市场经济。

三、经济转型的深化和完善阶段:走向成熟的市场经济

世纪之交,转型国家的经济转型进程面临新的阶段性跨越。从内部因素来看,主要转型国家已经建立起市场经济体制的基本框架,支持市场经济运行的政治体制、法律制度及意识形态都已经初步形成;从外部因素来看,中国加入WTO,俄罗斯的市场经济地位已经得到美国和欧盟的承认,中东欧国家绝大多数也如期加入欧盟。这些事实表明,转型国家正在融入经济全球化进程之中,转型国家的市场化进程已经不可逆转。从经济发展状况来看,在俄罗斯和东欧的主要国家,经济已经基本走出转型衰退的阶段,一些国家已经保持了数年的经济平稳增长并超过了转型前的水平,经济结构发生了巨大变化,短缺经济基本消除。在中国,虽然偶经波折,但经济一直保持了较高的增长的速度,1998年后中国也告别了"短缺时代",实现了从卖方市场向买方市场的转变。

上述情况表明,转型国家的转型已经取得了阶段性的胜利。然而,此时说转型已经完成还为时尚早。俄罗斯、中东欧国家的经济在2008年世界金融危机中的拙劣表现说明这些国家的制度仍然存在较大的完善空间。中国日益严重的环境问题、腐败问题、收入差距扩大问题等问题也说中国的市场化转型还任重而道远。中东欧国家为了真正回归欧洲必须改善本国市场经济的运行效率,以便提高经济发展水平。①俄罗斯不仅要调整畸形的产业结构、深化改革金融体制,还要为

---

① 根据世界银行提供的数据,2004年中东欧国家按照购买力平价计算的人均国民收入水平只有欧盟原15个成员国平均水平的48.4%,而其中人均收入水平最高的国家——斯洛文尼亚的人均国民收入也只达到欧盟15国平均水平的67.2%。

构建规范的宪政制度而努力。在中国，转型深化阶段的任务比其他国家都艰巨，不仅需要构建完善的市场经济体制，改变低端加工型经济增长方式，还需要为构建法治社会和民主政治而奋斗。

第二节 经济转型深化阶段面临的治理任务

在转型深化与完善阶段，由于转型国家的国情各不相同，转型进程存在差异，所以面临的任务自然也各有侧重。虽然如此，但是它们还是面临着一些相似的挑战。比如，市场经济体制都需要进一步完善、经济发展战略都需要调整、政治与社会层面的改革都需要深化。

一、市场经济体制建设的完善

经济转型不仅要拆除计划经济体制的旧体制，更重要的是建立起支持市场经济运行的各种新制度。在转型的启动和推进阶段，市场经济体制在转型国家已得到初步确立。公有制一统天下的局面已经改变，混合经济结构已经确立。单一制银行系统已经打破，中央银行和商业银行构成的双层银行体系已经建立。全方位社会保障体制已经瓦解，适应市场经济需要的现代社会保障体制的框架已经初具规模等。然而，转型国家所建立的市场经济体制框架还不够完善，需要在以下几个方面加以完善：

1. 进一步深化产权制度改革

转型国家的产权制度变革主要涉及非国有经济的发展、国有企业的私有化和股份制改造、企业重组与公司治理机制重构、产权保护制度体系的建设等多个领域。从目前的发展状况来看，苏联和东欧的主要转型国家的大规模私有化改造任务已经完成，以私有制为主体的多元化的所有制结构已经初步形成。中国虽然没有采取激进的私有化战略，但是通过对国有部门的产权改造以及鼓励和支持非国有部门的发展，也已经初步建立起以公有制为主体的多元混合所有制结构，在此基础上将创建"归属清晰、权责明确、保障有力、流转顺畅"的现代产权制度作为深化产权制度改革的一个重要目标。尽管取得了上述成就，但大多数转型国家在促进企业重组、创建有效的公司治理机制以及建立强有力的产权保护制度体系方面，都存在许多不完善之处，这些问题在很大程度上影响了各国的经济转型绩效。此外，转型国家还需要解决在产权改革过程中所产生的一些社会问题，如严重的腐败和有组织犯罪以及因产权再分配而产生的收入差距过大的问题。上述深层次的产权制度构建问题的解决，将是转型国家转型深化阶段面临的重要任务。

2. 加强市场竞争体制构建

转型国家的市场竞争体制构建主要涉及市场竞争主体重构（如产权改革）、价格自由化、贸易自由化（价格自由化和贸易自由化是建立市场交易制度的基础）以及支持市场竞争的法律和规章的建设。在竞争体制构建过程中，中东欧国家在打破垄断、硬化企业预算约束、规制市场竞争行为等方面采取了比较彻底、连贯的改革措施，因而这些国家的市场竞争体制建设走在了转型国家的前列。中国由于采取了渐进、连续的市场化改革政策，促进了多元化市场参与主体的出现和资源有效配置，因而建立起比较有效的市场竞争体制，但政府仍然保持对市场的广泛调控。俄罗斯虽然在转型初期采取了比较激进的自由化政策，但由于各种政治经济原因（如不能严格执行硬预算约束政策、强势利益集团对政府的俘获阻碍推行支持市场竞争的政策等），其自由化政策实施的效果并不理想，因而削弱了整个市场的竞争力度。而其他转型相对落后的前苏联国家在市场竞争体制构建方面存在着更多不足之处。市场竞争体制的薄弱在很大程度上影响了其他领域（如产权制度改革）制度构建的效果。因此，在未来的转型进程中，进一步强化支持市场竞争的法律和相关制度、机构的建设，培育促进市场竞争的良好商业环境，是转型国家面临的重要任务。

3. 继续培育和发展市场体系

统一、开放、竞争、有序的市场体系是市场运行基础。市场体系中商品市场、劳动力市场、资本市场是最基本的内容，是市场体系的三大支柱。转型国家商品市场的发育程度已经相当高，但是劳动力市场和资本市场的发育还相对滞后，呈现出市场体系非均衡发展的态势。劳动力市场发育程度的一个重要标志，是就业率能否灵活地反映供求关系。俄罗斯就业率的变化与经济波动极不成比例，1991~1998年，俄罗斯的GDP缩小了39%，就业却只降低了14%，换言之，GDP每减少1个百分点，就业相应只减少了大约0.35个百分点。东欧各国的情况与俄罗斯恰好相反，出现了无就业增长，虽然转型经济早就摆脱了衰退，但失业率却迟迟难以下降。①中国劳动力市场发展滞后主要表现为工资不能充分反映劳动力市场供求关系和劳动力不能自由流动。转型国家另一个需要完善的是资本市场。与劳动力市场相比，转型各国的资本市场的发展滞后性具有某种程度的一致性，比如说集中度都较高、流动性都较差、政治风险都较大等。所以，转型各国在今后的发展过程中要加大力度建设以劳动力市场和资本市场为主要内容的生产要素市场，为生产要素合理配置和市场机制发挥更大作用提供保障。

产权改革、市场竞争体制构建和市场体系培育是相互联系、互为补充的关系。产权改革是培育自负盈亏并对市场竞争信号做出迅速反应的市场主体的关键，市场体系是市场主体和市场竞争机制发挥作用的客观环境，市场竞争体制构建的目的是为市场主体提供正面激励。

二、经济发展战略的调整

时至今日，转型国家都取得了较好的经济表现，显示出较为强劲的增长势头。中国和苏联、东欧等国家正因其经济具有高资本回报率而被国际资本所竞相追逐，从而成为拉动世界经济增长的一个新的增长点。然而，各主要转型国家的经济增长方式一定程度上具有不可持续性，转型深化阶段需要加以调整。

1. 俄罗斯的资源依赖型经济增长方式及其调整的紧迫性

俄罗斯继承了苏联严重扭曲的产业结构，与燃料、能源（电能和热能）开采和生产及其运输、分配、使用等相关的产业体系，一直在国民经济中占据着最重要的地位。20世纪90年代以来，俄罗斯矿产资源出口占俄罗斯出口总额的比重始终稳定在42%~48%，2000年这一比重更是高达53.8%，其中燃料动力资源占了近52%。②俄罗斯著名经济学家阿甘别吉扬指出，俄罗斯经济增长的70%是靠外部因素保证的。并且，在俄罗斯的出口构成中，80%为原材料，其中石油和石油产品占38%，天然气占18%，有色和黑色金属占15%。出口对俄罗斯GDP增长的贡献度，2000年为50%（GDP的9%增幅中有4.5%是靠出口拉动的），2001年为30%（GDP的5%增幅中有1.5%~2%是靠出口拉动的），2002年为50%（GDP

---

① 根据联合国欧洲经济委员会提供的数据，2004年捷克、爱沙尼亚、匈牙利、拉脱维亚、立陶宛、波兰、斯洛伐克和斯洛文尼亚的标准失业率分别为：8.3%、9.2%、5.9%、9.8%、10.5%、18.8%、18.0%、6.0%。请参见联合国欧洲经济委员会. 欧洲经济概览［J］. 2005（2）.

② A.Арбатов. Ресурсное проклятие России. экскурс в историю и нынешние проблемы. Общество и зкономика［J］. 2004，No.11-12，Стр.143.

的4.1%增幅中有2%是靠出口拉动的)，2003年和2004年分别高达75%和70%。[①]

俄罗斯虽然具有丰富的自然资源，然而如此严重的依赖能源的经济增长方式不具有可持续性，其原因主要有两点：第一，能源本身不具有可再生性（见表3-2）；第二，经济增长受制于国际能源价格波动的影响。如图3-1所示，俄罗斯的经济增长与国际石油价格存在密切关系。

表3-2 俄罗斯主要自然资源储量及其开发利用水平

指标	石油（含凝析油）（百万吨）	天然气（十亿立方米）	煤炭（百万吨）	铁矿石（百万吨）	农业用地（百万公顷）	森林（百万公顷）	木材蓄积量（十亿立方米）
总蕴藏量	20390	463680	196488	55973	221	869.61	81.9
年开采或开发量	348	581	270	83	111	475.5	1.8
现有储量可开采年限	58.6	798	728	674.4	—	—	45.8
按人均计算的储量年开采水平（吨）	2.4	5.5	1.9	0.58	0.76	3.3	12.5
年开采比重（%）	1.7	0.13	0.14	0.15	—	—	2.2

资料来源：郭连成.俄罗斯经济转型与转型时期经济论.北京：商务印书馆，2005：551.

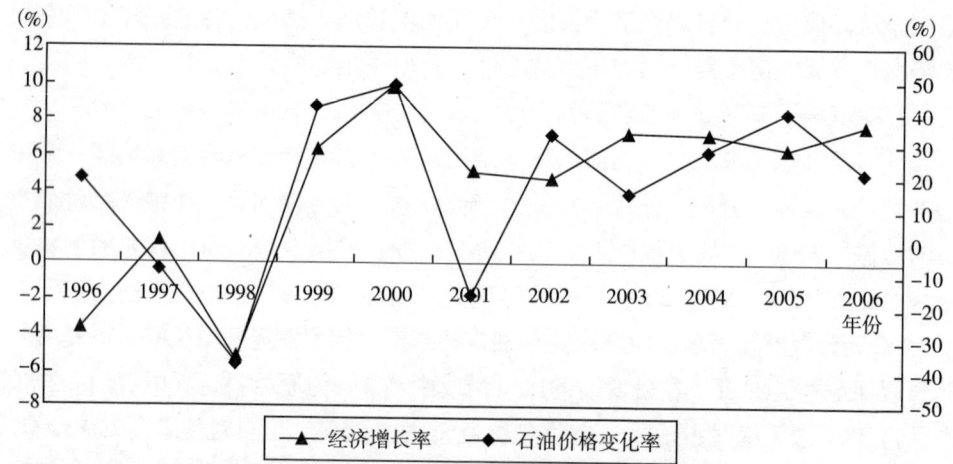

图3-1 国际石油价格对俄罗斯经济增长的影响

资料来源：《世界经济年鉴》编辑部.世界经济年鉴（2006~2007）[M].北京：高等教育出版社，2007：18.

总之，资源依赖型经济增长方式并不能给俄罗斯带来持久的经济增长，为此，俄罗斯必须尽快转变经济增长方式，改变当前不合理的产业结构。如果考虑

---

① 郭连成.资源依赖型经济与俄罗斯经济的增长和发展[J].国外社会科学，2005（6）.

到俄罗斯目前仍具有的许多优势,如幅员辽阔、国内市场容量大;自然资源丰富,能够满足国内对原材料、燃料和能源的需求;具有发达的科学技术潜力和工业潜力;科研实力雄厚,研发能力强,有可能开发出能够参与世界市场竞争的产品;拥有相当规模的闲置生产能力,能以较少的成本增加生产;具有出口高附加值产品的潜力和能力;劳动力价格较低但技能水平较高;居民受教育程度高,等等,①俄罗斯是能够在一定时期内实现经济的可持续增长的。

2. 中国的低端加工品型经济增长方式及其调整的紧迫性

西方发达国家在20世纪80年代后加速发展微电子工业、生物工程、光纤通信、激光技术、新材料、新能源、宇航和海洋开发等高技术产业,将一批劳动密集型、资本密集型甚至一些技术滞后的技术密集型产业转向新兴工业国家。从而在实现本国产业结构调整与升级的同时,促进产业的国际转移。拥有丰富劳动力资源的中国抓住了产业结构国际整合的这一契机,迅速成为世界工厂,经济也开始快速增长。

但是应该看到的是,在这种低端加工型经济增长方式下,中国出口结构因出口低附加值产品、进口高附加值商品而不断恶化,从而影响到其国际竞争力。而且更重要的是,这种低端加工型经济增长方式成功的关键在于,是否具有丰富的劳动力资源。而在这方面,中国虽然在转型的初期存在着人口红利,即因人口结构具有劳动年龄人口的数量持续增加,比重不断上升,而人口抚养比相应下降的特征,一方面保障了经济增长过程中劳动力的充分供给,另一方面提高了资本积累率。这种人口红利在中国的经济转型的过程中,通过资源配置的改革得以释放,并进一步在中国参与经济全球化的过程中得以体现,从而延缓了资本报酬递减的趋势,为经济增长提供了额外的源泉。②但是从图3-2可以看到,中国的人口自然增长率从20世纪60年代中期开始持续下降之后,劳动年龄人口的增长率从20世纪80年代也开始了下降的过程,并且在进入21世纪以来下降速度明显加快,预计在2017年左右将停止增长。人口转变新阶段的到来,必然会对劳动力价格产生重大影响,从而使中国的低端加工型经济增长方式变得不可持续。因此,尽快转变经济增长方式,解决经济增长和发展过程中长期积累的问题,对于保持中国经济增长可持续性具有至关重要的意义。

---

① 郭连成. 俄罗斯经济转型与转型时期经济论 [M]. 北京:商务印书馆,2005:557.
② 蔡昉. 中国经济面临的转折及其对发展和改革的挑战 [J]. 中国社会科学,2007(3).

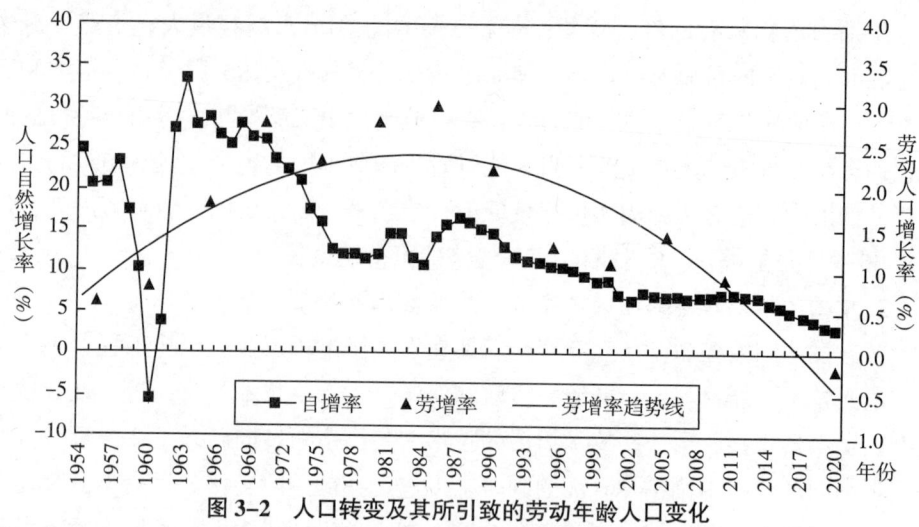

图 3-2 人口转变及其所引致的劳动年龄人口变化

资料来源：蔡昉. 中国经济面临的转折及其对发展和改革的挑战 [J]. 中国社会科学, 2007 (3).

3. 东欧国家的依附性经济增长方式及其调整的紧迫性

东欧国家经济迅速复苏的原因在于它们在私有化的过程中引入外国资本从而改善了企业绩效。据此，许多经济学家认为东欧的经济转型是比较符合新古典经济转型理论的。但是波兹南斯基在对东欧国家的私有化进行广泛的研究之后发现，外国资本是有选择性的，它们往往看好那些基础设施比较好、地理环境比较优越、发展潜力比较大、容易带来经济效益的企业，因而这种私有化方式使最优质的国有资本落到了国外资本的手中，而其余的国有资产通过无偿分配和内部购买等方式分给了国内所有者。其结果，在大多数东欧国家中，外国投资者接收东欧国家的绝大多数固定资产，形成了以外国资本占主导地位的所有制结构。

在波兰，私有化的进展速度从一开始就比较快，就工业来讲，多管齐下地向外国人出卖国有资产到1997年就已经使波兰的所有制结构发生了变化。到1999年末，在波兰工业的固定资本中，外国人所拥有的份额已经占到总数的40%，到2000年时，这一比重又进一步攀升到了50%。就银行业来说，起初因为按照法律规定，外国人不得参与银行业的私有化活动，因而国有资产向外国人拍卖的进展速度要比工业部门慢一些，直到1997年，在银行业中有外国控制的资产比重还不到总量的20%，但到了1999年，银行业中受外国控制的比重已经达到了总量的56%，而按自有资本数量衡量，这一比重已高达65%。在2001年，这一比重又上升到了75%。

在匈牙利，其银行业早在1999年，就在很大程度上通过直接向外国人拍卖的方式，使得外国人手中积累的银行业资产达到了总数的70%，而且其中几乎全部是赢利的部门。工业部门也是通过国家的对外拍卖很快就几乎全部变成了外国人的财产，1999年，外国资本所占的比重大约在75%，为东欧国家中外资所占份额最高的国家。而且外国控股的资本集中于经营状况最佳的企业。

而这种外资占主导地位的所有制结构在捷克、保加利亚、罗马尼亚、阿尔巴尼亚、苏联的所有波罗的海国家以及哈萨克斯坦、南斯拉夫的克罗地亚、波斯尼亚、塞尔维亚以及马其顿等国家，都广泛存在（表3-3）。

表3-3　工业和银行业中外国所有权比重（2000年）

国家	工业（%）	银行业（%）	银行业中公有成分（%）
波兰	35~40	75	20
克罗地亚	—	85	10
捷克共和国	35	65	30
爱沙尼亚	60	80	15
匈牙利	75	70	10
斯洛伐克	25	40	40
斯洛文尼亚	15	10	60

资料来源：波兹南斯基.全球化的负面影响：东欧国家的民族资本被剥夺[M].北京：经济管理出版社，2004：74.

在现实世界当中，由于外国资本占据着主导地位，并且控制着大部分具有发展潜力的生产部门，这会使得其国内的生产活动已经随着外国资本的渗透而被迫进行重组，从而其整个社会再生产都完全围绕着外国资本展开。在这种情况下，虽然外国资本的介入有可能会有利于东道国的经济增长，但是由于经济增长的成果中的大部分份额是以利润的形式存在的，而利润是被外国资本所占有的，因此对于东道国来说，一方面其经济增长的成果并不能被广大社会成员所分享，而另一方面，其经济的正常运转也会越加依赖于外国资本的再投资，这无疑会使东道国越来越丧失其对社会经济活动的控制力，从而越来越无法在必要的时候对生产活动进行干预，一旦由于某种原因引发外国资本抽逃，经济必然出现巨大滑坡，因而其经济增长的稳定性和持续性比较差。由此看来，东欧国家的经济增长不过是依附性增长，这种表面上的经济增长实际上并不能给东欧国家带来实惠，所以从长期来看，东欧国家的经济转型虽然在短期内因为成功地改善了企业绩效而实现了经济增长，但付出的代价却是长期的贫困化。

三、政治与社会层面的变革

在传统计划经济国家，中央政府是无所不包、无所不管的全能型政府，而公民社会在经济发展中的作用和地位被极度弱化。因此，政治及社会层面的变革本身就是向市场经济转型的重要内容。然而，由于20世纪90年代转型国家最主要的任务是经济改革，加之经济改革也需要由政府的政策驱动，所以绝大多数转型国家没有足够的时间和热情关注政治和社会层面的变革和制度构建，这一任务只能期盼在转型深化阶段完成。

经济转型的目标是调整政府与经济以及社会之间的关系，建立一个范围有限、运行有效的领航型政府，大力培育和发展公民社会，逐步将政府拥有的应由社会行使的职能向社会转移。改革传统"全能政府"的畸形关系模式，实现政府与社会相互分立的理想的关系模式，一方面需要进行有限政府的制度创新，需要界定政府权力的限度，校正政府的越界行为、改变政府无所不包、无所不管的规模、权力和职能扩张倾向；另一方面需要大力培养社会力量，建立充分发育的社会肌体，努力构建公民社会。

1. 构建有限有效的领航型政府

（1）构建有限的服务型政府。经济转型要求政府从市场能够在其中发挥作用的领域中退出，从对经济的全面干预转到为市场的发展提供服务上来，从而构建一个职能范围有限的服务型政府。有限政府包括两方面：其一是有"界限"，政府行使经济职能必须在一定的边界范围内。在市场经济中，需要政府做的主要是提供制度、基础设施、基础教育等公共产品，解决外部性问题，在市场发育不成熟时培育市场、部分地替代市场，在全球化进程中适度保护民族产业等。总的来说，政府行使经济职能的边界在于市场不能有效起作用的地方。其二是有"限制"。政府行为有时会出现越位和缺位等错位现象，这就有必要对政府的行为进行限制。

（2）构建有效运行的企业型政府。政府经济职能的变迁需要提高政府的运行效率，构建一个运行有效的企业型政府。提高政府的运行效率，主要从这几方面着手：其一是完善政府的治理结构，在政府内部建立起激励和约束机制，将公务员的收益与履行职能的效率联系起来，确立节约成本、提高效益的激励机制；其二是在政府机构中引入竞争机制，用市场的力量来改进政府的工作效率；其三是明确界定和划分各职能部门的职责，各部门机构的职能范围不应相互交叉，防止推诿责任现象的产生；其四是深化政府机构转型，按照统一、精简、高效的原则优化政府组织机构，减少行政层级，提高行政效率。在行使经济职能时进行成本收益的比较，避免浪费给社会造成极大的负担。

(3) 构建规范有序的透明型政府。政府在行使经济职能时必须规范有序，按照相应的法律法规履行经济职能。这需要全面推行依法行政，大力推进政务公开，加强电子政务建设，建立公正、透明的工作制度，健全科学民主决策机制和行政监督机制。在经济转型的过程中，必须加强法制建设，重视制度规则的选择和创新，尤其是将政府的公共决策和行政管理纳入法制化轨道，改善公共决策系统，提高公共政策质量。加强行政立法和行政执法，依法约束政府行为，实现政府管理过程的程序化，提高依法行政水平。

(4) 构建调控有力的领航型政府。现代市场经济要求政府成为调控有力的领航型政府，引导经济的健康发展。政府的调控能力主要表现在宏观调控上，主要可以从三方面得到提高：一是财政税收的宏观调控能力。这是指中央政府从社会中征收税收的能力，它主要表现为财政收入占国民收入的比例和中央财政收入占全国财政收入的比例。二是货币金融的宏观调控能力，这主要表现为中央政府的货币金融政策对整个社会的金融活动进而对于整个经济运行所起的作用。三是行政组织的调控能力，主要表现为中央政府对机构的动员能力和地方政府对中央政府的政令自觉贯彻的程度。

2. 培育公民社会

建构公民社会需要努力促进社会力量的成长，实现社会结构的重建及社会沟通、服务和互动机制的重建。

(1) 重构社会组织。在社会组织重建上，要积极培育各种带有自治性、自主性的社会组织。在市场经济体制下，各种社会组织自然不能作为政府的一级行政单位而存在，它们应该是具有确定的法律地位、独立于政府行政控制之外的市场主体，它们在政府的行政性联系之外的各种社会联系方式和社会生活的协调过程中发挥着积极的作用。而传统的政府、社会关系一体化模式恰恰是政府吃掉了社会，政府的行政等级制关系渗透到社会的每一个角落，各种社会组织和群体都作为政府的附属物而存在。实践已经证明，这种政府与社会关系模式必将导致社会失去活力、效率低下。因而争取社会组织的相对独立性和自主地位就成为调整政府与社会关系首当其冲的目标。培育社会力量、建立充分发育的社会肌体，首先要逐步剥离各种社会组织的政治职能和行政职能，其次要落实各种社会组织的经营和管理自主权，确保各种社会组织在法律范围内享有较为广阔的自由活动领域，努力促进各种行业管理协会、专业服务事务所、社团、俱乐部等中介组织的发育和发展，使其承担自我管理、自我服务、自我协调、自我监督功能，在政府、企业和市场之间建立桥梁。

（2）重构社会结构。在社会结构的重建上，要着眼于努力扶植中产阶级，将整个社会结构从两极社会的"金字塔"形结构转向中产阶级社会的"菱形"结构。中产阶级占据主体是现代社会走向稳定的重要结构因素。通过各种政策手段，设法使中等阶级尽快发育起来，使之成为社会的主体部分和中坚力量，造成在社会分层阶梯上，最贫困阶层和最富裕阶层这两端在数量上都减至绝对的少数，中等阶层占绝对优势的格局。为此，一要通过各种规范性手段，防范最富裕群体通过非经济手段谋求超额利润的途径；二要扶持、救助社会贫困阶层，推动其中的大部分人借助各种渠道逐步上升到中产阶层中来，这就要求政府在救助社会贫困阶层的同时，鼓励、扶持各种带有社会合作性质的中小型厂商、企业；三要直接塑造和孕育中产阶层，创造相应的产业结构条件、职业结构条件和基本教育条件。

（3）重构社会沟通、服务和互动机制。在社会沟通、服务和互动机制的重建上，要在政府、精英和民众三者之间建立制度化的沟通、服务和互动机制，形成良性的沟通和互动。这种制度建设至少包括：①确立利益表达与社会协商机制，完善社会沟通制度，即通过建立各种社会组织和利益集团，使社会的各个群体，特别是中下层群体获得更多合法的利益表达渠道，形成不同社会集团、不同社会阶层明确表达意见的合法化渠道。②建立对个人权利和财产权利的保障制度。③强化对政府机构及其官员的监督制度。没有来自政府自身之外的社会力量的监督，就不可能杜绝政府的权力腐败行为。④建立调节收入过分悬殊的制度。⑤建立社会安全阀制度。没有一种制度化的、较平和的社会矛盾释放机制，社会矛盾和张力的积累终会导致激烈的冲突和社会的动荡。⑥建立和完善能够覆盖到大多数社会成员的社会保障制度。⑦建立和完善社会流动制度，实现公民在求职、迁徙等方面的自由流动。⑧形成与公民社会相适应的社会道德和社会价值追求。

总之，随着经济转型的深化和社会发育的完善，政治和社会层面的制度构建将是转型国家的重要任务。

第三节　广义制度关联性与国家治理模式重构

如前所述，国家治理模式重构是转型国家今后相当长一段时间内的主要任务。转型国家应该如构建国家治理模式？本节将在引入全新分析范式——广义制度关联性的基础上，运用该分析范式对这一问题进行探讨。

一、广义制度关联性的引入

广义制度关联性包括三个层次，即制度运行环境与正式制度之间的关联性、正式制度与非正式制度之间的关联性以及正式制度内部基础性制度与次级制度之间的关联性。

1. 制度运行环境与正式制度之间的关联性

关于制度含义的界定很多，为大家所普遍接受的是诺斯的界定，即"制度是一个社会的游戏规则，更规范地说，它们是为决定人们的相互关系而人为设定的一些制约"。[①] 制度又被分为正式制度和非正式制度。正式制度主要是通过国家法律、行政法规、政府政策或企事业单位文件规章等形式表现出来，由人有意识地设计并有组织加以保障实施的规则。与正式制度不同，非正式制度不是由人有意识设计、制定出来的，而是自然而然演化出来的，它的实施不是有组织的，而是依靠非正式的实施机制保障的，它主要包括风俗习惯、伦理规范、道德观念、意识形态等无形的约束规则。制度运行环境是指一个国家的社会经济环境，它是制度实施的客观载体，具体包括经济发展水平、经济结构、技术水平以及参与人的认知水平和行为能力等。

正式制度与制度运行环境之间的关系，在学界一直存有争议。一些学者认为，制度运行环境决定正式制度，另一些学者则认为，正式制度决定制度运行环境。我们可以将前者称为"环境优先论"，将后者称为"制度优先论"。"环境优先论"的基本观点包括以下两点：一是制度运行环境改进（如经济增长、技术进

[①] 道格拉斯·C.诺斯.制度、制度变迁与经济绩效[M].陈郁，罗华平等译.上海：上海三联书店，1994：3.

步、生产力提高①等）是普遍存在的情况；二是制度变迁只是制度运行环境改进的结果。图3-3展示的是环境优先论的因果结构。实箭头的方向表示，制度运行环境是因，制度是果，环境决定制度。虚箭头表示制度对制度运行环境的影响相对较弱。环境优先论的代表人物是凡勃伦。凡勃伦的"环境优先论"主要包括以下三个方面：①制度运行环境决定制度，因为制度就其性质而言，就是对这类环境引起的刺激发生反应时的一种思想的习惯方式。因而，制度必然随着物质环境的变化而变化。②物质环境是不断变化的，制度是以往过程的产物，同过去的环境相适应，无论如何也赶不上天天都在变化的环境。③制度具有保守的倾向，除非是出于环境的压迫而不得不改变，一般总是想无限期地坚持下去。②

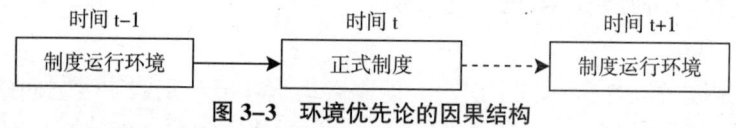

图3-3 环境优先论的因果结构

制度优先论认为，制度运行环境改进（如经济增长、技术进步、生产力提高等）从根本上依赖于制度发展，制度革新先于制度运行环境的改善。图3-4展示的是，制度优先论的因果结构。实箭头的方向表示，正式制度是因，制度运行环境是果，制度决定环境。虚箭头表示制度运行环境对制度的影响相对较弱。制度优先论的代表是诺斯。诺斯和托马斯在《西方世界的兴起》（1973）一书中，把制度纳入到新古典主义分析框之中。在对欧洲经济发展的历史做了重新考察的基础上，他们批驳了把近代欧洲经济高速增长的原因归结为产业革命的传统观点，认为产业革命所包含的资本积累、技术进步、规模经济等现象，本身就是经济增长，换言之，产业革命不是近代欧洲经济增长的原因而是结果，真正决定性的原因是私有产权制度的确立。正是私有产权的确立，缓和了人口对稀缺资源需求的压力，并促进了经济社会的发展。诺斯指出："西方世界兴起的原因就在于发展一种有效率的经济组织。有效率的经济组织需要建立制度化的设施，并确立财产所有权，把每个人的经济努力不断引向一种社会性的活动，使每个人的收益率不断接近社会收益率。"③所以，有效的制度安排是经济增长的关键。

---

① 如马克思认为，生产力处于不断发展之中，生产力是社会中最活跃、最革命的因素。
② 凡勃伦. 有闲阶级论[M]. 北京：商务印书馆, 1964: 139-140.
③ 道格拉斯·C.诺斯, 罗伯特·托马斯. 西方世界的兴起[M]. 厉以平, 蔡磊译. 北京：华夏出版社, 1999: 1.

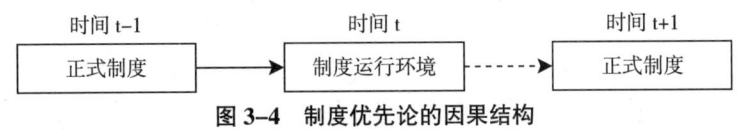

图 3-4 制度优先论的因果结构

环境优先论、制度优先论之间的争论是关于制度与制度运行环境之间因果关系的争论。"环境优先论"认为，制度运行环境的变化是因，制度变革是果。制度优先论则认为，制度变革是因，制度运行环境变化是果。然而，无论是环境优先论的倡导者还是制度优先论的倡导者，他们的研究从来都不是割裂制度和制度运行环境的。环境优先论的倡导者凡勃伦虽然强调制度运行环境对制度变迁的决定作用，但关于制度创新对制度运行环境是否存在影响，凡勃伦是肯定的。正如英国学者卢瑟福所指出的："在凡勃伦的讨论中，通行的制度可能对技术变化（制度运行环境的主要内容之一）变迁有深刻的影响。这是因为，像其他所有活动一样，技术活动是从文化上嵌入的，进而又受到制度框架中的成见和目标的影响。"① 制度优先论的倡导者诺斯虽然认为制度革新才是经济增长和社会环境变化的根本动力，但他不否认制度运行环境对制度革新的影响。从美国经济增长史的研究中，他得出了制度运行环境主要从三个方面影响制度变迁的结论：①市场规模增加可以减少制度安排实施过程中的信息搜寻成本，从而使原本不可行的制度安排变得可行。②技术进步使产出在相当范围内发生规模报酬递增，进而使得更加复杂的组织形式的建立变得有利可图，而复杂组织的建立又为相应工厂制度的建立提供了条件。③收入水平的提高会改变人们的收入预期，进而改变人们对建立新制度成本收益评价的全面修正。可见，制度优先论与环境优先论"两者之间的差异更多的是形式上而非本质上"。②

对于转型而言，单纯强调环境优先论或制度优先论都是有害的。环境优先论使人们小心翼翼不敢越雷池一步，使改革的大好形势白白流走。制度优先论使人们产生冒进心理，认为只要是在别的国家行之有效的制度在本国就一定可行，即使与本国的制度运行环境相冲突也无关紧要，因为制度可以改变一切。所以，我们要辩证的理解二者之间的关系。一方面，环境与制度相辅相成：环境的改变可为制度变迁提供必需的场所和条件；而无数制度的变革又能促进制度运行环境的稳定与发展。另一方面，环境与制度彼此制约：一种正式制度，无论是模仿学习

---

① M. 卢瑟福. 经济学中的制度 [M]. 陈建波，郁仲莉译. 北京：中国社会科学出版社，1999：115.
② 马丁·帕尔达姆，埃里希·贡德拉赫. 关于制度和发展的两种观点：大转型与制度优先 [J]. 比较（第37辑）. 北京：中信出版社，2008.

来的还是自主创新的，能否真正奏效，都取决于该国的制度运行环境；而一个国家制度运行环境的改进在很大程度上取决于所实行的制度的效率。

2. 正式制度与非正式制度之间的关联性

正式制度和非正式制度虽然都是约束人们行为的规范准则，但是二者之间的区别还是明显的：

（1）从表现形式而言，正式制度是通过正式、规范、具体的文本来表示的，这种有形的存在方式是正式制度正规性、严格性的重要体现。非正式制度一般没有正式地形诸文字，它存在于社会的风俗习惯和人们的内心信念之中，以舆论、口谕的方式相互传递，世代承传。正是这种无形的表现方式，使得非正式制度可以渗透到社会生活的方方面面。

（2）从实现机制来看，正式制度的实施机制都是有组织的，而且常常由国家强制力作为保障和后盾。不管你愿意与否，都必须遵守和执行这种行为规则，否则就可能招致组织纪律或国家法律的制裁。非正式制度的实施不依靠外界的强制压力，而是靠当事人内心的自省和自觉。当人们违反非正式制度的时候，惩罚机制是通过非正式的渠道发挥作用的，主要表现为当事人内心不安。

（3）从实施成本来看，由于正式制度的制定和执行都是公共选择过程，不仅需要建立专门的组织机构，而且需要通过一定的工作程序，其间还免不了讨价还价，这些都要耗费一定的社会资源，因此，其运行成本较高。而非正式制度的实行由于是依靠人们的自觉自愿，或社会的风尚和习惯，既不需要设立专门的组织机构，也不需要雇用特别的人员监督和执行，所以其实施成本较低。

（4）从形成和演变的过程来看，正式制度的建立过程所需要的时间较短，甚至一个决定、一道命令即可完成。而非正式制度的建立需要人们发自内心的认同，所以它的形成需要较长的时间，有的甚至是长期历史演化的产物，而一旦形成就具有较大的稳定性，其变化和演进是一个相对缓慢的过程，正如诺斯所讲的：" 过去解决交换问题的非正规方式又带到了现在，使这些非正规约束成为社会长期连续变迁的重要源泉。"[1]

正式制度与非正式制度虽然不同，但它们之间却存在密切的联系。这种联系主要表现在两个方面：一是在实际生活中它们相互配合共同发挥作用；二是当条件成熟时它们可以相互转化。

---

[1] 道格拉斯·C.诺斯. 制度、制度变迁与经济绩效. 陈郁，罗华平等译. 上海：上海三联书店出版，1994：51.

无论是理论还是实践都充分证明，正式和非正式制度结合比单独任何一种制度形式具有更强大的功能。正如我们看到的，任何正式制度作用的有效发挥，都离不开非正式制度的辅助作用。就像法律，如果没有相应的伦理观念为基础，每个人都在观念上缺乏相应的自我约束意识，那么法律就不可能得到有效的实施，甚至会形同虚设。正如荀子在两千多年前所指出的："礼者、政之挽也；为政不以礼，政不行矣。"① 也就是说，正式制度必须以非正式制度为补充，才能有效运行。同样，非正式制度作用的有效发挥，也依赖于正式制度的支撑。非正式制度的约束是非强制性的，因此只有借助于一定的强制性的正式制度的支持，才能有效地实现其约束力。正式制度和非正式制度在功能方面的互补作用，在以下两个方面表现得最明显：一是正式制度在非重复性交易中具有不可替代的作用。如前所述，非正式制度的实施不依靠外界的强制压力，而是靠当事人内心的自省和自觉。当交易双方进行不断的重复交易时，为了获得将来长久的稳定收益，或者对对方一直以来诚信的报答，交易双方可能会自觉地遵守习惯化契约。但如果交易是一次性的，交易双方遵守习惯化契约的冲动就会很小。正如美国学者托德·曾格所指出的："非重复性的交易既不能提供增加个人从合作所得可见利益的未来前景，也不能提供促进相关规范和信任逐渐发展的过去影像。因此，在新的和不再重现的关系中，正式制度的优点相对来说变得更加重要，因为非正式制度变得越来越微弱以至于消失。"② 二是非正式制度在填补正式制度不完善方面的作用同样是不可替代的。正式制度内容都是确定的，什么是允许的，什么是不允许的，不遵守规则会遭到什么处罚等都是事前明确规定的。但由于社会是复杂的、是不断变化的，所以总有一些行为不被明确的正式制度所定义。正式制度复杂性的不断增加充分反映了这一点。而那些不被正式制度所定义的行为，事实上是由非正式制度来约束的。

正式制度与非正式制度不仅在功能方面互为补充，而且当条件具备时还会相互转化。一项正式制度经过长时间的实施，通过约束人们的行为，最终有可能影响人们的自觉行为。而当这一正式制度被废除的时候，人们可能仍然像以前该制度存在时一样决策和行动。人类历史上确实有无数这样的例子，正式制度早已崩溃，但其长期实行的影响，已经深深地进入了人们的生活习惯和思想意识之中，难以磨灭，成为非正式制度的一部分影响人们的行为。崔万田和周晔馨（2006）

---

① 《荀子·大略》。
② 薛晓源，陈家刚. 全球化与新制度主义 [M]. 北京：社会科学出版社，2004：389.

以中国古代科举制度长期实行所衍生的观念变化为例充分证明了正式制度向非正式制度的转化。①在中国延续了1300多年的科举制度虽然在1905年就被废除了，但由其衍生的"学而优则仕"、"万般皆下品，唯有读书高"等观念仍对中国人的教育投资行为，甚至对国家的教育政策等都产生着并且还将继续产生深刻的影响。非正式制度向正式制度转化的例子更是比比皆是。几乎每一项正式制度的衍生都离不开相应的非正式制度的作用。格雷夫以11~14世纪意大利城邦热那亚和地中海沿岸的马格里布的制度变迁作为案例，揭示了非正式制度对正式制度变迁的重要作用。②热那亚和马格里布在中世纪晚期虽然都经历了商业革命的经济繁荣，但它们后来的经济社会发展却走上了完全不同的道路：以热那亚为代表的意大利逐步实现了市场经济制度的创新，并成为西方世界兴起的发源地；而以马格里布为代表的伊斯兰世界由于缺乏有效制度的创新，所以慢慢进入了经济的长期衰落。为什么二者在技术状况、经济发展水平以及所面临的客观环境等方面均无大的差异的情况下，却走上了不同的制度变迁和经济发展之路？经过缜密的历史考察后，格雷夫发现，热那亚与马格里布在制度变迁和经济增长方面的差异源自非正式制度的差异。11世纪马格里布人完全接受了伊斯兰教，而热那亚人信仰的是基督教。伊斯兰教认为，社会中的每个人都是同一个阿门的成员，强调成员之间有义务相互帮助和监督。与伊斯兰教将社会集团置于其宗教中心不同，基督教将个人置于其宗教的中心。由于宗教信仰不同，集体主义成为马格里布人的文化传统，个人主义成为热那亚人的文化传统。受文化传统差别的影响，同样以远程海外贸易作为主要收入来源的热那亚人和马格里布人在雇佣海外代理商方面存在巨大差别：马格里布商人受集体主义文化传统的影响，偏好于雇用马格里布人，而热那亚人在选择代理商时不排斥非热那亚人。这导致了两个不同结果：一是由于马格里布人在选择代理商时，主要寻找马格里布人，因此他们所签订的委托代理合同比热那亚人签订的合同差。因为热那亚人可以无限制地在其他贸易中心雇用当地人作自己的代理商。受委托代理合同低效率的影响，热那亚人与马格

---

① 崔万田，周晔馨.正式制度与非正式制度的关系探析[J].教学与研究，2006(8).
② Greif, Avner. The Organization of Long-Distance Trade: Reputation and Coalitions in the Geniza Documents and Genoa During the Eleventh and Twelfth Centuries [J]. The Journal of Economic History, Vol. 51, No. 2, 1991; Greif, Avner. Institutions and International Trade: Lessons from the Commercial Revolution [J]. The American Economic Review, Vol. 82, No. 2, 1992; Greif, Avner. Contract Enforceability and Economic Institutions in Early Trade: The Maghribi Traders' Coalition [J]. The America Economic Review, Vol. 83, No. 3, 1993; Greif, Avner. Historical and Comparative Institutional Analysis [J]. The American Economic Review, Vol. 88, No. 2, 1998.

里布人在海外竞争中占据上风，并进一步使热那亚的海外贸易和经济增长日益超过马格里布。二是受共同集体主义文化传统的影响，作为代理人的马格里布人很少欺诈同样是马格里布人的委托人，这表面上看，似乎是对马格里布人有利，但实际上恰恰相反，由于马格里布商人不必过分担心同族代理商的欺诈，所以减少委托人与代理人之间信息不对称的各种经济制度（如提货单制度、保险制度）的创新和广泛应用未能发生在马格里布，而是出现在热那亚。历史证明，这些制度对后来市场经济的建立起到了巨大的推动作用。

总之，正式制度与非正式制度之间的关系是辩证统一的，它们之间相互影响、相互制约。在功能方面，正式制度起着更加重要和更加核心的作用，而非正式制度决定选择总约束中的绝大部分。当双方协调一致时，有利于各自作用的发挥，比如在17世纪的荷兰和18世纪的英国，"产权稳定性的提高是大量正规与非正规约束有效地相互作用的结果"。① 在制度变迁方面，正式制度与非正式制度既相互影响，又有各自的演化逻辑，实在不好说谁决定谁。所以，转型国家在选择正式制度移植时，一定要考虑本国非正式制度的特点，因为"同样的正规规则和宪法强加在不同社会时会产生不同的结果"。② 当然，也不能固守传统（非正式制度），放弃对旧的正式制度的改造，因为非正式制度也是可以改变的。

3. 基础性制度与次级制度之间的关联性

正式制度作为一个整体系统，其不同组成部分的地位和作用是不同的。一些制度是基础性制度（又被称为根本性制度、最基本制度或一般条款），它们处于制度结构的核心，对其他制度的制定和实施具有决定作用，另一些制度是次级制度（又被称为辅助性制度、派生制度或具体条款），它们一般由基础性制度衍生而来。很明显，二者是决定与被决定的关系，但是基础性制度和次级制度的地位又是相对的，一项制度相对于上一层制度是次级制度，而相对于下一层制度而言是基础性制度。如图3-5所示，相对于A制度而言，B制度就是次级制度，而相对于C制度而言，B制度则是基础性制度。所以，一项制度是基础性制度还是次级制度，完全取决于学者的研究需要。如果只研究B、C两项制度及其在变迁过程中的相互作用，那么就可以假定A制度是外生给定的，于是B制度就成了基础性制度，而C制度就成了次级制度。

---

① 道格拉斯·C.诺斯.制度、制度变迁与经济绩效[M].陈郁，罗华平等译.上海：上海三联书店出版，1994：59-60.
② 同①，第50页。

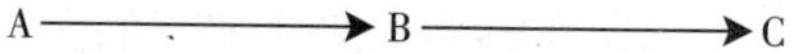

A ——————→ B ——————→ C

图 3-5　制度地位的相对性

诺斯在《制度变迁与美国经济增长》(1971年) 一书中将制度化分为制度环境和制度安排，在《庄园制度的兴起和衰落：一个理论模型》(1971年) 一文中又将制度划分为基础性制度和次级制度。这四个概念之间是什么关系呢？国内一些学者将"基础性制度"与"制度环境"、"制度安排"与"次级制度"分别作为同一语使用，① 但实际上它们之间是有区别的。如图 3-6 所示，"制度环境，是一系列用来建立生产、交换与分配基础的基本的政治、社会和法律基础规则"。② 而"制度安排，是支配经济单位之间可能合作与竞争的方式的一种安排"。③ 显然，就制度环境与制度安排而言，制度环境应该算作基础性制度，而制度安排是次级制度。然而，在《庄园制度的兴起和衰落：一个理论模型》一文中，出于研究目的的需要，诺斯假定制度环境是外生不变的，并进一步将制度安排划分为基础性制度安排和次级制度安排。④

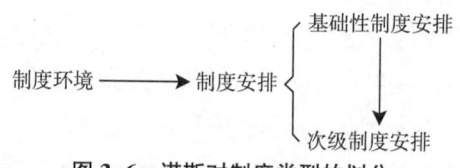

图 3-6　诺斯对制度类型的划分

传统计划经济向市场经济转型，是包括制度环境在内的制度大变革。所以本书所指的基础性制度相当于诺斯所讲的制度环境，它是对一国基本制度的规定，它决定、影响其他制度的制定与执行。在基础性制度中，宪法、法律结构以及由它们所规定的产权是至关重要的。本书所讲的次级制度与诺斯所界定的制度安排相似，不同之处在于诺斯所界定的制度安排包括非正式制度，⑤ 而本书所讲的次级制度不包括非正式制度。基础性制度与次级制度作为制度结构的两大部分，在转型过程中联系紧密且相互作用。首先，基础性制度决定次级制度的产生和具体职

---

① 卢现祥，朱巧玲. 新制度经济学 [M]. 北京：北京大学出版社，2007：442-443.
② R.科斯，A.阿尔钦，D.诺斯等. 财产权利与制度变迁. 上海：上海三联出版社，1994：270.
③ 同②，第 271 页.
④ Douglass C. North, Robert Paul Thomas. The Rise and Fall of the Manorial System: A Theoretical Model [J]. Journal of Economic History, 31 (December), 1971.
⑤ 比如诺斯在《制度变迁与美国经济增长》一书中，明确指出"(制度) 安排可能是正规的，也可能是非正规的，它可能是暂时性的，也可能是长命的"，转引自 R.科斯、A.阿尔钦、道格拉斯·C.诺斯等. 财产权利与制度变迁 [M]. 上海：上海三联出版社，1994：271.

能。基础性制度是确立集体选择条件的基本规则，这些规则是制定规则的规则，所以基础性制度与次级制度之间最主要的关系，是决定与被决定的关系。因此，可以将次级制度理解为"派生制度"。①例如，产权作为基础性制度，它的界定会派生出一系列次级制度。市场经济体制国家的宪法一般会明确规定私有财产是神圣不可侵犯的，这是一项基础性制度，在此基础上会派生出一系列的次级制度：一是关于界定私有产权的各种制度，它们具体确定什么是私有财产，某件具体物品到底应该归谁所有等问题；二是关于界定私有产权被侵犯的制度，它们界定具体行为是否构成对私人产权的侵犯，比如，偷盗是侵犯，那么拾遗不归还是不是一种侵犯；三是关于确定侵犯行为及其幅度的合法方式的制度，如超市保安是否有权对偷窃嫌疑人进行搜身；四是关于对侵犯行为的惩罚规则，具体包括量刑尺度和减缓赔偿的规定；五是关于各种例外的规则，具体规定哪些侵犯行为不属于违法行为，例如，饥荒年代，政府强制征收粮食并分发给百姓的行为，等等。其次，次级制度通过影响现实的经济运行和利益分配反作用于基础性制度，所以次级制度的变迁也可引发基础性制度的变革。虽然次级制度决定于基础性制度，但次级制度也具有相对独立性，次级制度的成功转型可以诱发基础性制度转型。正如诺斯所指出的，"次级制度违背、更改或绕过现存基础性制度的变化会不断积累力量，并将对基础性制度进行更基本的或成本更高的修改产生不断的压力"。②当然，这种压力最终是导致基础性制度的变迁，还是导致次级制度变迁的夭折，完全取决于基础性制度的变迁的净成本与次级制度运行的净收益的对比。如果改变基础性制度的净成本超过运行新的次级制度所获得的净收益，不但基础性制度将不会发生改变，而且次级制度的变迁也将夭折。但是，如果改变基础性制度的净成本小于运行新的次级制度所获得的净收益，那么将导致基础性制度的变革和整个制度结构的变迁。这里有一点需要特别强调，新的次级制度的净收益，随着该次级制度实施范围的扩大而扩大，而基础性制度变革的净成本将随着新的次级制度的实行而减少。因此，绝不能轻视新的次级制度的实施与推广。

通过上述对广义制度关联性三个层次的分析，可以得出一个基本共识，即转型作为制度的整体性变迁，其方案的设计必须全盘考虑。

---

① 张旭昆. 制度系统的关联性特征 [J]. 浙江社会科学，2004 (3).
② Douglass. C. North, Robert Paul Thomas. The Rise and Fall of the Manorial System: A Theoretical Model [J]. Journal of Economic History, Vol. 31 (December), 1971.

二、广义制度关联性与经济转型的路径选择

广义制度关联性视角下的转型路径选择，应该遵循两个基本原则，一般性原则是尽量保持制度运行环境、正式制度及非正式制度的整体契合，具体操作性原则是次级制度优先兼顾基础性制度。

1. 保持制度运行环境、正式制度及非正式制度的整体契合性

在转型过程中，制度运行环境、正式制度和非正式制度都会发生改变，它们的不同是：非正式制度的改变相对滞后，正式制度的改变可快可慢（至少形式上受人为因素的影响较大），而制度运行环境的改变相对是客观的。因此，所谓保持制度运行环境、正式制度及非正式制度的整体契合，主要是指正式制度要与非正式制度和制度运行环境相契合，正式制度内部各制度之间要保持契合。

正式制度是否与非正式制度和制度运行环境相契合是决定转型经济绩效的关键。从人类历史来看，每一项制度都有各自产生的特殊背景和条件，都有各自适用的时间和空间，都有自身的优势和劣势。只有得到社会认可，即与非正式制度和制度运行环境相容的正式制度，才能发挥作用。对于一个国家和地区，一项新的正式制度的出现既可能是自发演进的结果，也可能是从其他国家和地区移植的。如果是自发演进的，它一般与本国（或本地区的）非正式制度和制度运行环境是契合的，因为它本身就是为契合而生的，但如果是从其他国家和地区移植的，那么就难说了。转型国家转型阶段的正式制度虽然有一些是自发演进的创新结果，但绝大多数是移植的，特别是一些国际通用的制度。

传统计划经济体制国家之所以走上转型之路，是因为广义制度关联性视角下的制度处于非均衡状态，通过正式制度转型（往往是部分的），可以使广义制度关联性得到改善，进而不断接近广义制度关联性视角下的制度均衡状态。在这一过程中，制度移植的作用既可能是正面的也可能是负面的。如果移植的对象和时机选择恰当，那么制度移植可以加快制度变迁的过程。如果移植对象和时机选择不当，那么不但不会改善广义制度关联性，还可能使体制中正常的、成熟的改革受阻。打个比方，假设传统计划经济体制国家有 A（经济制度）、B（政治制度）两项制度，与之对应的市场经济体制国家的制度是 A' 和 B'。此时，只有 A 制度转型的时机已经成熟，也就是说用 A' 取代 A 可以使广义制度关联性改善，进而使社会整体福利增加。如果改革者对现有的制度运行环境和非正式制度估计不足，必然会走上全盘西化的道路，即同时移植 A'、B' 两项制度。同时移植 A'、

B'两项制度的改革，由于B'制度不被人们认同（因为它与现有的制度运行环境和非正式制度不符），必然引起人们的反对。如果反对的力量足够大，这一改革就会失败，原本时机成熟的A制度的改革就会因此受阻，丧失效率的A制度也因此会继续存在。如果反对的力量不够大，改革不被逆转，那么无效的B'制度又会带来负效用。正如俄罗斯经济学家B'梁赞诺夫所指出的，不顾本国制度运行环境和非正式制度的制度移植"要么导致守住原有的、丧失效率的制度，要么出现新的但仍旧是无效的制度"。①

现实情况要比上面的例子复杂，因为与A制度对应的A'往往不是一个，可能包括A'_1、A'_2、A'_3、A'_4、A'_5五种，甚至更多。虽然A制度转型的时机已经成熟，但并不意味着随便移植A'中的哪一个都行，因为有的A'对这一转型国家不适合，有的比较适合，有的非常适合。如果移植了不适合的，就会落入制度陷阱之中，即在出现新的更有效的制度A'的情况下，无效制度A仍保持着它的稳定性。②可见，转型国家所移植的正式制度只有与本国的制度运行环境和非正式制度相吻合才会发挥其应有的作用。既然制度移植容易造成正式制度对制度运行环境和非正式制度相偏离，那么能不能像国内一些学者所设想的那样只进行制度创新，不进行制度移植呢？本书认为，完全依靠制度创新实现转型目标，不仅不可行，也不必要。说它不可行是因为，转型作为大规模的制度变革，涉及变革的制度实在太多，每一项制度都创新需要的成本太高，时间太长。说它不必要是因为，转型的目标是相对明确的，为实现这一目标人们已经积攒了很多的成功经验，其中一些完全可以为我们所用。既然制度移植是转型国家制度变迁的主要方式，所以必须选择恰当的移植时机和移植对象，以保证所移植的正式制度与本国的制度运行环境和非正式制度相匹配。

一项正式制度能否发挥其应有的作用，不仅取决于其周围的制度运行环境和非正式制度，还取决于与其配套的其他的正式制度。因此，研究制度实施的效果就不能只研究该项制度自身，而必须和其他制度结合起来，即研究制度系统。制度系统是指由一个社会的各项正式制度构成的一个完整的体系，该体系内各制度是相互影响而不是彼此独立的。一个制度系统中的各制度如果是相互协调、互为补充的，那么该系统就是有效的，其中每一项制度都可以发挥其应该有的作用。反之，如果制度系统中的制度之间是相互冲突的，那么其中的任何一项都不能发挥其本来应有的实效。

---

①② 李新. 转型经济研究 [M]. 上海：上海财经大学出版社，2007：157.

传统的计划经济体制是一个内部协调的制度系统，市场经济体制也是一个内部协调的制度系统，转型国家之所以要进行转型，用市场经济取代计划经济是因为，市场经济是更有效的制度系统。然而，在转型过程中，转型国家的制度系统往往既包含市场经济的制度，也包含计划经济的制度，受制度之间冲突的影响，新的市场经济制度往往不能完全发挥其应有的作用。基于这一点，"华盛顿共识"强调转型只有一步到位的整体革新才可能成功。但是如前所述，转型不仅要考虑正式制度之间在空间维度上的关联性，也要考虑新的市场经济制度与历史遗留下来的制度运行环境和非正式制度之间在时间维度上的关联性。最理想的转型当然是既维护空间维度的关联性，又维护时间维度的关联性。

转型国家的制度运行环境、非正式制度与成熟市场经济国家的制度运行环境和非正式制度之间还是有区别的（特别是在转型初期），而成熟市场经济国家的制度运行环境、非正式制度与市场经济正式制度之间是关联的，所以全盘照抄、照搬成熟市场经济制度，必然会造成广义制度关联性第一层和第二层的破坏。实行渐进的部分改革同样存在问题。渐进的部分改革一般会首先进行那些与本国制度运行环境、非正式制度相关联或抵触不大的市场经济制度作为改革对象，这样虽然可以在一定程度上维护广义制度关联性的第一层和第二层，但由于两种体制并存必然导致广义制度关联性第三层的破坏。可见，转型国家面临着转型悖论，若想维护空间维度的制度关联性（广义制度关联性第三层）就必须破坏时间维度的制度关联性（广义制度关联性的第一层和第二层）。

那么，转型国家在向市场经济转型的过程中应该如何维护广义制度关联性呢？解答这一问题需要我们运用一个整体的动态的视角来审视广义制度关联性。所谓整体视角是指，广义制度关联性的三个层次是一个有机整体，不能只盯着其中的某个层次。向效率更高的市场经济转型，如同一个人为实现更高目标而不停奋斗的过程，在该过程中肯定是要有所付出的，对于转型国家而言，这种付出在一定程度上意味着广义制度关联性的破坏。因此，我们可以做出这样的判断，各种转型路径中对本国广义制度关联性破坏最小的就是最适合本国的。由于转型国家各自的制度运行环境和非正式制度差异较大，所以它们的最优转型路径各不相同。如果一个转型国家，它的制度运行环境、非正式制度与成熟市场经济国家的制度运行环境、非正式制度相差不多，那么对于这个国家，最重要的是关注广义制度关联性的第三层，即正式制度内部的关联性，因此对这些国家而言，整体一步到位的激进式转型可能是比较适合的。而对于那些与成熟市场经济国家相比，制度运行环境、非正式制度相差较大的转型国家，更应该关注广义制度关联性的第一层和第二层，因此对它们而言，渐进的部分改革可能是更合意的。

制度运行环境、非正式制度是转型国家转型的初始条件，如果某一转型国家的制度运行环境、非正式制度与成熟市场经济国家的制度运行环境、非正式制度相差不多，可以称这一转型国家的初始条件好；反之则是不好。如前所述，就广义制度关联性视角而言，初始条件好的转型国家适合进行激进的整体改革，而初始条件差的转型国家适合实行渐进的部分改革。以上结论是根据转型国家转型初始条件做出的。进入转型阶段，转型国家的制度运行环境和非正式制度会发生或快或慢，或大或小的改变，因此渐进转型国家的转型速度也应该是变化的，有的时候在有的领域步子必须迈得更大一些，而当时机成熟之际必须全面推进改革。也就是说，我们除了需要运用整体的视角把握广义制度关联性，还需要运用动态的视角把握广义制度关联性。但最终目的都是，尽量保持制度运行环境、正式制度及非正式制度的整体契合。

2. 次级制度优先兼顾基础性制度

从广义制度关联性的角度，无论是先进行次级制度转型，还是先进行基础性制度转型，二者都必须兼顾，只有这样才有可能尽量维护广义制度关联性的第三层。所以兼顾哪个就没有必要在此赘述了，只要弄清楚哪个应该优先就足矣。本书认为，次级制度应该成为转型的起点，理由主要有四点：一是建立市场经济"心智模式"的需要；二是减少转型阻力的需要；三是可以使基础性制度诱致性变迁的时间前提；四是符合制度变迁的一般逻辑。

（1）是建立市场经济"心智模式"的需要。新古典经济学关于个体完全理性的假定，在制度变迁研究方面存在明显局限性，其主要问题是，无法解释制度非均衡的长期稳定状态。应该承认，制度变迁与当事人认知水平的不断提高是分不开的，因为制度变迁是一个用新制度代替旧制度的过程，而新制度对于当事人而言是从未接触过的新事物。正如诺斯所讲："变迁过程源于事实上的持续不断的变化，持续不断的变化源于认知的变化；反过来，引导角色修止或者改变（制度）结构；再反过来，改变事实——如此不断地进行。"[1]

目前新制度经济学倡导从个体认知过程出发，探究个体和集体学习，关注个人和群体是如何推理和选择的，得出了"可感知的现实——→信念——→制度——→政策——→改变了的现实"[2]这一解释制度变迁的过程，该过程是"心智模式"的具

---

[1] 卢现祥，朱巧玲. 新制度经济学 [M]. 北京：北京大学出版社，2007：408.
[2] 道格拉斯·C.诺斯. 理解经济变迁过程 [M]. 钟正生，邢华译. 北京：中国人民大学出版社，2008：4.

体体现过程。"心智模式"是一个人的心灵在环境反馈之前对环境所做的预测或期望。它可以被修正、改进或被彻底否定,这要取决于所做出的预期是否得到了环境反馈的检验。①"心智模式一部分源于文化,也就是说它是由知识、价值观以及行为准则在代际间传递而产生的,而这些知识、价值观和行为准则在不同民族和社会中又根本不同。另一部分则是通过经验获得的,这种经验对特殊环境而言具有'本地性'(Local),因而不同环境下获得的经验也存在着相当大的差别,由此而导致人们心智模式的巨大差异,形成对世界的不同理解以及'处理'问题的方式。"②

可见,制度能否发生变迁取决于当事人对制度变迁成本收益的预期,而当事人的"心智模式"会影响甚至决定他的预期结果,因此从这个意义上讲,确立有利于制度变迁的"心智模式"是制度变迁的第一步。戈尔巴乔夫在改革前倡导"新思维"、邓小平在改革前倡导"解放思想",显然都遵循了这一原则。所以,诺斯认为制度"变迁的基本源泉是组织中企业家的学习"。③基础性制度往往是一些抽象的原则,不加阐释直接实施的操作性不强。而次级制度是管束特定行为和关系的行为规则,它会通过日常生活潜移默化地影响人们的"心智模式"。由于改革的次级制度更有利于市场经济"心智模式"的形成,而这一"心智模式"又是转型获得成功的前提,因此转型就应该从次级制度开始。

(2)是减少转型阻力的需要。基础性制度与次级制度"最明显的不同就是改变基础性制度安排比改变次级安排的成本高"。④确实如此,基础性制度具有公共品的性质,是公共选择的结果,次级制度具有个人契约的性质。由于具有公共选择性质的制度的确立需要多个人之间的一致同意,或者需要由政府来推动,它比两人之间达成契约性安排要困难得多,所以基础性制度变革的费用要大大超过以契约形式为代表的次级制度变革的费用。

转型的任务虽然是对社会制度结构进行整体性变革,但从哪一环节改起还是非常重要的,因为转型的启动格外重要,只有启动了的转型,才会有不断深化的转型。诺斯的路径依赖理论告诉我们,制度变迁具有持续性的特点,面向市场经济体制的改革,哪怕是较小的动作,也很有可能使改革大业最终完成。基础性制度虽然影响面广,对于转型任务的最终完成意义重大,但不应该仅凭这一点就首

---

① C.曼特扎维诺斯,C.诺斯 S.沙里克. 学习、制度与经济绩效 [J]. 经济社会体制比较,2005(3).
②③ 道格拉斯·C.诺斯. 新制度经济学及其发展 [J]. 经济社会体制比较,2002(5).
④ Douglass. C. North, Robert Paul Thomas. The Rise and Fall of the Manorial System: A Theoretical Model [J]. Journal of Economic History, Vol.31 (December), 1971.

先进行基础性制度变革。基础性制度革新面临巨大的事前政治约束,①因此始于基础性制度变迁的转型,改革者为了保证转型顺利启动和推进,必须对改革方案进行妥协,必须制定对受损者可信的补偿方案,或者意味着改革方案的决定必须一拖再拖。②

(3) 可以使基础性制度诱致性变迁的时间提前。强调次级制度并不意味着忽视基础性制度,先进行次级制度变革也并不等同于放弃或无限期的推迟基础性制度变革。事实上,恰好相反。次级制度的变革会使基础性制度诱致性变革的时间提前。陈郁(1995)通过对上海股票交易所衍生过程的分析充分证明了这一点。③

图 3-7 刻画的是次级制度革新对基础性制度革新时间维度的影响。横轴表示时间 (t) 维度,纵轴表示基础性制度变迁的收益 (R) 和成本 (C)。R_1 表示的是次级制度未变革情况下,基础性制度变革收益的时间轨迹,在一般情况下,它是一条先呈下降后呈上升趋势的曲线。假定此时制度变迁的成本既定,为一常数 C_1,那么,基础性制度变迁的前提条件是:

$$R_1 = C_1 \tag{3-1}$$

成本线 C_1 与收益线 R_1 的交点在横轴上的影射为 t_1 点。这意味着至少在点 t_1 (或者在横轴上右边的点),基础性制度的变迁才会发生。

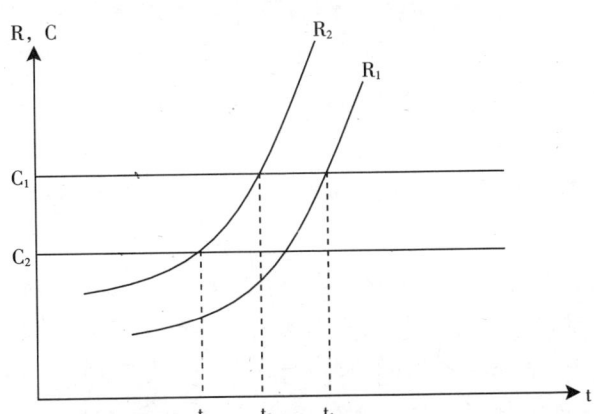

图 3-7 次级制度革新对基础性制度革新时间维度的影响

---

① 转型事前政治约束是由热诺尔·罗兰(1994)提出的,具体是指阻碍决策的可行性的约束。
② 热诺尔·罗兰. 转型经济学 [M]. 张帆译. 北京:北京大学出版社,2002:40-41.
③ 陈郁. 制度变迁、市场演进与私人契约安排——1986~1990 年上海股票交易的案例分析 [J]. 经济研究,1995 (7).

R_2 是次级制度已经变革的情况下，基础性制度变革收益的时间轨迹，它与 R_1 相比上移了。基础性制度变革的收益曲线之所以上移是因为，随着次级制度的实行，人们从中获得了收益，为了保住这些收益和获取进一步深入贯彻次级制度可以获得的潜在收入，人们普遍认为尽快进行基础性制度变革是必要的。这些基础性制度变革的收益，在次级制度实施之前人们没有完全认清。换言之，随着次级制度的变革和实行，原来进行基础性制度变革设计时，无法观察到的收益现在变得实实在在，于是基础性制度变革的收益曲线上移了。如果不考虑成本曲线的变化，那么，基础性制度变迁的前提条件是：

$$R_2 = C_1 \tag{3-2}$$

成本线 C_1 与收益线 R_2 的交点在横轴上的影射为 t_2 点。这意味着在时间 t_2 点基础性制度变迁就有可能发生，这与次级制度未变迁的情况相比，时间提前了 $t_1 \sim t_2$。

次级制度变革之后，人们对基础性制度变革的成本预期有什么变化呢？是减少。在次级制度向市场经济转型之前，人们对市场经济体制下与次级制度相关的基础性制度的了解较少，所以对基础性制度转型的成本预期较高。随着次级制度的转型及其在实践中的应用，人们对基础性制度的认识日益清晰，也掌握了一些设计和在基础性制度条件下生活和工作的知识。所以，随着次级制度的变革和应用，基础性制度变革的成本是下降的，在图形上，表示为成本曲线由 C_1 下移至 C_2。于是，基础性制度变革的前提条件进一步改变为：

$$R_2 = C_2 \tag{3-3}$$

成本线 C_2 与收益线 R_2 的交点在横轴上的影射为 t_3 点。与 t_2 相比，基础性制度变革的时间进一步提前。

总之，制度变迁取决于人们对制度变迁成本——收益的判断。次级制度的转型和应用会提高基础性制度变革的预期收益，并降低基础性制度变革的预期成本，最终使基础性制度变革的时间提前。在图形上表示为如果没有次级制度的变革和应用，基础性制度的诱致性变革只能在时间 t_1 之后发生，而如果次级制度已经转型，那么基础性制度的诱致性变革就有可能提前到 t_3。当然，转型国家可以不顾制度变迁的成本和收益，在次级制度尚未转型的情况下，在 t_1 甚至 t_3 之前启动基础性制度改革，但这不是诱致性变迁，而是俄罗斯的"休克疗法"，而事实早已证明，"休克疗法"是存在问题的。

（4）符合制度变迁的一般逻辑。对于转型国家而言，成熟市场经济国家的一系列制度确实是事先给定的，一定程度上是可以直接移植的。但这些制度在成熟

第三章 经济转型深化中的国家治理模式优化

市场经济国家的产生却是自发演进的结果。当然,关于制度起源问题一直存有争议,一些学者认为制度是人为构建出来的,另一些学者则认为制度是自发演进的结果。在这一争论中,人为构建观显然处于劣势。人为构建观认为,制度有明确的"创造者"——普通个人、社会精英或者权威机构,他们为了实现自身利益最大化,有意识地通过自身的能动性对制度进行设计或者施加影响,从而形成新的制度或者改变旧的制度。制度人为构建观虽然能够在一定程度上解释新制度代替旧制度的过程,但是,追溯到最初制度的起源,人为构建观显然会陷入尴尬处境:在没有制度的环境中,又何来社会和机构,更不用说社会精英和权威机构。可见,自发演进观相对具有更高的合意性。① 既然制度的起源是自发演进的,所以转型国家在移植成熟市场经济制度时,就应该考虑这些制度相应的自发演进逻辑。如果在市场经济制度框架的最初形成中,次级制度早于基础性制度,那么转型国家就应该首先进行次级制度的革新;反之则应该首先进行基础性制度的变革。

诺斯在《庄园制度的兴起和衰落:一个理论模型》② 一文中,通过考察西欧封建庄园的兴衰,揭示了制度变迁的一般逻辑。在此文中,庄园主和佃农之间的个人契约制度属于次级制度,土地产权制度是基础性制度。13 世纪之前,西欧土地产权的基本特征是几个人同时对一块土地享有占有权。也就是说,根据封建法律所确定的土地产权是共同性质的。12 世纪和 13 世纪人口的增长导致西欧大部分国家的劳动力收益递减,土地价值相对上升,由此导致土地所有者的报酬递增,结果出现了一系列的次级制度创新。起初,在次级制度创新的设计中尽量回避基本封建法律关于土地产权的界定。随后次级制度的创新试图绕过(有时是背离)基础性制度。随着次级制度的不断创新,基础性制度变革的压力越来越大。最终在 13~17 世纪,从根本上改变了土地法,土地私有产权最终得到确立。

可见,根据诺斯对经济史中制度变迁过程的研究,制度结构的变迁始于次级制度。而次级制度的变迁始于相对价格和偏好变化所导致的"制度非均衡"。林毅夫的研究得出了与诺斯儿乎相同的结论,他说:"当发生不均衡时,制度变迁过程最大可能是从一个制度安排③ 开始"。④ 既然制度框架的自发演进始于次级制

---

① 黄少安. 制度经济学 [M]. 北京:高等教育出版社,2008:51.
② Douglass. C. North, Robert Paul Thomas. The Rise and Fall of the Manorial System: A Theoretical Model [J]. Journal of Economic History, 31 (December), 1971.
③ 注意:本书将去除非正式制度的制度安排界定为次级制度。
④ R.科斯,A.阿尔钦,道格拉斯·C.诺斯等. 财产权利与制度变迁 [M]. 上海:上海三联出版社,1994:390.

度，那么转型国家在不能一次性完成整个制度框架变迁的条件下就应该从次级制度变革开始。

总之，从广义制度关联性的角度，能够较好地维护广义制度关联性的转型路径就是最优的转型路径，但由于各个转型国家的制度运行环境和非正式制度各不相同，所以适合它们的最优转型路径也各不相同，或者说，没有放之四海而皆准的最优转型路径。虽然如此，但我们还是可以总结出一些指导转型实践的基本原则。首先，作为一般性原则要尽量保持制度运行环境、正式制度及非正式制度的整体契合。如果某个转型国家的制度运行环境、非正式制度与成熟市场经济国家的相差不多，那么这个转型国家应该更加关注正式制度内部的关联性，比较适合它的是一步到位的激进式转型。而那些制度运行环境、非正式制度与成熟市场经济国家相差悬殊的转型国家，不断推进的渐进式转型比较适合。其次，就次级制度和基础性制度而言，应该在兼顾基础性制度的同时首先进行次级制度的转型，这是转型的一项具体操作原则。次级制度之所以应该优先，具体有四点原因：①始于次级制度的转型更有利于市场经济"心智模式"的建立。②始于次级制度的转型可以减少转型阻力。③始于次级制度的转型可以使基础性制度诱致性变迁的时间提前。④始于次级制度的转型符合制度变迁的一般逻辑。

三、广义制度关联性与国家治理模式的优化

转型国家治理模式重构是一个全能型政府逐步收缩、调整其职能范围，市场和社会的自组织治理不断扩展的过程，其最终目标是形成国家（政府）、市场化组织和基层群众共同参与治理的综合治理格局。因此，转型国家不仅要调整政府的治理边界和治理侧重点，而且还要努力培育市场化组织和公民社会。上述任务中，政府职能重构是核心，因为只有政府职能边界合理才能为市场组织和公民社会提供发展空间，只有政府有效制定和实施制度才能为市场和公民社会发展提供制度保障。

1. 国家治理边界的优化标准

从广义制度关联性的角度而言，非正式制度是正式制度之母，因此国家治理边界的确定受非正式制度的制约。在后社会主义转型过程中，俄罗斯同波兰、捷克、匈牙利等中欧国家一样抛弃了原有的"政党—国家"体制，并按照"盎

格鲁—撒克逊"模式的要求重构国家治理边界。① 然而，同样缩小国家治理边界的举措在中欧和俄罗斯却导致了全然不同的结果。波兰、捷克和匈牙利等中欧国家在经历了政治剧变后，基本形成了以多党竞争、议会民主和三权分立为特征的西方民主政体。在这一政治体制下，政府的选择与更替按照比较规范的民主程序进行，政府权力的行使也受到立法、司法机构和诸多公民组织的监督和制约，从而使中欧国家迅速形成了"小而强"的国家治理模式。在俄罗斯国家治理边界重构的结果却是另一番景象。政府被企业经理和金融寡头为代表的利益集团"俘获"，从而使政府对体制转型和经济发展的调控能力大为削弱。"政府被俘"不仅扭曲了政府的改革决策，而且加速了政府自身的腐败进程，从而严重影响政府对整个国家的治理能力。

为什么追求国家治理边界最小化的"盎格鲁—撒克逊"模式在中欧和俄罗斯的表现全然不同？众多原因中非正式制度的差别是关键。中欧的波兰、匈牙利、捷克在历史上长期受到西欧国家的侵占，因此大多信奉天主教，同时受到了西欧的文艺复兴、宗教改革和启蒙运动的影响。受西方文化传统的影响，中欧各国普遍把人的自由与平等，社会的公正与秩序作为重要的价值取向。此外，在第二次世界大战之前，一些中欧国家（如波兰、捷克）就有过市场经济和议会民主政治的历史经历，因此它们在建立市场经济和民主国家的过程中具有传统历史资源。由于中欧国家原有的非正式制度符合"盎格鲁—撒克逊"模式构建的要求，所以这一模式在该地区迅速发挥作用。

与中欧国家不同，俄罗斯历史与文化的最突出的一个特点是，它有着漫长的专制的传统。从沙俄到苏联时期，俄罗斯一直实行高度集权的统治。俄罗斯自16世纪中期伊凡四世自称沙皇起，开始成为中央集权的国家。18世纪初经过彼得一世的改革，俄罗斯的中央集权得到了进一步加强。这种沙皇专制制度在俄罗斯一直延续了300多年。十月革命后，苏联开始了史无前例的社会主义实践，虽然成果丰硕，但实施的仍然是中央集权的政治体制。受长期专制传统的影响，俄罗斯人对专制形成了较强的适应能力，甚至具有某种依赖。所以，伴随"盎格鲁—撒克逊"模式的实施和国家在绝大多数经济领域的消失，人们不知所措，经济陷入了制度真空的混乱。

国家治理边界的重构不仅要考虑转型国家传统的非正式制度的制约，还要根据转型国家制度运行环境的变化不断调整。一方面，转型国家的政府原本是一个

---

① "盎格鲁—撒克逊"模式强调市场竞争，反对国家过多干预企业和个人的经济活动。

全能主义的政府,所以转型国家治理模式重构从某种意义上说就是国家(或政府)放权的过程,而放权的最优规模和速度显然不仅仅取决于政府的意愿,还受市场和公民社会发育程度的制约。伴随市场经济的迅速发展,市场机制将越来越成为转型国家经济发展的重要调节机制,并在很多方面减少对传统政府干预的需求。另一方面,与市场经济发展相适应的公民社会也将不断发育壮大,由于公民社会的壮大将产生一个可以抗衡并制约政府权力的外在力量,所以也要求政府不断缩小治理边界。

2. 国家治理重点与优化调整

世界银行1997年的《世界发展报告》提供了国家职能清单,它将国家职能分为小职能、中等职能和积极的职能三类(见表3-4)。正常情况,国家首先应该将治理重心放在那些如果没有国家干预根本就不会进行的活动:提供纯粹的公共物品,诸如财产权保护、宏观调控、控制传染病、安全用水、道路以及保护穷人。除了这些基本的治理任务之外,政府面临的是中等职能,如外部性的管理(如环境治理)、制定实施反垄断法、应对市场信息不对称以及提供社会保险(养老金和失业救济)。该报告进一步指出,有较强能力的政府可以发挥更积极的职能,如建设市场、社会再分配以及产业政策。就国家治理的目的而言主要有两个方面的内容,即解决市场失灵问题和促进社会公平。

表3-4 国家职能

	解决市场失灵问题			促进社会公平
小职能	提供纯公共物品 国防 法律与秩序 财产所有权 宏观调控 公共卫生			保护穷人 济贫计划 消除疾病
中等职能	应对外部性 教育 环境保护	规范垄断企业 公共设施管理 反托拉斯	克服信息不对称 保险 金融监管 消费者保护	提供社会保险 养老金重新分配 家庭补助 失业保险
积极的职能	协调私人领域的活动 建设市场 集群战略			再分配 资产再分配

资料来源:世界银行.1997年世界发展报告[M].蔡秋生等译.北京:中国财政经济出版社,1997.

在向市场经济转型过程中,转型国家治理重点不应该沿着小职能、中等职能再到积极职能这一市场国家治理范围扩张的历史逻辑调整,而应该沿着积极职

第三章 经济转型深化中的国家治理模式优化

能、小职能再到中等职能这一顺序重构。这是因为在转型初期，转型国家应该积极的建设市场、改革单一的所有制结构和调整不合理的产业布局，这些职能在《世界发展报告》中都属于是积极的政府职能。另外，就解决市场失灵和促进社会公平两个治理目标而言，由于转型初期市场经济尚未建立，所以政府应该更加关注后者，而在转型深化阶段应该二者同时兼顾。

当然，转型国家治理模式重构不仅要确定合理的治理边界和治理重点，而且还要提高国家的治理能力。在提高国家治理能力方面，转型国家要不仅要构建高效的管理队伍和合理的监督体制，而且还要完成以下三个方面的构建：首先，要构建统一有效的中央政府和地方政府的协调机制。转型过程中转型国家原有的协调各部委的中央集权决策机制随之崩溃，这容易导致机构职责混淆重叠，政出多门，所以必须重构中央和地方的协调机制。其次，要建立对决策进行辩论的约束机制。治理国家并没有什么"看不见的手"来自动地使个人举动服从于共同利益。因此，为了避免政治家和行政官员追求个人利益而损坏社会利益必须建立对决策进行辩论的约束机制，从而使政府主导的公共选择过程真正服务于增进社会共同利益，而不是蜕变为一个利益集团争夺狭隘利益的分利化过程。最后，国家治理能力的提高不仅取决于政府自身的制度结构与能力，而且取决于市场和社会功能的发挥。在改革政府治理结构、调整政府职能范围的过程中，应当适度地引入市场机制和社会参与。特别是在公共物品的供给方面，市场的竞争力量和公民社会的参与有助于提高公共物品供给的效率和质量。因此，在新一代的公共管理理论中，市场式政府和参与式政府被视为两种可供选择的理想政府治理模式。当然，由于转型国家市场和社会的发育尚不成熟，不能一步到位地实现上述理想模式，但可以在改革进程中循序渐进地逐步引入市场机制和社会参与，在政府与市场和社会的持续互动中来探寻各自的有效边界以及最佳的结合方式。

第四章 经济转型深化中国家治理质量的测度与评估

研究经济转型中的国家治理模式重构，需要将定性分析与定量分析有机结合。因此，在前文的理论分析与经验分析的基础上，本章将着手建立一个对转型经济体的国家治理质量进行综合评估的指标体系。该指标体系囊括了政治稳定性与政府能力、市场有效性与经济发展、社会稳定性与社会发展三大领域的指标，从而能够对转型国家的政治、经济和社会发展的总体状况进行全面的评估，以真实反映不同转型国家的治理质量。这一指标体系也为我们对不同转型国家的治理绩效进行比较研究提供了一个科学的可实证性基础。

第一节 国家治理质量测度的依据和原则

测度转型经济体国家治理质量的指标体系必须建立在坚实的经济理论基础之上，同时也要遵循必要的科学性原则。本节对国家治理质量测度的理论依据、基本原则和方法论基础进行探讨，从而确保本指标体系对转型经济体国家治理质量测度的科学性、准确性和适用性。

一、国家治理质量测度的必要性与理论基础

建立一套完善的国家治理质量测度指标体系，是对国家治理模式重构进行定量研究的基础，它将增强转型经济体国家治理能力的横向可比性，并提高政策制定的科学性和可操作性。这一指标体系的建立，需要多种经济学理论作为有力支撑。

1. 国家治理质量测度的必要性

尽管国家治理问题已经逐渐引起国内外学术界和政府的广泛重视，提高国家治理质量已经成为一个共识，但一个不容忽视的问题是，国家治理质量这一概念具有高度的囊括性和抽象性，因此不容易在决策层面形成有支撑力和针对性的认识。在这种背景下，建立一套系统的评价国家治理质量的指标体系尤为必要，具体而言，我们认为对国家治理质量进行测度的必要性主要体现在以下几个方面：

（1）提高政策制定的科学性和可操作性。任何国家政策的出台都需要一定的理论依据，即必须符合科学性的原则，这一原则决定了政策执行的有效性。随着经济转型的不断推进，国家层面的治理问题成为转型深化阶段所必须面对的一个难题，而国家治理的完善可以视为转型成功的重要标志之一。然而当前理论界对国家治理问题的研究仍处于探索阶段，尚难以为政策层面提供有力的支撑和依据。在这种情况下，构造国家治理质量测度指标体系有益于提高政策制定的科学性和有效性，为政策的可操作性提供理论上的保障。

（2）增强国家治理能力的横向可比性。随着苏联和东欧的社会主义国家纷纷转型，旧的比较经济学体系也开始面临崩塌的危险，很多从事比较经济学研究的学者转向了其他他域。比较经济学范式面临两种选择，一种是就此消亡，另一种是摆脱旧有框架的束缚，引入新的分析方法，并拓展比较经济学的研究对象。很多学者选择了后者，他们共同开创出了一种被称为"新比较经济学"的全新研究范式。这种新的范式"继承了传统比较经济学的基本理念，即通过比较不同的经济体制，我们能够更好地理解各种经济制度是如何运行的"。①与传统的比较经济学相比，其不同和创新之处从研究对象上表现为新比较经济学的研究视野已经从过去的"主义间"比较扩展为各种不同的多样性制度之间的比较。我们设计的国家治理质量测度指标内生了新比较经济学的核心理念，通过对不同转型经济体国家治理质量的测度，我们可以在一个全新的可量化的层次上对转型国家进行比较研究。

（3）促进公民监督意识的觉醒。从人类历史发展进程上看，公民意识的培养和觉醒必然是一个漫长的过程，但这一事实并不意味着对此我们就应该采取放任的态度，而应该积极创造各种条件来加速这一进程，国家治理质量的测度能够在一定程度上起到这样的作用。政府治理质量的排名实际上为我们提供了一个可供任何独立的个人乃至专家学者、政府官员随意使用的判断标尺。正如

---

① 张仁德. 比较经济学的危机与创新 [J]. 经济社会体制比较，2004（3）.

第四章 经济转型深化中国家治理质量的测度与评估

Rotberg（2004）所强调的那样，对政府表现的可靠排名可以"促使一些国家认识到好的治理是可以被度量的，同时坏的治理将不会再被隐藏。通过设计出的独立的判断标尺，可以在向好的治理方向发展过程中扮演'胡萝卜加大棒的作用'"。①

在中国传统文化中，我们往往比较重视从微观层面的治理出发来探讨国家这一宏观层面的治理问题。如强调要"修身治国齐家治天下"就是从微观主体出发，最后上升到国家层面。但现代经济社会理论的发展已经越来越清楚地揭示了微观行为和变量的简单"加总"并不一定等于总体行为，这一点从投票悖论乃至宏观经济变量的加总问题都可以得到证明。因此，我们认为有必要直接研究国家层面的治理问题，以避免上述困境。

俞可平教授曾对此进行过很好的论证，他认为"确立一套治理评估体系，是正确而客观地认识国家治理状况的前提。只有凭借一系列的标准，人们才能判断治理的绩效，肯定治理的成绩，发现治理的问题，比较治理的优劣。只有通过治理评估，才可以发现治理的现实状态与理想状态的差距，明确治理改革的方向，从而推动和引导国家的民主治理改革。通过对国家治理的评估，还可以发现不同国家之间在治理结构和治理体制方面的异同，更好地了解和尊重民族国家的治理特色，拓展国家间的治理合作，推进全球的民主治理"。

2. 国家治理质量测度的理论基础

尽管我们对国家治理质量的测度最终体现在可量化的指标上，但这些指标的选择并非是随意的，而是体现着经济学理论的指导。从现有的研究来看，对经济转型过程中国家治理问题有解释力的主要理论学派或观点可以归纳为以下五个方面：

（1）新自由主义理论。新自由主义作为一种经济学理论思潮，产生于20世纪二三十年代，其早期代表人物是哈耶克。后来受到资本主义世界爆发的经济大危机影响，新自由主义的思想被凯恩斯主义湮没。20世纪70年代后出现了凯恩斯主义难以解释的"滞胀"现象后，新自由主义开始重新焕发了生命力，其思想也随着全球化进程的展开逐步向各新兴工业化国家和转型国家蔓延，终于在20世纪80年代末期对转型国家的经济转型产生了实质性的深远影响。关于新自由主义的一个目前应用比较广泛的定义是诺姆·乔姆斯基做出的，他认为新自由主义是在亚当·斯密古典自由主义思想基础上建立起来的一个新的理论体系。该理

---

① Rotberg, R. I.. Strengthening Governance: Ranking Countries Would Help [J]. The Washington Quarterly, Vol.28, No.1, 2004, pp.71–81.

论体系强调以市场为导向，是一个包含一系列有关全球秩序和主张贸易自由化、价格市场化、私有化观点的理论和思想体系，其完成形态是所谓"华盛顿共识"。①从中我们可以看出，当代新自由主义的最终体现就是所谓的以正统新古典经济学为内核的"华盛顿共识"，著名的"休克疗法"就是以这个思想为指导制定的。

新自由主义范式的主要特点就是崇尚绝对的自由，主张严格限制国家和政府的作用。个人主义和利己主义是新自由主义理论范式的基本前提，因此新自由主义极端仇视社会主义，认为其是"通向奴役之路"，这种思想对瓦解苏联、东欧的社会主义阵营起了重要作用；新自由主义基于个人至上的理念，认为生产资料只有分散在独立的个人手里才能保证自由的实现，经济才能因此而获得效率，由此主张私有化；同时新自由主义认为由许多独立的具有交易自由的个人组成的市场是保证经济健康发展的唯一途径，"看不见的手"会使市场自动取得均衡，任何对交易自由的限制都会导致严重后果，即使是对与国外市场的交易施加限制也是错误的，由此主张积极参与全球化进程和实现外贸的自由化。

新自由主义范式是在实践中运用最多，同时也是影响最广泛、最深远的一种理论范式。其影响范围不但包括了独联体地区和中东欧的数十个转型国家，甚至亚洲和拉美的新兴工业化国家都不同程度地受到了新自由主义研究范式的影响，它们几乎都不约而同地采用了新自由主义的主张来指导各自的市场化实践。

（2）新制度经济学理论。新古典经济学只是把制度作为一个外生变量来处理，因而忽视了制度的创生、演进和融合的一般过程。这种范式的缺陷在一个制度基础已经基本成型的成熟社会也许表现得并不明显，但在类似转型经济这种人类历史上最大规模的制度变迁面前就暴露无遗了。苏联和东欧各国的转型实践经验已经明确告诉我们，没有合适制度作为基础的自由化、稳定化和私有化政策是难以成功的。②而新制度经济学从方法论上讲，对解释这种制度交互作用的复杂问题却具有天然的优势。新制度经济学在 20 世纪 70 年代得到了迅速的发展，它主要把经济制度作为研究对象，试图从理论上对经济制度的起源与演化、性质与功能以及各种经济制度的经济后果等动态特征加以阐释。

拉卡托斯认为，一个研究范式包括两个部分，即不变的"硬核"和可变的"保护带"，③新古典经济学作为一个完整的研究范式也包括这两个方面。埃格特森

---

① 诺姆·乔姆斯基. 新自由主义和全球秩序 [M]. 徐海铭译. 南京：江苏人民出版社，2000：3-5.
② 热若尔·罗兰. 转型经济学 [M]. 张帆译. 北京：北京大学出版社，2002：319.
③ 拉卡托斯. 科学研究纲领方法论 [M]. 兰征译. 上海：上海译文出版社，1986：69.

总结新古典范式的内核包括"理性选择模型、均衡和偏好的稳定性"三个方面的内容。而"保护带"是"主体面临特定的环境约束；主体拥有特定的关于环境的信息；研究特定相互作用的方式"。① 新古典假设的不现实性已经引起了一些学者的批评，并由此导致了一些新的经济学研究方法的产生。针对传统经济学研究框架的局限，新制度经济学对新古典范式的"保护带"进行了修正，根据菲吕博顿（1998）的观点，新制度经济的方法论基础包括四个方面的内容：①方法论上的个人主义，主张对社会单位的分析必须从其个体成员开始。②有限理性，即个人不具有"超理性"，未来具有不确定性，最大化自己的效用需要的成本过高。③机会主义，即经济主体有可能发出虚假信号使自身获益。④效用最大化，即在现有组织约束下实现自身效用最大化。② 在这些方法论基础上，新制度经济学发展出了交易费用理论、产权理论和制度变迁理论等分支，这些理论后来被广泛应用于解释我国经济转型中遇到的各种问题。比如，不同转型方式间交易费用（事前、事中和事后）的比较成为解释激进与渐进转型优劣性的一个重要方法；强制性变迁和诱致性理论是我们对于制度的演化和形成机制有了更深刻的认识；产权理论为转型国家实现私有化提供了更有说服力的理论工具，不同的产权结构也会导致不同的交易成本，为节约交易成本而做的努力促进了多样性制度的产生。

新制度经济学强调了制度对经济发展的重要性，但在本质上只是改造了新古典范式的"保护带"，并没有触动其"硬核"。如新制度经济学的开创者之一罗纳德·科斯教授（Coase, 1937）在其经典论文《企业的性质》的第一页就开宗明义地强调应用马歇尔发展起来的边际和替代思想作为其理论分析工具，③ 由此可见新制度经济学范式的突破是有限的，并没有彻底与新古典范式决裂，这在某些时候可能会限制其解释能力。

（3）比较经济学理论。比较经济学与经济转型存在密切联系，上文论述的各种研究范式都能够不依托于转型国家而作为一种独立的方法或学科单独存在，但传统的比较经济学范式显然不具有这一特征。因为比较经济学的产生本身就根植于两种"主义"之间的长久对立，其兴衰与苏联和东欧以及其他社会主义国家的转型必然是息息相关的。事实上，随着苏联和东欧的社会主义国家纷纷转型，旧的比较经济学体系也开始面临崩塌的危险，很多从事比较经济学研究的学者转向

---

① 埃格特森. 经济行为与制度 [M]. 吴经邦译. 北京：商务印书馆，2004：11.
② 菲吕博顿. 新制度经济学 [M]. 孙经纬译. 上海：上海财经大学出版社，1998：4-5.
③ Coase R.. Tthe Nature of the Firm [M]. Economica, 1937, p.386.

了其他领域。从研究方法上看，一般都广泛地采用博弈分析的方法进行研究。新比较经济学内部有很多派别，这里我们将只讨论其中最主要的也是最有影响力和发展潜力的比较制度分析学派。①

比较制度分析针对世界各国经济发展所出现的差异性和多样性，综合运用了新制度经济学和博弈论（主要是进化博弈论）的分析方法，试图解释各国经济出现差异性和多样性的根本原因，重点考察的是制度和制度结构的变迁。其代表人物青木昌彦等运用进化博弈论的演进稳定均衡策略概念和内生博弈规则证明了制度的内生特性。在此基础上，青木昌彦定义了"域"的概念，通过对不同域之间的嵌入和捆绑的论述进一步说明了制度的关联性和耐久性，通过超模博弈模型说明了制度互补性，进而从进化博弈的角度诠释了制度的路径依赖理论。青木昌彦的制度关联与互补理论很好地解释了制度外生理论所产生的制度设计失败的原因，从制度变迁的角度印证了各个"域"间的制度内生机制和内在逻辑。制度的产生和变迁都是基于共有信念的一种内在逻辑，在其演化的过程中，历史、社会等因素同时起到了至关重要的作用，往往是它们决定了制度演化的方向。②

历史比较制度分析是比较制度分析的一个重要分支，它也具有自身的一些鲜明特征。历史比较制度分析方法"最引人注目的是引进了微观经济学和博弈理论的框架，采用历史的前后相关性模型来分析经济史的基本问题，即历史在制度的起源、本质及含义中的作用"。③ 此外，历史比较制度分析重点考察了可自我实施的制度。在考察制度差异性时，着重研究影响和决定制度起源与演化的因素。④ 重视对非市场制度的研究，特别是文化、意识形态等的作用，是历史比较制度分析的又一特点，这一特征与诺斯后期的研究有所呼应。诺斯（1994）曾指出："非正规制度的约束来源于社会所流传下来的信息以及文化遗产，文化提供了一

---

① 目前国内学术界对新比较经济学的流派存在不同的看法，如张仁德（2004）认为存在"新主义"学派、"组织"学派和本书论述的"比较制度分析"学派；高薪才（2005）等则划分出四个派别，除"组织"学派和"比较制度分析"学派以外，把格雷夫开创的历史的比较制度分析单独划分成一个派别，转型经济学也被列为新比较经济学的分支。见高薪才，滕堂伟. 新比较经济学四大学派的形成及其发展 [J]. 经济学动态，2005（12）；章玉贵（2006）则简单地把新比较经济学划分为"比较制度分析"学派和哈佛大学施莱弗教授开创的通过考察法律对经济绩效影响进行比较研究的学派。见章玉贵. 比较经济学与中国经济改革 [M]. 上海：上海三联书店，2006：6.

② 对于比较制度分析方法的详细了解可以参见青木昌彦. 比较制度分析 [M]. 上海：上海远东出版社，2001.

③ 钱滔. 历史比较制度分析（HCIA）方法：一个文献综述——以 Avner Greif 研究成果为代表（讨论稿）[J]. 浙江大学法与经济研究中心文库. 2003-4-2.

④ 韩毅. 比较经济体制研究的新方法：历史的比较制度分析 [J]. 经济社会体制比较，2002（1）.

个以语言为基础的概念框架,用以破译和解释信息。"[1] 这从一个侧面说明了比较制度分析方法在方法论上与其他经济学研究范式之间存在着交叉和融合的趋势。

(4) 演化经济学理论。演化经济学是一种20世纪80年代才开始崭露头角的新兴经济理论,但它的理论根源却可以追溯到达尔文时代,老制度学派是其思想渊源之一,生物进化论的思想诱发了这种新经济学思想的产生。[2] 其后演化经济学的理论思想方法一直随着生物学和物理学的进步而不断发展,不间断地从其他看似互不相关的很多学科吸收科学思想和工具是演化经济学的一大特色。国内有学者把演化经济学的发展分为经济演化的古典阶段、旧演化经济学和新演化经济学三个阶段,基本反映了演化经济学的实际发展轨迹。[3] 其中,古典时代是演化经济学开始萌芽的阶段,到旧演化时代形成了一些初步的概念、方法和体系,新演化阶段则形成了一个比较成熟的研究范式,开始发挥巨大的影响力。

通过简单的比较我们可以发现,演化经济学范式对新古典范式的突破是革命性的。我们知道传统的经济学是以边际报酬递减为理论基础的(负反馈机制),在这种理论框架下,经济系统必然有一个最优的并且是唯一的解(线性经济),也就是说经济系统必然会自动趋于稳定。直到现在,主流经济学还是经常从线性数学和经典力学中获得灵感,主流经济学家相信他们的模型是可以精确计算的,为了证实这一点,他们往往力图使用某些特定的假设来减少经济系统存在的复杂性。例如,他们把人的个体行为机械理解为同一的、规则的和可预见的,在这种情况下,社会整体不过是个体的简单叠加,如果初始条件和环境变量既定,其行为结果就必然是确定的。然而,现代社会经济的发展证明,这种理论框架存在致命的缺陷。通过对20世纪50年代后的国家、产业进行深入研究就不难发现,在很多产业部门,稳定并不起主要作用。正好相反,在这里,真正起作用的是报酬递增(正反馈),即经济系统是非线性的。这就意味着,在演化经济学范式框架内,经济系统不可能有一个绝对稳定的、唯一的最优解。它可能由若干个可能的稳定态,但绝不会有最终的稳定态。非线性系统即使在最初是均匀的,但由于它的高度敏感性和初始条件下的微小偏差,也就不可能选择同样的发展道路。演化经济学研究方式的关键就在于,从宏观的角度考虑,政治的、经济的和社会的秩序并非仅仅是单个意向的简单相加,而是各种因素非线性相互作用的结果。

---

[1] 道格拉斯·C.诺斯. 制度、制度变迁与经济绩效 [M]. 刘守英译. 上海: 上海三联书店, 1994, 50.
[2] Hodgson, Geoffrey Martin. How Economics Forgot History: The Problem of Historical Specificity in Social Science [M]. London. New York: Routledge, 2001, pp.265-279.
[3] 任力, 王宁宁. 演化经济学的形成与发展 [J]. 西南师范大学学报(人文社会科学版), 2006 (1).

由此可以明显地看出，在演化经济学的研究框架内，长期以来在社会科学研究领域形成的总是把一切都划归为线性的误区（尽管只是假定）被打破了，复杂性和非线性成为人类社会进化的最显著特征。传统的以静态均衡为核心的思想被动态非均衡观念取代，量的变化不再是观察经济系统运行的主要考虑因素，经济系统运行中不断发生的质的变化开始引起人们的重视，对经济系统的运行规律和本质的认识更加深入了。

（5）发展经济学理论。发展经济学最初研究的是如何让第二次世界大战后纷纷独立的亚、非、拉各发展中国家摆脱贫困的问题，它的研究方法从其产生开始就一直不断地变化，在发展经济学的产生阶段，其理论特征是"以经济增长为中心，强调物质资本的积累、工业化和计划化的重要性"。① 明确发展中国家与发达国家结构上的差别，具有鲜明的结构主义特征。从对经济计划的偏重可以看出，这一时期的发展经济学与新古典范式是格格不入的。由于实践上的相对失败，很多学者开始对发展经济学的发展持悲观态度。

进入 20 世纪 70 年代后，随着凯恩斯主义所无法解决的"滞胀"现象的出现，新古典经济学从凯恩斯主义手中夺回了主流经济学的地位。在这种背景下，一部分学者开始认为新古典经济学的方法具有普遍的适用性，这种思想倾向对各经济学理论学派的发展产生了巨大影响。曾占据发展经济学主流的结构主义分析范式也逐渐被新古典分析范式取代，发展中国家与发达国家的结构差别被忽略，由此发展经济学进入了一个新的发展阶段。这一阶段发展经济学的特征是开始强调市场机制的作用，主张出口导向的外贸政策，认为通过"涓滴效应"（Trickle-down Effect）发展中国家能够在开放中获益，进而实现平衡发展。由于这种理论脱离了发展中国家的实际，这一时期的发展经济学在实践中也并没有发挥应有的积极作用，相反，其对金融自由化的倾向态度间接导致了拉美和亚洲金融危机的爆发。进入 20 世纪 90 年代后，发展经济学又开始借鉴新制度经济学的研究范式，吸收了新增长理论的一些内容，开始重视知识、寻租和制度构建等因素对经济发展的影响。

以上各个学派的理论均能从不同的角度对国家治理问题提出解释，这些理论的解释能力各不相同，且均不可避免地具有某种局限性，因此，我们在研究中强调不能仅依据单一的理论视角进行研判，而应该注重吸收不同理论的长处。正如我们在已有的对转型国家市场化进程阶段性问题研究中一直坚持的那样，转型不

---

① 白永秀，任保平. 世纪之交：发展经济学的回顾与前瞻 [J]. 经济学动态，2000 (5).

仅意味着经济体制（制度变迁）的转型，而且意味着经济发展的变化。在实际的转型进程中，经济体制转型与经济发展的变化各自具有相对的独立性，它们之间的耦合关系并不是唯一的，变化更不是同步的。既要考虑不同国家从计划经济体制向市场经济体制转型的整个制度变迁过程的内在逻辑性，又要把转型和发展联系起来，"在转型中求发展，在发展中实现转型"。[1]这不但是我们对转型国家市场化进程评估的理论基础，也是我们构建转型经济体国家治理质量监测指数的理论基础。

二、国家治理质量测度的原则

对国家治理质量的测度可以划分为主观评价和客观评价两大类。主观评价法主要是指对经济转型进行"定性"分析，主要运用的是对客观事实进行系统的主观描述的方法，这种方法在处理某些不易量化的社会变化时具有优势，但容易受到价值判断等主观因素的干扰而影响其准确性。客观评价法主要是采取现代的统计技术对各种能够反映社会经济情况的通用指标进行处理，由于指标选取具有一致性和连续性，因而这种方法便于纵向和横向比较，相对前者而言比较客观，但不便于处理一些无法量化的指标。

通过前面的论述，我们对国家治理的确切含义有了清晰的认识，在此基础上我们可以选取相应的评价指标和方法对各转型国家的国家治理情况进行量化评估。为了使对国家治理的评价指标客观可靠，符合学术规范和具有广泛的适用性，指标的选择必须依据一定的科学原则和标准来进行。参考一般社会经济指标设计的规则和转型国家的实际情况，我们认为，对国家治理情况的评估应当遵循以下一些基本原则：

1. 科学性原则

国家治理质量评价的指标及其指标体系的设计和选择要以现有的经济学理论为依据，这样才能捕捉到研究对象的本质，在逻辑体系上力求严谨和有针对性。在具体技术的处理上要符合统计学的有关理论，避免选择的随意性。

2. 全面性原则

国家治理问题提涉及政治、经济及制度等多方面的变革过程，外延很广。这就要求对国家治理质量评价指标的设计必须比较全面、系统地覆盖影响国家治理

---

[1] 景维民，孙景宇等. 经济转型的阶段性演进与评估 [M]. 北京：经济科学出版社，2008：72-73.

质量的主要方面，不能遗漏任何重要的指标，使之能够全面、完整地刻画国家治理质量的变化和问题。

3. 可比性原则

这一原则要求国家治理质量评价指标的各项指标应该能反映各国经济转型的共同特征和经济转型不同时期的规律性变化，能对不同国家的国家治理质量进行横向比较和同一国家不同阶段的国家治理质量进行纵向比较；它应该有明确、统一的评价标准和评价方法，使对不同国家和不同阶段的经济转型评价结果具有可比性；通过运用评价指标体系得出的结果应该能够综合，使人们对某一国家或某一时期的国家治理质量或水平能有一个清晰、明确的量化概念。具体而言，我们将主要采用积分排序法，使指标体系和评价标准在转型国家之间具有一定的可比性。

4. 可操作性原则

这一原则要求国家治理质量评价指标体系中所设计运用的指标必须具有技术上的可行性，对于那些虽然能够反映国家治理质量但目前却没有好的量化处理标准的指标我们暂时不予考虑，或者通过间接的手段予以处理。此外，我们选取的评价指标必须具有良好的可得性，也就是应该能够从有关的公开出版物中持续地和稳定地获得相关数据，并且可以利用现有科研成果进行测算。具体而言，就是要做到以下几点：第一，指标数据便于收集整理；第二，与现行统计方法相衔接；第三，适宜在各个国家和地区之间进行比较；第四，指标体系简单明了，指标不能太多，换算不能太复杂。

5. 发展性原则

与"正常"经济形态相比，转型经济具有的鲜明特征之一就是它的动态性与不稳定性，各种制度安排始终处于一种非均衡状态。与传统新古典经济学以均衡为中心的研究不同，在经济转型进程中，"所有的变化都使现行制度的不稳定性加强，同时在总体上使其逐步让位于另一种经济制度"。① 由于这种特征的存在，我们在选取国家治理质量评价指标的指标时必须使这些指标与转型经济的发展特征相一致，数据的选取必须与经济转型的实践进程同步。

6. 典型性原则

国家治理质量评价指标的设置要力求简明、概括，具有代表性和独立性。在众多指标中选取尽可能少的但却最具典型性的指标，尽量采用综合性指标，并避

---

① 胡建. 转型经济新论——兼论中国俄罗斯的经济转型 [M]. 北京：中央党校出版社，2006：7.

免指标之间的信息交叉。同时,要充分考虑转型国家的特殊性,使指标体系具有较强的适用性。

三、构建国家治理质量测度指标的方法讨论

国际学术界对于制度和治理质量的评估已做出一些有益的学术尝试。在对其中具有代表性的方法进行分析和评价的基础上,我们将提出本书对国家治理质量进行综合测度的基本思路和指标体系设计原则。

1. 构建国家治理监测指数的相关方法讨论

从计划经济向市场经济的转型是一项极其庞大的系统工程,它涉及经济、政治、文化等各个方面的内容。然而在转型开始后的很长一段时间里,人们把主要的精力都集中于经济体制方面的改革,进而忽视了对政治体制改革的紧迫性。尽管目前主要转型国家的政治体制基本框架都已经初步建立,但从总体上看,多数转型国家的政治体制改革进程与经济体制改革相比明显滞后。事实上,经济系统本身与前面已经提到过的政治、文化等方面也是密切联系着的,转型必然是一个整体演进的过程,而不是某一局部(子系统)单独作用的结果,因此,如果长期忽视政治体制的改革很可能会使经济转型产生严重的瓶颈效应,进而阻碍转型的顺利完成。

20世纪后期特别是进入21世纪后,世界各国的机构、组织以及专家学者对于国家治理问题的关注度明显上升,涌现出了一系列重要的研究成果。特别是转型经济体经历了20世纪90年代的惨痛教训后,一些学者开始重新思考在大规模制度变迁过程中遇到的很多深层次问题,目光的焦点开始逐渐转移到对国家能力问题的考察上来。总体而言,国家治理问题,尤其是国家治理质量的量化评价问题是一个全新的并且具有重要理论和现实意义的研究领域。当前国内外的相关研究切入点各不相同,其中一些研究的覆盖范围广,视角比较宏观,而另一些则偏重测度公司企业层面的微观治理。尽管其中一些研究成果在工具、方法和研究范畴等方面存在很大的差异,但都直接或间接地推动了对国家治理问题的研究。

(1)世界治理指数(World Governance Index,WGI)。世界银行专家在治理问题领域的研究上起步最早,早在20世纪80年代末期就开始了相关领域的研究,进入90年代后很多经济组织也追随世界银行进行了同类研究,以至于时至今日"几乎任何讨论有关资本主义、全球化和发展的文章、书籍或研究都会设计治理

方面的内容"(François,2009)。① 世界银行专家考夫曼(2002)等把治理定义为"一个国家中权利运用的传统与制度",主要包含以下几个方面内容:选择、监督和更换政府的过程;政府有效制定和实施良好政策的能力;公民和政府对于治理它们之间经济和社会关系的制度的尊重。② 通过这个定义不难发现,政府治理实际上是政治体制改革的一个重要组成部分。在此基础上考夫曼利用来自世界33个不同组织的35个数据源的资料,编制了"世界治理指数"(WGI)。最新的研究覆盖了212个国家和地区,对1996~2008年的六个治理维度进行了度量,考夫曼等的研究表明,政府治理结构对于遏制腐败,解决转型国家中的政府俘获问题,实现经济发展至关重要。

表4-1展示了部分转型国家2008年治理指数的得分情况,从中我们可以看出,东欧国家的治理质量普遍较高,而独联体国家得分偏低,我国的指标总体处于中等水平(该指标取值范围在正负2.5之间,数值越大表明治理的质量越高)。应该注意的是,即使是得分较高的国家也仍然存在着各种问题,与美国等成熟的老牌市场经济国家相比仍存在很大差距,某些指标尚有很大的上升空间。考夫曼等的研究表明我们对于治理质量评价的研究已经取得很大进展,但正如赫尔曼和施克曼(2002)所指出的,目前我们仍然缺少政府治理的理论模型。幸运的是,现有的研究已经能够提供一些应该怎样进行政府治理的方法,一个广泛被接受的

表4-1 部分转型国家的世界治理指数(2008)

	话语权和责任	政治稳定	政府效率	监管质量	法律规则	腐败控制
捷克	+1.02	+0.93	+1.64	+1.09	+0.85	+0.37
波兰	+0.79	+0.22	+0.49	+0.64	+0.25	+0.38
匈牙利	+1.00	+0.59	+0.66	+1.26	+0.82	+0.55
罗马尼亚	+0.48	+0.30	−0.14	+0.53	−0.05	−0.18
乌克兰	−0.03	−0.01	−0.60	−0.39	−0.62	−0.72
阿塞拜疆	−1.23	−0.48	−0.64	−0.32	−0.76	−1.00
俄罗斯	−0.97	−0.62	−0.32	−0.56	−0.91	−0.98
中国	−1.72	−0.32	+0.24	−0.22	−0.33	−0.44

资料来源:Kaufmann, Kraay, Mastruzzi. Governance Matters VIII: Governance Indicators for 1996-2008 [R]. World Bank Policy Research Working Paper, No. 4978.

---

① François. WORLD GOVERNANCE INDEX: Why Should World Governance Be Evaluated, and for What Purpose? [EB/OL]. http://www.world-governance.org.
② 张慧君. 转型进程中的国家治理模式重构:比较制度分析——以中欧和俄罗斯为例[J]. 俄罗斯研究, 2006(2).

第四章 经济转型深化中国家治理质量的测度与评估

观点是"政府治理主要内容应包括法律和秩序的维持、宏观经济的稳定、基础设施的有效提供以及公开公平的税收管理体制和规制管理的制度框架"。① 从内容上看,世界治理指数侧重于政治领域的指标衡量,指标的覆盖和衡量的全面性有所欠缺。

除了世界银行发布的世界治理指数(WGI)以外,欧洲战略情报安全中心(ESISC)的 Franois 也用完全相同的名字发布了这一指数(为了区分两者,下文分别用 WGI-A 和 WGI-B 表示),但它们的指数存在明显的区别。后者特别强调了"世界治理"尽管是一个当代的话题,但却有着深刻的历史根源。其编制者尖锐地指出当前的这些研究存在很大的缺陷,即没有人意识到隐藏在概念背后的东西,没有任何人研究的是完全一致的对象。他认为"治理"这一概念源于中世纪的封建时代,此后销声匿迹,直到 20 世纪 30 年代才被罗纳德·科斯重新带回文献中来。根据他的观点,"治理"这一概念此后是沿着公司治理——好的治理②——世界治理(全球治理)的路径发展的。此外,WGI-B 指数仅在 2009 年发布了一次,在可比性和连续性等方面不如前者。作为这一领域的创新性研究成果,WGI-B 指标也存在很多不足之处。该指标的设计者 François 本人也承认,"像多数此类研究一样,这项研究受到很多因素的限制,包括数据的获取、工具的局限性,还包括设计者的不可避免的主观性等"(François,2009)。③

(2)腐败感知指数(Corruption Perceptions Index,CPI)。在诸多研究不同国家腐败程度的学者或机构中,"透明国际"(Transparency International)的研究成果最具有代表性。这一机构主要利用编制的腐败感知指数(Corruption Perceptions Index,CPI)进行估计,编制方法是根据各国的法治透明度、制度建设的成熟程度及民间流传的证据等各种因素来综合分析腐败程度。CPI 指数采用 10 分制,10 分为最高分,表示最廉洁;0 分表示最腐败;8.0~10.0 分表示比较廉洁;5.0~8.0 分表示轻微腐败;2.5~5.0 分表示腐败比较严重;0~2.5 分表示极端腐败。到 2009 年为止,"透明国际"共发布了 15 次 CPI 指数,其研究保持了很好的连续性,具有很重要的参考价值。

---

① 赫尔曼,施克曼. 转型国家的政府干预、腐败与政府被控——转型国家中企业与政府交易关系研究[J]. 经济社会体制比较,2002(5).
② 这里好的治理是在 20 世纪 80 年代左右的国际关系背景下提出的。指当时国际金融组织把经济项目的成功视为是"好的治理"的产物,于是就开始敦促受援助国家着手进行制度改革以达到获取援助或贷款的条件。
③ http://www.world-governance.org/.

经济转型深化中的国家治理模式重构

通过表4-2我们可以明显看出，在转型过程中所有国家都面临着腐败和"寻租"的难题，多数国家处于"腐败比较严重"的区间，但它们在发展的程度上却表现出很大的差异。一些国家如捷克和匈牙利等腐败程度相对较轻，并且其发展得到了一定程度的控制，没有出现大幅度的波动或下滑。而一些国家如俄罗斯和乌克兰等不但腐败现象比较严重，而且没有显示出有所缓解的趋势。

表4-2 部分转型国家 CPI 指数的比较（1998~2008）

	1998年		2002年		2006年		2008年	
	得分	排名	得分	排名	得分	排名	得分	排名
俄罗斯	2.4	76	2.7	71	2.5	121	2.1	147
乌克兰	4.8	36	2.4	85	2.8	99	2.5	134
立陶宛	—	—	4.8	36	4.8	46	4.6	58
哈萨克斯坦	—	—	2.3	88	2.6	111	2.2	145
拉脱维亚	2.7	71	3.7	52	4.7	49	5.0	52
罗马尼亚	3.0	61	2.6	77	3.1	84	3.8	70
波兰	4.6	39	4.0	45	3.7	61	4.6	58
捷克	4.8	37	2.7	52	4.8	46	5.2	45
匈牙利	5.0	33	4.9	33	5.2	41	5.1	47

资料来源：Transparency International：Annual Report Transparency International 1998，2002，2007，2008；http://www.transparency.org/publications/.

（3）易卜拉欣非洲治理指数（Ibrahim Index of African Governance，IIAG）。易卜拉欣非洲治理指数是易卜拉欣基金会资助哈佛大学的政治学家进行的研究，这一指数旨在通过提供全面的、客观的和可以量化的度量治理质量的方法以填补现有指标的空白（针对撒哈拉以南的非洲国家）。尽管这一指标的度量范围限于非洲，但其支持者认为，其从三个方面保证了指标的全面性。首先，易卜拉欣非洲治理指数覆盖了48个国家或地区，范围比较广泛。其次，这一指标涵盖的范围比较全面，具体包括了"安全"、"法规、透明度和腐败"、"参与和人权"、"可持续的经济机会"以及"人类发展"五项方面的指标。① 最后，这一指数强调了在使用客观评价标准的基础上保持理论的通用性与一致性，而理论的一致性保证了分析的一致性，所以该指数发布者认为，该指数可以应用于波士顿、剑桥、新泽西乃至世界任何地点（Harvard University Gazette，2007）。② 在最新发布的 IIAG 指

---

① 最新的指标合并为"安全和法规"、"参与和人权"、"可持续的经济机会"以及"人类发展"四项。
② Harvard University Gazette, New Index Quantifies Performance of Governments, 27 September –3 October, 2007, pp. 13-14.

数 2009 年版中，涉及的样本范围扩展到了北非国家，达到了 53 个国家或地区，结果也比前面的版本更加强健。

（4）人类发展指数（HDI）。人类社会发展的目标已经远远超越了狭义的国民收入涨落的范畴，它实际上是创造一种环境，在这种环境里人类能够发展其全部潜力并且引致一种符合他们利益和需求的创造性的生活。联合国指定的人类发展指数（Human Development Index，HDI）就是对这一理念的直接度量，人被看作一个国家的最终财富，经济增长不过是扩大人们选择范围的一种手段。HDI 从三个维度来考察人类发展：长期而健康的生活（预期寿命）、知识（成人识字率以及小学、中学和大学综合毛入学率）和得体的生活标准（人均 GDP），其考察的范围包括 177 个可获得完整数据的联合国成员和其他 17 个数据不完整的成员国。按照这个指标体系的设计，如果某国或地区的人类发展指数高于 0.80，就属于高人类发展水平；指数在 0.50~0.79 是中等人类发展水平；低于 0.50 是低人类发展水平。从得分情况看，如表 4-3 所示，波兰、捷克斯洛伐克等中东欧转型国家的表现比较稳定，转型前后人类发展指数没有出现明显的波动，人类发展水平处于高水平。而多数前独联体国家在转型前（1975~1990）人类发展指数呈现上升趋势，但转型后多数国家出现了暂时性的下降，在 1995 年后才逐渐恢复和超越了转型前水平，基本处于人类发展水平的中游阶段（见表 4-3）。不同国家人类发展指数上的差异反映了转型终极目标的实现程度，是经济转型绩效的一个很好的指针。

表 4-3　部分转型国家人类发展指数的变动情况

排名	国家	1975 年	1980 年	1985 年	1990 年	1995 年	2000 年	2004 年
31	捷克斯洛伐克	—	—	—	—	0.85	0.865	0.885
36	匈牙利	0.783	0.798	0.811	0.811	0.815	0.845	0.869
38	波兰	—	—	—	0.807	0.82	0.848	0.862
45	克罗地亚	—	—	—	0.81	0.803	0.828	0.846
46	拉脱维亚	—	0.795	0.809	0.803	0.769	0.815	0.845
43	斯洛文尼亚	—	—	—	—	—	—	0.856
61	罗马尼亚	—	—	—	0.775	0.77	0.778	0.805
65	俄罗斯	—	—	—	0.818	0.771	0.785	0.797
66	马其顿	—	—	—	—	—	—	0.796
77	乌克兰	—	—	—	0.800	0.748	0.755	0.774
79	哈萨克斯坦	—	—	—	0.768	0.723	0.736	0.774
80	亚美尼亚	—	—	—	0.738	0.701	0.736	0.768
81	中国	0.527	0.560	0.596	0.628	0.685	0.730	0.768

续表

排名	国家	1975年	1980年	1985年	1990年	1995年	2000年	2004年
99	阿塞拜疆	—	—	—	—	—	—	0.736
105	土库曼斯坦	—	—	—	—	—	—	0.724
114	乌兹别克斯坦	—	—	—	0.740	0.683	0.679	0.694
122	塔吉克斯坦	—	—	0.700	0.697	0.631	0.627	0.652
81	中国	0.527	0.560	0.596	0.628	0.685	0.730	0.768

资料来源：United Nations Development Program (UNDP), Human Development Report, 2006, pp. 281–291.

(5) 自由化指数。目前对全球经济自由化程度进行研究并评定等级的研究机构一共有两个：一个是加拿大的弗雷泽研究所 (Fraser Institute)，该机构的出版物《世界经济的自由》是以年度报告的形式出版的；另一个是美国传统基金会 (Heritage Foundation) 和华尔街日报，该机构一般每年出版一期《经济自由指数》 (Index of Economic Freedom)。① 这两个机构虽然没有直接研究各国的政府治理能力，但它们的指标设计之中包含了很多影响国家治理的关键因素。

弗雷泽研究所的研究报告所涉及的国家比传统基金会略少，但是它的范围每年都在扩展。1970年包含53个国家，1975年包括70个国家，1980年增加到102个国家，1990年进一步增加到113个国家，1995年以后到现在一直保持123个国家。弗雷泽研究所最新的研究报告（2009）包含了23个二级指标，指标总数达到了42个，它主要从五个方面②来衡量经济自由度。这五个方面分别是政府规模（支出、税收和企业），法制结构和财产安全，使用不同货币的自由，国际贸易的自由，信贷、劳动与商业的规制。其指标得分在0~10，数字越高代表该国的表现越好。③

传统基金会选取了50个变量用来建立10个指数以评估十个方面的经济自由化程度，这十个方面分别是贸易政策、财政负担、政府对经济的干预、货币政策（通货膨胀）、资产流动性和国外投资、银行业和金融、工资和价格自由、财产权、过度调节、黑市交易。传统基金会研究所涉及的国家也逐渐递增，本次经济

---

① 最新版是2005 Index of Economic Freedom. 该指数从20世纪80年代末开始发布，至今已经出版了11版。详情请参见 http://www.heritage.org.
② 过去弗雷泽研究所的研究报告曾涵盖7个领域23个指标，这七个领域分别是使用不同通货的自由、经济结构与市场运作、法律结构与私有权保护、货币政策与价格稳定性、政府的规模、对外贸易的自由、资本市场上交换的自由，而2004年涵盖的领域减少到了5个，2009年最新发布的报告也维持了这一结构。
③ Fraser Institute. Economic Freedom of the World: 2009 Annual Report, pp.85–88.

自由指数总共对161个国家的情况进行了评估。每个指数的取值区间为0~5，指数越高，政府干预程度越高，经济自由化程度越低。经济自由化总指数等于10个指数的平均值。总的评定共分4个等级：平均总得分小于等于1.99的国家被评定为自由经济；得分在2.00~2.99为大部分自由经济；得分在3.00~3.99为大部分非自由经济；而得分大于4.00的国家则被评定为压抑的经济。

（6）贝塔斯曼转型指数（Bertelsmann Transformation Index，BTI）。贝塔斯曼转型指数旨在对向以"有社会责任的市场经济和宪政民主转型"为目标的国家取得的成就和政府能力变化情况进行评价，该指数对128个国家的6656个指标进行了综合考察和排名，每两年根据新的数据进行一次发布。① 需要注意的是，该指数所界定的转型概念与本书并不完全相同。

以上我们着重介绍的只是该项研究领域中的很少一部分相关成果，除此之外还有经济发展合作组织的"Metagora"项目、美国国际开发署的"民主与治理评估框架"以及马里兰大学的"国家失灵问题"研究等。② 事实上，国外一些学者曾经对治理指标做过粗略的统计，他们发现，目前有170多种不同的评估项目在测量民主和评估民主、人权和善治等方面做出了重要贡献。③ 有鉴于此，我们没有必要对所有的研究项目进行细致评价，特别是其中很多研究成果与本书的研究联系较弱，因此，我们将在指标体系设计可能会具体涉猎的环节中再进行详细的介绍。

随着中国经济转型的不断调整和深化，我国学者也开始逐渐进入这一领域并进行了探索性的研究。但早期的研究一般而言仅是从某一个角度涉及国家治理问题，缺乏针对性。如中国科学院的何传启等编制的两次现代化指标体系主要从自然科学视角对现代化问题进行了研究，其团队每年发布一次《中国现代化报告》。④ 宋林飞（1995）开发的"社会风险指标体系"、阎耀军（2004）构建的"社会稳定指标体系"等重对社会风险情况的评价。⑤ 景维民（2006）也曾就转型进程中的产权制度变革、市场竞争体制构建以及国家治理模式重构三方面的制度构建进行

---

① 贝塔斯曼基金会分别于2003年、2006年、2008年发布了该指数，最新的贝塔斯曼指数发布年度为2010年，对2009年的情况进行了测度，该指数不同年份包含的样本国家数量有所不同，具体指标结果和说明可参见http://www.bertelsmann-transformation-index.de/。

② 周红云（2008）曾对类似的研究做过非常详细的评述，参见周红云. 国际治理评估体系评述. 经济社会体制比较，2008（6）。

③ University of Essex-Human Rights Centre. Final Report of "Map-making and Analysis of the Main International Initiatives on Developing Indicators on Democracy and Good Governance" [R]. 2003.

④ 最新的《中国现代化报告2010》已经发布。

⑤ 宋林飞. 社会风险指标体系与社会波动机制 [J]. 社会科学研究，1995（6）；阎耀军. 社会稳定的计量及预警与空管理系统的构建 [J]. 社会科学研究，2004（3）。

研究，认为这三者间的相互配合、相互支持，构成了支持现代市场经济体制运行的制度基础，而它们之间互补性关系的差异导致形成了市场经济模式之间的差异。在国家治理模式重构方面，该研究突破了以往研究只分析政府职能转变在经济转型中作用的局限，对公民行为对政府行为模式的影响进行了细致的考察，从政府与公民之间博弈的视角实证性地探讨了转型经济体国家治理模式的分化和多样性特征，运用青木昌彦等开创的比较制度分析（CIA）方法来研究中东欧"民主型国家"和俄罗斯"勾结型国家"两种国家治理模式的形成和演进，并简要探讨了经济转型进程中的国家治理模式重构对中国的重要意义。在此基础上，景维民（2006）专门针对转型国家构建了一套完整的指标体系用来考察转型经济的相对市场化进程，其中一些指标对于国家治理质量监测指数的设计具有一定的参考意义。[①] 此外，国内多位学者近年对"和谐社会评价指标体系"的构建问题进行了广泛的研究，这一研究侧重于对社会发展目标完成度的评价。[②]

俞可平（2008）是较早关注我国"国家治理"问题的学者之一，其成果对推动我国在这一领域的研究具有开创性意义。他在文章中提出了要构造"中国治理评估框架"的设想，在这一框架里容纳了十二项一级指标，具体包括公民参与、人权与公民权、党内民主、法治、合法性、社会公正、社会稳定、政务公开、行政效益、政府责任、公共服务和廉政。在每项一级指标之下有一系列二级指标来反映这一指标的情况。俞可平（2008）提出的中国治理评估框架在内容和结构上对推动国家治理评价指标体系具有重要参考和借鉴意义，但正如其本人也承认的那样，"仍然只是一个原则性的纲要，离具体的测评指标还有较大距离"。[③] 此外，我们认为仅仅单独地讨论中国本身的国家治理水平是有局限性的，只有通过与同处于经济转型背景下的其他转型经济体的国家治理情况进行比较才能更准确地反映国家治理的实际进展。由于缺少相应的参照系，如果单独构造反映我国国家治理水平的指标体系将不能清晰地反映国家治理水平的相对位置。

董直庆、王林辉和李富强（2009）提出，不应该仅从要素贡献视角分析单要素对经济增长的决定性影响，而忽视在特定环境和制度约束下宏观经济体自适应

---

① 景维民，张慧君. 经济转型的阶段性演化与相对市场化进程研究 [M]. 北京：中国财政经济出版社，2006.
② 欧阳建国. 社会主义和谐社会综合评价体系研究 [J]. 浙江社会科学，2006（2）；齐心，梅松. 大城市和谐社会评价指标体系的构建与实证分析 [J]. 统计研究，2007（7）. 从文献发展情况上看，目前已经有十多位学者从事和谐社会指标体系的开发，相关文献还在不断增长中。
③ 俞可平. 中国治理评估框架 [J]. 经济社会体制比较，2008（6）.

性和内生性政府治理结构的作用效应。[①] 他们利用 1978~2006 年的数据对我国政府治理结构和经济增长的关联性进行了实证检验。他们共选取了 5 个衡量政府治理的指标,不过这些指标从严格意义上看并非是通常学术研究中所指的指标体系构建和设计,而是把这 5 个指标作为解释变量来处理。

经过对相关文献的梳理,我们可以比较清楚地了解目前国内外理论界在这一领域(或相近领域)的研究现状。通过比较不难发现,国外的研究主要由机构或团队完成,因此相对比较成熟完善。其中一些研究的起步时间较早,因此指标体系建设的时间跨度长,便于进行动态的分析。而目前国内的研究相对落后于国外的发展,多数研究的系统性不强,尽管对国外的成果已经有了比较充分的了解,但尚缺乏自身有针对性的量化评价成果,并且多数没有形成团队进行研究。

2. 我们对"国家治理质量监测指数"的理解

国家治理质量监测指数的构建除了必须符合上述提到的科学性、全面性、可比性等一般性原则以外,还必须根据研究的对象、目的等确立具体的准则和标准,这种准则和标准应该能够恰当反映我们对国家治理问题的理解。

一般而言,简单系统的单一指标评价比较简单,不会出现评价对象外延与内涵理解错误的问题(如对全国所有县市财政收入的排序)。而与单一的评价体系不同,国家治理质量监测指数是一个综合性的评价系统,如果要准确地反映指标体系与其评价对象相契合,就必须明确其评估对象的核心内涵。根据前文的研究,我们把国家治理模式视为一种政府、市场与公民社会相互耦合所形成的一种整体性的制度结构模式,因此国家治理问题的研究必须强调对国家整体制度结构的把握。

我们认为,评价国家治理水平的最根本标准应该以其对"发展"的促进作用来衡量。也就是说,好的国家治理应该是能够带动或促进发展的治理,而"坏"的国家治理带来相反的作用。需要强调的是,这里的"发展"包括政治、经济和社会上的进步,其终极目的是公民福利的增加。单一的经济发展指标尽管能在一定程度上反映政府的治理能力,但两者之间并不存在必然性的联系。国际经验表明,在特定的阶段也可能出现经济高速发展而政府治理能力弱化或政府治理能力提高但却遭遇经济危机打击的情况。我们认为仅从单一的政治视角或经济视角无法全面深刻地理解国家治理水平。譬如,上海财经大学课题组推出的《中国省级

---

① 董直庆,王林辉,李富强. 政府治理结构和中国经济增长关联性检验:1978~2006 [J]. 学习与探索,2009 (4).

部门行政机关透明度排行榜》曾指出，全国 341 个省级部门的行政收支情况几乎不透明，如果设定满分为 100 分，那么中国省级各部门的行政支出透明度仅能打 3.21 分。根据我们的筛选原则，姑且不论这一报告论证的科学性，即使事实如此，仅凭借这种单一的指标来衡量我国的发展现状，就很容易得出不客观和片面的结论。事实上，国家治理的质量和水平的测度不仅应该体现我们对"发展"这一目标的重视，而且还应该从发展结构上对其进行细致考察。如果仅重视 GDP 总量等指标的增长情况，就会忽视隐藏在其背后的结构性矛盾，如可能存在的收入分配两极分化及其带来的社会稳定隐患等，而对政治稳定性、社会稳定性指标的考察则有效地避免了这一弊端。

通过对相关研究的文献梳理，我们可以发现，定量研究目前已经成为国内外研究"治理"问题的主流方法，但同时我们也发现，很多研究（如世界银行、联合国的项目等）的主要结果仍然在不同程度上依赖于观念性的主观性数据，这些数据往往是不可靠的。针对这种情况，Rotberg（2007）也曾强调"治理"是一种可以量化的变量，否则其研究就没有任何意义。[1] 就本书的研究而言，我们建立这一监测指数的一个重要目标就是为了实现对国家治理能力的量化，因此在指标的选择和处理上应该尽量减少不易量化的定性类指标，而以国内外大型数据源可利用的量化指标为主。同时需要强调的一点是，我们设计的国家治理质量监测指数尽管针对转型国家进行评测，但由于其指标选取的客观性，并在很大程度上抽象掉了影响指标的某些主观因素和特性因素（如文化背景、对政治体制优劣的主观评价等），因此这一指标的方法具有通用性，同样可以应用于除转型经济体以外的其他类型经济体国家治理质量的监测与评估。

基于以上观点，我们在构建国家治理的评价指标体系时必须围绕这一根本点来进行指标筛选。经过课题组成员的多次反复论证，并参考国内外同类研究的最新成果，我们针对转型经济体的国家治理情况设计了一套监测指标体系，具体指标的设计将在第二节中详细进行说明。

---

[1] Harvard University Gazette. New Index Quantifyes Performance of Governments, 27 September-3 October, 2007, pp.13-14.

第四章 经济转型深化中国家治理质量的测度与评估

第二节 转型经济体国家治理质量监测指数的选取和构建

本节主要对转型经济体国家治理质量监测指标的总体结构、基本要素以及具体指标的选取加以介绍和说明,以建立起一个完整的国家治理质量监测指标体系。

一、转型经济体国家治理质量监测指数的总体结构

我们设计的转型经济体国家治理质量监测指数由三层指标构成。从总体的分类上看,我们构造的评价体系的一级指标由政治稳定性与政府能力指标、市场有效性与经济发展指标、社会稳定性与社会发展指标构成,在每个一级指标下还将进行具体的细分。以上三个一级指标的作用是划定了转型经济体国家治理质量指数的分析域,即"政治域"、"市场域"和"社会域",这一划分反映了我们对国家治理模式的理解。而每个"领域指标"由很多相关的"支撑指标"(二级指标)及其各自附属的"核指标"(三级指标)构成。为清楚地表征各个指标及其关系,我们用罗马数字表示指标的层次,即用Ⅰ、Ⅱ和Ⅲ分别代表三级指标,而用阿拉伯数字作为下标来表示在同级指标里的顺序。图4-1展示了我们设计的转型经济体国家治理质量监测指数结构,从中可以看出此指标的层级逻辑关系,最终我们共选用了9个"支撑指标"(二级指标)和26个"核指标"(三级指标)。我们将对这些指标的选择依据进行说明。

1. 一级指标的构成及说明

(1)政治稳定性与政府能力指标。长期以来,经济指标被作为单一标准来衡量一国或地区的发展水平,随着第二次世界大战后世界体系的剧烈变革,特别是新兴工业化国家的崛起以及20世纪八九十年代计划经济体向市场经济的转型实践使我们逐渐认识到这种视角的局限性。苏联、东欧国家在20世纪80年代末从改革走向转型过程中所发生的政治变革对它们的经济转型产生了深远的影响。从一定意义上来说,政治约束条件在它们实际转型过程中已经扮演了主要的角色。学术界对经济转型中政治约束问题的认识经历了一个"从无到有"的过程,具体可以划分为两个阶段:

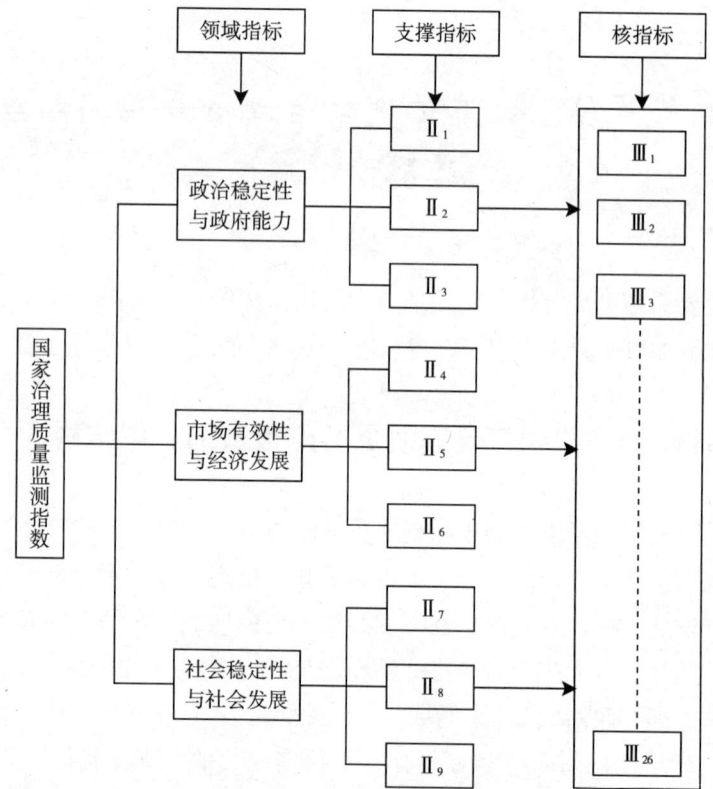

图 4-1 转型经济体国家治理质量监测指数指标设计

第一个阶段是转型开始的几年，在这一阶段政治因素往往被开出转型药方的经济学家看作无关紧要的变量来处理，政治约束与转型之间的互动关系并没有得到应有的重视。而政治因素被忽视的集中体现就是世界银行和国际货币基金组织所极力推崇的"华盛顿共识"。①"华盛顿共识"之所以忽视政治因素在经济转型中的作用与其背后的新古典经济学理论根源是密不可分的。由于新古典分析范式是建立在一系列的假设条件基础上的，并没有把制度作为内生变量来处理，并且其假设条件过于简化和苛刻，因此其在处理类似转型这种超大规模制度变迁问题上具有天然的缺陷，这种缺陷使得该理论对转型问题的分析有很大的局限性。

---

① "华盛顿共识"是由国际经济研究所（Institute for International Economics）资深研究员约翰·威廉姆森（John Williamson）于 1989 年首先提出来的。鉴于当时拉丁美洲连续七年陷入严重的危机，国际经济研究所召开了会议，旨在探寻解决拉美经济的政策方法。为了使大家明确大会讨论的内容，在向这次会议提交的背景论文中，威廉姆森提出了十项被当时位于华盛顿的三大组织机构——国际货币基金组织、世界银行和美国政府所一致认同的，拉丁美洲国家应当采取的改革建议，并将其称为"华盛顿共识"。详见景维民，孙景宇. 转型经济学 [M]. 北京：经济管理出版社，2008：7-8.

第四章 经济转型深化中国家治理质量的测度与评估

第二个阶段大致从 1995 年开始。转型最初几年的实践表明,"华盛顿共识"所预言的转型结果并没有出现,在很多国家伴随自由化而来的不是产出增加,而是深度的经济衰退和政治混乱。"华盛顿共识"的失败催生了"演进—制度"学派的兴起,这一学派认识到转型是一个非常复杂的制度变迁过程。在这一过程中,我们关注的焦点不能仅仅放在自由化、稳定化和私有化上,而应该进一步关注政治、文化、社会和法律环境等的建设。"演进—制度"学派持有与新自由主义者完全不同的观点,尤其在经济转型与政治约束二者关系的问题上,"演进—制度"学派认为政治因素在经济转型过程中起到的作用往往是决定性的。

政府职能反映了政府管理活动的内容和基本方向,决定了政府的规模和管理方式,一直是经济学家、政治学家和社会学家共同关注的重要问题。国内外理论界对政府职能的认识经历了一个长期演变的过程,根据施莱弗(2004)的观点,我们可以用三个基本模型对其进行概括。①

第一种是历史最悠久的"看不见的手"模型(这一模型至少可以追溯到亚当·斯密时代),其基本主张是市场能够运转良好,政府需要做的只是创造市场运行必需的基本职能,如提供秩序和国防等。由于这个模型无视现实中大量存在的政府干预背后的深刻原因,忽视了政治过程,因此无法提出可行的措施以实现自己所倡导的有限政府目标。

第二种是与第一种针锋相对的"扶持之手"模型,20 世纪 40~70 年代是其发展的顶峰。这一模型看到了现实中大量存在的市场失灵现象,如垄断、外部性等,因此主张政府对经济进行干预以矫正市场失灵。但由于这种模型假定政府追求社会福利最大化的目标,没有看到政府干预本身具有服务于自身的政治目的,其提出的建议往往背离了社会福利的最大化。

第三种是"掠夺之手"模型,这一模型的产生背景是 20 世纪 80 年代后拉美和苏联、东欧国家的市场化转型,"华盛顿共识"在指导转型中出现的大量问题(腐败、寻租、政企勾结瓜分国有财产等)是其产生的土壤。"掠夺之手"模型认识到了无论是在民主社会还是专制社会,政治家的目标都永远不是社会福利最大化,而是追求私人利益最大化。主张把政治过程看作政府行为的决定因素。该模型与"看不见的手"模型一样对政府持怀疑态度,但它更精确地描述了政府在实践中的作用,并不否定政府的地位。此外,"掠夺之手"模型虽然与"扶持之手"模型一样,认为政府应积极改革,但不同的是该模型往往寻找限制政府的方

---

① 施莱弗,维什尼.掠夺之手——政府病及其治疗 [M].赵红军译.北京:中信出版社,2004:1-7.

法，反对扩大政府范围。

传统计划经济模式的特点是用行政命令等强制手段管理经济，经济结构单一化，否定价值规律的作用。政府对企业实行统一计划、统负盈亏、统购统销、统收统支，实际上成了整个经济系统的中心，企业相应地变成了政府机构的附属品。在市场经济体制中，政府不能用行政命令的方式对企业的经济活动进行直接控制，而是通过相应的经济政策对经济施加间接影响。企业实行自主经营、自负盈亏，被赋予最大的经济灵活性，政府的主要作用是制定公平的游戏规则并且确保其能够执行。维托·坦茨（1999）把计划与市场的这种区别总结为"在中央计划经济中通行的原则是，除明确授权的之外，一切都是不允许的；市场经济中通行的规则是，除明确禁止之外，一切都是允许的"。① 而转型时期的政府职能与单纯的计划和市场相比表现出某种"混合性"的特征，在这一点上无论是实行激进转型的国家还是实行渐进转型的国家都是相同的。对于渐进式转型国家而言这很容易理解，这里需要解释的是为何激进转型下的政府职能也必然表现出"混合性"特征。根据新制度经济学的观点，制度可以分为正式制度和非正式制度，前者指的是国家的正式法律法规，后者包含了人们的文化习俗道德因素。其中，非正式制度是人类长期积累下来的东西，根植于人们的思想深处，因此即使是激进转型也无法在短期内改变。正式制度和非正式制度的这一特性决定了转型期的政府职能必然表现出"混合"特征。一方面，在不对市场调节基础地位构成威胁的前提下，政府的职能继承了某些计划特征。转型时期各种制度的构建和完善尤其需要政府积极主动地发挥其调控功能。譬如，庞大的国有资产必须依靠政府进行妥善的管理，各项法律法规需要政府逐渐制定，经济转型带来的收入分配和社会保障问题需要政府调节等。另一方面，向市场经济转型就必须让市场主体变成企业，因此政府又不能对社会经济的各个方面进行直接干预，而需要利用各种财政货币政策等手段间接引导经济发展的方向。

（2）市场有效性与经济发展指标。在这一部分我们首先需要强调的一点是，这里的"市场有效性"与传统经济学研究中特指的含义并不相同。在经济学文献中，国内外学者们已经围绕"有效市场"问题（EMH假说）进行了大量的研究，这些研究主要围绕金融证券市场展开。其奠基人 Fame（1970）提出，在有效金融市场之中证券的价格总是可以充分反映已变化信息的影响。② 而在我们的指标设

---

① 维托·坦茨. 体制转型和政府角色的改变 [J]. 经济社会体制比较，1999 (7).
② Fama, Eugene, Efficient Capital Markets: A Review of Theory and Empirical Work [J]. Journal of Finance, Vol.25, 1970, pp.383-417.

计中,"市场有效性"具有截然不同的内涵和外延。①我们并不把分析范围局限于证券金融市场,而是覆盖了所有市场主体。不同的市场之间存在复杂的关系和结构,它们的交互作用共同构成了市场的整体行为并制约了市场的有效性。作为一个有机联系整体的市场才能与政府、社会一起构成国家治理质量评估体系的基础性架构。②我们并不在理性、信息等方面做出过于苛刻的假设,而是把不完美的市场作为隐含条件,任何国家的市场体制都存在不足之处,这反映在自由化程度、产业结构等诸多方面。我们定义的"市场有效性"强调的是市场机制在资源配置中的基础性作用能否得到正常发挥,事实上,"华盛顿共识"在转型国家所遭遇的挫折以及"后华盛顿共识"乃至"北京共识"提供的洞见已经从实践和理论两个层面深刻地证明了市场机制无法在一夜之间建成,市场有效性作用的发挥还取决于制度、初始条件(包含一阶初始条件和二阶初始条件)①等因素。

市场有效性与政府能力之间存在天然的联系,但在传统社会主义国家,市场协调机制长期以来一直被看作官僚(行政)协调机制的对立形态而受到严格的遏制。从历史的角度来看,这两种机制实际上是长期并存的,随着资本主义制度的崛起,市场协调机制逐渐受到推崇,并且已经形成了很多比较成熟的理论体系,我们至少可以粗略地总结出四种理论支持。

1) 一般均衡理论(阿罗—德布鲁)。从亚当·斯密开始,"看不见的手"就成了指挥其后经济思想发展的一个指挥棒。随着严格数学证明的完成,新古典学派对市场的推崇达到了极致。根据一般均衡理论推导出的政策,就是大爆炸式的自由化,要求一切由市场机制协调,所有价格同时全部自由化,否则就会导致价格扭曲。

2) 货币理论(弗里德曼)。通货膨胀缘于货币供应过量,新兴市场经济国家由预算赤字引起通货膨胀,且缺乏完善的大规模的金融市场,推导出宏观经济稳定化政策。

3) 比较经济体制(科尔奈)。科尔奈特别强调经济体制的概念和体制间各元素的互补的重要性,经济体制不可分割相互替代,只能作为一个整体。最著名的一个论断是,经济体制不像超市,不能保证得到计划与市场两个世界的最好部

---

① 根据诺格德以苏联为例提出的观点,初始条件指的是转型之前就存在的一系列经济、社会和政治资源与约束条件,是一种历史的遗产,无法被政府单独控制。它们既是特定制度路径——可追溯到苏联以前的时代——的结果(二阶初始条件),也是苏联时代社会经济遗产的结果(一阶初始条件)。奥勒·诺格德.经济制度与民主改革——原苏东国家的转型比较分析[M].孙友晋等译.上海:上海人民出版社,2007, 15.

分：也就是不能从市场和计划各自选取最好的东西和方式，拼凑起来装入一个篮子里。强调经济体制整体的互补性，导出大爆炸式的激进改革的路径。

4) 公众选择理论（布坎南）。布坎南认为，政府如一个巨大的怪物，阻碍了市场的发展，因此，政府应该越小越好。这推导出为使政府淡出经济，就必须粉碎国家权力，实行快速、大规模的私有化。

基于以上认识，我们可以对市场机制的特征进行进一步的归纳：买卖的双方地位平等，是一种平行关系，他们通过自愿的方式签订契约，而其最明显的标志就是货币化。市场协调机制是现代社会的主导协调机制，东欧剧变与苏联解体进一步巩固了它的地位。市场协调机制是否占优已经成为衡量后社会主义国家转型是否完成的重要标志，如雅诺什·科尔奈就认为，转型完成的标志体现在三个方面："政治力量与私人产权、市场共同体亲密配合发挥力量；私有制占支配地位；市场协调占据优势。"①

市场有效性与经济发展之间存在着密切的联系，市场是经济活动的集中体现，完善市场的最终目的是要促进经济发展。市场有效性是经济发展的必要条件，而经济的持续稳定发展必然建立在市场机制充分发挥作用的基础上。

（3）社会稳定性与社会发展指标。在黑格尔以前，西方传统政治学普遍存在着把国家和社会相混淆的倾向。例如，亚里士多德把希腊城邦既看作一种"社会组织"，又看作一个"政治团体"。这种错误认识在近代流行的社会契约论中也未能避免，把人们通过契约所构成的社会共同体看作国家本身，由此赋予国家一种非历史的永恒的性质。② 马克思在批判黑格尔唯心思想的基础上提出"个人借以进行生产的社会关系，即社会生产关系，是随着物质生产资料、生产力的变化和发展而变化和改变的。生产关系总合起来就构成为所谓的社会关系，构成为所谓的社会，并且构成为一个处于一定历史发展阶段上的社会，是有独特的特征的社会"。③

社会协调机制是一种中间层次的协调机制。如米格拉基扬就认为马克思主义的政治理论主旨是要消除自主的个人同国家与社会的对立，克服资本主义存在的三者对立现象。《共产党宣言》提出的"每个人的自由发展是一切人自由发展的条

---

① Janos Kornai. What the Change of System From Socialism to Capitalism Does and Does Not Mean [J]. Journal of Economic Perspectives, Vol. 14, No.1, 2000, pp.27–42.
② 梁志刚. 从国家和社会的关系看我国市场化取向改革的合理性 [J]. 求实，2000 (1).
③ 马克思恩格斯选集（第 1 卷）. 363.

件"实际强调的是个人、国家、社会三者的辩证关系。而马克思主义经典作家没想到的是后来人们把这个辩证关系歪曲成了个人要无条件服从国家和社会。最后到苏联形成了极端的局面：科学社会主义号召要根据具体个人的愿望建设新社会，而在苏联这个理论却变成了不关心现实的、具体的、个别人的问题，把人变成了抽象的人。在实践中，在缺乏机构化的公民社会的情况下，个人与社会都被国家所吞没了。

社会结构是社会协调机制的外在表现形式，一般认为社会结构是指社会诸要素稳定的关系及构成方式，即相互关系按照一定的秩序所构成的相对稳定的网络。社会结构有三个基本特征：社会性——社会结构的主体是人，社会结构本质上体现了人的社会联系的总和；开放性——社会结构是通过人与自然之间不断进行物质、能量和信息交流而形成和发展的；实践性——社会结构是为满足人的改造世界需要并在人的实践中产生、形成和发展的。社会结构的主要内容有群体结构（即亲缘群体结构、职业群体结构、利益群体结构等）、组织结构（政治组织、经济组织、文化组织等）、社区结构（城市社区、农村社区等）、制度结构（政治制度、法律制度、经济制度、文化制度等）等。单纯从职能划分上看，社会结构可以划分为社会经济结构，包括生产力和生产关系系统；社会政治结构，包括政治法律设施、政治法律制度、政治组织系统；社会意识结构，包括社会精神现象系统。

社会结构是根据社会需要而自然形成或人为建立起来的，社会结构运行的过程也是社会结构发挥其社会功能的过程。当社会结构运行遇到某些障碍或产生某些病变的时候，社会结构预定的社会功能随之遭到破坏，由此导致的后果是：要么这种功能萎缩退化；要么这种功能扭曲变形，偏离预定轨道；要么这种功能嬗变转化。这些表现都是一种功能性失调，由此而产生的社会问题被称为功能失调性社会问题。

因此在社会结构的重建上，必须要着眼于努力扶植中产阶级，将整个社会结构从两极社会的"金字塔形"结构转向中产阶级社会的"菱形"结构。现在的社会学理论一般认为，中产阶级占据主体是现代社会走向稳定的重要结构因素。通过各种政策手段，设法使中产阶级尽快发育起来，使之成为社会的主体部分和中坚力量，造成在社会分层阶梯上，最贫困阶层和最富裕阶层这两端在数量上都减至绝对少数、中产阶层占绝对优势的格局，最终形成"市民社会"。市民社会起着社会思想的"连锁"作用，连接个别利益和社会利益，是个人和国家之间的中介。①

可见，社会的稳定与发展是市场经济健康发展的必要条件，同时也是政治稳定和政府能力恰当发挥作用的保证。

2. 二级指标与三级指标的构成及说明

上文对"领域层"指标的分析表明每个领域指标都蕴含了极其丰富的内涵，因此要准确地反映每个领域层的情况必须对"次级领域"做更具体的划分，最后再根据次级领域选择具体的"核指标"对国家治理质量的变化进行考察测度。

(1) 政治稳定性与政府能力（I_1）。我们选择三个"次级领域"指标来测度政治稳定性与政府能力对转型经济体国家治理质量的影响：

1) 经济掌控力（II_1）。该"次级领域"指标由五个"核指标"构成：①政府收入占 GDP 比重，反映政府财政能力，是政府进行有效宏观调控的重要保障。②资本外逃量，反映该国资本流失情况。③外贸依存度，反映对外部经济的依赖程度。④外汇储备与 GDP 比例，反映国际清偿能力和保持货币稳定的能力。⑤债务依存度，反映财政的脆弱程度（这些指标均为三级核指标，下同）。

2) 腐败程度（II_2）。该"次级领域"指标由一个"核指标"构成：腐败感知指数，这一指标综合反映各国腐败的发展状况。

3) 国防能力（II_3）。该"次级领域"指标由一个"核指标"构成：军费支出占 GDP 比重，反映了一国维护本国经济社会稳定和不受外部威胁的能力。

(2) 市场有效性与经济发展（I_2）。我们选择三个"次级领域"指标来测度市场有效性与经济发展水平对转型经济体国家治理质量的影响：

1) 市场机制（II_4）。该"次级领域"指标由四个"核指标"构成：商业自由，主要反映产品市场商业领域的活跃程度；贸易自由，反映流通自由度；产权评价，反映产权保护情况；M2 与 GDP 比例，反映金融市场发展。

2) 宏观经济（II_5）。该"次级领域"指标由四个"核指标"构成：实际GDP 增速，反映宏观经济总体发展情况；人均 GDP 水平，反映宏观经济运行状况，可以更客观地说明实际生活水平；通货膨胀水平，反映了宏观经济的稳定程度；失业率，反映经济周期中生产潜能发挥情况。

3) 产业发展（II_6）。该"次级领域"指标由四个"核指标"构成：第二产业和第三产业占 GDP 比例，能够在总体上粗略反映产业结构的发展阶段；农业

---

① 戈连科娃. 俄罗斯社会结构变化和社会分层（第二版）[M]. 宋竹音等译. 北京：中国财政经济出版社，2004：14-15.

增长率，反映农业的发展态势；工业增长率反映工业的发展态势；服务业增长率反映服务业的发展态势。

（3）社会稳定性与社会发展（I_3）。

1）社会发展（II_7）。该"次级领域"指标由三个"核指标"构成：人类发展指数，这是联合国的综合指标，可以综合反映入学率、识字率、预期寿命和生活水平的影响，是衡量社会发展水平的重要指标；妇女在议会席位中的比例，粗略反映了对妇女权利的保障程度；劳动参与率，反映了社会劳动力供给、保障情况。

2）社会稳定（II_8）。该"次级领域"指标由一个"核指标"构成：谋杀刑事案件发生率，在一定程度上反映了社会治安情况。

3）社会福利与保障（II_9）。该"次级领域"指标由三个"核指标"构成：基本卫生设施占人口比例，该指标反映的是在最低卫生设施标准的达成情况；人口老龄化水平，反映了一国社会保障系统的压力；人口死亡率，反映了医疗社会保障等方面的进展。

二、指标的合成及相关说明

在对上述三个层级的指标分别进行选取之后，我们进一步将其合成为一个测度国家治理质量的综合指标体系。

1. 数据处理与指标

国家治理质量监测指数作为一个综合性指数，需要采用来自世界银行、欧洲复兴开发银行、国际货币基金组织、经济学人信息社以及其他大型机构的原始数据，这些数据具有不同的量纲，因此在进行指数合成时必须进行数据的转换。在统计上有很多方法可供选择，在这里我们采用了在同类研究中经常使用的"最小—最大"方法进行数据的处理。本书所有指标得分都按照如下公式来计算：

$$标准化指标数值\ x = \frac{i - \text{Min}(I)}{\text{Max}(I) - \text{Min}(I)} \times 100$$

其中，i 代表某个国家的某个具体指标原始数值，I 代表相应指标的集合。$\text{Min}(I)$ 表示相应指标的最小值，$\text{Max}(I)$ 表示相应指标的最大值。这里需要注意的是，对部分指标而言，数值较小代表治理质量较差，对于此类数据我们采取用100减去该指标数值的方法。这样处理能保证在我们的指标体系之中，较大的数值始终代表较高的治理质量。

2. 指数的赋权

在编制指数的过程中,有两种方法最常应用,一种是简单平均法,另一种是加权平均法。前者实际上就相当于对所有指标赋予相同的权重,其优点在于计算简单,回避了权数确定中面临的一些具体问题,在各个指标的重要性差异不大的情况下也可以比较准确地反映研究的目的。而后者根据不同的指标的相对重要程度而赋予其不同的权重,如果权数选择合理,这种方法能够得出更符合实际的结果。根据研究条件,我们编制的转型国家治理质量监测指数采用加权平均的方法进行合成。

我们首先需要对每个子指标进行赋权处理(在第一步得到标准化的指标数值后),在社会科学研究中已经发展出很多确定权数的方法,包括专家确定法、因子分析法、熵值法、层次分析法、德尔菲法等。根据研究的性质和目的,我们采取专家确定的方法进行赋权,某个国家最终特定年份的指数得分由如下公式给出:

$$CGI=\sum\nolimits_{i=1} w_i \cdot x_i$$

在公式中,w 代表最终权重,x 代表元数据,下标代表样本序号。转型经济体国家治理质量监测指标体系的具体赋权情况如表 4-4 所示。

表 4-4 转型经济体国家治理质量监测指标体系的分解和赋权

领域指标	支撑指标	核指标	指标性质
政治稳定性与政府能力 (0.4)	经济掌控力 (0.7)	政府收入占 GDP 比重 (0.3)	+
		资本外逃量 (0.15)	−
		外贸依存度 (0.15)	−
		外汇储备与 GDP 比例 (0.15)	+
		债务依存度 (0.25)	−
	腐败程度 (0.2)	腐败感知指数	+[①]
	国防能力 (0.1)	军费支出	+
市场有效性与经济发展 (0.3)	市场机制 (0.3)	商业自由 (0.25)	+
		贸易自由 (0.2)	+
		产权评价 (0.3)	+
		M2 与 GDP 比例 (0.25)	+

---

① 该指标得分高代表腐败程度较低。

续表

领域指标	支撑指标	核指标	指标性质
市场有效性与经济发展 (0.3)	宏观经济 (0.5)	实际GDP增速 (0.35)	+
		人均GDP (0.2)	+
		通货膨胀率 (0.2)	-
		失业率 (0.25)	-
	产业发展 (0.2)	第二产业和第三产业占GDP比例 (0.3)	+
		农业增长率 (0.1)	+
		工业增长率 (0.3)	+
		服务业增长率 (0.3)	+
社会稳定性与社会发展 (0.3)	社会发展 (0.6)	人类发展指数 (0.6)	+
		妇女在议会席位中的比例 (0.25)	+
		劳动参与率 (0.15)	+
	社会稳定 (0.1)	谋杀刑事案件发生率	-
	社会福利与保障 (0.3)	基本卫生设施占人口比例 (0.25)	+
		人口老龄化水平 (0.5)	-
		人口死亡率 (0.25)	-

注：①+为正指标，-为负指标；②括号里的数字为指标权重；③有关转型经济体国家治理质量监测指数的指标数据主要来自世界银行数据库、国际货币基金组织数据库、传统基金会、联合国数据库、EIU宏观经济数据库（少数2009年数据为估计值）、国际和平研究所、透明国际、传统基金会等国际大研究机构；④少数国家个别年份数据无法获取，用最临近年份数据替代。

第三节 转型经济体国家治理质量的评估与比较

我们首先对转型经济体在三个主要领域的进展情况分别进行测度和比较，在此基础上综合得出各转型国家总体的国家治理质量监测指数。由于数据资料的可获得性限制，我们没有对所有转型国家的国家治理质量进行全面的测度，而是分别在中东欧、苏联以及东亚国家中选取了18个比较有代表性的转型国家进行测度，这些国家覆盖范围比较广泛，基本可以有效地反映出转型经济体国家治理质量的整体情况。同时，为充分反映转型经济体近十年在国家治理质量方面的动态变化，我们分别利用样本国家1999年、2004年和2009年的数据进行评估。这里我们首先对三个"领域指标"分别进行评估和比较，以便获取更加微观的认知，在此基础上再进一步得到转型经济体国家治理质量的综合评估指数。

一、政治稳定性与政府能力评估

转型经济体政治稳定型与政府能力分项指标得分情况如表4-5所示。从表中可以看出，近十年来中东欧转型国家的政治稳定型与政府能力发生了明显下降，其中斯洛文尼亚从1999年的第1位下滑到了2009年的第16位。独联体地区的表现则相反，多数国家的得分上升，指标排序也都有明显提高。东亚的越南排名近十年也稳步上升，总体处于中游水平，中国则表现出一定的稳定性，稳居转型经济体的上游。

表4-5 转型经济体政治稳定性与政府能力指标

地区	国家	1999年		2004年		2009年		十年排序振幅
		得分	排序	得分	排序	得分	排序	
中东欧地区①	波兰	52.13	4	54.50	4	45.97	7	3
	捷克	51.84	5	48.61	7	36.63	13	8
	匈牙利	44.60	10	44.47	9	22.50	18	9
	斯洛文尼亚	61.09	1	51.69	6	28.65	17	16
	罗马尼亚	49.41	7	48.18	8	45.54	8	1
	保加利亚	48.04	8	56.52	3	48.79	5	5
独联体地区②	亚美尼亚	58.91	2	53.84	5	51.29	4	3
	阿塞拜疆	47.39	9	42.12	11	60.35	1	10
	白俄罗斯	35.65	14	42.74	10	30.68	16	6
	哈萨克斯坦	31.17	15	34.76	14	32.10	15	1
	吉尔吉斯斯坦	28.54	16	28.64	17	42.93	9	8
	摩尔多瓦	25.65	17	32.44	16	35.04	14	3
	俄罗斯	42.81	11	65.15	1	54.10	2	10
	塔吉克斯坦	18.77	18	36.55	13	37.75	12	6
	乌克兰	41.39	12	34.49	15	39.59	11	4
	乌兹别克斯坦	50.36	6	26.64	18	47.53	6	12
东亚地区	中国	55.04	3	56.57	2	51.60	3	1
	越南	35.78	13	37.03	12	42.79	10	3

这一结果表明，中东欧国家迅速启动的政治体制改革进程可能并未收到预期

---

① 中东欧目前包括15个国家，但由于分裂问题导致数据缺乏连续性，这里我们只选取其中的部分国家。

② 土库曼斯坦和格鲁吉亚分别于2005年和2008年宣布退出独联体，因此，目前有10个成员国。

第四章 经济转型深化中国家治理质量的测度与评估

的效果，民主化并未带来政府能力的相应提升。而独联体地区转型国家普遍实行的类权威主义政体在政府能力方面表现更为突出，呈现两极分化的态势。从微观层面分析，中东欧转型国家排名下降的主要原因在于政府征税或获取收入的能力下降，资本外逃相对严重，对外部市场的依赖较高、外债负担较重，缺乏依靠自身力量维护国家安全的能力。独联体国家排序差异较大，其中俄罗斯、亚美尼亚和阿塞拜疆得分较高。以俄罗斯为例，其原因在于近十年其资本外逃现象得到了一定的控制，外贸依存度有所降低，并且由于外汇储备的提升，国家的偿债能力有了很大提高。此外，在军事领域，俄罗斯仍然处于世界军事强国的第一梯队。东亚地区的越南排名上升的主要原因是政府收入上升较快，债务依存度也得到了控制。中国外汇储备和偿债能力突出，其他方面基本处于中游水平，使其政治稳定型与政府能力指标表现较好。

二、市场有效性与经济发展评估

转型经济体市场有效性与经济发展指标得分情况如表4-6所示。通过表4-6

表4-6 转型经济体市场有效性与经济发展指标

地区	国家	1999年		2004年		2009年		十年排序振幅
		得分	排序	得分	排序	得分	排序	
中东欧地区	波兰	59.76	4	52.59	5	60.11	5	1
	捷克	72.96	2	63.22	3	76.27	2	1
	匈牙利	64.95	3	68.08	2	62.84	3	1
	斯洛文尼亚	77.23	1	77.97	1	78.99	1	0
	罗马尼亚	39.25	11	43.50	14	52.82	7	7
	保加利亚	42.94	9	46.09	8	50.08	9	1
独联体地区	亚美尼亚	38.85	12	45.36	11	41.50	13	1
	阿塞拜疆	47.08	6	46.05	9	61.57	4	2
	白俄罗斯	36.46	15	44.49	12	46.86	10	5
	哈萨克斯坦	42.96	8	51.96	6	51.83	8	2
	吉尔吉斯斯坦	34.22	16	36.20	16	43.99	11	5
	摩尔多瓦	36.60	13	35.11	17	41.43	14	4
	俄罗斯	44.91	7	45.72	10	37.03	17	10
	塔吉克斯坦	42.78	10	44.41	13	42.63	12	3
	乌克兰	32.83	18	51.91	7	26.81	18	11
	乌兹别克斯坦	36.53	14	29.14	18	40.57	15	1
东亚地区	中国	53.19	5	58.49	4	59.67	6	2
	越南	32.97	17	36.46	15	39.91	16	2

我们可以发现从市场有效性和经济发展的角度来看,中东欧国家均处于中上游水平,罗马尼亚的排名从 2004 年的第 14 名上升至 2009 年的第 7 名。除此之外,该地区其他国家排名都非常稳定。独联体地区转型国家除阿塞拜疆(第 4 名)外,其他国家均处于中、下游水平,其中俄罗斯下滑明显,从 1999 年的第 7 名下降到了 2009 年的第 17 名。东亚的越南排名一直在尾部徘徊,中国表现稳定,排名虽略有下降但仍处于上游。

从微观视角分析,中东欧转型国家表现较好的原因在于产权保护得力,部分国家人均 GDP 指标已经接近或达到发达国家水平,通货膨胀水平较低且产业结构合理,特别是第三产业发展速度较快。独联体国家尽管 GDP 增长速度较快,但人均生活水平较低,多数国家第二产业和第三产业占 GDP 的比重偏低,金融深化的过程尚未充分展开,导致其排名落后。其中,俄罗斯与乌克兰十年间排名下降 10 名以上,以俄罗斯为例,其排名大幅下滑的主要原因在于贸易自由度下降。[1]受世界金融危机影响,其实体经济和虚拟经济表现均大幅落后其他国家。东亚地区中国排名靠前主要得益于极高的经济增速和相对较低的通胀水平,第二产业和第三产业发展快速,但在产权保护以及人均 GDP 方面仍非常落后。

三、社会稳定性与社会发展评估

转型经济体社会稳定性与社会发展指标如表 4-7 所示。通过表 4-7 我们可以发现,从社会稳定性与社会发展的角度来看,东亚转型国家中国和越南表现良好,尽管近十年排名略有下降,但仍处于领先地位。而中东欧转型国家波动较大,且多数国家排名下滑,仅波兰和保加利亚仍处于上游水平。独联体转型国家得分分化最大,涵盖了最高和最低分,多数国家排名近十年有所上升。

从微观视角分析,中越两国社会指标得分较高的原因在于两国均有较为稳定的社会环境,人口死亡率较低和尚未完成向老年社会的转化,短期内社会保障压力仍处于较低水平,但人类发展指数(包含对教育、预期寿命和生活水平的度量)与卫生保障的表现较差。中东欧的捷克、匈牙利和罗马尼亚等国排名落后的原因可以归结于社会保障系统的沉重负担,如斯洛文尼亚和匈牙利 65 岁老年人占总人口比例已经超过了 16%,按国际通行标准,65 岁以上人口占总人口的比重达到 7% 就意味着国家或地区进入老龄化社会,此外,这些国家妇女在政界的

---

[1] 譬如,俄罗斯在 2009 年借"白色清关"对我国商品大规模的扣押事件。

第四章 经济转型深化中国家治理质量的测度与评估

表 4-7 转型经济体社会稳定性与社会发展指标

地区	国家	1999年		2004年		2009年		十年排序振幅
		得分	排序	得分	排序	得分	排序	
中东欧地区	波兰	51.62	5	50.48	4	51.14	5	1
	捷克	58.01	3	49.43	5	47.21	11	8
	匈牙利	41.04	12	31.48	13	33.29	15	3
	斯洛文尼亚	49.01	6	41.23	8	44.69	12	6
	罗马尼亚	41.52	11	33.80	11	32.08	17	6
	保加利亚	43.30	9	55.26	3	49.31	7	6
独联体地区	亚美尼亚	42.79	10	28.72	16	35.22	14	6
	阿塞拜疆	47.45	7	40.25	9	37.49	13	6
	白俄罗斯	35.80	16	31.35	14	66.78	1	15
	哈萨克斯坦	52.33	4	43.64	6	47.66	10	6
	吉尔吉斯斯坦	40.24	13	41.71	7	66.76	2	11
	摩尔多瓦	37.62	14	30.30	15	48.70	8	7
	俄罗斯	35.43	17	25.38	17	33.17	16	1
	塔吉克斯坦	32.40	18	32.15	12	48.00	9	9
	乌克兰	37.51	15	20.22	18	26.21	18	3
	乌兹别克斯坦	43.42	8	39.11	10	49.48	6	4
东亚地区	中国	69.12	2	61.29	2	58.30	4	2
	越南	71.83	1	67.34	1	63.61	3	2

影响力也较低。而波兰较高水平的得分得益于人类发展指数以及犯罪率方面的良好表现。在独联体地区转型国家中，白俄罗斯和吉尔吉斯斯坦排名上升迅速，分列社会指标前两名，妇女参政比例的大幅提升和犯罪率下降推动了社会的稳定和发展。俄罗斯等国的较差表现主要源于高犯罪率、高死亡率和高老龄化水平带来的负面影响。

四、国家治理质量的综合性评估与比较

综合以上3个"域指标"维度的测算结果，利用多层指数加权的方法，我们最终得到了国家治理质量监测指数，用以评估转型经济体的国家治理情况。如表4-8所示，中东欧转型国家综合而言国家治理水平最高，其中捷克和斯洛文尼亚的排名近10年一直在第1名和第2名之间摇摆，只有匈牙利近10年的总体排名从第3名下滑到第10名。独联体地区转型国家除阿塞拜疆和乌兹别克斯坦外，综合排名均处于中、下游水平。东亚地区的越南排名小幅上升，落后于多数国

家。而中国的综合排名从1999年的第5名上升至2004年的第3名并一直延续到2009年。

表4-8 转型经济体国家治理质量监测指数

地 区	国 家	1999年		2004年		2009年		十年排序振幅
		得分	排序	得分	排序	得分	排序	
中东欧地区	波兰	56.81	4	48.66	6	54.56	5	2
	捷克	63.93	2	56.30	2	62.40	1	1
	匈牙利	58.71	3	53.66	4	49.14	10	7
	斯洛文尼亚	71.44	1	61.38	1	58.56	2	1
	罗马尼亚	47.00	10	46.17	8	50.42	8	2
	保加利亚	49.09	9	50.63	5	50.96	7	4
独联体地区	亚美尼亚	49.18	8	44.62	10	43.91	15	7
	阿塞拜疆	49.57	7	44.69	9	55.38	4	5
	白俄罗斯	45.06	11	47.81	7	49.77	9	4
	哈萨克斯坦	39.78	12	43.90	11	44.12	14	3
	吉尔吉斯斯坦	34.90	16	33.72	17	48.10	11	6
	摩尔多瓦	32.76	17	31.26	18	45.36	13	5
	俄罗斯	36.95	15	42.47	12	39.74	17	5
	塔吉克斯坦	30.62	18	37.83	16	42.24	16	2
	乌克兰	37.62	14	39.06	14	33.76	18	4
	乌兹别克斯坦	50.18	6	39.23	13	53.13	6	7
东亚地区	中国	55.34	5	56.22	3	57.86	3	2
	越南	39.51	13	38.81	15	45.77	12	3

从微观视角分析,中东欧地区的捷克总体排名最高主要得益于市场领域的表现,特别是良好的产权保护、贸易自由以及第二产业和第三产业的快速发展。而斯洛文尼亚国家治理质量较好的主要原因是该国腐败水平和犯罪率较低,并且拥有很高的商业自由。匈牙利国家治理质量指数排名近10年下降了7名,其症结在于过于依赖外部市场、外债过多且失业率高居不下。从总体指数分析,独联体地区多数转型经济体国家治理质量监测指数得分较低的主要共同原因在于较高的腐败水平、孱弱的产权保护和较低的实际生活水平。中国国家治理质量监测指数排名较高主要得益于经济域和政治域指标的贡献,特别是中国超高的持续经济增长速度、稳步优化的产业结果、充分的偿债能力和对宏观经济稳定的良好控制。

国家治理质量监测指数的设计能够在一定程度上反映转型经济体国家治理情况的变化,但由于数据可得性等问题的约束必然对某些可能比较重要的方面无法兼顾,指数的编制并非目的,更重要的是能否通过它引申出转型中出现的一些问题，通过进一步的思考获得进一步完善经济转型的启示。

五、国家治理模式重构中的问题及启示

转型期的政府职能与单纯的计划和市场相比表现出某种"混合性"的特征，在这一点上无论是实行激进转型的国家还是实行渐进转型的国家都是相同的。对于渐进转型这很容易理解，这里需要解释的是为何激进转型下的政府职能也必然表现出"混合性"特征。根据新制度经济学的观点，制度可以分为正式制度和非正式制度，前者指的是国家的正式法律法规，后者包含了人们的文化习俗道德因素。其中非正式制度是人类长期积累下来的东西，根植于人们的思想深处，因此即使是激进转型也无法在短期内改变。正式制度和非正式制度的这一特性决定了转型期的政府职能必然表现出"混合"特征。一方面，在不对市场调节基础地位构成威胁的前提下，政府的职能继承了某些计划特征。转型时期各种制度的构建和完善尤其需要政府积极主动地发挥其调控功能。例如，庞大的国有资产必须依靠政府进行妥善的管理，各项法律法规需要政府逐渐制定，经济转型带来的收入分配和社会保障问题需要政府调节，等等。另一方面，向市场经济转型就必须让市场主体变成企业，因此政府又不能对社会经济的各个方面进行直接干预，而需要利用各种财政货币政策等手段间接引导经济发展的方向。可见，由于经济转型时期是经济发展的一个特殊时期，与确定的经济形态相比，经济转型时期的经济形态显得更为复杂，而政府的经济职能必须与经济发展阶段相适应，因此，经济转型时期政府的经济职能也必然具有一些独特的性质和内容。

1. 经济转型时期政府经济职能的一般内容

政府经济职能的一般内容是指在市场经济条件下的任何政府都必须承担的经济职能。因为转型是从计划经济向市场经济转型，转型的目标之一是建立完善的市场经济体制，所以，经济转型具有很强的市场化特点，而经济转型中政府的经济职能也就具有市场经济所要求的内容。政府在市场中的经济职能是基于"市场失灵"而导出的，市场不是完美无缺的，在配置资源的过程中，"看不见的手"会出现失灵，从而需要政府在其中起到积极作用。市场经济中所要求的政府经济职能大致有以下几个方面的内容：

（1）促进并保护有效竞争，限制垄断等市场势力的发展，维护市场公平。市场垄断势力的存在导致资源配置偏离帕累托效率，但市场垄断势力的出现在许多时候又是市场竞争的必然结果，因此，其治理不能依靠市场本身得到解决，这就

需要市场以外的力量来限制，政府可以在这方面发挥最关键的作用。现代的市场经济对政府的要求是"小而强"，这里的"小"并非单指政府规模，而是要剥离政府的非必要职能，防止政府触角过长而导致国家垄断限制自由竞争，在做小的同时还要保证政府在打击垄断方面保持强势和效率。此外，还存在一种间接的方式，即政府引导下的中介组织也可以间接促进市场竞争机制的发挥。

（2）界定并维护产权。市场经济中存在着外部性。外部性的产生在一定程度上是由于财产权利的不清带来的。解决外部性的途径可以从科斯定理中寻求帮助。科斯定理表明存在交易成本的情况下，产权的最初配置会影响经济效率，而产权的界定和维护都离不开政府的作用。在新制度经济学的分析框架下，产权的维护实际上取决于三个条件，即个人对产权的保护行为、他人试图占有或侵犯的努力行为以及政府对产权的保护程度。在这三个条件里，政府发挥的作用是最为关键的，因为个人维护产权的行为往往成本过于高昂，政府充分发挥保护产权的作用有利于市场经济的健康发展。

（3）提供公共物品，合理开发共有资源。公共物品的"非排他性"和"非竞争性"使私人部门不能提供社会需要足够的数量，但公共物品又往往在经济发展中起着不可或缺的基础性的作用。在公共物品的供给上，政府的作用不可缺少。如果任由追求自身利益最大化的个体任意使用共有资源，其结果就必然导致"公地的悲剧"，妨碍福利最大化的实现，因此，共有资源的有效开发利用离不开政府履行其职能。随着市场经济的发展，政府在保护国家安全、提供社会保障等公共物品方面的责任是非线性增长的，市场经济下的可持续发展需要以此类公共物品提供机制的完善作为保障。

（4）调控宏观经济，调节市场的周期性波动。微观经济个体总是根据面临的约束条件进行最大化决策，但在存在"合成谬误"的情况下，个体理性却带来了集体的非理性。当经济前景出现衰退的迹象时，微观个体采取理性的谨慎反应：投资者减少投资，消费者减少消费。这些行为导致总投资急剧减少，经济衰退就真的发生了。当经济前景看好时，投资和消费都活跃起来，于是总投资增加了，但投资所需要的储蓄却减少了，生产能力的过度膨胀为生产过剩埋下了伏笔。因此，市场的自发调节难以避免经济的大起大落，国民经济的总体是不稳定的，这就需要政府伸出"看得见的手"来稳定经济。

2. 经济转型时期政府经济职能的特殊内容

除了上述政府职能的一般内容以外，中国转型期的特殊环境决定了政府职能的转变必然包含一些特殊的内容，这些特殊内容往往具有举足轻重的作用。所谓特殊职能就是指在中国国情的约束下，政府必须具有的经济职能，具体我们把它划分为以下几个方面：

(1) 制度创新职能。经济转型过程是一个制度变迁的过程，这个过程的完成需要一系列的制度创新才能得以实现。然而，在自发性制度变迁中，制度创新者为获得全体成员的一致同意需要付出一定的组织成本，并且成功的制度变迁很容易被他人复制和模仿，这使得诱致性制度变迁难以激励出满足社会需要的制度创新。因此，制度创新成为政府的首要任务。政府之所以能够进行制度创新主要在于政府拥有公共权力，因此能够以公共利益代表的身份来调整制度变迁中的利益冲突，促进帕累托改进的实现，最终建立符合市场经济运行的新秩序。制度创新可以从这几个方面着手：①建立与市场经济相适应的法律体系。②建立与市场经济相适应的财产制度，保护人们的合法财产权。③在促进正式制度的发展中，引导非正式制度的良性发展。这些非正式制度包括与市场经济相适应的伦理道德、价值观念、意识形态等。

(2) 建立健全社会保障体系。由于市场竞争是通过优胜劣汰来得以实现的，因此市场中必然充满风险，这固然是个人追求自身利益的成本，同时也是社会追求市场效率必须付出的代价。如果没有一种有效的机制在一定程度上规避风险，这种成本和代价就会给市场竞争的失败者和弱者的生存带来威胁，这种状况如果没有得到妥善的解决，就会危及社会的稳定和经济的进一步发展。因此，社会保障制度是现代市场经济不可分割的组成部分。由于受到计划经济体制下就业和人事制度的制约，中国的社会保障体系还很不完善，迫切需要政府采取积极措施，健全社会保障体系，使社会保障纳入规范化、法制化的轨道。

(3) 调节经济体制的转换秩序。在社会主义条件下建立市场经济体制需要转变传统的计划经济体制，从传统计划经济向市场经济转换是一个长期的过程，不可能在短时期内完成。在这个渐进的过程中，政府必须始终对体制转换的秩序进行控制和调节，消除对经济转型的阻碍与对抗，保证转换过程的有序进行，避免出现混乱的状况，只有这样，才能尽可能降低体制转换成本，顺利完成从传统计划经济体制向市场经济体制的转型。

(4) 着力培育市场，部分地替代市场。在建立市场经济体制过程中，社会历史条件特别是传统计划经济体制下强大的惰性力制约着中国市场的发育和完善，导致市场化进程缓慢。此时，需要政府拆除市场发展所面临的各种障碍，创造出能够促进市场发展的经济条件，切实承担起培育市场的职责。同时，在市场机制尚不能充分发挥作用的领域，必须由政府代替市场行使一部分资源配置的职能，以适应经济发展的需要。中国现阶段市场发育还不完善，如果仅仅依靠"看不见的手"来引导经济的发展，不仅力度不够，而且持续的时间较长，稳定性也较差，甚至在有的地方，市场这只手不是看不见，而是根本就没有，这些情况客观上要求政府代替市场行使一部分资源配置的职能，以推动经济的发展。

第五章　中东欧转型中的国家治理模式重构

受特定地缘政治经济的影响，中东欧诸国在历史上成为"夹缝中的国家"，也成为各大国竞相博弈的角力场。第二次世界大战后，受苏联的影响，中东欧国家几乎全盘照搬了高度集权的中央计划经济体制和全能主义国家治理模式。20世纪中期以来，持续不断的改革使全能主义国家治理模式发生了某些松动，市场与社会的自发力量也在夹缝中艰难地萌生。转型正式启动后，中东欧国家再度选择了回归欧洲，拥抱西方世界的转型战略，政治、经济和社会领域的激进变革，使其传统的全能主义国家治理模式发生了剧烈重构。在经历了转型初期的经济衰退和社会动荡后，中东欧国家的制度变革趋于稳定，社会经济发展绩效也逐步恢复，从而被西方世界视为新自由主义改革的成功样板。然而，相对优良的转型绩效却难以完全掩盖其国家治理模式中内在的制度和结构性矛盾，这意味着中东欧国家迈向成熟、有效的现代国家治理模式的道路依然漫长而曲折。

第一节　中东欧传统体制下的国家治理模式

理解中东欧国家治理模式重构的历程必须溯及历史。一方面，第二次世界大战结束后凋零破败的国内环境，迫切要求一个强有力的政权发挥重建国家、恢复经济的重任，而苏联强大的国际影响力和制度示范效应也成为中东欧迈向全能主义国家治理模式的重要外部推动力。另一方面，中东欧前社会主义时期形成的接近西方的历史文化传统也使其国家治理模式的形成过程带有鲜明的个性特色。20世纪50年代中期至80年代末的市场社会主义改革虽然未能从根本上克服计划经济体制的固有弊病，扭转效率衰竭的命运，却使得中东欧传统的国家治理模式进一步演化，形成了国家控制相对松动的"后全能主义"国家治理模式，并由此揭开制度转型与国家治理模式重构的历史序幕。

一、传统国家治理模式形成的历史背景

初始条件是转型之前就存在的一系列经济、社会和政治资源与约束条件，是一种历史的遗产，无法被政府单独控制。对中东欧转型中的国家治理模式进行研究首先要根植于对初始条件的深刻理解和把握，中东欧各转型国家与俄罗斯、中国相比，在经济结构、管理体制、计划体制持续的时间及深度、历史文化传统和地缘因素等诸多方面都存在着很大的差别，这种特殊的初始条件对中东欧国家经济转型方式（路径）和经济转型绩效都产生了巨大的影响，促使中东欧国家走出了一条与中俄不同的转型道路。因此，我们将首先对中东欧传统国家治理模式形成的历史背景进行分析。

中东欧国家在政治、经济、文化等诸多方面都具有鲜明的特性，以至于在没有发生剧变之前东欧就被一些学者称为"共产主义的万花筒"，而在剧变后又被称为"经济转型的万花筒"，东欧成为从计划经济向市场经济转型名副其实的试验场。①研究东欧的国家治理模式问题首先要明确"东欧"这一概念所涵盖的范围，严格意义上说，"东欧"并非从自然地理的概念上来进行界定，而是从政治地理的概念角度进行划分的，政治力量代替了国界线这种有形的界限形成了一种无形但却被广泛承认的划分。如果从纯地理角度考虑，东欧只包括苏联的欧洲部分，雅尔塔体系崩溃后其内涵也相应发生了变化，学者对东欧所覆盖的范围出现了许多不同的认识，"中东欧"、"东南欧"、"东中欧"等概念相继产生。本书所指的东欧包括波兰、捷克、匈牙利、斯洛伐克、阿尔巴尼亚、罗马尼亚、塞尔维亚、保加利亚、黑山、斯洛文尼亚、马其顿、克罗地亚这些国家，当然，对于这些国家我们并不一一做详细的探讨，而是从中选取一些有代表性并且影响力比较大的国家进行深入研究，即重点对波兰、捷克、匈牙利、南斯拉夫四国的国家治理模式重构问题进行研究。

1. 前南斯拉夫国家治理模式形成的历史背景

南斯拉夫的前身是第一次世界大战后成立的"塞尔维亚人—克罗地亚人—斯洛文尼亚人王国"，1929年改名为南斯拉夫王国。在第二次世界大战期间，南斯拉夫被德国侵略，塞尔维亚被占领，克罗地亚族和波斯尼亚族聚居区建立起了傀

---

① 孔田平. 东欧经济改革之路——经济转型与制度变迁 [M]. 广州：广东人民出版社，2003：2.

第五章 中东欧转型中的国家治理模式重构

儡政权,其余地区被德军盟友瓜分。南斯拉夫人民经过艰苦的努力在铁托的带领下于 1945 年建立了所谓的"第二南斯拉夫",1963 年新宪法改国名为南斯拉夫社会主义联邦共和国,由塞尔维亚、克罗地亚、斯洛文尼亚、波黑、马其顿和黑山 6 个加盟共和国,另外加上伏伊伏丁那和科索沃 2 个自治省组成。南斯拉夫与东欧其他国家相比有很多独特的地方,首先它是东欧地区唯一没有经过苏联扶持就通过自身奋斗独立建立社会主义政权的国家,其次其具有由多个国家和民族合并而成的特点,这后来成为南斯拉夫分裂的直接诱因。

在 1948 年以前,南斯拉夫的经济模式基本上是"苏联经济制度的副本",[①] 基本上照搬了苏联的经济体制,实行一党制、国有化、集中的计划管理、对外贸易垄断和农业集体化等具有鲜明苏联特征的体制。但 1948 年后,这种情况发生了变化,由于斯大林对划入苏联势力范围的东欧各国颐指气使,尤其与美国等西方国家划分势力范围时损害了南斯拉夫的利益(如里雅斯特的归属问题)导致了南斯拉夫的不满,这些矛盾积累起来最终导致了苏联与南斯拉夫关系的破裂。也正因此次破裂,南斯拉夫才率先拉起了改革的大旗,走出了一条有别于苏联模式的独特的社会主义道路。南斯拉夫经济模式的特点概括来说就是实行社会主义的"自治"制度,包括地方自治和企业的工人自治;力图实现社会主义的经济民主,所有劳动者完全平等,生产资料归社会所有,所有劳动者共同管理企业和进行生产、共同决定剩余的分配。南斯拉夫第一阶段的改革体现了领导人铁托所提倡的社会主义民主的特点,铁托认为苏联模式的弊病就在于盛行缺乏民主的官僚主义,忽视了人民群众的权利。他指出,"在社会主义条件下,把人和人的真正利益放在注意的中心,从而,使整个社会发展获得尽可能人道的性质。使社会主义社会发展充满人道的内容——这一切并不是狭隘的民族的东西;这一切是当代社会主义发展和世界上进步力量普遍愿望的反映"。[②] 正是在这一思想的指导下,结合对马克思关于国家与社会关系论述的研究,南斯拉夫才最终形成了独特的自治社会主义制度。

(1)南斯拉夫经济改革的第一个阶段。与苏联关系破裂后,南斯拉夫国内出现了对苏联模式批判的高潮,认为苏联是对国家进行帝国主义的国家资本主义,于是寻求变革成了南斯拉夫的第一要务。当时改革的目的是"维持统治集团的统治和经济论断,保存社会主义制度的一些本质特征,开放经济以便与西方国家做

[①] 平乔维奇. 产权经济学——一种关于比较体制的理论 [M]. 蒋琳琦译. 北京:经济科学出版社,2004:200.

[②] 达姆扬诺维奇. 铁托自诉 [M]. 北京:新华出版社,1984:353.

交易，以及提高其体制的生产效率"。① 改革的目标是建立一种"工人自治"的真正的社会主义模式，这种模式与苏联模式和西方资本主义模式都不相同。但在经济体制改革的第一阶段，南斯拉夫"制度的基石"并没有发生变化，也就是仍然保持了一党制和国家所有制。② 虽然如此，与其他中东欧国家同一时期相对短暂和经常间断的改革相比，南斯拉夫这一阶段的经济改革无论在深度上还是可持续上都走在了前面，是一种相对"激进"的改革，这种激进的改革使得南斯拉夫更容易突破"制度基石"的限制，为旧体制的解体做了铺垫。南斯拉夫经济改革的第一阶段从1950年6月正式开始，其标志是《工人自治管理法》的通过，这一阶段至1964年结束，改革对旧体制的突破体现在以下几个方面：

1) 党组织领导权力的削弱。不但政府各部门中设立的党组织被取消，而且上级党组织对下级党组织的领导权也丧失了，权力开始大规模的下放到各共和国和地区直至企业，逐渐形成了"工人自治"的独特社会主义模式。企业的所有劳动者通过投票选举出工人委员会这个决策组织，然后再从中选出一个必须包含3/4工人成员的管理委员会作为执行机构。企业的经理是管理委员会的必要成员，其产生方式也逐渐由政府任命的办法转变为采取公开竞选竞争的办法。通过1951年颁布的《企业资本品管理法》，企业的部分产权被允许向工人转让，企业也获得了对企业资产的使用权力，也就是可以向其他企业出售自身的资产。当然，这种权力并不是没有限制，企业必须保证资产的账面价值不缩小。虽然下放了很多权力，愿意更多地充当教育者而非领导者的角色，但南斯拉夫共产主义者联盟党组织并没有决定放弃一党领导制度，在很多方面仍然保持了很大的权力。

2) 对所有制理论的创新。1953年《宪法》提出了从国家所有制向真正社会主义的"社会所有制"的过渡问题。南斯拉夫理论家卡德尔是这一理论的缔造者，他认为"社会所有制的含义是，一切资源是全体劳动人民的共同财产，同时也就是每个人的财产，在这种所有制形式中，人民有权使用社会所有的生产资料从事劳动，从这种基本权利出发，还享有其他一切不能剥夺的权利。这些权利还包

---

① 平乔维奇. 产权经济学——一种关于比较体制的理论 [M]. 蒋琳琦译. 北京：经济科学出版社，2004：200.
② "制度的基石"这个概念来自贝尔纳·夏旺斯，他把传统的体制分为体制的根本要素和其他要素两个方面，前者由制度的基石和集中化的计划管理两个方面构成。其中，制度的基石包括国家所有制和一党制，集中化的计划管理包括等级控制、分级的目标管理、用行政手段分配收入和规定价格、利润的再分配、工资基金的宏观经济控制和单一银行制；体制的其他要素包口农业集体化、对外贸易垄断、对私有部门的限制、企业的单一领导制等。具体参见贝尔纳·夏旺斯. 东方的经济改革——从50年代到90年代 [M]. 吴波龙译. 北京：社会科学文献出版社：1999：12.

括：与其他同样享有权利的工人平等地按劳分配用于个人和集团消费的收入。因此，社会所有制就是使用社会所有的生产资料从事劳动的权利，每个工人对实现这种权利负责，和其他享有同等权利的工人处于平等地位，同时也对实现与这种权利有关的其他权利和义务负责。所以，社会所有制这个名词的含义就是：不属于任何人而属于每个人，即是集体的又是个人的所有制。①社会所有制有两个基本标准为：一是对所有制对象的处置必须是为了社会利益；二是所有制对象必须是由社会来加以处置。②

3）其他方面的变革。上面论述的两个方面属于制度基石方面的变化，而与此同时，南斯拉夫在其他领域的一些变革也非常显著。1951~1952年，南斯拉夫取消了产业部，并且废除了集中领导，这表明等级控制的制度已经被取缔。1956年开始，传统的国家计划被"社会计划"所取代，中央与地方出现了明确的分工。社会计划强调计划制订的广泛参与性与协商性，中央主要负责大的如积累率等宏观比例指标的制定，而企业等以这些指标作为参考，根据实际经济情况自主地决定生产的计划；在对外贸易领域，由于苏联等国的经济封锁，南斯拉夫不得不加强了与西方国家的经济交往，逐渐取消了过去的多重汇率制度，同时用关税等经济手段代替了过去的数量限制，这种做法更加符合市场规律的要求；在投资方面，权力也逐渐下放到地方，但仍然保持决定权。在投资基金里面，与联邦份额逐渐下降形成对照，共和国尤其是市镇的份额在逐渐上升。如图5-1所示，从总体上看，联邦的固定资本投资份额逐年下降，而共和国和市镇的比例略有上升，但总的来看，来自基金与预算的投资呈快速下降趋势。与此同时，劳动组织尤其是来自企业的比例却逐年上升，表明企业自主权力正在扩大。随着1954年后允许市镇当局设立自己的银行经营商业银行业务以及1961年国家银行不再行使商业银行职能，银行也进入了快速发展通道。随着20世纪50年代工资基金控制、集中调拨等具有"斯大林模式"的制度也被逐一取消，南斯拉夫的改革逐渐出现突破"制度基石"束缚的趋势。

（2）南斯拉夫经济改革的第二个阶段。这一阶段从1965年开始，到1974年结束。经过第一阶段改革的铺垫，南斯拉夫"制度的基石"已经发生动摇，虽然一党制并没有被废除，但其对企业的控制力却已经大大减弱，南斯拉夫步入了经济改革的新阶段。这段时期是南斯拉夫自由主义发展最迅猛的时期，国家放弃了

---

① 纪军. 匈牙利市场社会主义之路 [M]. 北京：中国社会科学出版社，2000：14.
② 布鲁斯. 社会主义的政治与经济 [M]. 何作译. 北京：中国社会科学出版社，1981：108-110.

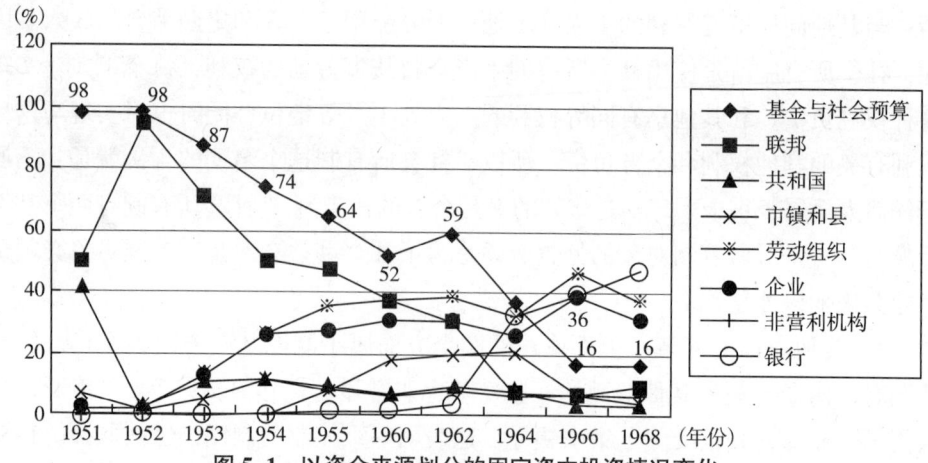

图 5-1 以资金来源划分的固定资本投资情况变化

资料来源：[法] 贝尔纳·夏旺斯著. 东方的经济改革. 吴波龙译, 北京：社会科学文献出版社, 1999：82. 本书为更清晰地解释其逻辑关系对原始数据重新做了图表化处理。

投资的决策权，企业获得了完全的投资自主权。银行成为真正的商业机构，不再单独由地方政府创办，企业也被授予参与银行设立的权力，银行在投资方面扮演了越来越重要的角色。但企业拥有的双重身份导致了信贷的失控，加上工人自治制度下的工资失控，通货膨胀不可避免地失去了控制。这时，国家的经济职能被削弱到了极低的水平，市场已经成为经济的主要调节手段，因此，有的经济学家称这一时期为"市场社会主义"时期。但随着专家治国论的盛行，工人自治的性质开始发生了变化，"工人自治的根本原则和目的是把政治结构论者管理经济的权利夺过来，并交给工人集体管理。但是，转移给工人集体的权利，大部分是转给了工人集体中的领导集团，而很少交给直接生产者"。①

（3）南斯拉夫经济改革的第三个阶段。从 1974 年开始，以新宪法的颁布为主要标志，南斯拉夫开始进行一场被称为"契约型计划"的试验，这一阶段一直持续到南斯拉夫发生剧变。契约型计划是一个复杂的过程。首先，每一年各个地区的地方政府、行业协会和其他政府组织必须签订社会契约，就收入分配等涉及公共利益的问题签订协议。其次，共和国的社会契约把各地区性社会契约联系在一起。最后，各个共和国的社会契约也被综合到一起，从而形成了整个国家的社会契约。通过这种独特的社会契约，南斯拉夫形成了一种创造性的计划形式。社会契约成了经济的主要调节方法，这种从基层开始层层用契约形式绑定的方法被

---

① 比兰契奇. 南斯拉夫社会发展的思想和实践（1945~1973）[M]. 北京：商务印书馆, 1983：320.

认为能够实现个人利益和整体利益的和谐统一。事实上,"自治协议于社会契约被认为不仅可以替代国家的宏观经济管理,而且可以有效遏制市场的自发作用,代替市场的功能"。①这一阶段是南斯拉夫经济改革的关键阶段,其间所进行的一系列新的改革尝试最终使得南斯拉夫走向体制的解体。在实行契约型计划后,原来在自由主义时期存在的通货膨胀和失业的压力愈加严重,经济增长速度明显放慢,软预算约束带来的负效应逐渐放大,债务逐渐攀升(1982年出现债务危机),加之铁托1980年逝世导致的政治隐患,社会危机的征兆越来越明显。1989年,多年来累积起来的通货膨胀隐患在货币贬值和价格自由化等措施的催化下演变成了恶性通货膨胀,当年价格上涨了1240%,随后实行的近似"休克疗法"的措施虽然解决了这个问题,但也付出了沉重的代价,南斯拉夫传统政治经济体走向瘫痪似乎已经是不可避免了。

2. 波兰国家治理模式形成的历史背景

波兰是一个有着悠久议会民主传统的国家,早在16世纪,波兰就建立了两院制议会,其对波兰人思维方式和文化传统等方面的影响是极其深远的。在战后初期,波兰形成了国有制、集体所有制和小私有制并存的独特局面。在1948年以前,以哥穆尔卡为代表的主张走不照搬苏联模式的"波兰式道路"的人在党内居于主导地位,正如雅鲁泽尔斯基所说:"这个时期的一个特点是把马克思主义的普遍真理和社会主义建设的规律同民族传统和民族特点结合起来。这个时期的另一个特点是党在思想上和政治上的战斗性,党团结广大的同盟者,同他们达成了爱国主义的协议。"②当时国内外的形势也允许波兰走这样的道路,苏联战后初期的主要目标是建立一个与苏联交好的政府,因此对波兰走自己的道路并没有干涉。但随着"冷战"序幕的逐渐拉开,斯大林开始要求波兰和整个中东欧都走苏联式的道路,1948年哥穆尔卡被解除了波兰工人党总书记的职务,于是波兰第一次探索独特社会主义道路的尝试被扼杀了。

1956年,随着苏共二十大的召开,中东欧的政治气氛空前活跃,波兰也掀起了破除苏联模式和反斯大林主义的运动。在这种背景下,哥穆尔卡重掌大权,他指出社会主义具有多样性,并非只有苏联模式一种道路,必须走一条符合波兰国情的"波兰式道路"才能使波兰走出困境。"波兰式道路"具体来说包括以下几个方面:一是实行政治上的民主化,扩大议会的权力,让议会成为最高权力机

---

① 孔田平. 东欧经济改革之路——经济转型与制度变迁 [M]. 广州:广东人民出版社,2003:53.
② 雅鲁泽尔斯基言论集 [M]. 北京:人民出版社,1992:560.

关；二是实行经济上的民主化，下放中央权力到地方，成立工人委员会让工人参与管理。不再追求片面的重工业化。经过一系列的大刀阔斧的改革，波兰成了社会主义改革的"先锋者"，出现了被称为"十月里的波兰春天"的好局面。在这一时期，著名经济学家兰格领导的经济委员会起到了"思想库"的作用，他们提出利润应该成为企业经营目标，为了实现计划，中央机构应该首先运用经济手段，行政手段仅应该作为辅助等。著名经济学家布鲁斯后来对这些论点做了理论上的总结。他认为社会主义存在"一般原则"和"运行模式"的区分，不应该把二者混淆。社会主义的运行模式不但可以有"集权模式"，还存在"分权模式"。市场机制的运用不应该掺杂意识形态的因素，中央应通过经济杠杆而非行政命令来调节经济但保留对投资和价格形成的决定权。这些理论思想不只对波兰自身产生影响，也对中东欧其他国家的改革产生了深远影响。随着改革狂潮的退去，一方面，波兰国内的保守势力开始抬头，上层领导集团"害怕改革有可能对专制政治和最高当局的专横施加某些限制"；① 另一方面来自苏联的压力逐渐增大，1958年后，波兰不得不放弃了改革。

由于经济结构的畸形，导致日常的生活必需品日益短缺，国家财政出现了严重赤字。在1970年圣诞前，为了减少财政赤字，波兰政府采取了放开物价和冻结工资双管齐下的政策。这种政策立刻导致了大规模的动荡，并演变成流血冲突，最后使哥穆尔卡下台被盖莱克政府取代。盖莱克上台后立即宣布冻结物价两年，从而平息了态势，从1971年开始，盖莱克开始了新的经济改革。他提出"高速度、高积累、高消费"的口号，为了实现这一目标，采取了大量举借外债，用进口商品促进增长的极端办法。这种方法在初期的确带来了增长，但波兰很快就陷入了债务和财政赤字的危机，被迫再次提高物价，于是更大的危机出现了，有组织性的罢工出现并开始合法化了，罢工成了"家常便饭"。政府在价格问题上态度的犹疑不定误导了波兰民众，使得波兰出现了独特的"价格改革—罢工—停止改革"循环，价格改革成了每次动荡的导火索，上街游行成了解决问题最好的和最有效的方法，彻底的改革难以被执行。1980年9月，团结工会正式成立，成为类似"反对党"的组织，这本身就意味着"制度基石"的松动。波兰的局势引起了苏联的不安，为了避免被苏联军事占领，1981年底波兰政府宣布进入"战时状态"，团结工会被解散，波兰进入了一个相对平静的时期。但这只是表面的平静，团结工会活动实际上由公开转入了地下，一场更大的变动正在酝酿着。

---

① 布鲁斯. 社会主义的政治与经济 [M]. 何作译. 北京：中国社会科学出版社，1981：129.

戈尔巴乔夫上台后放松了对中东欧的控制，1987年，团结工会开始要求政府向包含工人自治的国有企业、市镇企业和私人企业的混合经济过渡，其间波兰政府的所有改革措施都遭到了团结工会领导的广大民众的抵制，政治危机愈演愈烈。1989年，累积的危机终于失去了控制，波兰政府对团结工会做出了妥协，4月举行的"圆桌会议"恢复了团结工会的合法性并规定了政治和经济改革的目标和手段。同年9月以团结工会的马佐维耶茨基任总理的新政府宣布了成员名单，社会主义世界的第一个非共产党政府成立了（总统仍是统一工人党的第一书记雅鲁泽尔斯基）。1990年1月，波兰统一工人党正式停止了活动，随着巴尔采罗维奇计划的出台和"休克疗法"的实施，波兰正式开始了经济转型。

3. 捷克斯洛伐克国家治理模式形成的历史背景

捷克斯洛伐克是一个历史悠久、国民素质较高的国家，被称为中东欧民主的"橱窗"，国民生产总值在1945年位居世界第六，拥有良好的工业基础。第二次世界大战以后，捷克与斯洛伐克在苏军的帮助下再次统一到了一起，开始走上了社会主义道路。捷克共产党一开始想走一条适合捷克国情的社会主义道路，但随着1948年"冷战"的加剧和苏南冲突的升级，苏联开始强行向中东欧各国推行苏联模式，在资产阶级发动的"二月夺权"事件失败后，捷克放弃了寻找适合本国国情社会主义道路的努力。苏共二十大后，捷共并没有抓住机遇和中东欧其他国家一样进行改革，还是按照原来的轨迹爬行。进入60年代，受到赫鲁晓夫"七年计划"和中国"大跃进"的影响，捷克斯洛伐克出现了所谓的第二次工业化浪潮。但却没有取得预想的成绩，经济反而出现了中东欧国家中最严重的经济衰退，这种衰退在社会主义国家中是史无先例的。[①] 这场危机促使捷克的改革者进行更深入的思考，一场更为激进的改革即将拉开序幕。

1963年，奥塔·锡克受命成为全国经济改革委员会主席，他和捷克斯洛伐克科学院经济研究所的工作人员一起提出了一整套改革措施。这些改革措施主要包括的内容有：计划应该只就宏观上的经济问题进行规划，是一种"外部机制"，必须用市场这种"内部机制"作为补充，计划与市场不是对立的关系；相反，取消了市场机制就不可能实现微观的平衡，也不能达到宏观的平衡；所以计划必须以市场运动为基础；企业应该赋予足够的自主权，能够根据市场的变化做出生产计划，而不应该服从于计划命令，工资和企业的业绩挂钩，企业有自愿加入和退

---

① 贝尔纳·夏旺斯. 东方的经济改革——从50年代到90年代 [M]. 吴波龙译. 北京：社会科学文献出版社，1999：85-87.

出企业联合会的权力；应该用经济的方法而不是行政或计划的方法来调节经济；向世界开放经济，实现货币的可兑换性，取消对外贸易的垄断并下放权力到联合会或企业。奥塔·锡克等提出的这些改革措施涉及了宏观、微观、收入分配、激励机制等重要的内容。这些内容在 1965 年后逐渐得到了执行，但在执行过程中出现了很多问题，很多改革措施得不到彻底的执行就被终止。"布拉格之春"后，锡克放弃了市场社会主义思想，成为"第三条道路"的拥护者。1967 年后，捷克斯洛伐克工资与投资领域的扩张失去了控制，通货膨胀的压力越来越大，经济陷入了困境，随之而来的要求进行彻底改革的呼声也高涨起来。1968 年 1 月，杜布切克开始担任捷共中央第一书记，杜布切克上台伊始就着手进行改革。他组建了一个专门由学者组成的"专家小组"起草《捷克斯洛伐克通向社会主义道路》（简称行动纲领），这个纲领在 1968 年 4 月召开的捷共中央全会上提交并通过。这一纲领同时包含了政治改革和经济改革两个方面的内容，提出要建立政治上的民主并坚定执行集体决定制度，并要发展同西方国家的关系，实行更加积极的欧洲政策；在经济上提出要建立有计划的市场经济，充分发挥社会主义市场的作用。这个改革方案的深度和影响力是空前的，在当时中东欧各国乃至世界都造成了轰动，但也日益引起了苏联的不安。苏联在多次要求捷克斯洛伐克停止改革未果的情况下悍然出兵占领了捷克全境，在军事压力下，1968 年 10 月捷克被迫与苏联签订了《关于苏联军队暂时留驻捷克斯洛伐克境内的条约》，从此苏联开始了对捷克长达 21 年之久的"暂时驻留"，昙花一现的"布拉格之春"就这样夭折了。这次改革的失败不是偶然的，正如贝尔纳·夏旺斯教授所指出的那样："1968 年经验的特殊性在于政治民主化进程与经济改革进程的相互配合。这一特殊的结合使得经济改革获得了广泛的支持，否则则不然。众所周知，这也是兄弟社会主义国家领导阶级担惊受怕的原因所在，同时也是苏联军事干涉的最终成因。而苏联军事干涉结束了这场绝无仅有的插曲。"

1969 年 10 月，杜布切克被撤销党内外一切职务，胡萨克就任捷共第一书记，他立即着手停止反苏联宣传和实现和社会主义国家关系正常化。随后胡萨克又发起了一场"清洗"运动，大量捷共党员包括杜布切克在内都被清除出党。通过一系列的举措，捷克斯洛伐克一步一步地回到了旧的发展轨道上。进入 20 世纪 70 年代，由于国际市场原料价格的上涨，作为原料进口国捷克的经济发展受到了较大影响，经济发展速度从第五个五年计划（1971~1975）的 5.6% 下降到了"六·五"计划的 3%。在这种情况下，20 世纪 70 年代末，以维护人权和要求苏联撤军为旗号的"七七宪章"运动发展起来，后来这一组织成为捷克斯洛伐克走向剧变的重要推动力量。经济上的和政治上的双重困境使捷共不得不采取措施来应对,捷政府于1980年1月通过了《关于1980年以后完善国民经济计划管理体制的整套措施》,这套措施包含的内容非常丰富。首先强调计划制订的科学性、综合性和连续性,提出要把长期、中期和短期计划相结合;同时加强经济核算,加强其对个人和集体的激励作用。改革了工资制度,允许工资差别的扩大以加强激励作用。这套措施对捷克斯洛伐克的经济发展起到了一定的促进作用,但并没有涉及经济体制的根本性问题。随着累积矛盾的加深,捷克斯洛伐克最后也走上了剧变之路,政治经济转型正式启动。

4. 匈牙利国家治理模式形成的历史背景

1945年4月,匈牙利被苏联解放,建立了社会主义制度,当时完全照搬了苏联模式进行社会主义建设。这种模式很快导致了经济效益低下等一系列问题,一些理论家和改革家开始对苏联那种高度集中的计划经济体制和相关的官僚主义问题提出了尖锐的批评,同时也开始思索如何走一条适合匈牙利发展的社会主义道路等问题。由于经济形势的持续恶化和政治上的"拉科西"专制统治制造的恐怖大清洗,党和政府逐渐失去了人民群众的信任,终于在1956年爆发了要求退出华沙公约组织、实行民主制度和苏联撤军的"匈牙利事件",最后失去控制演化成了暴动,结果导致苏联出兵镇压平息了这场骚乱。"匈牙利事件"过后,卡达尔·亚诺什重新建党,匈牙利共产党改名为匈牙利社会主义工人党,卡达尔担任中央第一书记。"匈牙利事件"的爆发使政府认识到照搬苏联模式是行不通的,只有进行改革才能走出困境,在卡达尔的带领下匈牙利出现了改革的第一个高潮。匈牙利从1957年开始进行了初步的改革尝试,其主要举措包括两个方面:政治上,批判了"拉科西"主义;经济上,在农业方面,对农产品收购价格不再"一刀切",而是采取了"官定价格"和"自由价格"结合的混合价格。在工业方面,逐步减少了计划指令性指标,开始用成本利润指标来考核企业,这些都是对市场体制的初步尝试和探索。在经过这些尝试的铺垫后,1964年12月,匈牙利社会主义工人党中央开始决定进行全面的经济改革尝试。匈牙利新经济体制之父涅尔什提出了新的改革设想,他所设计的经济模式的特点是:"中央计划与市场机制有机合,政府通过宏观经济政策影响市场,企业是独立的商品生产者和市场主体;通过集体利益的实现促进社会利益的实现;在物质利益为基础的计划经济条件下,承认多种经济成分并存和共同发展。"①

---

① 纪军. 匈牙利市场社会主义之路 [M]. 北京:中国社会科学出版社,2000:19-20.

虽然匈牙利早在1964年就决定对经济体制进行改革，但考虑到当时党内和党外的观念并不统一，为了稳妥起见，准备工作用去了三年多的时间。在1968年以前，匈牙利虽然已经进行了一定的改革探索，但经营管理方式并没有发生根本性的变化，经济中起主导作用的仍然是计划指标，生产和消费脱节、重量不重质的问题仍然非常严重。一方面，大量人们不需要的低质产品堆积如山；另一方面，人们急需的耐用消费品却极其短缺。在这种形势下，经过三年多的详细筹划，根据涅尔什的设想，1968年匈牙利开始了被称为"新经济体制"的改革，这是继苏联模式、南斯拉夫模式之后的又一个重要的社会主义经济体制类型，由此，匈牙利迎来了经济转型准备阶段的第二次改革高潮。[①] 新经济体制是"一种宏观经济计划与市场通过调节手段相结合的体制，这些调节手段是政府指导企业经营方向的'经济'手段，它与传统的行政手段正好相反"。新经济体制几乎涉及了匈牙利经济各个层面的所有问题，具体说来，它主要包括以下几个方面的内容：首先就是对经济管理方式的改革，企业的年度生产计划可以自行制订，国家的计划不再直接通过具体的行政命令与企业的计划相联系，企业的自主权得到了空前的扩大；新经济政策为了提高企业的经营效率，采取了统一税率，使企业能够保留一部分利润，这些利润一部分用于投资，另一部分用于提高工资。然而由于间接控制手段异常繁杂和不规范，加之科尔奈所说的"父爱主义"的影响，导致了软预算约束现象的产生，不利于企业提高微观经济效率；在投资方面，虽然大型投资项目的投资仍然受国家控制，但对小型项目的投资不再施加限制，企业可以用前面提到的保留利润或银行贷款自主决定投资，自主投资很快就成了投资的主要来源之一，当然国家仍然保持在投资领域的主导地位；在工资方面，企业的工资基金不再由产业部确定，而是由企业自己筹措。由于强调充分就业的原则，匈牙利实行了"平均工资"的办法，并且把工资与企业的收入挂钩，同时用对高出平均工资部分征税的方法限制工资的过度增长；另外，新经济政策中的一个引人注目的方面是对私有部门的宽容态度，这首先表现在农业方面对家庭生产不再排斥。虽然对私人部门的经营规模等方面存在种种限制，但匈牙利私有部门的发展在社会主义国家里仍然是独树一帜的，在第三产业里占据了重要的地位。私有部门的存在对匈牙利经济转型的启动和正式推进做了非常好的准备；新经济政策取得了不错的成绩，国民收入年均增长率从1961~1965年的4.5%增长到了

---

① 贝尔纳·夏旺斯. 东方的经济改革——从50年代到90年代 [M]. 吴波龙译. 北京：社会科学文献出版社，1999：99.

1965~1970年的6.8%和1971~1975年的6.3%，短缺现象大大减少，人民生活水平有了很大的提高。受苏联对捷克激进改革态度的影响，匈牙利在改革中极力避免把自己的改革同捷克相提并论，新经济体制只限定在了经济领域。

改革进入20世纪70年代后，由于国内保守势力的抬头和国际环境的影响，匈牙利出现了"重新集中化"的趋势。经济上，1972年匈牙利宣布对国内最大的50家企业采取"特别措施"，实行直接控制。同时，政府加强了对价格的控制，价格改革退步回到了实行新经济政策之前。对于工资上涨也不再实行严格控制，大幅度提高工资的方案被通过。政治上，涅尔什本人在1974年3月被解除了中央书记职务改任科学院经济研究所所长，很多其他支持新经济体制的领导人也被驱除出领导核心。从总体上看，虽然新经济体制出现了某种程度的倒退，但与1968年以前相比却仍然表现出很大的进步性，正如匈牙利经济学家鲍尔所说，"对于匈牙利来说，从这个平衡点（指的是'既非计划又非市场的混合物'）出发向'市场社会主义'的运动是有限的，每前进一步的努力总是以退缩到这一混合的状态而告终，但不是退缩到匈牙利在1968年就放弃了的传统的集中化的计划体制上面"。[1]

新经济体制存在一些固有的缺陷。其中，最重要的方面是有关"经济计划"的理论与现实的矛盾，科尔奈曾把这种现象称为"间接行政控制"，他认为，"协调中的支配形势仍是行政控制，而不在于一整套的控制手段已经发生了变化"。[2] 也就是说，匈牙利在调节经济手段的改革方面最主要的变动在于从以前的直接行政控制变成了现在的"间接行政控制"，这种间接控制的手段包括价格、收入和信贷等诸多方面。企业既要面对市场压力，又要面对强有力的行政压力，形成了一种"双重依赖关系"，这种现象使得企业两个方面都疲于应对，微观经济活力难以激发。对改革的失望促使匈牙利开始进行更加激进的改革，政治改革也逐渐被提上日程，20世纪80年代后匈牙利迎来了第三次改革浪潮，这次改革浪潮开始阶段实际上是对1968年新经济政策的某种"回归"。针对20世纪70年代的重新集中化，匈牙利在20世纪80年代初期采取了分割大型企业的办法，缩减了行政管理机构以减少对企业的干预。1984年又进一步明确了"政企分开"的原则，出现了"匈牙利式"的工人自治，但由于夹杂了很多行政因素，取得的

---

[1] 贝尔纳·夏旺斯. 东方的经济改革——从50年代到90年代 [M]. 吴波龙译. 北京：社会科学文献出版社，1999：113.
[2] 亚诺什·科尔奈. 理想与现实 [M]. 北京：中国经济出版社，1987：22.

成效有限。在这一时期，匈牙利价格和汇率方面的改革步伐加快，对私有部门的控制也更加放松，以前未曾涉及单一银行制也在形式上转变成中央银行和商业银行构成的二级体制，但实际上的单一银行制仍然存在。随着经济停滞和外贸失衡等一系列问题的出现，一直停滞不前的政治改革终于被提上日程，一些经济学家对政治体制和经济体制都提出了严厉的批评，要求实现政治上的民主化，建立以市场经济为主的经济体制。1988年内梅特执政后，政治改革的进程加速了，在1989年实行了多党制，匈牙利社会主义工人党的执政地位正式丧失，体制已经发生了根本性的转向，经济转型正式启动。

二、传统国家治理模式的特征和绩效

通过以上对中东欧代表性国家的背景解析我们可以发现，尽管中东欧国家都不同程度地进行了长时间的市场社会主义改革实验，但最终都以失败告终，这种失败可以从很多方面进行解释。我们认为，中东欧传统国家治理模式存在的一些弊端是解释这一结果的重要原因之一。从政府、市场与社会三者的基本关系来看，传统社会主义国家无疑都形成了一种政治经济权力高度集中、政府以计划排挤市场并深入渗透和控制社会的"全能主义"（极权主义）国家治理模式，因此在这一点上，中东欧国家与俄罗斯（苏联）具有基本相同的特征。匈牙利学者雅诺什·科尔奈曾经对东欧传统社会主义的政治经济体制进行了深入的分析，并将其基本特征和制度要素进行了归纳（如图5-2所示），这一归纳基本涵盖了东欧国家传统的全能主义国家治理模式的主要特征。

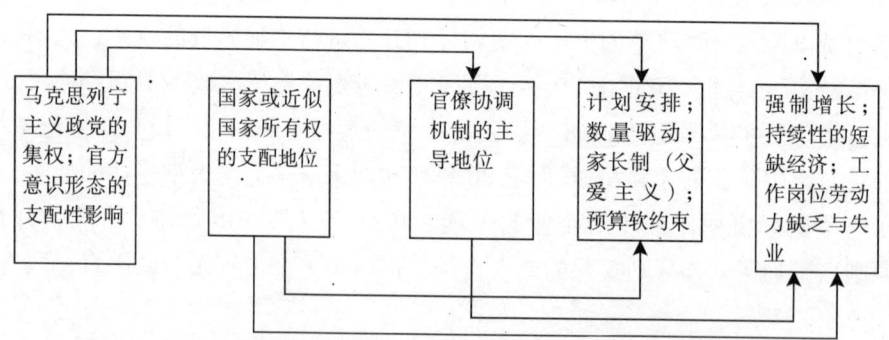

图5-2 匈牙利经济学家雅诺什·科尔奈对传统计划经济体制特征的概括

资料来源：雅诺什·科尔奈.社会主义体制[M].张安译，北京：中央编译出版社，2007：343.

第五章 中东欧转型中的国家治理模式重构

科尔奈认为，解释东欧经典社会主义体制的关键在于理解其基本的政治结构。这一政治结构的出发点是执政党的政治集权、党的组织机构与国家机构的相互渗透。政治权力的集中与意识形态权力的集中是相互结合在一起的，即"非常关键的一点是掌握权力的执政党深受社会主义官方意识形态的影响"。[①]这种高度集中的国家权力结构，成为支撑东欧全能主义国家治理模式的一个基础性制度要素。

政治与意识形态权力的高度集中，必然孕育出一个庞大的官僚组织系统，而官僚协调机制的主导性成为全能主义国家治理模式最为突出的特征之一。雅诺什·科尔奈认为，所谓协调机制（Coordination），"就是指它可以协调相关人士或组织的活动，只要有两个以上的人或组织之间发生了关系，他们（它们）的活动就必然需要某种形式的协调"。[②]从协调机制的角度可以更容易理解中东欧传统国家治理模式的特征。协调机制可以划分为五种类型，即官僚协调、市场协调、自律协调、道德协调、家庭协调。科尔奈在此基础上对经典社会主义体制下各种协调机制所处的位置、发挥的功能以及不同协调机制之间的关系进行了分析。在市场社会主义的前期探索阶段，这些国家的协调机制特点简单地概括就是官僚协调[③]占绝对主导地位下的机制失衡。从表5-1中可以看出，在"科学计划"条件下，中东欧国家仍然残留着一部分市场协调的因素（如表中的B+M部分所示），但市场协调已经被压缩在一个极为狭窄的空间之内，[④]事实上，只有与非正规部门交叉的部分才存在真正意义上的市场协调（如表中的3~4）。此外，表5-1的第5行和第6行显示，市场协调机制仅在劳动配置方面发挥了一定的作用，但在尤为重要的投资品配置上，市场协调却完全退让于官僚协调。

在经济领域，高度集中的中央计划经济体制成为这一时期东欧全能主义国家治理模式的又一显著特征。这一体制具有如下四大特点：

第一，实行生产资料国家所有制。各个社会主义国家建立计划经济体制的过程，本质上就是生产资料公有化和国有化的过程。由于生产资料实行国有制，所

[①][②] 雅诺什·科尔奈. 社会主义体制——共产主义政治经济学 [M]. 张安译. 北京：中央编译出版社，2007：85.

[③] 官僚（Bureaucracy）协调机制，也可称为科层协调机制、行政协调机制或者政治协调机制，德国著名社会学家马克斯·韦伯是这一理论的缔造者。官僚制的理论是建立在马克斯·韦伯的组织社会学的基础上的，它体现了德国式的社会科学与美国式的工业主义的结合。按照通行的解释，官僚制指的是一种权力依照职能和职位进行分工和分层，以规则为管理主体的组织体系和管理方式，也就是说，它既是一种组织结构，又是一种管理方式，参见朱国云. 科层制与中国社会管理的组织模式 [J]. 管理世界，1999（5）.

[④] 从协调机制的角度看，苏联和中东欧国家具有同样的特征。

表 5-1　官僚协调和市场协调的表现

供给部门	消费品部门				
	1 国有企业	2 合作社	3 正规私人部门	4 非正规私人部门	5 买消费品和服务的家庭
1. 国有企业	B	B	B+M	0	B+M
2. 合作社	B	B	B+M	0	B+M
3. 正规私人部门	0	0 (有 B 的干预)	M	M	M (有 B 的干预)
4. 非正规私人部门	0	0	M	M	M
5. 买劳动力的家庭	B+M	B+M	0	M	—
6. 投资资源的分配	B	B	0	0	

资料来源：雅诺什·科尔奈. 社会主义体制——共产主义政治经济学 [M]. 北京：中央编译出版社，2007：86；在这里，B＝官僚协调，M＝市场协调，0＝没有发生交易。

以企业利润全部上缴的同时，企业得到父爱主义和软预算约束的保护；由于生产资料实行国有制，所以分配方式采取按劳分配。按劳分配的核心在于，根据单个劳动者的贡献大小进行收入分配，多劳多得、少劳少得，有劳动能力不劳者不得。可是，由于劳动贡献不能准确测量，在实践中按劳分配蜕变为平均分配。在收入拉平的情况下，国家只能采取"生产竞赛"等方式，在精神上激励生产者。

第二，国家运用行政手段集中管理经济。传统计划经济国家的经济决策权集中在中央。国家不仅负责宏观层面的资源配置，甚至对微观企业和个人的收入和支出都做出计划，而企业、民众个人以及下级党政部门没有决策权，他们唯一要做的就是执行命令。中央命令是通过指令性计划下达的。斯大林认为，计划的指令性是社会主义计划与资本主义计划的区别所在。他反复强调，"我们的计划不是臆测的计划，不是想当然的计划，而是指令性计划。这种计划各机关必须执行"。[①] 正因为这个原因，传统计划经济也被称为"命令经济"。

第三，市场机制在经济发展中的作用小到可以忽略不计的程度。在传统中央计划经济体制下基本不存在竞争性的商品市场，更没有生产要素的市场。物价、利率、汇率、工资等生产要素的价格基本上不能反映其成本和供求状况及其变化，因而不具有传播市场信息的功能，而仅仅是一种消极的记账与核算的工具。

第四，在社会生活层面，私人领域被公共领域严重侵蚀，国家政权以其强制力和强大的社会动员力渗透至社会的每一个角落。在东欧的国家治理结构中，没

---

① 斯大林. 斯大林全集（第 10 卷）[M]. 北京：人民出版社，1979：280.

有显著的经济、社会或政治多元化，国家政权在法律和事实上都垄断了所有社会权力；执政党几乎消除了所有的前全能主义的多元化，不存在与官方控制的经济社会相并立的"第二经济"和"平行社会"存在的空间。

当然，受特定历史传统延续性的影响，东欧全能主义国家治理模式也呈现出一些独特之处。首先，中东欧国家多数具有悠久的民主传统，如波兰、捷克等国早在19世纪就已经产生了"农民党"、"社会民主党"等党派，有些党派原本就是"冷战"共产党和社会党合并起来的，因此东欧解体后其思想的转换也非常容易。①这种民主传统对中东欧国家治理模式的影响是巨大的，一方面，使其在剧变前的全能主义的治理模式框架下产生了一定的离心力；另一方面，也促使其在剧变后的路径选择上更倾向于脱离全能主义模式，建立竞争性民主体制。其次，中东欧国家具有浓厚的统合主义（Corporatism）传统。在两次世界大战期间，统合主义在欧洲和拉丁美洲得到发展。在欧洲，统合主义的因素被不同程度地整合到政府结构和政治过程之中。在波兰、希腊、奥地利、罗马尼亚、意大利和德国，统合主义主要是作为控制国家经济、加强独裁统治的工具。统合主义的基本主题是对和谐、一致的社会秩序的追求。②统合主义的延续性在20世纪90年代得到了体现，中东欧国家在转型开始后普遍主张适度的国家干预和政府与公民间相互信任的合作关系。再次，东欧各国都具有复杂的历史问题，这些历史问题多数都和苏联时代的统治密切相关，苏联的干涉促使了"波兰道路"、"捷克道路"等的出现，但同时又形成了强大的离心力，也因此使得东欧成为苏联的"阿喀琉斯之踵"，而"波兰（其次是匈牙利）是这脚踵最脆弱的部位"。③最后应该强调的是，中东欧国家作为一个集合概念，其内部也存在明显差别。东欧位于东西方文化传统的交界处，或者可以更进一步说，它已经成为"西方分权传统和东方集权传统的过渡地带"。④其中，受所谓"西方分权传统"熏染的匈牙利、捷克等国较之带有所谓"东方集权传统"的保加利亚、阿尔巴尼亚等国似乎更易于接受西方民主体制，政治转型更为顺畅一些。而由历史文化传统、特别是宗教信仰不同的塞尔维亚、黑山、波黑、马其顿、克罗地亚和斯洛文尼亚组成的南斯拉夫联邦在剧变后

---

① 陈乐民. 20世纪的欧洲 [M]. 北京：生活·读书·新知三联书店，2007：118-119.
② 刘倩. 统合主义：历史、挑战与未来 [J]. 学习论坛，2009（4）.
③ 陈乐民. 20世纪的欧洲 [M]. 北京：生活·读书·新知三联书店，2007：114.
④ Sten Berglund, Tomas Hellen, Frank H.Aarebrot (ed.). The Handbook of Political Change in Eastern Europe [M]. Edward Elgar Publishing Limited, 1998, p. 14.

四分五裂，甚至在某些地区爆发流血战争也就不足为奇了。①

对中东欧传统国家治理模式绩效的评价是一个非常有争议的问题，由于这些国家最终纷纷抛弃了原有的制度，很多学者借此发起了对计划经济体制的攻击，我们认为这种观点实际上没有从历史的和发展的角度进行客观的分析。客观地评价中东欧传统国家治理模式的绩效必须从两个方面进行。②

第一，全能主义的国家治理模式具有特定优势。中东欧国家对原有体制的放弃并不能证明原有体制的存在仅是"历史的偶然"，从历史唯物主义的观点看，全能主义国家治理模式的长期存在自有其合理性。我们不能无视全能主义的国家治理模式在特定历史阶段的积极作用，它保证了国家能够集中力量高效处理一些重大问题，政府的主导在一定程度上避免了生产与资源配置的无序性，它在西方竞争性民主体制之外提供了另外的"选项"。从实践的角度看，中东欧各国的改革历程证明了这种模式曾经在特定时期显示出强大的活力，并保证了经济的高速增长。

第二，全能主义国家治理模式使绩效提高受到根本限制。首先，作为"自上而下"的改革，并未从根本上触及传统体制的制度基础，改革仅仅成为计划体制在边际上的微小调整。特别是僵化的政治环境对经济领域真正积极的变化保持了一种根本的限制。其次，全能主义模式下的个人、国家与社会的关系呈现畸形发展趋势。米格拉基扬曾指出，马克思主义的政治理论主旨是要消除自主的个人同国家与社会的对立，克服资本主义存在的三者对立现象。《共产党宣言》提出的"每个人的自由发展是一切人自由发展的条件"，实际强调的是个人、国家和社会三者的辩证关系。马克思主义经典作家没想到的是后来人们把这个辩证关系歪曲成了个人要无条件服从国家和社会。最后形成了极端的局面：科学社会主义号召要根据具体个人的愿望建设新社会，而在全能主义体制下，这个理论却变成了不关心现实的、具体的、个别人的问题，把人变成了抽象的人。在实践中，在缺乏机构化的公民社会的情况下，个人与社会都被国家所吞没了。这使得传统的体制逐渐走向僵化和失去活力。最后，从科层组织结构看。计划经济下形成了一个超大的科层组织结构，犹如金字塔一样，通过自上而下的权力网络逐级控制，这种组织纯粹靠一种命令与服从的关系维系，于是政府又在组织形式上消灭了契约存

---

① 高歌. 浅析东欧国家二战前的历史对政治转型的影响［J］. 东欧中亚研究，2000（4）.
② 前文对中东欧传统国家治理模式历史背景的论述已经广泛涉及中东欧各国不同时期的绩效评价，交叉部分不再赘述，这里仅就一般性问题进行探讨。

在的空间,①抑制了市场和社会中的"私立秩序"所特有的活力和效率。

三、传统国家治理模式的演变与瓦解

中东欧国家无疑与苏联一样具有相同的制度"基石",②但这一事实并不能抹杀中东欧各国各自在国家治理模式上表现出的特殊性。由于中东欧国家具有明显的多样性特征,无法(像描述苏联改革时期的国家治理模式演变那样)利用一个统一的时间标记来描述其国家治理模式的演变,但可以从其他的角度间接描述。

中东欧国家在发展过程中都在谋求某种程度的改变,例如,试图在民众中引入更多的共识、寻求平衡的社会发展等,部分国家还由此产生了实力强大的反对派。斯捷潘(1996)对后全能主义的范畴进行了进一步的划分,③包括三个亚范畴。第一个亚范畴是"初级后全能主义"(Early Post-totalitarism),它构成1977~1989年捷克斯洛伐克的特点,当时捷共领导人胡萨克经过反思放松了镇压并解冻以往的改革成果,只有党国一体化的体制被保留;第二个亚范畴是"冻结的后全能主义"(Frozen Post-totalitarism),它可以用来勾画不变的一党统治与公民社会并列的国家;第三个亚范畴是"成熟的后全能主义"(Mature Post-totalitarism),它用来界定除了一党制外其他一切均发生了演变的国家,其中直接整合了某些市场因素,匈牙利是这方面的典型。④可见,中东欧传统国家治理模式的演变是分层进行的,但具有相同的指向性。总体而言,从20世纪50年代中期到80年代末,经过改革的东欧后全能主义国家治理模式呈现出瓦解现象,具体表现为以下几个方面:⑤

---

① 陈国富. 契约的演进与制度变迁 [J]. 北京:经济科学出版社,2002.

② "制度的基石"这个概念来自贝尔纳·夏旺斯,他把传统的体制分为体制的根本要素和其他要素两个方面,前者由制度的基石和集中化的计划管理两个方面构成。其中制度的基石包括国家所有制和一党制,集中化的计划管理包括等级控制、分级的目标管理、用行政手段分配收入和规定价格、利润的再分配、工资基金的宏观经济控制和单一银行制;体制的其他要素包口农业集体化、对外贸易垄断、对私有部门的限制、企业的单一领导制等。具体参见贝尔纳·夏旺斯. 东方的经济改革——从50年代到90年代[M]. 北京:社会科学文献出版社,1999:12.

③ 所谓"后全能主义"是指斯大林去世后,苏联放松控制后的表现,东欧各国在思想领域进行了大量新的探索。

④ 弗朗索瓦·巴富瓦尔. 从休克到重建——东欧的社会转型与全球化—欧洲化 [M]. 陆象淦,王淑英译. 北京:社会科学文献出版社,2010:38-39.

⑤ 以下"后全能主义"国家的特征可参见景维民,张慧君. 转型国家市场社会主义兴衰探源——基于国家能力悖论的视角 [J]. 转型国家经济评论,2009 (1).

1. 国家的制度环境有所缓和与放松

国家的制度环境有所缓和与放松主要体现为国家对经济与社会的控制不再像斯大林时代那样严酷，专政的程度有所缓和，极端残酷与恐怖的强制手段、镇压手段明显减少，一些国家试图通过"缩小最高领导人专断的自行决定的范围，以力求成功地增强安全和减少恐惧"。① 在行政体制方面，一些国家还在短期内采取过减少与合并政府计划机构以及在中央与地方政府间实施一定的行政分权的改革。在意识形态领域，尽管官方意识形态的主导地位依然不可动摇，但也具有了一些弹性，特别是一些与官方意识形态不完全一致的声音也公开或隐蔽地出现在社会中。制度环境的这些边际性调整为其他制度安排的变迁创造了条件。没有这种制度环境的放松，各种市场社会主义的思潮、理论甚至改革实践是不可能出现的。

2. 对国家所有制垄断地位的某种偏离

一方面，一些国家开始在国家所有制内部探索社会主义公有制的多种实现形式（如社会集体所有制、国有资产的承包和租赁、混合所有权的企业等），其中最为经典的就是南斯拉夫首创的社会所有制和工人参与管理企业的自治社会主义模式。这种模式以生产资料的集体所有制为基础，并且将生产资料的支配权、使用权、决策权、资本品收益权等权利下放给企业的职工，以试图克服斯大林体制下国家所有制所造成的种种异化，实现一种真正保障社会民众对生产资料行使权力的社会主义所有制模式。提倡工人自治模式的思想家们认为，"这种体制的特点不仅是工人参加企业的管理，而且是计划与市场相结合以及政府权力的渐趋削弱"。② 另一方面，一些国家还在传统国有制之外，出现了一些非国有制甚至是非公有制的经济成分。这种状况首先出现在农业领域，特别是波兰始终没有完成农业集体化的任务而是保留了大量个体农业经济成分。此外，一些市场社会主义改革比较深入的国家（如匈牙利和波兰），在20世纪80年代还出现了一些小型的个体、私营经济成分（有些是从小型国有企业演变而来的）。尽管如此，中东欧国家整体的所有制结构依然是比较单一的，国家所有制一统天下的地位并未真正改变，其他所有制形式处于一种附属和补充的地位，而且缺乏明确的法律与制度保障。

---

① 胡安·J. 林茨，阿尔弗莱德·斯泰潘. 民主转型与巩固的问题：南欧、南美和后共产主义欧洲 [M]. 孙龙等译. 杭州：浙江人民出版社，2008：49-50.

② 贝尔纳·夏旺斯. 东方的经济改革——从50年代到90年代 [M]. 吴波龙译. 北京：社会科学出版社，1999：75.

第五章　中东欧转型中的国家治理模式重构

3. 经济协调机制与资源配置方式的变化

原有的单一的指令性计划体制发生了松动,指令性计划的数量减少直到被废除,而更多地实行指导性计划(如南斯拉夫、波兰和匈牙利),并且注重利用经济杠杆来实现国家计划,提高经济核算的能力,如勃列日涅夫时代的苏联曾经提出了重新利用利润、奖金等经济激励与核算手段的"利别尔曼方案"。在最为重要的价格体制领域,也在政府决定价格的基础上出现了多元的价格形成体制,如在波兰和匈牙利都曾经出现过多重价格并存的格局(如固定价格、最高限价、剪刀差价、自由价等)。此外,宏观管理体制也在改革后期发生了一些变化,例如,波兰和匈牙利在20世纪80年代尝试建立由中央银行和商业银行组成的二级银行体系,国家也开始采取财政、税收等宏观调控政策间接调控国民经济。当然,在改革期间,大多数社会主义国家的计划调节、官僚行政协调机制仍然处于主导地位,而其他协调机制则处于从属地位。

4. 向世界开放的程度有所扩大

除了在经互会内部加强经济与政治交往之外,社会主义国家还扩大了与西方世界的联系。无论是与西方发达国家的经济交往(如贸易和投资)、双向人员往来(如私人旅游和公务旅行),还是通信和文化交流都要比斯大林时代更为频繁。一些社会主义国家(如波兰和匈牙利)还在20世纪80年代加入了重要的国际经济组织,如世界银行和国际货币基金组织,从而试图进一步融入国际经济体系。尽管这种对外开放(特别是向资本主义世界的开放)是有限的,但是却产生了比较深远的影响。特别是苏联和东欧国家的民众获得了一个对不同体制的运行绩效进行比较的机会,西方世界的制度竞争效应与制度示范效应也进一步冲击着人们对传统计划经济体制的信仰,同时也给中东欧国家的上层执政者施加了改革传统体制的压力。[1]

总的来说,中东欧各社会主义国家在近半个世纪的改革中既没有建立起有效的市场经济,也没有克服计划体制的弊病,最终还放弃了社会主义制度,这既标志着它们的市场社会主义探索最后均以失败告终,同时也标志着市场社会主义改革进入了断裂与分化的阶段。就苏联和东欧国家整体而言,在从社会性质上看,它们已经从社会主义转向了资本主义;从作为经济制度基础的所有制结构上看,开始从单一的公有走向单一的私有制度;从经济运行方式上看,开始从极端的国

---

[1] 亚诺什·科尔奈. 社会主义体制——共产主义政治经济学 [M]. 张安译. 北京:中央编译出版社,2007:398–399.

家化和计划化走向了极端的自由化和市场化;从政治体制、国家治理模式上看,逐步从一党制走向了"准西方"式的分权制度。这些特征都与仍然坚持社会主义道路的中国和越南等国形成了鲜明的对比。

第二节 中东欧转型中的国家治理模式重构

中东欧国家以激进的政治变革来启动转型,而后采取了"华盛顿共识"推崇的新自由主义经济改革战略,以图迅速建立起自由市场经济体制。在转型进程中,中东欧国家采取全面开放的对外战略,试图实现回归欧洲和融入世界经济的目标。中东欧在经历了国家治理模式重构所带来的阵痛后,社会秩序基本稳定,经济发展也逐步得到恢复。

一、政治变革的先导性与竞争性民主体制的确立

中东欧国家以激进的政治变革拉开了制度转型的帷幕。制度环境的剧变为经济和社会制度的变迁打开突破口,经济社会领域的变革又对政治环境产生了重要的反作用。政治与经济的互动关系,成为影响中东欧经济转型与国家治理绩效的重要因素。目前,中东欧国家普遍建立起竞争性民主体制,政治秩序和政府治理相对平稳。

1. 政治变革与经济变革的互动关系

转型经济学在近二十年来的进展之一就是认识到了转型作为一种超大规模的制度变迁过程,对其研究不应仅局限于新古典式的理想范式,而应深刻理解政治经济体系的复杂性和制度构建的重要性。事实上,在政治领域和经济领域之间存在一种复杂的交互关系,政治领域的不确定性和经济领域的不确定性具有某种传递机制,这种机制具有双向循环累积因果的特性,对这种关系的深刻认识能够帮助我们更深入地理解转型中的不确定性。

(1) 政治转型决定了经济转型的起点和边界,具有先导性特征。经济转型是一个综合的政治经济过程,但在某些时候更突出表现为一个政治过程,政治的不确定性很容易通过经济政策等传导至经济领域,进而导致经济发展出现不确定性。从某种意义上来说,政治约束条件在实际转型过程中已经扮演了主要的角

色。通过对转型国家进行国际比较可以很容易理解这一点,在波兰,基于凭证式私有化和共和国基金机构的大规模私有化方案,被国会阻滞了至少三年,当方案进入实施阶段时已经失去推进力,等等。① 虽然主要国家的政治体制基本框架都已经建立起来,但从总体上看,多数国家转型开始后的政治体制改革进程与经济体制改革相比明显滞后。如果长期忽视政治体制的改革很可能会使转型产生严重的瓶颈效应,最终阻碍转型的顺利完成。

(2) 经济转型的成功与否决定了政治转型的可持续性。从公共选择的视角来看,转型后的获益人数往往决定了转型能否获得持续的动力支持。假定民众根据冯诺依曼·摩根斯坦效用函数来决定是否支持改革,这意味着预期效用必须最大,当经济改革带来过多负面影响时这种信心有可能在瞬间丧失殆尽,正如普沃斯基总结的"信心就像是股票:它能够储存也能被花光用尽。有两种办法可能消蚀它:一是错误的预报,二是反复摇摆"。②

2. 中东欧转型国家的政治变革与竞争性民主体制的建立

20世纪80年代末90年代初,中东欧的社会主义国家包括波兰、匈牙利、民主德国、捷克斯洛伐克、保加利亚、罗马尼亚、南斯拉夫和阿尔巴尼亚发生了连锁式的"剧变",执政四十多年之久的共产党政权被颠覆,社会性质发生了根本性的变化,社会主义的计划经济体制被资本主义市场经济体制所取代。东欧剧变的规模之大、变化之快,影响之深远都是世所罕见的,其中罗马尼亚仅用7天就被颠覆,最长的国家也不过用了几个月的时间。导致东欧剧变发生的原因非常复杂,主要原因包括:在经济上,中东欧各国在第二次世界大战结束后脱离了各自国家的基本国情照搬了苏联模式,后来进行的经济改革也没有触动经济体制中的深层次问题。在政治上,行政体制逐渐趋于僵化,官僚主义盛行,党的威信大幅度下降,严重脱离了人民群众,从而给了反对派可乘之机。此外,西方采取的"和平演变"战略在中东欧也取得了成效,西方的意识形态和价值观念逐步渗透到中东欧各国内部,达到了从体制内部分化瓦解社会主义的目的。这些因素使得社会主义国家内部矛盾积累越来越多,最后终于导致了体制的瓦解。步入经济转型的启动和正式推进阶段的中东欧各国在经济转型的各个方面存在着很多的共同点,这些共同点包括:都是以政治体制的剧变来启动经济转型进程;在转型初期

---

① 热若尔·罗兰. 转型与经济学 [M]. 张帆等译. 北京:北京大学出版社,2002:39-40.
② 亚当·普沃斯基. 民主与市场——东欧与拉丁美洲的政治经济改革 [M]. 包雅钧等译. 北京:北京大学出版社,2005:134-135.

大多采纳了比较激进的转型方式对本国的价格、贸易、财政、金融、所有制等经济制度进行了大规模的改造，同时采取了紧缩性的货币财政政策来稳定宏观经济环境；从宏观经济运行绩效来看，这些国家经历经济衰退的时间相对较短；受地缘政治和经济因素的影响，中东欧很多国家在转型初期就把加入欧盟和"回归欧洲"作为本国政治经济转型的目标，因此大多把欧盟的政治经济体制作为本国转型的目标模式；虽然从总体上看，中东欧国家的转型进程具有相似性，但受各自国情、文化等因素的影响，在具体的转型进程中东欧各国也存在很多的差异，因此对其进行分别研究和论述是必要的。

（1）前南斯拉夫成员国的政治变革。在剧变开始后，南斯拉夫发生了严重的分裂。从1991年6月25日开始，在不到4个月的时间里南斯拉夫就从一个统一的国家分裂成了包括斯洛文尼亚、克罗地亚、波黑、马其顿和由塞尔维亚—黑山共同组成的南斯拉夫联盟在内的5个独立国家。2006年5月22日南斯拉夫联盟又通过全民公决再次分裂为塞尔维亚和黑山两个独立国家。与多数中东欧国家相对平稳的转型相比，战乱频仍、矛盾冲突不断是南斯拉夫分裂后大多数国家剧变后的显著特点，素有"巴尔干火药桶"之称的南斯拉夫地区似乎从未有过平静。克罗地亚直到1995年才收复了境内的塞尔维亚族占领区，与东斯拉沃尼亚塞尔维亚族代表签订了和平回归的协议；而波黑也直到1995年底才根据波斯尼亚族、克罗地亚族和塞尔维亚族三方签订的《代顿协议》实现了和平统一，形成了"一个国家、两个实体、三个立宪民族"的独特政治局面，这种和平是在国际维和部队等的参与和压制下得到的，问题远未根本解决，其私有化进程更是在1997年以后才开始展开；南斯拉夫联盟刚成立就因波黑战争受到国际社会制裁，经济困难，1994年后虽然随着稳定经济政策的出台和封锁的解除，经济有了一定恢复，但1999年爆发的科索沃战争打断了这一进程，2006年更是分裂为两个独立的国家；可见，当时对这些国家来说，与面临的严峻政治问题相比，向市场经济转型成了相对次要的问题。

（2）波兰的政治变革。波兰是东欧剧变的"急先锋"，其他东欧国家的剧变虽说有必然性，但波兰政局变动的对它们的影响和冲击却是直接诱因之一。1989年波兰"圆桌会议"确定了实行工会多元化、总统制和两院制，实行议会民主制的方案，最终仅用7个月时间就初步建立了竞争性民主体制。波兰政治变革的先导性还集中体现在对"休克疗法"的处理上。波兰的私有化计划在执行初期遇到了阻碍，其原因正是来自政治领域，正如一些学者所指出的"具有讽刺意味的是，在第一届波兰非共产党政府执政期间，国营企业私有化进程不是加快了，而是放慢了，关键的一点是，新出现的（工会）政治家在政治上以及道德上都不能接受'自发'私有化和经理拥有企业处置权，这种现象必须停止"。[1] 由于这种思想占有统治地位，波兰不得不采取了"先小后大"、"先个案后大众"的方法，采取的私有化方式与捷克斯洛伐克、匈牙利等国相比也更加"渐进"。

（3）捷克和斯洛伐克的政治变革。1989年底，捷克斯洛伐克"公民论坛"领导人、剧作家哈维尔取代胡萨克当选为总统，共产党的执政地位被取代，捷克斯洛伐克的社会性质发生了根本的变化。政治领域的动荡和分裂对其经济转型的路径产生了深刻影响。捷克斯洛伐克主要由捷克族和斯洛伐克族两个民族构成，两族的民族矛盾由来已久，斯洛伐克族曾长期成为经济发达的捷克族的剥削对象。在社会主义时期斯洛伐克的经济得到了一定的发展，两个民族间的矛盾被暂时掩盖了。发生剧变后，一直潜伏的民族矛盾再次开始激化，斯洛伐克要求独立的倾向愈加明显。在捷克斯洛伐克，对于私有化和结构重组的政治约束条件在地域上更加集中。它们在斯洛伐克比捷克共和国更加重要，而这一差别对国家的分裂起了重要的作用。

（4）匈牙利的政治变革。匈牙利是中东欧较早进行彻底的政治经济变革的国家，与波兰同样，在20世纪80年代中后期开始出现要求建立"多党制"、制定新宪法的呼声。在这一背景下，匈牙利社工党在1989年2月召开的中央全会正式宣布"在匈牙利特定的情况下，政治体制多元化可以在多党制范围内实现"。同年6月由社工党、反对派和社会组织举行"圆桌会议"，讨论向"多党制"、"民主政治"过渡等问题，经过3个月的谈判各方达成了一致，提出一系列法律草案，称匈牙利为独立的、民主的法治国家，资产阶级民主和民主社会主义的价值观均可实现等。1990年3月和4月，匈牙利举行两轮大选，匈牙利民主论坛获胜，社工党得票过低未能进入国会，社会党也仅获得8.5%的席位，丧失了执政党地位，匈牙利"竞争性民主体制"初步建立。

总体上看，中东欧转型国家在转型初期都对原有宪法进行了修改，删除了"社会主义"等概念，加入了政治多元化或多党制等内容。此后宪法被不断地补充，多数国家都先后推出了新的宪法，这些宪法的共同点是都强调了三权分立的原则，实行政治多元化，坚持民主原则和自由选举原则，保证公民的基本人权，并且一般都规定地方行政单位享有自治权。同时还都规定经济模式为市场经济，

---

[1] 金雁，秦晖. 十年沧桑——东欧诸国的经济社会转型与思想变迁 [M]. 上海：上海三联书店，2004：59.

确认了多种所有制并存，支持公平竞争。可见，中东欧各转型国家在政治上最终改变了原来的社会主义性质，开始实行西方式的竞争性民主体制。

二、经济变革的激进性与自由市场经济体制的形成

中东欧国家在转型进程中采取了较为激进的经济改革策略，建立起自由市场经济体制。总体而言，中东欧国家市场经济体制的制度质量较高，经济秩序较为平稳。

1. 南斯拉夫成员国的经济变革

在南斯拉夫分裂后的各国里，只有马其顿共和国和斯洛文尼亚保持了相对稳定的政治局势，其经济转型在较长一段时间里没有被政治领域的震荡所拖延。因此我们在这里主要介绍这两个国家自由市场经济体制的形成过程。

（1）马其顿的经济变革。马其顿共和国于 1991 年 11 月宣布独立，与其他"兄弟"国家相比，没有发生内战和与他国的冲突，政治环境相对比较稳定。但马其顿在转型初期仍然面临着很不利的条件，经济上，由于联合国对南斯拉夫联盟的制裁使得马其顿失去了主要的出口市场和商品中转渠道，同时萨洛尼卡这个重要港口也被希腊封锁，致使马其顿出现了持续 5 年的经济负增长；政治上，虽然采取措施缓和了民族矛盾，但在危机的条件下仍然有爆发危机的可能。在这种条件下，马其顿采取了多种积极措施应对挑战。

1) 产权改革。马其顿的私有化进程实际上在 1989 年就已经开始，当时的法律依据是《社会资本法》，私有化要达到的目标是"提高生产资料利用率；提高国内改革的可靠度及保持国际机构对这些改革的支持；吸引外国资本投资；为社会经济更稳定发展做准备；建立一个资本市场。此外，私有化过程还应达到其他一些政治、经济的目标"。①在 1993 年马其顿又颁布《社会资本企业转型法》代替了原来的《社会资本法》，在这个私有化法里把 1217 个企业列入了私有化名单，大中小企业数量的比例大致为 1:3:8，这些企业的产值占马其顿全部资产的 50%以上。私有化企业的范围基本上涵盖了除提供公共品和自然资源等的垄断性企业和金融机构外的大部分企业。私有化法对大中小企业的私有化分别规定了不同的办法，但实际操作中大部分企业都采取了一种内部购买的方式。马其顿始终没有实行"大众"私有化的方法，但以法律的形式保证了私有化过程的公开性和公正

---

① 苏克列瓦. 马其顿共和国的私有化 [J]. 今日东欧中亚，1998 (3).

性，到 1995 年 7 月已经有 500 多家企业提交了私有化申请，195 家企业完成了私有化。随着 1995 年底《赔偿与私有化法》的颁布，马其顿私有化的速度加快了，截至 1997 年 6 月完成私有化的企业达到了 1000 多家。

2）金融领域的改革。由于转型初期的应对措施不当和金融制度构建的不完全，马其顿出现的通货膨胀没有得到有效的控制，在国际货币基金组织的帮助下，马其顿制定了"稳定纲领"，采取了财政政策和货币政策"双紧"的方法，大力控制工资的增长，取得了明显的成效，使年通货膨胀率从 1992 年的 1780%（一说 1620%）降到了 1995 年的 18%，经济也在 1996 年开始恢复了正增长。[1] 与此同时，马其顿开始按照西欧发达国家的模式构建银行体系，措施包括保证中央银行的独立职能、对外资放开部分银行业务和逐步实现货币的可自由兑换性等。

3）其他领域的改革。在对外贸易领域，由于南斯拉夫时期的外贸体制已经比较自由，马其顿的外贸自由化进程也比较迅速，其主要贸易对象从南斯拉夫联盟转移到了德国和意大利等西欧国家；但在产业结构方面，马其顿第一产业和第二产业的比重仍然过大，第三产业很不发达，影响了整体的经济绩效。在社会保障体制的建设方面，马其顿也基本没有进展，失业率一直高居不下，但也存在相当多的隐性就业，地下经济比较发达。

虽然在转型初期保持了政治稳定，但科索沃战争殃及了马其顿，借马其顿和科索沃边界划分问题之机，阿尔巴尼亚族武装分子发动了暴乱，为了防止"巴尔干火药桶"被引爆，2001 年北约派遣部队进驻马其顿帮助其打击阿族武装势力取得了成功。但这次动乱对马其顿地区的政治局势产生了深远影响。

（2）斯洛文尼亚的经济变革。斯洛文尼亚是南斯拉夫经济最发达的共和国，虽然人口只占南斯拉夫人口的 8%，但产出却占南斯拉夫总产出的 20%。[2] 斯洛文尼亚于 1991 年 10 月正式宣布独立，独立前后斯洛文尼亚的经济形势仍然比较严峻，"经互会"的解体和南斯拉夫的分裂使斯洛文尼亚的市场大大缩小，生产也受到了严重影响，截至 1992 年 GDP 已经连续下降 6 年，1991 年通货膨胀达到了 247.1%。其经济变革体现在以下几个方面：

1）产权领域的改革。在私有化方案方面斯洛文尼亚内部存在一些争论，存在着门钦格尔"逐步的分散的私有化"和萨克斯"休克式私有化"两种对立的方案。最后斯洛文尼亚采取了把两种方案折衷的办法，分别于 1992 年 11 月和

---

[1] 部分经济数据转引自李丹琳. 马其顿共和国的经济 [J]. 东欧中亚市场研究，1997 (10).
[2] 龚猎夫. 斯洛文尼亚——中东欧经济转型最成功的国家 [J]. 国际问题研究，1996 (2).

1993年2月通过了《企业所有制转换法》和《企业所有制转变法执行令》，规定对除金融机构等特殊部门外的其他所有企业进行私有化，以明确其所有者。私有化采取了"卖分结合"的特殊办法，具体操作方法是40%的资产归基金会，40%的资产由职工内部购买或公开出售，20%对内部职工无偿分配，基金会中的国家发展基金和无偿分配给职工的共40%的资产通过发放私有化证券的方法进行分配。截至1995年12月，应私有化的1549个企业里已经有1/3完成了私有化，其余大部分都向国家重建和私有化局提交了申请，①逐步进行私有化。这些已经私有化的中小企业大多采取了内部购买的方法，通过这种方法，原企业的职工能够获得企业的控股权。《企业所有制转换法》规定的私有化进程在1996年9月发放给公民的私有化证券投资期中止后结束，据统计，在私有化的企业中各个基金会占有41%的股份，内部职工占29%，私有化证券购买占15%。这种结构将通过金融证券市场不断优化。而保险、电力和邮电等一些原本在私有化法规定之外的机构也将在1996后年启动私有化，2001年银行业开始加速私有化，向外国资本出售国有银行股份，但总体来说进展比较缓慢。

2）金融领域的改革。斯洛文尼亚独立后首先面临的就是治理严重的通货膨胀问题，1991年建立了中央银行并开始发行本国货币。由于在转型之初就确立了加入欧盟的目标，因此在金融体系的建设上，斯洛文尼亚也尽可能向欧洲标准看齐，中央银行具有独立性，可以独立地制定和执行货币政策，只向议会负责。斯洛文尼亚银行（央行）采取了紧缩的货币政策，使得通货膨胀率迅速降到了1993年的22.9%。在财政方面，财政赤字已经不能通过独立的中央银行弥补，财政政策开始发挥宏观调控的职能，预算约束逐渐"硬化"。税收方面用增值税取代了销售税，政府收入有了一定增长。

3）其他领域的改革。在对外贸易领域，斯洛文尼亚的改革进程较为迅速，这与其在南斯拉夫时期就作为西方贸易的窗口有关。1995年斯洛文尼亚就与欧洲自由贸易联盟签订了协议，年底又加入了世界贸易组织，1996年成为中欧自由贸易组织签约国，同时还与很多国家签订了自由贸易协议，走在了南斯拉夫各国的前列。在社会保障领域，斯洛文尼亚初期基本沿袭过去的体制，进展缓慢。但随着经济的逐渐恢复财政能力大大加强，实行了覆盖所有纳税人的医疗和社会保障制度，提供免费的医疗、教育、保险等。

---

① 汪丽敏. 斯洛文尼亚：政治经济形势稳定 [EB/OL]. http://euroasia.cass.cn/Chinese/index.html.

2. 波兰的经济变革

波兰在转型初期面临严重的经济困难，通货膨胀剧烈，外债达到了 490 亿美元，在这种情况下，1990 年时任财政部长的巴尔采罗维奇推出了"稳定纲领"，准备采取"休克疗法"来进行经济转型。对于波兰究竟是否完全实行了"休克疗法"进行经济转型在学界有一些争论，在此我们倾向于科勒德克的观点，即波兰只是在"自由化"和"稳定化"两个方面采取了"休克"措施，而后就放弃了"休克疗法"，从而实现了经济的平稳恢复和发展。

根据巴尔采罗维奇与国际货币基金组织和世界银行专家一同制订的"休克疗法"方案，波兰开始实行了经济"自由化"政策，包括价格的自由化和贸易自由化两个方面。1990 年 1 月，波兰一次性放开了绝大部分商品的价格，用"激进"的方法完成了价格自由化的目标。同时取消了对外贸易的国家垄断，降低了关税，并且在 1992~1993 年实现了经常项目的可自由兑换。激进的"自由化"方案导致波兰的货币急剧贬值到了原来的 1/4，1990 年的通货膨胀率达到了 585.8%，1991 年仍高达 70.3%。恶性通货膨胀对国民经济的健康发展造成了非常不利的影响，GDP 连续两年出现了 -11.6% 和 -7.0% 的负增长，工业产值更是下降了 25%，有 113 万人因此失业。对"休克疗法"的影响科勒德克评论道："当一个开始转型的国家休克过猛时，是几乎没有什么疗法可言的，波兰在 1989~1992 年的情形就是这样。因此，人们应当引入一个新的表达式，即'休克失效'。"在价格"自由化"的同时并没有实现经济的"稳定化"。

为了实现经济的"稳定化"目标，波兰采取的基本方法就是通过抑制过剩的需求来制止通货膨胀。实行严厉的财政政策和货币政策，大量减少补贴和不必要的投资支出，通过提高利率水平来抑制信用的急剧膨胀，采取税收等措施抑制工资的上涨。然而如上文所述，这些稳定化措施遭遇了严重的挫折。虽然别莱茨基组建的新政府声称这种不利局面只是暂时的，但实际上波兰政府还是逐渐从"激进式"的改革方案转向用一种比较温和的方式推进转型进程。结构改革和制度因素开始受到重视，进行财政和金融等相关配套领域的改革被提上日程。在金融领域，波兰改组了原有的国家银行，建立了两级银行体制，明确了中央银行的职能。对国有银行进行股份制改造，通过债转股等方法解决了呆账坏账问题，同时允许建立私有制银行。波兰还向国外开放了银行市场，形成了"国有控股银行、合作银行和外资控股银行三分天下的局面"。[①] 在税收方面，为了实现加入欧盟的

[①] 苏永乐. 波兰经济转型概观（1989~2000）[J]. 陕西经贸学院学报，2001（6）.

长期目标，逐步按照其要求进行税制改革，颁布了《自然人所得税法》等法规，简化了税收。经过不懈的努力，从 1992 年开始，波兰经济恢复增长，通货膨胀得到了初步的控制，财政状况也有所改善。

从 1989 年 11 月，波兰开始利用承包、租赁、出售等方式对商业系统实施"小私有化"，小私有化进行得比较迅速，1992 年底，私营商业已经占批发总额的 85%，零售总额的 62%，98%的饮食店都变为私营了。① 1990 年 7 月，波兰制定了《国有企业私有化法》和《建立所有制改造部法》两部正式的私有化法案，构成了私有化的法律基础，规定了私有化的方式方法。1990 年初，波兰开始进行"大私有化"，对于大型国有企业采取"资本私有化"的方法进行私有化，具体说，就是首先把国有企业改造为国有独资公司，使国营资产"资本化"，然后建立股份公司，使企业的股票在公开市场上出售实现真正私有化。通过这种方法，到 1996 年底已经有 1171 家国有企业成功改组成股份有限公司。对于中小国有企业，波兰采取了更加直接的方法进行私有化，即先对企业资产进行清偿核算，然后直接进行拍卖或租赁，本企业职工可以成立职工公司长期租赁企业资产。1996 年底有 2711 家国有企业通过这种方法实现了私有化，其中采用租赁方法的企业大多数由原企业获取，而采用清偿方法的企业则多由外部人购买。此外当时还存在债转股、破产等次要的私有化方法。波兰的私有化进程总体来说进行得较慢，为了加快私有化进程，经过反复的协调博弈，波兰议会克服沉重的政治压力于 1993 年又颁布了《国民投资基金及其私有化法》。这部法案于 1995 年 11 月开始实施，波兰的私有化由此进入了"大众私有化"阶段。波兰全国建立了 15 家国民投资基金，把总产值占国民生产总值 10%之多的 512 家企业 60%的资产（价值超过 20 亿美元）分给国民投资基金，15%无偿分配给本企业职工，25%上缴国库。符合条件的公民只需支付象征性的 20 兹罗提就可获得一张股权证，可用于兑换国民投资基金的股份或上市交易。波兰的大众私有化方案一方面包含了国有企业改造的考虑，另一方面又兼顾了资本市场的发育，同时又保证了建立社会保障机制所需资金（通过 25%上缴国库部分），而且通过这种方法实现了产权转换过程中财产分配的公平性，与俄罗斯或中东欧其他国家相比具有鲜明的特点。1997 年底，波兰的大众私有化进程基本结束，国民经济中各种经济成分的比例已经发生了逆转。如表 5-2 所示，1989 年波兰 GDP 中私有制经济的比重仅

---

① 许新. 转型经济的产权改革——俄罗斯东欧中亚国家的私有化 [M]. 北京：社会科学文献出版社，2003：46-47.

23.1%，而1998年达到了69.4%，已经成为国民经济的主体，私有经济的职工数也达到了就业总人数的70.7%。私有制经济在工业、建筑业、进出口、零售贸易等各个领域都居于主导地位。

表5-2 波兰经济中私有成分比重的增长

年份 指标	1989	1995	1998
就业人数	47.2%	62.6%	70.7%
国内总产值	23.1%	58.0%	69.4%
工业	16.2%	44.0%	69.1%
建筑业	25.5%	87.2%	93.7%
零售贸易	27.4%	92.3%	95.0%
出口	4.8%	56.8%	78.8%
进口	14.4%	69.7%	86.5%

资料来源：程伟，冯舜华.波兰"混合型"私有化与企业重建[J].俄罗斯东欧中亚研究，2003（3）.

经过十多年的转型，经历了转型初期的阵痛后，波兰的经济平稳地恢复了增长，各种与市场经济相关的制度建设也在不断地完善。尤其是1993年左翼联盟组成的政府上台后，提出著名的"波兰战略"，说明波兰已经逐步找到了一条比较适合本国国情的发展道路。随着市场化的深入，工会的作用逐渐减弱，股权逐渐集中至管理层，企业的微观经济绩效有了明显的改善。综合这些因素，虽然与其他国家相比波兰仅执行了部分的"休克疗法"，但却成为目前为止中东欧经济转型国家中相对比较成功的国家之一。

3. 捷克和斯洛伐克的经济变革

1991年捷克斯洛伐克实行了"激进"式的经济改革，也就是实行价格自由化并且开始进行私有化改革，改革初期经济受到强烈的冲击。激进改革造成的负面影响在经济比较落后的斯洛伐克表现得更加突出，从表5-3给出的两组对比经济数据可以看出，在工业生产、职工实际收入和失业率上斯洛伐克落后于捷克的表现。这种差别也进一步促使捷克斯洛伐克联邦走向分裂，1993年1月，斯洛伐克以和平的方式实现了独立。在这一部分，由于捷克在产权改革方面具有鲜明

表5-3 激进改革对捷克与斯洛伐克的不同影响（1991年）

	工业生产（%）	职工实际收入（%）	失业率（%）
捷克	-20	-18.4	4.6
斯洛伐克	-26	-22	11.7

资料来源：王义祥.中东欧经济转型[M].上海：华东师范大学出版社，2003：224.

的特点，我们将重点介绍捷克的经济转型过程，而只对斯洛伐克的经济转型进程做一个简单的描述。

（1）斯洛伐克的经济变革。1991年斯洛伐克就进行了主要以拍卖形式进行的"小私有化"，到1993年底大部分商业零售业已经完成私有化。斯洛伐克的"大私有化"采取了有偿和无偿两种私有化方式，但由于购买力有限，最后主要采取的是投资券私有化这种无偿的方式，每个公民花费1035克朗获得1000个投资点用以购买股票或委托投资公司，这些投资点可以购买30股股份，这些股份实际价值达数万克朗。结果大多数投资券最后集中在了投资基金。在独立后，斯洛伐克开始继续推行私有化，在初期还沿用投资券私有化的方式，但是1995年梅恰尔重新上台后开始放弃投资券这种方式，1995年修改的私有化法进一步明确规定采用"债券私有化"的方法进行私有化，私有化的政策发生根本变化，从"无偿私有化"转向了有偿的内部购买方式。这种债券与投资券不同，它具有明确的面值，能够起到一种"准货币"的作用，偿付期到2000年。到1998年，斯洛伐克私有经济的产值已经占到了总产值的82%。① 1999年，斯洛伐克新政府颁布了新的私有化法规，进一步扩大了私有化范围，把电信、金融等行业也囊括进来。2006年7月，即将成为斯洛伐克新总理的菲乔宣布就任后将停止私有化进程，斯洛伐克私有化的前途未卜，但私有化的主要任务已经完成。在进行私有化的同时，斯洛伐克其他方面的改革也取得了一定的进步，金融体系、价格体系、外贸体制都逐步得到完善，经济开始稳定增长。

（2）捷克的经济变革。捷克于1990年开始正式向市场经济的转型进程，与中东欧大多数国家一样，在转型之初采取"休克疗法"以实现在最短的时间内完成市场化转向的目标。捷克在"自由化"方面的举措之一是于1991年1月1日开始实施全面的价格改革，放开了85%以上商品的价格，实行市场定价。随后市场价格开始出现大幅上涨，通货膨胀的压力迅速增强，但克劳斯力主实施的财政与货币"双紧缩"的政策取得了成效，除1991年价格自由化后通货膨胀率较高达到了57.9%外，其余年份通货膨胀率均控制在了10%左右，在"稳定化"措施的协同下，价格改革顺利完成。自由化的另一个举措是取消了政府的外贸垄断，企业可以自由兑换外汇，逐步实现浮动汇率，通过本币贬值使汇率能够反映外汇市场的供求关系，实现了对外贸易的自由化。

捷克是中东欧比较独特的国家，在第二次世界大战前属于发达国家，但"布

---

① 王莉.斯洛伐克转型十年情况［J］.国际资料信息，1999（11）.

拉格之春"后，捷克彻底实行了"一大二公"的经济体制，成为中东欧公有制经济的比例最高的国家，1989年，公有制经济仍然占总产值的96%，在私有成分经济中的工作人员只占劳动力1.2%。开始转型后，财政部长克劳斯认为要建立市场经济、改变经济主体的运行模式就必须进行彻底的私有化改造。1990年5月，捷克建立了私有化部，允许私人创办企业，10月开始尝试"退赔私有化"，并通过了《小私有化法》。"小私有化"主要采取公开竞争拍卖的方式进行，从1991年初开始，1993年即告结束，共有2.5万家企业实现了私有化。1991年2月捷克又通过了《大私有化法》，规定采取股份公司、公开拍卖、公开招标、出售给私人和投资券的方式进行私有化。采取的主要方式是投资券私有化这种被称为"大众私有化"或"证券私有化"的办法，"证券私有化"于1992年初启动，投资券的获取和使用方式与前面介绍的斯洛伐克相同，不同的是捷克的投资券私有化并没有被债券私有化取代，而是连续进行了两轮。第一轮"大私有化"到1993年6月结束，共投入了1492家企业供公民用投资券进行"购买"。在投入私有化的7650亿固定资产中，大约40%用于投资券私有化，2.778亿股份被出售。① 1992年开始，担任捷克总理的克劳斯把这种私有化方式的原则归结为："在起点平等的原则下产生最初的所有者，在（竞争）规则平等的原则下产生最终的所有者。"② 1993年11月，捷克又开始进行第二轮"证券私有化"，这次的规模比第一轮要小，但由于民众逐渐熟悉"游戏规则"提高了参与热情，第二轮证券私有化从发放投资券到交易完毕仅用了11个月的时间就已经顺利完成。1996年，捷克政府宣布私有化工作正式完成，私有化部被撤销，仅保留了少数"战略性"企业和1400家国有资产基金会控股的企业，这些企业将采取直接出售的方式私有化。捷克进入了资本结构优化阶段，投资基金掌控的股权将一步一步地通过金融市场逐渐转移到真正关心企业成长的战略投资者手中。截至1997年底，捷克私有经济比重已经超过了80%，所有制结构已经发生了彻底的变化。

与同样实行了证券私有化的俄罗斯相比，捷克无疑是比较成功的，原因在于其计划设计的及时和缜密。投资基金的设立就是一个例证，它的设立解决了起点平等的私有化所导致的股权分散问题，针对早期出现的问题（如"哈佛基金"），1992年又及时颁布了《投资公司和投资基金法》，促进了投资公司的健康发展，

---

① 翼翔.捷克经济的顺利转型[J].俄罗斯研究，1994（5）.
② 金雁，秦晖.十年沧桑——东欧诸国的经济社会转型与思想变迁[M].上海：上海三联书店，2004，106.

防止了投机行为,使普通民众最终得到了改革的实惠。虽然在经济转型过程中涌现出很多问题,如转型之初的紧缩政策使生产和消费受到了严重影响、企业的经营机制并未根本转变、金融系统制度不健全、内部交易问题、软预算约束现象等,这些问题影响了捷克经济的正常发展,克劳斯本人也因为政治捐款问题于1997年下台。但总的来说捷克达到了改革最初设定的目标,成为中东欧经济转型相对比较成功的国家之一。

4. 匈牙利的经济变革

匈牙利从1990年开始进入了经济转型的启动阶段,在转型初期,匈牙利就把建立以私有制为基础的市场经济作为经济政策的核心目标,于1993年3月成立了国家财产局作为私有化的负责机构。① 1990年9月,匈牙利通过了《国营零售、饮食和消费服务企业财产私有化法》《小私有化法》,开始通过公开拍卖的形式进行"小私有化",通过这种办法仅1991年就出售了4066个小企业,总价值50.9亿福林,截至1994年总共有10026个小企业被出售,总价值达182.7亿福林,②"小私有化"的任务基本完成。在"小私有化"的同时,国有资产局制订了"大私有化"的计划,采取把大企业改组成股份公司或有限责任公司然后出售股份的办法进行私有化。1991年匈牙利又开始执行第二个"大私有化"计划,原有的1800多家国有大中型企业中的近900家都全部或部分卖出了自己的股份,如表5-4所示,1990~1994年5年间匈牙利共获得4126.7亿福林的私有化收入,私有制经济在国民经济中的比重已经超过50%。③ 1995年,匈牙利继续推进"大私有化"进程,通过修改私有化法扩大了私有化范围,政府长期保留的国有资产比例进一步缩小,银行、电信、电力等关系重大的部门也被纳入到私有化范围。通过这一举措,匈牙利的私有化进程出现了非常规的发展,由于新纳入私有化的企业一般都是大型的垄断性国有企业,规模都非常庞大,仅在1995年一年的时间里,就使私有经济的比例上升了10%。同时,私有化收入也急剧增长,如表5-4所示,匈牙利的私有化收入激增到了473.97亿福林,超过了1990~1994年5年私有化收入的总和,这些收入主要都是现金收入,占收入总额的96%。1996

---

① 匈牙利国有资产管理机构在私有化期间几经变化,1992年4月,为实现资产管理与资产销售职能的分离决定把管理任务转移给国家资产管理股份公司。但由于效果不明显,1995年两家机构合并成一家,改名为国家私有化和资产管理股份公司,负责所有的私有化事务。

② 童伟.匈牙利财政制度[M].北京:中国财政经济出版社,1998:131.

③ 许新.转型经济的产权改革——俄罗斯东欧中亚国家的私有化[M].北京:社会科学文献出版社,2003:50.

年以后，匈牙利开始重点对银行系统进行私有化，主要采取公开拍卖的方式进行，到1998年私有化的任务已经基本完成，80%以上的国有资产完全变为私有。①

表5-4 匈牙利私有化收入变化（单位：10亿福林）

年 份	1990	1991	1992	1993	1994	1995
现金	0.67	30.37	66.74	133.19	32.40	451.57
其他收入	—	1.01	11.71	42.14	94.44	22.40
收入合计	0.67	31.38	78.45	175.33	126.84	473.97

资料来源：数据节选自童伟著：《匈牙利财政制度》，北京：中国财政经济出版社，1998年版，第127页。

与中东欧其他国家相比，无论是在私有化方面，还是在自由化、稳定化方面，匈牙利都表现出与众不同的特点。在私有化方面，匈牙利最突出的特点就是坚持"有偿私有化"，任何国有资产都通过出售的方式进行私有化，没有实行捷克、波兰、俄罗斯出现的用私有化证券无偿分配国有资产的私有化方法。匈牙利私有化的第二个特点是对外国资本的"青睐"，匈牙利与外国资本打交道的历史早在经济转型启动之前20年就已经开始了，在开始私有化后匈牙利更是迅速制定了《投资基金法》和《外国人获取不动产法》，大力吸引外资参与到匈牙利私有化进程中来。这一特点部分与匈牙利"有偿私有化"的方式相关，由于匈牙利本国居民的储蓄不足以购买如此庞大的国有资产，在不采取无偿分配的方法的情况下只能靠引入外部资金来吸纳超出国内支付能力的国有资产。此外，匈牙利剧变前的高消费所导致的高额外债也迫使其采取"向外资卖光"的政策。截至2001年底，匈牙利共吸引外资271.61亿美元，人均吸引外资2711美元，位居中东欧各国之首，匈牙利GDP的50%和出口的80%都由外资完成。② 如今，匈牙利的大部分生产部门和银行都已经被外资控制，以至于一些经济学家对民族资本发出哀叹："病态的共产主义只不过是被一种病态的资本主义所取代了而已。之所以这样讲，并不完全是因为国有资产卖得太便宜，因此而蒙受的损失只是一次性的，而是因为由于将大部分的资本都拱手让给了外国人。"而"外国人是绝不会考虑将自己的资产以实际价值的10%出售给这些国民的"。③ 在财政政策方面，匈牙利的做法也具有突出的特色。与波兰、捷克等国的"休克疗法"相反，匈牙利在转

---

① 侯凤菁. 匈牙利私有化评析 [J]. 欧亚社会发展研究，2000.
② 张淑娟. 匈牙利吸引外资的经验教训 [J]. 当代世界，2003（2）.
③ 波兹南斯基. 全球化的负面影响：东欧国家的民族资本被剥夺 [M]. 北京：经济管理出版社，2004：62-63.

型初期不但没有实行紧缩的财政政策，而且财政支出一直处于扩张状态，财政赤字出现了失控的状况，这一方面使通货膨胀率居高不下，另一方面也使得在转型前期匈牙利的经济波动显得比较"温和"。正如一些专家指出的"匈牙利的'保守疗法'虽然使它在滑坡最剧烈的一年跌幅比波、捷小，但由于整个经济滑坡期长，匈牙利的总滑坡幅度反而更大，而且回升乏力"。①随着赤字进一步增加，经济出现了失控的局面，在这种情况下，匈牙利出现了中东欧独有的"休克补课"现象，取得了不错的成果，经济开始恢复增长。

三、回归欧洲的紧迫性与融入世界经济体系

波兰、捷克、斯洛伐克、匈牙利、斯洛文尼亚等中欧国家较早认识到了加强国际政治经济合作的重要意义。为了缓解经互会解体造成的负面影响，这些国家在转型初期就建立了"维谢格拉德集团"，以加强中欧地区的经济贸易联系。在此基础上，中东欧大部分国家都将加入欧盟作为本国政治、经济和外交的重要任务之一，提出了"回归欧洲"的口号，这可以视作是全球性的现代化运动的一部分。

这一口号的背后隐藏着深层次的经济动因，从经济数据分析，在 1973~1992 年，中东欧国家的年平均增长率是 0.8%，而同期西欧国家的年增长率在 1.8%左右，几乎是中东欧国家同期发展速度的 3 倍。也正是在这期间，东西欧之间的差距从 1∶2 扩大到了 1∶4。中东欧同欧洲以外的西方国家相比其差距从 1∶3 扩大到 1∶5 左右。在近代史上，东西欧人均 GDP 从来没有相差过 1/5~1/4。②经济社会发展上的巨大差距使得中东欧各国回归欧洲的希望变得日益迫切。它们希望通过加入欧盟获得经济援助，尽快摆脱转型困境，进而缩小与西欧差距，实现经济现代化。

对中东欧国家而言，加入欧盟远非一件轻而易举的事情，它首先取决于中东欧国家能否顺利实现社会经济转型，以达到欧盟的要求。根据欧盟 1993 年哥本哈根会议的要求，中东欧国家加入欧盟必须至少满足以下三方面的制度建设要求："政治制度稳定，维护民主、法治和人权，尊重及保护少数民族；有效的市

---

① 金雁，秦晖.十年沧桑——东欧诸国的经济社会转型与思想变迁[M].上海：上海三联书店，2004：172.

② 朱晓中."回归欧洲"：历史与现实[J].东欧中亚研究，2001（1）.

场经济体制，以及能够充分应付欧盟内部的竞争压力和市场力量；能够履行成员国的各项义务，包括坚持政治、经济及货币联盟目标。"[1] 为了达到入盟的要求，中东欧国家对自身的政治经济体制结构进行了大刀阔斧的改革。尽管变革是痛苦的，并且带来了巨大的社会成本，但中东欧国家的各派政府（无论左右）还是咬紧牙关，带领各国在社会经济转型的道路上坚定地前进。

表5-5　中东欧国家加入欧盟的进程

时间	1991年底	1993年	1994~1996年	2002年12月	2003年	2004年5月	2007年1月
重要事件	波兰、匈牙利和捷克斯洛伐克三国与欧洲共同体签署了"欧洲协定"	罗马尼亚、保加利亚、捷克和斯洛伐克分别与欧共体签署了"欧洲协定"（1996年斯洛文尼亚也与欧盟签署了"欧洲协定"）	匈牙利、波兰、罗马尼亚、保加利亚、斯洛伐克、捷克和斯洛文尼亚提出加入欧盟的申请	欧盟哥本哈根首脑会议决定正式邀请捷克、匈牙利、波兰、斯洛伐克和斯洛文尼亚加入欧盟，并预计于2007年解决保加利亚和罗马尼亚入盟的问题	2月，克罗地亚正式提出入盟申请，东南欧的阿尔巴尼亚和马其顿等国也表示为加入欧盟而努力；4月，捷克、匈牙利、波兰、斯洛文尼亚和斯洛伐克在希腊首都雅典签署入盟条约	波兰、捷克、匈牙利、斯洛文尼亚、斯洛伐克以及波罗的海三国——爱沙尼亚、拉脱维亚和立陶宛正式加入欧盟	罗马尼亚与保加利亚正式成为欧盟会员国的成员之一

资料来源：2004年前的数据根据高歌：《从莫斯科到布鲁塞尔——东欧政治巨变与国家主权的维护与让渡》（载《欧洲研究》，2004年第2期）一文整理、制表。其余数据来自欧盟网站资料。

伴随着中欧国家政治经济转型的深入推进，加入欧盟的进程也在不断加速（表5-5将中东欧国家加入欧盟的进程进行了总结）。2004年5月1日，波兰、捷克、匈牙利、斯洛文尼亚、斯洛伐克、爱沙尼亚、拉脱维亚和立陶宛正式加入欧盟，罗马尼亚与保加利亚也在2007年1月1日正式成为欧盟会员国的成员之一，从而使中东欧国家长期以来"回归欧洲"的愿望终于得到了实现。加入欧盟表明，中东欧国家的社会经济转型取得了重大进展，已经充分融入世界经济体系，这些国家已经建立起为西方发达国家所承认的市场经济的基本框架，而且其市场化改革的趋向已经基本不可逆转。

根据比较制度分析的观点，各国所特有的经济体制，一方面，受本国的历史传统和制度改革政策的影响发生着连续的演进；另一方面，来自外部环境和外国

---

[1] 国际货币与基金组织（IMF）.世界经济展望：聚焦转型经济[M].北京：中国金融出版社，2001：121.

经济转型深化中的国家治理模式重构

不同体制的影响也将促进或延缓本国经济体制的演化进程。① 中东欧国家加入欧盟的进程显然印证了这种观点。首先，加入欧盟为中东欧国家的政治经济转型树立了一个比较确定的目标模式，同时为执政者的政治经济行为施加了外部约束，从而减少了转型的不确定性因素（我们暂且将这种作用称为"外部约束机制"）；其次，加入欧盟所预示的未来收益又对中东欧转型国家提供了一种激励机制，促使它们对本国的各种制度进行深入的改革；再次，为了能够满足欧盟的要求，搭上加入欧盟的"头班车"，中东欧国家之间也展开了激烈的竞争，这种竞争机制也促进了中东欧国家加快自身的转型进程；最后，来自欧盟的资金、技术和制度方面的支持也有助于缓解中东欧国家转型时期所面临的困难（我们暂且把这种作用称为"辅助机制"）。由此可见，在加入欧盟所产生的外部约束机制、激励机制、竞争机制和辅助机制的综合作用下，中东欧国家在很大程度上避免了陷入转型秩序混乱的"坏均衡"②之中，从而促进了经济转型的顺利进行。③

四、国家治理模式重构与中东欧的转型绩效

剧变发生后，伴随着原有政治、经济体制的崩塌，中东欧的国家治理模式也发生了根本性的变化，中东欧的新自由主义路径最符合"华盛顿共识"的转型战略，而且由于存在一种强大的外部力量（欧盟）的影响，中东欧国家的治理模式变革更具开放性和国际性。经过初期的震荡后，中东欧各国均不约而同地以西方为范本，重构各自的国家治理模式，逐步形成了一种"强民主体制"和自由竞争的市场经济相结合的体制结构。这种新的国家治理模式更加符合市场经济发展的基本规律，因此对中东欧各国的经济恢复和绩效提高起到了重要的制度保障和推动作用。

经济转型是一个极其复杂的过程，虽然转型的最终目标是过渡到成熟的市场经济，但其过程却是不同的。即使就市场经济这一目标来讲，也不能一概而论。西方几百年市场经济的发展已经证明了市场经济本身也具有多样性的特点，如美国的自由市场经济、瑞典的福利市场经济、日本的法人资本市场经济、德国的社

---

① 青木昌彦，奥野正宽. 经济体制的比较制度分析 [M]. 魏加宁等译. 北京：中国经济发展出版社，1999：1-33.
② 热若尔·罗兰. 转型与经济学 [M]. 张帆译. 北京：北京大学出版社，2002：176.
③ 景维民，张慧君. 经济转型的阶段性演化与相对市场化进程研究 [M]. 北京：中国财政经济出版社，2006.

第五章 中东欧转型中的国家治理模式重构

会市场经济等。正如科勒德克所说,"有多少不同种类的中央计划国家,就有多少后社会主义的市场经济。转型的过程十分复杂——因为种类很多——所以必须仔细进行分析和管理,既要考虑其复杂性又要考虑各国的特点"。① "认为转型国家正从不同的过去走向共同的未来是一种错觉,实际上,它们正从不同的过去走向不同的未来。"② 这种差异性从现实经济的角度很大程度上体现在各国转型的绩效上,经过研究可以发现,在所有转型国家里,中东欧国家的转型绩效处于前列,而在中东欧国家内部,波兰、捷克、匈牙利等国又领先于其他各国。对于经济绩效的评价既有一些通用性的指标,同时很多研究机构也专门针对转型国家设计了一些指标来衡量各转型国家在不同领域的进展,如前文提到的欧洲复兴与开发银行的《转型报告》(Transition Report) 所设计的改革进展指数 (IRP),世界银行对转型绩效进行的专题评估,辽宁大学冯舜华教授设计的转型绩效评估指标等。为了全面地把握中东欧各转型国家的实际转型绩效,我们将采取多种评价方法对其进行综合评估。

首先,我们用转型期间中东欧各国的GDP增长率变动指标来考察绩效变动情况。经济增长是所有国家的政府都追求的终极目标之一,无论转型国家各自采取了哪些措施推进市场化进程,最终其结果必然体现在一个时期内的经济增长上,因此判断转型国家经济转型的路径、政策是否取得了预期的效果最直观的方法就是考察其GDP的增长情况。我们在图5-3中绘制了1990~2010年中东欧地区主要转型国家的实际GDP增长率变动情况,同时加入了中国和俄罗斯两国作为这些国家的参考和对照。从图中我们可以清楚地看到,如果单用GDP指标来衡量转型的效果,那中国无疑是最成功的,只有2000年一年其增长速度被俄罗斯超过,20年的平均增长速度接近10%。而中东欧各国的GDP变化特点是,在转型初期经济均出现不同程度的下滑,但在1994年以后大多逐步恢复正的增长速度。1994年以后,中东欧国家内部出现分化,波兰、匈牙利和斯洛文尼亚继续稳定的增长,但捷克、罗马尼亚和保加利亚则出现了不同程度的经济波动,在部分年份重新出现了增长速度下降甚至负增长的情况。在1999年以后,所有转型国家都进入一种稳定增长的状态。与中东欧国家比较,俄罗斯的增长轨迹比较突出,1999年以前经常出现大起大落的情况,一直到1997年才恢复经济的正增

---

① 格泽戈尔兹·W.科勒德克. 从休克到治疗——后社会主义转型的政治经济 [M]. 刘晓勇,应春子等译. 上海:上海远东出版社,2000:425.
② 同①,第422页。

· 223 ·

长，但总的来说，我们从图 5-3 中可以明显地看出其上升轨道，排除由次贷危机导致的全球性金融危机的影响，多数国家最近 10 年经济增长处于高位稳定的状态。经过 20 年的转型，中东欧各国无论是实际的 GDP 还是名义 GDP，抑或是按购买力平价法计算的 GDP 都已经先后超越了转型前的水平。人均 GDP 也反映出相同的趋势，部分国家的人均 GDP 和消费水平与转型前相比已经增加了几倍。

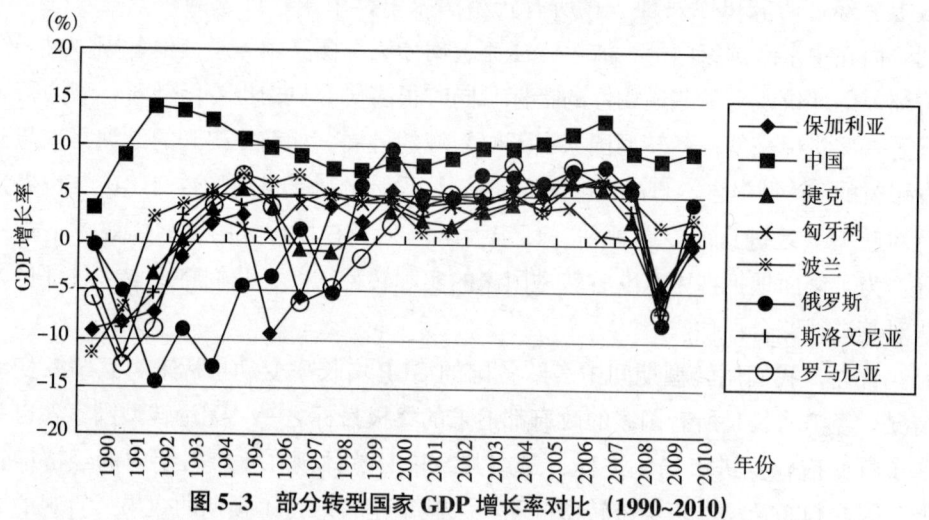

图 5-3　部分转型国家 GDP 增长率对比（1990~2010）

资料来源：EIU 宏观经济数据库（BvD，比利时商业电子数据出版社）。①

GDP 指标虽然是衡量一国经济发展的重要工具，但其本身也存在很多的局限性，例如，GDP 不能反映经济发展对环境的影响，非市场的生产性活动没有计入 GDP，由于 GDP 不反映收入分配状况，所以不能全面反映国民的福利水平等等。②有鉴于此，我们必须综合其他一些指标才能准确地考察中东欧转型国家的经济绩效状况。全要素生产率是目前被经济学家广泛应用的工具，其一般含义是"由于技术进步而提高的效率"，③它能够测度劳动和资本的利用效率，高 TFP 意味着等量投入获得更多的产出。从表 5-6 中可以看出，几乎所有中东欧的转型国家在转型初期 TFP 增长速度都出现了负增长，表明经济增长的绩效下降，资本和劳动因素仍然是经济的主要推动力。但 1993 后，中东欧转型国家的 TFP 已经恢复正增长，说明经历了转型初期的衰退后，各国的经济增长效率有所提高。在这些国家

---

① 2010 年数据为预测值。
② 许宪春. 正确理解和使用 GDP [J]. 中国统计，2003（8）.
③ 新帕尔格雷夫经济学大辞典（第四卷）[M]. 北京：经济科学出版社，1996：713.

里平均 TFP 增长率最高的是波兰，平均年增长率为 2.14%；其次是捷克，为 1.36%；再次是匈牙利，为 1.3%。中俄两国是对比参照组，其中俄罗斯的 TFP 增长率处于中等水平，而中国的 TFP 增长率远高于俄罗斯东欧各国。① 总的来看，转型初期各转型国家 TFP 增长率差异较大，之后呈现出逐渐缩小的趋势，TFP 对经济增长的贡献率越来越大，经济发展的绩效逐步提高。

表 5-6 部分转型国家的 TFP 增长率（1990~2010）

年份	保加利亚(%)	中国(%)	捷克(%)	匈牙利(%)	波兰(%)	俄罗斯(%)	斯洛文尼亚(%)	罗马尼亚(%)
1990	—	-9.8	—	-3.0	—	—	—	-6.0
1991	—	5.5	—	-7.9	—	8.3	—	-12.4
1992	3.0	9.8	—	6.2	—	-8.4	—	-6.9
1993	6.6	8.1	—	3.2	—	-7.3	—	3.7
1994	7.5	7.2	0.6	3.6	5.4	-10.9	—	3.4
1995	6.0	5.4	1.8	2.4	5.1	-3.1	—	9.5
1996	-6.7	4.4	1.0	1.1	3.5	-4.9	2.3	3.7
1997	-4.8	4.1	-2.6	3.7	3.6	0.1	1.7	-4.6
1998	-2.7	2.8	-1.9	3.3	1.4	-5.7	0.3	-4.0
1999	5.4	3.0	0.8	1.2	4.4	5.3	0.8	1.2
2000	11.5	3.9	2.1	2.9	2.5	9.5	0.6	-0.2
2001	3.0	3.6	0.8	2.7	0.9	4.3	-0.7	5.0
2002	-3.2	4.5	-0.6	2.9	2.5	4.9	1.3	4.0
2003	3.8	5.0	2.9	2.0	3.2	5.9	1.0	3.9
2004	-0.5	5.2	2.8	3.7	2.1	6.6	1.6	6.2
2005	1.6	5.6	3.9	1.6	1.9	6.0	-0.2	2.0
2006	3.0	6.7	4.5	2.7	2.8	5.8	2.5	4.8
2007	1.4	8.4	2.9	1.4	2.1	5.2	3.0	2.0
2008	-2.2	5.1	1.6	0.8	0.4	3.8	0.7	2.8
2009	-3.7	4.2	0.1	-5.1	-0.5	-4.4	-6.7	-5.0
2010	-0.1	5.2	2.4	-0.9	1.4	3.8	1.0	2.4

资料来源：EIU 宏观经济数据库（BvD，比利时商业电子数据出版社）。

以上两种指标具有一般性，此外学术界也发展出了一些专门针对转型国家的测度方法，如辽宁大学冯舜华（2001）等对转型绩效的研究。南开大学景维民（2008）对转型经济相对市场化进程的测度研究是这一领域的新进展，由于数据

---

① 中国的初始 TFP 增长率极低，拉低了整体平均值，但增长平稳迅速，因此从平均意义上来看迅速拉开了与东欧国家之间的差距；由于部分年份 TFP 数据无法获取，一些国家的平均值计算样本要少一些。

限制其研究结果的时间跨度未延伸到近期，但对考察中东欧各国的转型绩效变化情况仍具有重要参考价值。中东欧各国都经历了经济转型的漫长准备阶段，又几乎在同一时期开始了经济转型的启动和正式推进阶段。景维民（2008）对转型经济阶段性做了一个理论性的划分，根据划分标准可以判断中东欧各国目前还处于经济转型的完善与深化阶段，远没有达到理想的"完善的市场经济确立之点"。中东欧各国都拥有不同的背景和改革经历，在转型后采取的转型政策、方针也是千差万别，这些都使得它们在市场化过程中有着不同的表现。其课题组所设计的转型国家相对市场化指数可以用来考察中东欧各转型国家市场化水平的总体差异，同时对这些转型国家在不同领域的相对进展情况我们也将予以关注。

从产业结构调整的市场化程度上看，1995年中东欧各个转型国家的总指标得分基本还处于我们选取的19个国家里的上游，2000年的位次变化仅略有下降。但从下级指标三次产业的变动情况来看，1995年波兰、捷克、匈牙利和斯洛伐克四国的名次分列第4位、第9位、第7位、第8位。但2000年这种情况发生了逆转，罗马尼亚和保加利亚的得分也大幅下降，其中"维谢格拉德"集团中下降最快的国家是波兰，下降到了第17位，得分从7.6下降到了3.6，仅领先于罗马尼亚和吉尔吉斯斯坦两国。这并不是说这几个中东欧国家产业结构绝对恶化，而是说明相对于其他转型国家而言在产业结构优化方面投入的力度还远远不够。总体上看，中东欧各国在其他两个下级指标"劳动力分布"和"产业贡献率"上的得分有所改善。

在所有制结构的调整方面，通过中东欧主要国家的得分能够明显区分出不同的层次。罗马尼亚和保加利亚的得分明显落后于其他中东欧国家，1995年的位次分别排在第15位和第10位，但2000年都出现了小幅上升，属于转型国家里面所有制结构改革里处于第二梯队的国家。波兰、捷克、匈牙利、斯洛文尼亚的排名仍然保持在我们选取的19个国家的前列，是当仁不让的第一梯队，但排序2000年后部分国家出现不同程度的下降，这与这些国家的产权改革已经达到或接近尾声或因政局变动放缓了脚步有关。

在政府职能的转变方面，1995年"维谢格拉德"集团国家在政府职能的转变指标排序仍位居各个转型国家的前列，而罗马尼亚和保加利亚仍处于中下游的位置。但2000年斯洛文尼亚的名次出现了大幅下滑，从第7名下降到了第16名，反映出政府职能的转变方面出现了一定的困难。从"政府支出"指数这个下级指标来看，斯洛文尼亚1995年和2000年分别排名倒数第三和第二，说明其政府在控制支出方面的不成功，这与斯洛文尼奉行福利国家政策有关，其他多数中东欧国家在这个指标上的得分都有所进步。从另一个下级指标"政府管理效率及转移支付能力"的得分上看,"维谢格拉德"集团国家仍然处于领先地位,并且2000年位次变化不大。而罗马尼亚和保加利亚仍然比较落后,处于所有转型国家的中下游水平,说明政府在管理效率和能力方面有待提高。

在市场竞争、开放与经济市场化方面,1995年和2000年波兰、捷克、匈牙利和斯洛文尼亚的指标得分仍然处于我们选取的19个转型国家的前列,而罗马尼亚和保加利亚的得分处于中游水平,并且2000年排名略有上升。从"产品及要素市场的变动"指标来看,1995年除罗马尼亚位居第4名外,其余中东欧国家基本都处于中等水平,但2000年都有所上升,捷克和斯洛伐克两国上升最快,并列第2名,整体水平高于独联体地区。中东欧国家的货币金融市场发育也相对较高,排名都在前十位并且比较稳定。在对外开放指标上中东欧各国呈现出两极分化的现象,斯洛文尼亚稳居第一位,而其他中东欧国家在1995年开放指数都较低,但2000年的指标都有大幅增长,从一定程度上说明市场化转型进一步深入了。

在经济与社会发展状况方面,1995年中东欧各国的指标得分都居于所有转型国家的上游水平,但2000年除匈牙利和保加利亚外其他中东欧国家的市场化指标都出现大幅度下降,表明这些国家经济与社会发展速度相对于独联体地区和东亚地区的转型国家逐渐放缓。下级指标"经济总体运行状况"和"社会保障和福利"两个指标反映的状况与趋势与总指标反映的基本相同,表明在5年的时间里独联体的经济运行状况和社会保障等的建设明显加快,但指标数据也说明匈牙利和斯洛文尼亚的社会保障福利水平仍然位居转型国家的前列。

从综合相对市场化指标来看,1995年中东欧各国的指标得分都居于所有转型国家的上游水平,说明中东欧国家总体相对于其他地区转型国家来说市场化进程的起步和推进都比较迅速。但2000年发生了分化,虽然"维谢格拉德"集团国家在相对市场化方面仍然保持领先地位,但罗马尼亚和保加利亚发生退步,说明这两个国家尤其是罗马尼亚(下降了9位)的市场化进程变慢了,已经被独联体一些国家超越。图5-4中展示的是中东欧和独联体地区转型国家相对市场化进程,横坐标的数值代表的是这些国家在各自地区类别中的相对排列顺序,图中每个样本点代表一个国家。从图中我们可以清楚地看出,中东欧地区转型国家的得分无论在1995年还是2000年都普遍高于独联体国家,但2000年它们之间的距离被拉近了,优势已经不如1995年明显。而独联体地区各转型国家各自的变动趋势不一致,升降不一但大多数国家2000年比1995年有所进步。综上所述,我们可以做出这样的判断，即中东欧转型国家的市场化水平总体高于独联体地区的转型国家，已经初步建立起比较完备的市场体系，逐步进入经济转型的深化与完善阶段，而独联体国家经过努力与中东欧转型国家的差距正在逐步缩小。①

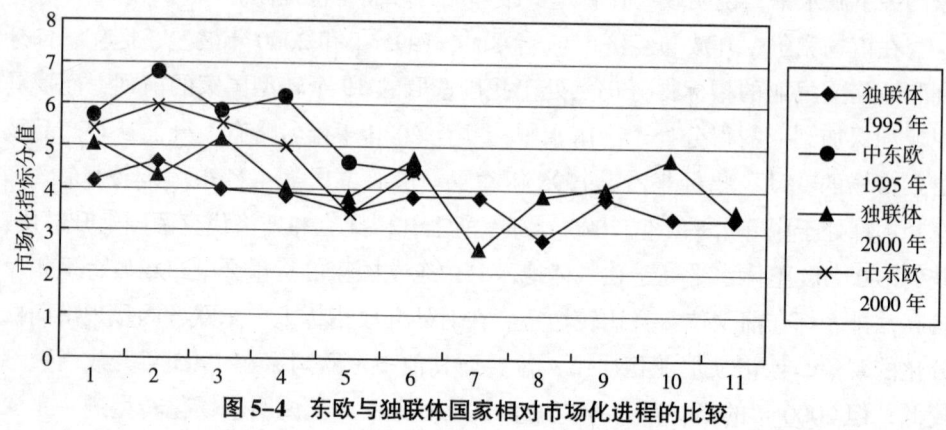

图5-4 东欧与独联体国家相对市场化进程的比较

可见，无论是用GDP、TFP指标衡量，还是用专门设计的转型绩效指标衡量，中东欧国家的总体绩效水平要高于独联体地区的国家，但从绝对分值上看，它们与成熟的市场经济体制还都存在不同程度的差距，从这个意义上看，中东欧各国经济、社会的转型还远远没有完成。虽然中东欧各国在经济转型的过程中都遇到了不同程度的困难和问题，但经过十几年的不断努力，在政治、经济、社会各个领域都取得了实质性的进展。市场体系已经基本建立起来了，经济的运行方式已经发生了根本性的变化，大多数国家的经济发展水平已经超过了转型前。中东欧经济转型取得的进展也是在一系列有利因素推动下取得的，这些有利因素主要包括以下几个方面：

第一，收入分配差距维持在合理的区间。无论对于发达市场经济国家还是转型国家，收入分配都是一个关系国计民生的重大问题。从社会稳定的角度看，收入上的差别能够造成巨大的心理落差，迫使一些人铤而走险，这种情况在拉丁美洲表现最突出，俄罗斯的黑社会、光头党的大行其道也可以从收入两极分化上找到根源。在分配极其不公平的情况下，甚至有可能发生大规模的暴乱和革命。收入分配问题自古就是关系国计民生的大事，中国古代封建文化的代表人物孔子就曾经在《论语·季氏》中提到"丘也闻由国有家者，不患寡而患不均，不患贫而患

---

① 景维民等. 经济转型的阶段性演进与评估 [M]. 北京：经济科学出版社，2008.

不安。该均无寡，安无倾。夫如是，故远人不服，则修文德以来之；既来之，则安之"。分配问题解决不好的确会对国计民生产生极其重大的影响，人类历史上无数的战争和朝代更替都与过于严重的收入分配差距问题联系在一起。从经济的角度看，两极分化使得大部分居民购买力低下，不利于市场的形成和发展壮大，进而不利于经济的发展。只有形成了具有一定消费能力和发言权的所谓中产阶级，也就是收入相对比较公平，不再集中在极少数人手里，一国的经济、社会状态才会趋于稳定。中东欧国家在收入分配的公平性方面明显做得比独联体国家要好。从表5-7我们可以看到，中东欧大部分国家虽然在转型初期基尼系数有所上升，但变化比率除保加利亚外都在50%以内。尽管在2005年后有所上升，但从绝对数之上看都远低于国际公认的警戒线0.4的水平，处于比较合理的区间之内，远低于独联体地区的平均水平。合理的收入分配对维持中东欧国家的社会稳定和保障经济长期稳定增长是非常有利的。

表5-7 中东欧部分转型国家的基尼系数变化

年份 国家	人均收入的基尼系数					
	1978~1990	1993~1994	1996~1998	变化比率^a（%）	2005	2007
保加利亚	0.23	0.38	0.41	78	—	—
克罗地亚	0.36	—	0.35	-3	0.29	—
捷克共和国	0.19	0.23	0.25	32	—	—
爱沙尼亚	0.24	0.35	0.37	44	—	—
匈牙利	0.21	0.23	0.25	19	—	—
波兰	0.28	0.28	0.33	18	0.35	—
罗马尼亚	0.23	0.29	0.30	30	0.315	0.321
斯洛文尼亚	0.22	0.25	0.30	36	—	—

资料来源：World Bank. Transition—The First Ten Years: Analysis and Lessons for Eastern Europe and the Former Soviet Union., Washington D.C., 2002, p.9; a: 变化比率是1996~1998年的基尼系数减去1978~1990年的系数最后除以1978~1990年的系数；2005~2007年数据来自世界银行数据库，多数年份数据缺失。

第二，加入欧盟与相对平稳的国际环境。中东欧国家由于历史、文化上的原因对西方文明的接受比较容易，而经济转型初期又迫切需要树立一个范本，于是提出"回归欧洲"的口号并且在制度建设上模仿欧洲成了几乎所有中东欧国家的未竟商定的"共识"。虽然转型后这一地区仍然存在着许多不稳定的因素，甚至数次爆发过规模不等的战争，但对大多数国家而言，冲突并不是它们日常运作中的主题。融入欧洲社会这种迫切的愿望促使中东欧各国共同营造了一个稳定的国际环境。这些国家很快加入了欧洲委员会，并且积极地向欧盟和北约主动示好，加入欧盟成为一些国家的终极目标。一些国家目前已经实现了这一目标，2004年波兰、捷克、匈牙利、斯洛文尼亚、斯洛伐克正式加入欧盟，中东欧经济转型的成果得到了西方发达市场经济国家的承认，这是一个巨大的进步。欧盟东扩造成的影响是深远的，在经济上有助于商品、要素的自由流动，提高经济效率。在政治上，众多中东欧国家的逐渐加入将使欧盟发生深刻的变化，这种作用是双向的，不仅仅是中东欧各转型国家重新融入欧洲，欧洲也将因纳入新的元素而发生改变。同时，处于一个"联盟"内部对于一些矛盾就有了更好的协商机制，国际环境自然会趋于稳定化，这也将对经济的稳定发展起到进一步的推进作用。

第三，宏观经济形势比较稳定，经济自由化程度较高。在实行价格自由化后，中东欧国家都出现了不同程度的通货膨胀，其中，波兰和前南斯拉夫各国比较严重。如表5-8所示，波兰1990年的通货膨胀率达到了585.8%，1992年马其顿的通货膨胀率更是达到了1620.4%，已经属于恶性通货膨胀。随着经济形势的转好和紧缩的财政货币政策逐渐奏效，直到1994年中东欧各国的通货膨胀率才由多数降低到两位数的水平。此后，由于金融体制的进一步完善、国家宏观调控能力的增强，中东欧各国的通货膨胀率逐年降低。到2005年已经降到了一个非常低的水平，以后基本保持稳定，除罗马尼亚、保加利亚外的其余国家通货膨胀率均控制在理想水平，宏观经济实现了稳定。与此同时，中东欧各国的经济自由化程度也逐渐加强，在2005年传统基金会编制的经济自由化指数上，除罗马尼亚外的中东欧国家排名都比较靠前，在150多个国家里排名在30~60位，①高于独联体地区国家的水平，2010年发布的最新数据显示罗马尼亚进步很快，排名第63位，而波兰有所下滑。这从一定程度上反映了中东欧地区转型国家的市场化进程已经取得了相当大的进展。

表5-8 中东欧转型国家的通货膨胀率（1990~2010）

年份 \ 国家	阿尔巴尼亚(%)	保加利亚(%)	克罗地亚(%)	捷克(%)	匈牙利(%)	马其顿(%)	波兰(%)	罗马尼亚(%)	斯洛伐克(%)	斯洛文尼亚(%)
1990	-0.2	23.9	—	—	29.0	—	585.8	127.9	—	—
1991	35.7	333.5	—	—	34.2	—	70.3	161.1	—	—
1992	226.0	82.0	665.5	11.1	23.0	1620.4	43.0	210.4	10.0	207.3

---

① Heritage Foundation, 2005 Index of Economic Freedom, pp.9–12. Heritage Foundation; Heritage Foundation, 2010 Index of Economic Freedom, pp.79–448.

续表

年份\国家	阿尔巴尼亚(%)	保加利亚(%)	克罗地亚(%)	捷克(%)	匈牙利(%)	马其顿(%)	波兰(%)	罗马尼亚(%)	斯洛伐克(%)	斯洛文尼亚(%)
1993	85.0	72.8	1516.1	20.8	22.5	338.7	35.3	256.1	23.0	31.9
1994	22.6	96.0	97.7	10.0	18.9	126.4	32.2	136.7	13.5	20.8
1995	7.8	62.1	2.0	9.1	28.3	15.8	27.9	32.3	9.9	13.7
1996	12.7	123.0	3.6	8.8	23.6	2.3	19.9	38.8	5.8	9.9
1997	33.2	1061.2	3.7	8.6	18.3	2.6	14.9	154.8	6.0	8.4
1998	20.7	18.7	9.1	10.7	14.2	−0.1	11.8	59.1	6.7	7.9
1999	0.4	2.6	4.0	2.1	10.0	−2.0	7.3	45.8	10.5	6.2
2000	0.0	10.3	4.6	3.8	9.8	6.2	10.1	45.7	12.2	8.8
2001	3.1	7.4	3.8	4.7	9.2	5.3	5.5	34.5	7.2	8.4
2002	5.2	5.8	1.7	1.9	5.3	2.4	1.9	22.5	3.5	7.5
2003	2.3	2.4	1.8	0.1	4.6	1.2	0.8	15.3	8.4	5.6
2004	2.9	6.2	2.0	2.8	6.8	−0.3	3.5	11.9	7.5	3.6
2005	2.4	6.0	3.3	1.8	3.6	0.5	2.1	9.0	2.8	2.5
2006	2.4	7.4	3.2	2.5	3.9	—	1.0	6.6	4.3	2.5
2007	2.9	7.6	2.9	2.9	7.9	—	2.5	4.8	1.9	3.6
2008	3.4	12.0	6.1	6.3	6.1	—	4.2	7.9	3.9	5.7
2009	2.2	2.5	2.4	1.0	4.2	—	3.5	5.6	0.9	0.9
2010	3.4	2.2	1.9	1.6	4.7	—	2.4	5.9	0.7	1.5

资料来源：IMF：《世界经济展望》数据库，其中 2009~2010 年数据为估测值。

进入 21 世纪后，中东欧的转型国家在经济、社会等各个领域都取得了突出的成绩，部分转型国家已经加入欧盟，都建立了比较齐全的法律体系；经过不断地探索，经济政策的制定和执行更加贴近转型国家的实际情况，同时大部分国家的私有化进程已经基本结束，私有制已经建立了主导地位；外贸、金融等各个方面的与市场机制密切相关的制度建设也已经建立并逐步完善，形成了一批开放型的社会；在产业结构方面，中东欧各国也都在积极进行调整，有望在一个十年左右的时间里实现产业结构的重组与升级。虽然转型之路并非坦途，未来还将遇到很多新的困难，但只要合理根据本国实际情况制定经济政策，中东欧各转型国家经济发展的总体态势是比较乐观的。

经济转型深化中的国家治理模式重构

第三节 中东欧国家治理模式构建面临的挑战

虽然中东欧国家取得了相对良好的转型绩效，但其国家治理模式中仍存在一系列制度和结构问题需要加以克服。在未来的国家治理模式重构进程中，中东欧国家主要面临三个方面的挑战：一是进一步恢复和巩固政府能力；二是在经济上实现对欧盟老成员国的赶超；三是克服社会发展中的一些深层弊端，完善福利国家体制建设。

一、政府能力的恢复和巩固

中东欧国家转型后建立的政体形式类似于英国、德国、意大利等西欧国家的模式，当然，各国在总统、总理、立法机关权限的分配上仍然存在一定的差别。"强民主体制"和自由竞争的市场经济相结合的体制结构使得中东欧转型国家在经历了转型初期的动荡后，政府能力得到一定的恢复，但总体上仍然面临很多方面的严峻挑战。

中东欧国家政府能力首先面临的挑战是主权削弱问题。加入欧盟固然实现了中东欧国家"回归"的愿望，但同时也意味着一些主权的丧失。区域一体化与经济全球化是当今世界发展的趋势，这一趋势的加强对国家的主权有明显的弱化作用，它要求主权国家对国内经济的管理权力做出一定的让渡。正如奥尔森所说，"主权国家体系把人们分成一个个作茧自缚的政治实体，而经济生活的繁荣却需要人们尽量交流商品和投资。这一直是主权国家体系的一个带根本性的难题"。[①]事实上，全球化是一种权利的优劣序列，这种序列特征比以往任何时候都更加突出——排序靠前的发达国家是以其在资源配置和游戏规则制定方面的优势来推行全球化，并使其向有利于自己的方向发展。对于处于这种权利序列末端的国家，如果不及时采取正确的应对措施就很容易陷入恶性循环，这种情况为少数核心发达国家操控他国经济和政治提供了机会。中东欧国家作为新的欧盟成员，其经济实力相对弱小，政治话语权有限，因此受欧盟既有规则乃至利益结构的制约，中

---

① 奥尔森. 国际关系理论与实践 [M]. 北京：中国社会科学出版社，1989：13.

东欧国家政府治理本国社会经济的能力势必受到一定程度的制约甚至削弱。

中东欧国家政府能力面临的第二个主要挑战是从形式民主到现实民主的转变。民主制度的建立需要较长时间的磨合，当前选民虽然在形式上拥有了选举权，但实际上政治仍然是一种精英游戏。罗马尼亚前总理讷斯塔塞（2010）就曾坦言，"东欧国家面临的很大一个挑战是实现从选举民主到强化民主的第二次过渡。更为困难的是，为多党制的存在而建立的制宪体制和正式法律框架没有解决国家和公民间的关系。在整个地区，公民社会仍旧脆弱，当然各国程度有所不同。中产阶级仍然相当弱势，面临来自新富阶层和贫穷阶层的双重压力，对民粹主义政策信息相当敏感，在过渡期间有可能成为输家"。①

值得一提的是，中东欧国家转型后的民族、民粹主义显著加强，这一问题在不同国家的严重程度有很大差别。欧洲从近代史以来从来就是一个"民族国家"的欧洲，②"一体化"与"民族国家"是无法避免的冲突根源。其中前南斯拉夫地区最为严重，最终导致了分裂的后果，其他国家也不同程度地存在这一问题。民主主义、民粹主义的复兴实际上反映了中东欧民众对全球化、一体化以及对发展现状的不满和对安全、秩序等的需求，对中东欧各国政府能力的恢复和巩固提出了严苛的要求。

二、加入欧盟后的经济赶超

加入欧盟后，中东欧国家的经济发展空间得以迅速扩展，这为中东欧国家提供了巨大的机遇：③在欧盟市场内部，贸易、技术和金融壁垒的消除有助于欧盟发达成员国的商品、技术、资金向中东欧国家的流动，来自欧盟的制度支持也将强化中东欧国家在产权保护、改善竞争政策、开放资本市场以及营造良好的商业环境等方面的制度建设。当然，加入欧盟后，中东欧国家也面临着巨大的挑战，特别是在经济发展水平方面，中东欧国家与欧盟原有成员国相比还存在着巨大的差距，这就意味着中东欧国家将面临一个艰难的经济"追赶"（Catching-up）过程。④

---

① 讷斯塔塞. 东欧二十年转型风暴：从集权主义到全球化［J］. 当代世界，2010（1）.
② 陈乐民. 20世纪的欧洲［M］. 北京：生活·读书·新知三联书店，2007：100.
③ Danuta Hübner. Impact of the Membership in the European Union on Economic Growth in Poland［J］. TIGER Working Paper Series, No. 51, 2004.
④ 伴随着中东欧加入欧盟，学者们开始关注中东欧国家在经济上追赶欧洲国家的问题，可参见 Grzegorz W. Kolodoko, Globalization and Catching-Up: From Recession to Growth in Transition Ecommies, The IMF Working Paper WP/00/100, 2000; Daniel Daianu: Is Catching Up Possible in Europe?, TIGER Working Paper Series, No. 19, 2002；孔田平. 论转型与中东欧国家的赶超［J］. 经济研究参考，2004（78）.

Daniel Daianu 认为，对中东欧国家而言，"追赶"首先意味着迅速增加人均收入，以缩小与欧盟成员国的差距。①然而根据世界银行提供的数据（见图5-5）显示，2004年中东欧国家按购买力平价计算的人均国民收入（GNI）水平只有欧盟原15个成员国平均水平的48.4%，而其中人均收入水平最高的国家——斯洛文尼亚的人均国民收入也只达到欧盟原15国平均水平的67.2%。虽然中东欧国家希望利用加入欧盟的机遇以加快其经济发展速度，但是由于经济发展基础薄弱，中东欧国家在经济上追赶（Catching Up）欧盟将是一个长期的过程。②中东欧国家在经济追赶欧盟国家方面已经具备了一些有利的因素，例如，相对低廉的劳动力价格；丰富的"人力资本"积累；市场经济体制开始运行；出口导向政策已经形成；加入欧盟后经济空间的拓展等。③但是，这些有利因素转化为现实的经济发展还需要一定的时间，经济赶超的目标面临严峻的挑战。

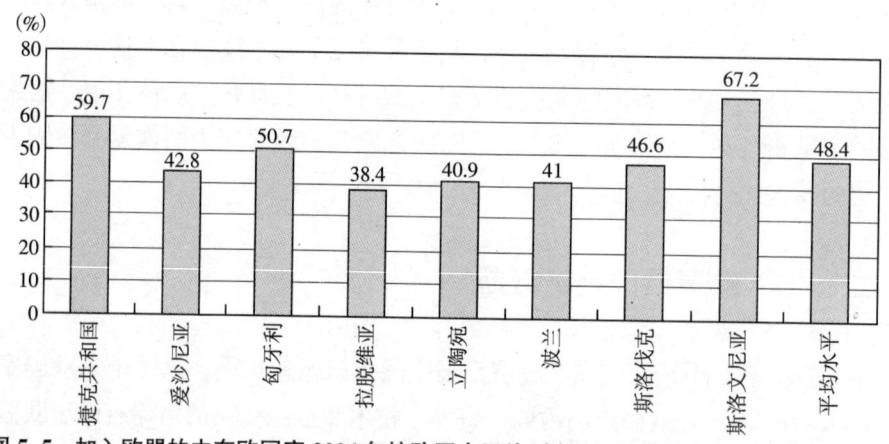

图5-5 加入欧盟的中东欧国家2004年按购买力平价（PPP）计算的人均国民收入（GNI）占欧盟15国平均水平的比例

资料来源：根据世界银行数据库计算、绘图。

---

① Daniel Daianu. Is Catching Up Possible in Europe? [J]. TIGER Working Paper Series, No. 19, 2002.
② Danuta Hübner. Impact of the Membership in the European Union on Economic Growth in Poland [J]. TIGER Working Paper Series, No. 51, 2004. 根据欧盟经济发展相对落后国家的经验，在经济上"追赶"欧盟将是一个长期的过程，例如，爱尔兰1973年加入欧洲共同体时人均收入只相当于欧共体平均水平的59%，到1998年才比欧盟平均水平稍高一点，大约用了25年时间；希腊1981年加入欧盟时人均收入相当于欧盟的77%，而到了1998年却降到欧盟平均水平的66%。上述两国在加入欧盟前就是一个运行比较有效的市场经济，而且在经济结构（不存在过度庞大、低效的重工业部门）、基础设施方面也要好于现在的中东欧国家，由此可见中东欧国家"追赶"欧盟的过程至少不比上述两国容易。详细分析请参见 Daniel Daianu. Is Catching Up Possible in Europe? [R]. TIGER Working Paper Series, No. 19, 2002.
③ 孔田平. 论转型与中东欧国家的赶超[J]. 经济研究参考, 2004 (78).

第五章 中东欧转型中的国家治理模式重构

中东欧国家一向被看作忠实推行"华盛顿共识"的"转型明星",不仅在转型初期严格地执行了价格自由化和宏观稳定政策,而且大刀阔斧地推行大规模私有化并积极融入欧洲整合进程。大规模私有化不仅导致本国企业、银行大量为外资所有,而且使私有经济部门在GDP中的比重异常升高。大量新兴私人企业的发展需要庞大的资金,这进一步诱导银行部门过度发放信贷,相应的金融衍生品和资本市场的泡沫开始膨胀,整个金融体制的系统性风险增加。为了迅速追赶欧盟成员国的收入和生活水平,实现"回归欧洲"的梦想,中东欧国家还增大了外汇债务的持有量,以刺激消费和出口,而基于本国内需的力量一直弱小,这进一步增加了整个经济体系的脆弱性。尽管危机的冲击不可能从根本上逆转中东欧国家市场化、对外开放和金融整合的进程,但很可能使这一进程放缓。因此,在EBRD(2009)对中东欧进行的转型评估中,几乎各个领域的改革指数都没有明显提高,甚至在某些国家的某些领域(特别是金融部门),市场化改革指数还有所降低。

加入欧盟后,中东欧国家将在欧盟统一的制度架构下发展市场经济,因此中东欧国家需要在制度改革和政策调整方面做出艰苦的努力,以便提高本国市场经济体制运行的有效性,更好地应对来自欧盟内部的各种挑战。从中东欧国家的现实来看,至少在以下几个方面需要进一步深化改革:一是改善公共财政部门的状况,特别是减少预算赤字,保持财政平衡,同时加强财政与货币政策的协调,为经济增长提供一个稳定的宏观经济环境;① 二是加强劳动力市场的建设,提高劳动力市场的灵活性,缓解中东欧国家比较严重的失业问题;② 三是减少政府不必要的规制政策,促进市场竞争,提高投资和生产率水平,这也是改善中欧国家失业问

---

① 根据经济合作与发展组织(OECD)提供的最新数据:捷克、匈牙利、波兰、斯洛伐克的2004年的财政赤字分别为-3.1%、-4.3%、-4.8%、-3.3%,根据《数字中的OECD——成员国的统计数据》(2005年版)计算(政府总收入—政府总支出),下载网址:http://213.253.134.29/oecd/pdfs/browseit/0105061E.PDF。尽管上述国家的财政赤字已经比前些年有所下降,但仍未达到加入欧元区国家所要求的标准(财政赤字占GDP的比重低于3%),请参见国际货币与基金组织(IMF):《世界经济展望——聚焦转型经济》,中国金融出版社2001年版,第123页。除了预算平衡外,中东欧国家在财政与货币政策的协调性方面仍需改进,例如,匈牙利2001~2003年出现的宏观经济稳定恶化既反映出公共财政制度的不健全,也反映出财政、货币以及汇率政策之间的不协调性,而完善的公共财政制度和稳健的宏观经济政策都是欧盟比较关注的制度建设问题。请参见帕尔·加斯伯,卡尔曼·米赛伊·匈牙利:渐进主义和休克疗法 [J]. 转型通讯,2004(3),http://www.chinareform.org.cn。

② 根据联合国欧洲经济委员会(UNECE)提供的数据,2004年捷克、爱沙尼亚、匈牙利、拉脱维亚、立陶宛、波兰、斯洛伐克和斯洛文尼亚的标准失业率分别为:8.3%、9.2%、5.9%、9.8%、10.8%、18.8%、18.0%、6.0%,可见中东欧国家的失业率是很高的。请参见联合国欧洲经济委员会(UNECE):《欧洲经济概览》(Economic Survey of Europe),2005年第2期。下载网址:http://www.unece.org/ead/pub/052/052statapp.pdf。

题的必要的配套制度安排;四是进一步改革相对滞后的金融部门,减少政府对银行的过度控制,降低企业获得贷款的成本,以提高金融部门对国民经济的贡献率;①五是完善法治建设,特别是加强在公司治理、破产以及企业注册等方面的经济立法,并提高司法的透明度及效率;六是促进农业部门的改革,促进农业土地市场和金融市场的发展,提高农业生产和经营的竞争力,以应对来自欧盟农业企业的竞争。②未来,中欧国家还面临着进一步加入欧洲货币联盟(欧元区)的任务,这就对各国政府的治理质量以及应对外部冲击的能力提出了更高的要求。

正如巴富瓦尔(2010)所说:"作为欧洲化首要一环的'回归欧洲',是全球性的现代化运动的一部分。但是,这个运动一旦意味着要求欧盟准入国采取保护措施,来防止同市场的失调联系在一起的破坏性后果,那么它同样也产生着离心作用。更何况,这些国家必须采用欧盟在所谓'共同体成果'下重新分类的一整套规范性法规。"③此外,中东欧的保加利亚、罗马尼亚和阿尔巴尼亚在制度建设和经济发展等方面与已经加入欧盟的中东欧国家相比还有较大差距,因此,这些国家在未来的经济转型进程中还面临着许多重大挑战;而前南斯拉夫地区在经历了长期的战火洗礼后面临着国家重建与经济转型的双重任务,这些国家的各项制度改革也有很长的路要走。

三、经济社会发展与新福利国家建设

根据 EBRD 的转型指数,在转型的第一个十年结束时,中欧和波罗的海国家的市场化改革就已处于转型国家前列。在转型即将走过第二个十年时,这种领先地位得到进一步巩固。中东欧各国的经济转型已经进行了 16 年,各个国家由于起点、转型方式、政策等的不同表现出了不同的转型绩效。虽然一些国家进展相对比较缓慢,但毕竟都已经摆脱了计划经济体制的束缚,实现了质的飞跃。由于这些国家大都实行了将近半个世纪的计划经济,一些旧的经济体制的弊端或后遗症不可避免地对经济转型的启动和正式推进造成了不利的影响。在转型启动后,

---

① 中东欧国家的金融体制改革处于转型国家前列,但是仍然存在许多问题,特别是金融部门对于经济增长的贡献还不明显。详细分析请参见 Erik Berglof, Patrick Bolton. The Great Divide and Beyond: Financial Architecture in Transition [J]. Journal of Economic Perspective, 2002, 16 (1). (中文译文见《比较》,第2辑).

② 孔田平. 东欧经济改革之路——经济转型与制度变迁 [M]. 广州:广东人民出版社,2003:277-279. 加强农业领域的改革与发展对于波兰这样的农业大国显得尤其重要。

③ 巴富瓦尔. 从休克到重建——东欧的社会转型与全球化—欧洲化 [M]. 北京:社会科学文献出版社,2010:1.

一些国家不惜一切代价地急于建立市场经济体制，忽略了经济转型中制度建设的重要作用，匆忙制定转型政策，虽然最后初步地建立起了市场经济体系，但却给国家长期的经济发展埋下了很多隐患。中东欧转型国家面临的问题与困境主要包括以下几个方面：

1. 外国资本控制问题

中东欧国家在私有化的过程中由于国内缺乏足够的购买能力支付庞大的国有资产，或多或少都向外国资本敞开了大门，外国资本开始以各种方式涌入中东欧国家寻找和"抢夺"有价值的国有资产。在这些国家里最突出的例子是匈牙利，由于在转型初期就采取了面向外资卖光的政策，导致匈牙利国民经济的命脉基本被外资控制。在匈牙利全国200家最大的企业中，有110家受外资控制。外资在产品加工、银行业中的比重都超过了60%，在商业中的比重也超过了45%，在电子和仪表生产及汽车制造领域分别占72%和74%，GDP的80%都由外资完成。[1]这种民族经济几乎完全被排斥的情况在现代经济发展中是比较罕见的，以至于一些学者惊呼"当地人民就像外来移民一样在自己的国土上给外国人打工谋生"。[2]在中东欧国家中，不仅匈牙利外资控制问题严重，波兰、捷克和爱沙尼亚等国的外资控制问题也逐渐显现出来。2000年爱沙尼亚外资占工业的比重也达到了60%，波兰和捷克也超过了30%。金融系统是国民经济的命脉，一般情况下本国资本必须掌握控制权，但随着转型进程的深入，中东欧各国（除斯洛伐克）的银行业无一不落入外国资本的掌控。如表5-9所示，在转型初期银行业的外资渗透水平相当低，最高的匈牙利也不超过10%。但大多中东欧转型国家在1999年前后外资进入的壁垒被打破了，外资在银行业中所占的份额急剧上升，在短短四五年的时间里就从不到10%上升到了平均44%，此后这一比例持续上升，截至2009年，多数中东欧国家超过了90%，平均比重达到了77%。只有斯洛文尼亚一个国家避免了银行业被外资控制的命运，其工业中的外资份额也是中东欧国家中最低的。中东欧转型国家中普遍出现的这种情况如果得不到重视，在全球化的条件下很可能使中东欧国家沦为全球产业链条的最末端，面临"民族资本"被剥夺的命运。

---

[1] 许新. 转型经济的产权改革——俄罗斯东欧中亚国家的私有化[M]. 北京：社会科学文献出版社，2003.393；张淑娟. 匈牙利吸引外资的经验教训[J]. 当代世界，2003（2）.

[2] 波兹南斯基. 全球化的负面影响：东欧国家的民族资本被剥夺[M]. 北京：经济管理出版社，2004：7.

表 5-9 外资在中东欧转型国家的工业和银行中的比重

	工业(2000年,%)	外资银行业比重（%）							银行业中公有成分(2000年,%)
		1993年	1999年	2000年	2002年	2004年	2006年	2008年	2009年	
波兰	35~40	2.8	49.3	72.6	70.7	71.5	74.2	76.5	72.1	20.0
克罗地亚	—	0.1ª	40.3	84.1	90.2	91.2	90.8	90.8	91.0	10.0
捷克共和国	35.0	7.3	38.4	65.4	85.8	84.9	—	—	—	30.0
爱沙尼亚	60.0	0.4	89.8	97.4	97.5	98.0	99.1	98.2	98.3	15.0
匈牙利	75.0	9.4	61.5	67.4	85	63.0	82.9	84.0	81.3	10.0
斯洛伐克	25.0	12.7ᵇ	24.1	42.7	84.1	96.7	97.0	99.2	91.6	40.0
斯洛文尼亚	15.0	3.9ᶜ	4.9	15.3	16.9	20.1	29.3	31.1	29.5	60.0

资料来源：波兹南斯基.全球化的负面影响：东欧国家的民族资本被剥夺 [M].北京：经济管理出版社，2004：74；银行数据来自 EBRD，网址：http://www.ebrd.com；a：由于缺少1993年数据，此处用1994年数据代替；b：由于缺少1993年数据，此处用1996年数据代替；c：由于缺少1993年数据，此处用1994年数据代替。

2. 健全法律体系的缺失

中东欧转型国家普遍面临的一个重大问题就是缺乏一个健全的法律体系，由于差别极大的新旧体制在短时间内交替，形成了一段时期的"制度真空"，滋生了许多非正式的制度和行为规则，经济转型进程中出现的经济混乱、腐败等现象都与之有重要的相关关系。从图 5-6 中我们可以看到，中东欧国家的腐败认知指数得分普遍偏低，最近十年中东欧国家腐败感知指数呈现改善趋势，但从排名上看仍然处于落后位置。得分最高的斯洛文尼亚也仅排在世界第 25 名（1999）、31 名（2005）和 27 名（2009），罗马尼亚、克罗地亚等国在我们选取的三个年度甚

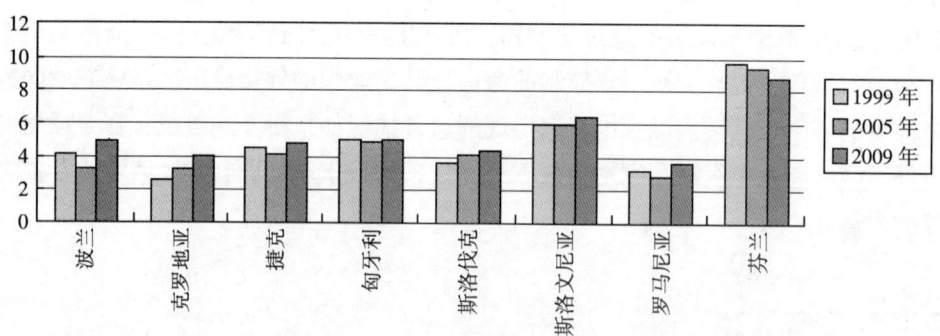

图 5-6 中东欧部分转型国家腐败认知指数（1999~2009）

资料来源：Transparency International. Transparency International Annual Report 2000 [R]. p.13; Transparency International. Transparency International Annual Report 2005 [R]. pp.16-17; Transparency International. Transparency International Annual Report 2009 [R]. pp. 48-49.

至排在60名以后（这里加入芬兰作为对比）。可见中东欧国家的腐败现象比较严重并且治理不力，部分国家甚至出现了恶化。

这种情况与中东欧国家法律体系不健全存在密切联系，法律体系的健全不仅仅是法律的制定，更重要的是法律能否被有效执行，Pistor（2000）的研究表明虽然转型国家"纸上的法律"方面已经逐步接近世界平均水平，但由于法律得不到有效的执行，实际效果远低于发达国家。在她设计的指标里，中东欧国家的法律执行得分普遍在0.5~0.7分（满分为1分），①这一得分表明法律的执行上还有待进一步提高，但这一指标要高于独联体地区的国家。法律作为一项重要的制度建设内容，对于转型国家经济的长期稳定增长有至关重要的作用，如果不尽快健全完善法律体系将会对经济社会转型产生严重的不利影响。

3. 外债负担严重

外债是在任何给定的时间内，一国居民对非居民承担的具有契约性偿还义务的负债，它按照时间期限可分为短期、中期和长期三种。外债对一国的经济具有非常显著的影响，一方面适当的外债可以弥补国内资本的不足，从而能够刺激国内经济的增长；另一方面，如果过度借债超过了国家的偿付能力，就会产生债务危机，甚至导致经济危机。一般国际公认的负债率（外债余额/GDP）在30%~35%，如果超过这一比率说明国家对外国资本过于依赖，很容易受到国际金融市场波动的影响，直接影响经济的稳定发展。从表5-10我们可以清楚地看到，中东欧大部分国家的负债率都很高，很多国家的负债率都曾一度超过警戒线一倍或两倍。经过十几年的转型，一些国家如匈牙利等的负债率不但没有降低反而有所上升，直到2005年，只有阿尔巴尼亚一个国家的负债率处于正常水平，捷克、波兰和罗马尼亚略超过警戒线20%左右，而保加利亚、匈牙利和斯洛文尼亚的负债率仍然居高不下，超过警戒线两倍，其与GDP的比值甚至超过了100%。从比较的视野来看，1997年韩国、泰国等国家的负债率仅略超出警戒线就遭受了金融危机的严重打击，当前部分中东欧国家过高的债务水平显然对经济发展是一个巨大的隐患。

4. 就业和社会保障形势严峻

失业问题和社会保障问题对于中东欧各转型国家来说都是计划经济体制下没有面临过的"新问题"。转型之后随着市场机制作用的发挥，多年来潜伏在体制里的"隐性失业"逐渐显露出来，成为一个严重的社会问题。在所有中东欧国家

---

① 曾康霖，黄平. 中东欧转型经济国家股票市场制度研究[M]. 北京：中国金融出版社，2006：77-79.

表 5–10　中东欧部分转型国家的外债/GDP 比率

年　份	阿尔巴尼亚(%)	保加利亚(%)	捷克(%)	匈牙利(%)	波兰(%)	罗马尼亚(%)	斯洛文尼亚(%)
1990	—	48.2	17.1	60.1	78.7	—	—
1991	66.0	160.5	26.3	68.3	61.5	—	14.7
1992	130.1	160.4	23.8	58.1	56.4	16.5	13.9
1993	76.2	127.7	24.3	63.7	54.9	16.1	14.8
1994	55.1	116.8	26.0	68.7	47.1	18.5	31.3
1995	31.8	77.4	31.1	72.1	37.7	18.3	27.9
1996	25.1	97.0	34.6	63.7	30.3	23.6	33.4
1997	36.4	99.9	38.4	55.6	31.6	27.3	35.2
1998	54.0	85.5	40.0	56.3	34.4	23.5	36.3
1999	45.6	84.2	38.7	65.2	39.0	25.8	38.0
2000	44.3	88.6	38.8	64.4	40.5	28.8	44.1
2001	29.2	78.4	36.8	64.9	37.8	30.9	47.0
2002	26.2	72.7	36.6	56.2	42.9	35.0	52.5
2003	24.1	67.7	38.5	64.7	49.4	34.7	59.0
2004	22.2	70.8	42.1	74.6	50.8	35.1	64.0
2005	20.0	67.2	39.2	75.5	43.3	33.0	67.6
2006	25.3	82.0	40.9	91.2	46.6	33.6	77.5
2007	25.8	101.1	44.2	97.9	48.4	34.4	100.6
2008	27.6	102.4	41.8	115.7	56.5	35.9	105.2
2009	34.1	107.6	45.3	140.4	59.4	48.8	113.4

资料来源：欧洲复兴开发银行.宏观经济指标［EB/OL］.网址：http：//www.ebrd.com.

里，只有捷克和匈牙利的失业率较低，但在 1990~2009 年的 20 年平均失业率也分别达到了 5.8%和 7.8%，部分年份接近 10%。波黑的平均失业率接近 40%，其他国家的失业率大多位于 10%~20%内，2000 年中东欧国家的平均失业率达到 15.1%，[①] 2009 年尽管有所降低，但也维持在 9%左右。失业率过高将会对个人和社会都造成严重影响，对于个人来讲生活水平会恶化，如果长期持续工作技能会中遇见丧失，对于社会而言损失的产量甚至大于个人损失的收入，"在自然率以上增加一个失业工人给社会带来的产量成本可以归纳为三个因素：个人丢掉工作失去的收入减去失业保险金；政府支付的失业保险金的价值；和财政上的税收损

---

① 孔田平.东欧经济改革之路——经济转型与制度变迁［M］.广州：广东人民出版社，2003：282.

失"。① 可见失业率居高不下的问题如果不尽快解决必将对中东欧转型国家的经济造成不利影响。

与此同时,社会保障体系的不健全使失业的影响进一步放大,与苏联一样,中东欧各国在转型前都有一套"从婴儿到坟墓"的社会保障体系,但这种意义上的社会保障在市场经济条件下是不可能存在的。由于老龄化、退休年龄过早等问题使依靠社会保障生活的人增多,波兰领取养老金的人数占劳动力的48%,而匈牙利1000多万人里面就有300多万人在领取养老金。同时中东欧国家的依赖率(拿养老金人数与社会总就业人口之比)急剧上升,短短5年的时间里匈牙利和保加利亚的依赖率就上升了20%,同时"替代率"(平均养老金与平均工资之比)仍然处于较高水平,多处于30%~60%。② 社会保障体系应该与经济发展水平相适应,发展过快或过缓都不利于经济增长,有一些国家的社会保障水平超越了经济承受的范围,由于转型带来的衰退,社会保障资金的缺口问题也难以短期解决。在中东欧转型国家里只有斯洛文尼亚和捷克的社会保障体系相对比较健全,但维持"休克中的福利国家"也付出了相当大的成本。

由此可见,虽然中东欧国家普遍退出了传统的福利体制,但建立新福利国家的道路依然漫长而曲折。根据美国学者米切尔·A.奥兰斯汀的观点,中东欧未来新福利国家体制的建设将面临以下四个方面的挑战:一是要在顺应西方国家福利体制和福利水平与保持自身低劳动力成本之间维系一种平衡,即确保公平与效率兼顾;二是准备应对出生率下降和老龄化社会的问题,这些问题在中东欧转型国家已经日益显现,成为严重的社会经济发展压力;三是由于中东欧国家存在着众多民族,因此如何保证社会保障和福利水平在各民族之间公平分配,将是各国面临的严峻挑战,如果解决不好这一问题,很可能会影响中东欧国家的政治稳定;四是如何协调传统社会保障体制的制度遗产与欧盟统一福利国家标准的问题,以确立一种符合国情和保障适度的中东欧福利国家模式。③

---

① 萨克斯. 全球视角的宏观经济学 [M]. 上海:上海三联书店,2004:442.
② 格泽格尔兹·W.科勒德克. 从休克到治疗——后社会主义转型的政治经济 [M]. 刘晓勇,应春子等译. 上海:上海远东出版社,2000:212.
③ 米切尔·A.奥兰斯汀. 贫困、不平等与民主:后共产主义福利国家的实践 [J]. 经济社会体制比较. 2009(4).

第六章 俄罗斯转型中的国家治理模式重构

俄罗斯在历史中发生过很多次社会经济制度的"跳跃",而发端于20世纪90年代初的"大转型"堪称其中最为"壮丽"的一幕。政治、经济、社会、文化诸领域的共时性变革,看似在瞬间即将完成新旧体制的转换,然而实践却再次证明了这样一个真理:建立一个新世界远比摧毁一个旧世界更为困难。在制度变革的蹒跚学步中,俄罗斯走过了叶利钦时代的秩序分裂与经济衰退,逐步进入普京时代以及"梅—普"共治时代的秩序整合与经济复苏。但毋庸置疑的是,到达转型初期所设定的法治国家、有效市场和公民社会这一理想国家治理模式的道路依然漫长曲折。其间,传统制度遗产所形成的路径依赖效应,以及新旧制度之间的调试磨合仍将贯穿制度转型与国家治理模式重构的始终。

第一节 俄罗斯传统体制下的国家治理模式

俄罗斯的经济转型与国家治理模式重构背负着双重初始条件的约束:一是前社会主义时期形成的历史文化传统;二是社会主义留下的制度遗产。这双重初始条件相互勾连,并共同对其后继的制度变革产生重要影响。这再度印证了诺斯的那句名言:"历史表明,人们过去做出的选择决定了其现在可能的选择。"[1]

---

[1] 道格拉斯·C.诺斯. 经济史中的结构与变迁 [M]. 陈郁,罗化平等译. 上海:上海三联书店、上海人民出版社, 1994:1.

一、传统国家治理模式形成的历史背景

俄罗斯是一个神秘的国度，一个神秘的民族。诸多内在与外在的矛盾和复杂性因素相互交织、杂糅在一起，造就了俄罗斯独特的历史文化传统与制度变迁轨迹。诚如俄罗斯现代著名思想家尼古拉·亚历山大洛维奇·别尔嘉耶夫形容的那样："东方与西方两股世界之流在俄罗斯发生碰撞，俄罗斯处在二者的相互作用之中。俄罗斯民族不是纯粹的欧洲民族，也不是纯粹的亚洲民族。俄罗斯是世界的完整部分，巨大的东方—西方，它将两个世界结合在一起。在俄罗斯精神中，东方与西方两种元素永远在相互角力。"① 这种矛盾与冲突甚至体现为俄罗斯社会及个体的自身特质："专制主义、国家至上和无政府主义、自由放纵；残忍、倾向暴力和善良、人道、柔顺；信奉宗教仪式和追求真理；个人主义、强烈的个人意识和无个性的集体主义；民族主义、自吹自擂和普济主义、全人类性；世界末日——弥赛亚说的宗教信仰和表面的虔诚；追随上帝和战斗的无神论；谦逊恭顺和放肆无礼；奴隶主义和造反行动。"②

俄罗斯独特的文化气质与其作为欧亚大陆核心区域的东西方文明结合部具有密切关联。③ 一方面，来自东方和西方的各个民族、各种文明都在俄罗斯这块土地上汇聚，并不断发生碰撞，从而型构着俄罗斯的政治、经济和社会结构；另一方面，俄罗斯在历史上也不止一次地主动或被迫地从西方和东方去寻求自身的发展定位。正是这种特殊的历史经历，使俄罗斯的文化与制度中夹杂了许多"混合"、"交叉"的内容。如果在纷繁复杂的历史、文化特质的基础上继续追寻，那么我们可以大致抓住俄罗斯社会制度变迁史中由若干重大历史节点所构成的主线，这具体体现为俄罗斯历史上的六次重要社会转型，如表 6-1 所示。

在这漫长的千年历史中，俄罗斯在政治、经济和社会领域形成了以下几个主要的制度特征：

首先，俄罗斯具有悠久的君主专制主义传统。这一传统可以追溯至俄罗斯民族形成时期。公元 988 年，基辅罗斯大公接受了东正教洗礼，标志着俄罗斯融入

---

① 尼·别尔嘉耶夫. 俄罗斯思想——十九世纪末二十世纪初俄罗斯思想的主要问题 [M]. 雷永生，邱守娟译. 北京：生活·读书·新知三联书店，1995：2.
② 尼·别尔嘉耶夫. 俄罗斯思想——十九世纪末二十世纪初俄罗斯思想的主要问题 [M]. 雷永生，邱守娟译. 北京：生活·读书·新知三联书店，1995：3.
③ 冯绍雷. 20 世纪的俄罗斯 [M]. 北京：生活·读书·新知三联书店，2007：5-7.

第六章 俄罗斯转型中的国家治理模式重构

表6-1 俄罗斯千年以来的六次重要社会转型

时间	代表性事件	历史后果
公元10世纪（998年前后）	罗斯大公弗拉基米尔一世定希腊正教为国教	1. 使俄罗斯归依了基督教（希腊正教），强化了俄罗斯的民族意识；2. 使俄罗斯脱离"野蛮社会"向"文明社会"过渡。
公元14~16世纪	逐步摆脱蒙古人统治，以莫斯科公国为中心建立了统一的国家，建立"沙皇"君主制度	1. 经济与社会结构发生了分化，主要体现为地主和农民二元封建经济结构的形成；2. 统一的中央集权制度初步形成，开始扩张领土。
公元17~18世纪	以彼得一世（1682~1725）、叶卡特林娜二世（1762~1795）为代表的封建君主主导的改革	1. 政治上强化和巩固中央集权；2. 经济、技术、军事、文化上向西方学习，开启了俄罗斯的近现代化进程；3. 对外侵略扩张达到高潮。
公元19世纪80年代	1861年亚历山大二世废除农奴制，以及在行政、法律、教育和军事体制方面的改革	1. 一场外源推动（1856年克里米亚战争的失败）和内部危机（1825年"十二月党人"的贵族起义，以及随后连续不断的社会底层反抗）综合推动下不彻底的现代化改革；2. 社会结构变化：农民阶层分化，出现了平民阶层；3. 封建经济发生了部分演变，资本主义得到一定发展；4. 中央集权进一步强化；5. 对外扩张加速。
1917年	以十月革命为代表的一系列革命、事件	1. 推翻了沙皇君主制度；2. 建立了世界上第一个社会主义政权；3. 一系列政治、经济和社会改造，建立起高度集中的计划经济体制。
20世纪80年代中后期，1991年至今	戈尔巴乔夫改革；1991年苏联解体；1992年初"休克疗法"实施	传统社会主义政治经济体制逐步动摇，从计划到市场的激进转型正式启动与深入推进。

资料来源：笔者根据下列文献归纳总结：赵定东. 俄罗斯社会转型的历史动态轨迹[J]. 辽东学院学报（社会科学版），2006（5）；符拉基米尔·科隆泰. 俄罗斯的社会转型[J]. 国际社会科学杂志（中文版），2000（1）；李植丹. 宏观世界史[M]. 武汉：武汉大学出版社，1999.

世界文明的开始，与此同时，基辅罗斯大公也获得了巩固统一政权的强大思想武器。12~15世纪，俄罗斯处于蒙古鞑靼统治时期。尽管这一时期被俄罗斯人视为"文明的中断"，但蒙古人给俄罗斯留下的税收制度、征兵制度、驿站制度、户口制度等遗产都为俄罗斯确立大一统的中央集权体制奠定了基础。进入16世纪，俄罗斯揭开了从封建主义向绝对专制统治过渡的序幕。1547~1584年，伊凡四世在其在位期间，以东正教之名为自己加冕为"沙皇"，并宣称"君主的称号就意味着承认不受任何限制的沙皇特权。一切民众，包括大贵族在内都是朕的臣民"。到彼得大帝统治时期，俄罗斯最终完成了从封建主义到绝对君主专制的过渡，俄罗斯正式形成了集政权、军权和神权为一体的中央集权的专制国家。

其次，俄罗斯具有浓厚的农奴制和村社经济传统，而资本主义经济不发达。从16世纪开始，俄罗斯借助贵族的力量削弱了封建领主的统治。为了赢得贵族的支持，沙皇利用强制性的力量迫使农民成为农奴，依附于贵族。农奴制是建立在地主庄园经济基础之上的一种社会经济制度，它借助国家的强制力量实现对农奴的管制，使他们在土地、人身、司法甚至心态上服从贵族地主的统治，强制性劳役是地主剥削农奴的主要手段。① 俄罗斯农奴制的长期盛行使得其本国的现代化道路既不同于西欧的农村资本主义化的道路，也不同于美国带有资本主义色彩的黑奴制。到 17、18 世纪，俄罗斯的商业依然十分不发达，很少存在欧洲中世纪式的以商业、手工业为中心的自治城市，许多城市基本上属于行政、军事和庄园的中心。② 落后的农奴制、村社经济的传统以及不发达的资本主义经济，使得俄罗斯缺乏一系列支撑其实现现代化的制度安排，如市民社会、法治、权力分割，以及以市场为取向的产业等。

最后，俄罗斯社会整体上处于一种停滞、僵化、松散无力的低度整合状态。君主专制与强权国家的长期统治，使得俄罗斯社会缺乏自我持续发展的内在组织机制和能力。这种独特的社会结构使得俄罗斯社会民众缺乏抵御国家权力入侵、渗透的力量，同时也无法形成一种必要的社会联系纽带，培育出信任、法治等支撑资本主义和市场经济发展的文化氛围。在腐败的官僚体系的统治下，社会成员还形成了一种独特的生存方式，即"大多数人倾向于避开正式的司法体系，在法院之外以习俗、传统、正义和平等观念为基础来解决冲突"。此外，由于社会处于极度分化状态，因此最常见的是"赢家通吃"，并限制他人的发展，结果几乎没有相互妥协、调和的政治遗产。③ 总之，在俄罗斯传统的社会结构中，整个社会被割裂，成为一盘散沙，无法自下而上地形成推动国家工业化、现代化的基层社会力量。

专制主义、农奴制、村社经济等传统制度结构虽然在俄罗斯历史发展进程中也曾基于内外环境变化做出过某些调整，但就其封闭性、强制性、落后性的本质而言，却从未发生过实质上的改变。这种僵化而落后的制度结构不仅束缚了俄罗斯的社会经济现代化进程，而且也导致了俄罗斯社会内部不满情绪的淤积。从19 世纪前半期开始，社会阶级矛盾就不断激化，先后出现了不同阶层、不同成分社会成员参与的起义、罢工、暴动，其中既有羡慕欧洲文明的自由派贵族发起的"十二月党人起义"，也有不堪忍受国家残酷统治的农民、城市工人发起的暴动、罢工。这些不同类型、不同阶层参与的社会变革运动在一定程度上对沙皇的专制统治有所触动。而 1853~1856 年在与英法争夺克里米亚的战争中的失败，进

---

① 马克垚. 世界文明史 [M]. 北京：北京大学出版社，2004.
② 冯绍雷. 20 世纪的俄罗斯 [M]. 北京：生活·读书·新知三联书店，2007：17.
③ 弗拉基米尔·柯伦泰. "新"政治经济学：基于俄罗斯的视角 [J]. 经济社会体制比较，2010 (4).

一步显示了沙皇俄国落后、脆弱的一面。在上述内因外因的触动下，1861年，沙皇亚历山大二世被迫发动了以废除农奴制为核心的现代化改革。尽管废奴使得农民获得了部分的自由，也在一定程度上使封建社会的经济基础受到动摇，推动了俄罗斯近代资本主义工业的发展，但是如同历代沙皇君主（如彼得大帝、叶卡特琳娜二世）依靠国家的强制性力量进行的自上而下的现代化改革一样，这次改革不仅是不彻底的，而且其最终目标仍然是对内维护、强化高度集权的专制统治，对外则加速实现领土扩张的目标。只有到1917年"十月革命"的发生，才使得俄罗斯的社会制度发生历史性的转折。①

二、传统国家治理模式的特征和绩效

19世纪末20世纪初，俄罗斯帝国面临着前所未有的内外挑战，俄罗斯也相应进入到一个国家治理模式剧烈重构的时代。1904~1905年在日俄战争中的失败，严重动摇了沙皇政权统治的合法性，并由此激化了社会矛盾，引爆了1905年的革命。革命的压力迫使沙皇承诺签署成立议会（国家杜马）的法令，从而使俄罗斯开启了从君主专制向君主立宪政体转变的历史进程。1905年革命仅仅是沙皇俄国面临重重危机的开端。1914年，第一次世界大战爆发，俄罗斯卷入一场其自身根本无法承受的帝国主义战争之中。战场上的失利引发国内社会经济危机，最终导致了在1917"二月革命"中，沙皇专制制度被戏剧性地推翻。"二月革命"后，资产阶级临时政府的软弱统治无法克服俄罗斯累积已久的社会经济矛盾，俄罗斯依然处于崩溃的边缘。同年11月，由列宁领导的"十月革命"以无产阶级产权取代资产阶级临时政府的统治，并以强有力的制度改造和社会整合避免俄罗斯陷入无政府的秩序混乱状态，并由此建立起一种独特的全能主义国家治理模式。

从政府、市场及社会之间的关系来观察，俄罗斯的全能主义国家治理模式呈现出如下特征。首先，存在一个高度集权、集中的政府组织结构。在政治层面，一党制结束了"二月革命"后多重权力中心并存的局面，建立起党—国同构的政治体制。无产阶级政党以其先锋队的角色对制度变革发挥绝对的主导作用。在行政层面，政府的权力和活动范围高度扩张，政府通过自己的机构行使权力，但是

---

① 张慧君. 俄罗斯转型进程中的国家治理模式演进 [M]. 北京：经济管理出版社，2009：89-90.

要通过制定日常的、约束性的政策,领导国家,利用国家资源展开活动。① 其次,以国家所有制为基础的中央计划经济体制全面掌控国家的经济生活。在这种体制中,国家占有了包括土地、资源、资本和劳动力在内的几乎所有生产要素。政府还直接控制和管理生产、分配、流通等各个环节,不存在市场经济条件下作为独立经济实体的企业。政府通过严格的层级秩序和行政指令来搜集信息,制订庞大的经济计划,并借助强制性的行政手段确保经济计划得以实施。与此相应,经济发展呈现出高度的封闭性、强制性、粗放性以及工业优先(特别是重工业和军事工业的绝对优先地位)的特征。最后,在社会生活领域,形成了一种特殊的"社会保障型国家"体制。国家与社会缔结了一种隐性的社会契约。国家承诺在就业、社会保障等领域承担一系列广泛的责任,为公民提供一个安全、平等的生活环境。而社会则将自身所拥有的绝大部分自治权力转让给国家。在这种社会结构中,社会分化程度较低,社会的开放程度和流动性较弱,更不允许存在独立于政府管辖的公民社会组织。

全能主义国家治理模式的形成有其自身内在的历史逻辑。首先,俄罗斯历史上是一个典型的后发国家。虽然从彼得大帝开始,俄罗斯就希望借助国家权力实施强制性制度变迁,以完成国家现代化的目标,但直到"十月革命"俄罗斯依然面临着社会经济发展的不利初始条件。传统社会结构老化,但原有的保守权势集团仍牢固掌控政权;社会贫困导致严重的国内危机;经济不自主,缺乏自我积累能力;在国际政治经济格局中处于不利地位,长期受到"边缘化"威胁。② 这种特定的初始条件决定了俄罗斯难以单纯依靠经济和社会中的自发力量完成资本的原始积累、技术的创新突破、经济结构的迅速飞跃,而只能依靠一个具有强大权威和能力的政治组织(政府)克服市场和社会的缺陷,集中整合社会经济资源实现现代化的目标。其次,经历了外敌的入侵以及内战的严重袭扰,俄罗斯社会秩序分崩离析,陷于无政府的边缘地带。这种迫切的制度需求也要求一个强有力的政府发挥强制性的制度供给和秩序治理功能。著名华裔美籍历史学家黄仁宇先生的一段话恐怕对这种国家治理模式形成的内在机制进行了非技术性语言的最好说明:"俄国在1917年,近于霍布斯所说,国体解散,全民恢复到初民之初绝对自由和无政府状态。虽说实际并无'所有人和所有人作战'的状态,但群众各行所是,不听约束。在很多情形下,群众之激,尚超过布尔什维克之意料。在这种情

---

① 贾恩弗朗哥·波齐. 国家:本质、发展与前景 [M]. 上海:上海人民出版社, 2007: 148–175.
② 罗荣渠. 现代化新论——世界与中国的现代化进程 [M]. 北京:商务印书馆, 2004: 165.

第六章 俄罗斯转型中的国家治理模式重构

形之下，环境所需的不是宽大温和的政治家，而是"巨灵"，一个带全能性且具有经济性格的现代政府。"[①] 最后，前苏联全能主义国家治理模式的形成也与主导国家变革的政治组织的认知模式和意识形态偏好具有密切关联。苏联全能主义国家治理模式的形成不仅体现了马克思和恩格斯对未来社会的美好设想，而且集中反映了列宁的"直接过渡"思想。马克思、恩格斯对未来社会的设想主要包括以下几个方面内容：一是未来社会将实行生产资料公有制，劳动者作为自由人联合体利用生产资料，因而劳动具有集体的性质；二是未来社会消灭了商品货币关系；三是未来社会是有计划的、无需通过市场机制来调节；四是未来社会将像"一座工厂"那样组织起来，实行管理；五是在未来共产主义社会的初级阶段实行各尽所能、按劳分配的分配形式，在其高级阶段实行各尽所能、按需分配的分配形式。然而，受特定历史条件的约束，马克思和恩格斯不可能提出建设社会主义的具体方案，因此，以列宁为首的革命者只能根据俄国的国情进行艰难的探索。根据1917年、1918年的特殊情况，列宁提出了不利用市场而直接通过产品交换来建设社会主义经济的构想。在实践中体现为从"十月革命"胜利到"战时共产主义"政策的实施，主要包括以下内容：废除土地私有制，禁止土地买卖、出租和抵押；实行银行国有化；实行大工业的国有化；实施严厉的粮食和农业政策，实行余粮征集制；在分配和流通领域采取经济关系实物化，禁止自由贸易，缩小货币流通范围；采取普遍的义务劳动制和强制性的劳动动员等。可以说，马克思和恩格斯对未来社会的设想以及列宁的革命思想和实践成为苏联全能主义国家治理模式建立的有力推动。

全能主义国家治理模式在特定的历史环境中曾经发挥过积极的作用。首先，全能主义国家利用其强大的权力、权威将被战争和内乱撕裂的国家进行强有力的政治、经济与社会整合，从而使俄罗斯脱离了霍布斯丛林地带，形成了一种相对稳定的国家秩序结构，并由此开启了民族构建、国家构建以及现代化的进程。其次，全能主义国家体制极大地集中和调动了俄罗斯极度稀缺的财力、物力和人力资源，在较短的时间内建立起比较完整的现代国民经济体系，国家整体的经济结构、产业结构、技术发展水平得到了前所未有的改善与提升。再次，全能主义国家对政治、经济与社会制度的改造在人类历史上第一次建立起社会主义经济制度。在这种制度框架下，以公有制、计划体制为核心的一系列制度安排消除了长期困扰资本主义市场经济的经济波动、失业问题，同时大大缩小了建立在私有财

---

① 黄仁宇. 资本主义与二十一世纪 [M]. 北京：生活·读书·新知三联书店，1997：425.

产基础之上的分配差距。从这个意义上讲,至少在传统社会主义体制建立初期,全能主义国家在实现经济效率与社会公平这两个方面还是凸显了其所具备的巨大优势。

但是,伴随着全能主义国家权力和干预范围的过度扩张,其促进社会经济持续高效发展的能力也在不断下降,从而降低了经济效率,影响了民众实际福利水平的不断提高(如经济结构畸形、普遍的短缺、产品质量低劣、创新动力衰竭以及经济增长速度下滑等)。造成这种状况主要有以下几方面原因:一是国家面临着巨大的信息成本,削弱了计划决策的有效性。计划当局制订正确的计划必须要掌握完备和准确的信息,但是由于计划内容过于庞大且面临着巨大的不确定性因素,因而信息的获取和收集异常复杂。正如埃斯特林和温特所言,"中央计划者发现,要制订一个可行的计划很难,因为未来在本质上是不确定的。为作出一个相关的预测,计划者需要掌握足够的信息,这不但包括当前的经济条件,而且还涵括决定未来状况的各种关系。这是一项非常困难且花费浩大的工作"。① 二是国家干预替代私人决策,无法提供有效的激励机制。国家试图以集体决策、集体利益和国家的战略目标替代私人决策、个人利益与个人目标,并且主要依靠强制和意识形态等非经济手段来保证计划和政策得以实施,这在很大程度上抑制了经济利益对个体积极性与创造性的激励作用,使得个人利益与集体利益、个人目标与国家战略目标相互冲突。三是国家无法有效配置资源,使经济丧失持续发展的动力。在计划体制下,国家取代了市场,经济计划和实物指标替代了货币、价格和价值规律的作用,从而使资源配置建立在"社会理性"而非"市场理性"的基础上。奥地利学派的米塞斯与哈耶克认为,取消了市场、货币、商品和竞争性价格形成机制,社会主义体制无法进行真正的"经济核算",不能使资源配置达到潜在的"效率边界",因此,社会主义计划经济体制必然走向效率衰减,经济也必将失去持续发展的动力。苏联计划经济体制后来的实际效果不幸被他们所言中。四是国家机构的过度膨胀不仅耗费了大量资源,而且导致官僚主义的滋长。一方面,国家在本质上不是一个生产和创造财富的经济实体,而是一个消耗经济资源的公共治理主体。计划体制下国家机构与职能的过度扩张更加提高了国家和政府的行政成本,使国家与社会争夺稀缺资源,并加剧了国家与社会的对立和冲突。另一方面,由于缺乏必要的监督约束机制,政府机构内部所固有的"委托—代

---

① 索尔·埃斯特林,尤里安·勒·格兰德. 市场社会主义 [M]. 邓正来等译. 北京:经济日报出版社,1993:127.

理"问题、官僚主义问题大量滋生,结果不仅造成决策失误、导致资源的巨大浪费,而且产生了大量的寻租、腐败等"国家机会主义"行为,从而进一步弱化了国家的治理效能,侵蚀了国家统治的合法性基础。①

由于国家权能范围过度扩张所内生出的上述一系列严重危机,苏联的全能主义国家无法支持高度集中的中央计划经济体制的有效运行,社会经济系统内部也出现了大量的混乱与无序,从而导致体制效率衰减,经济增长速度放缓甚至停滞(见图6-1和表6-2)。这种状况在很大程度上使社会对国家治理的满意程度和信任程度降低,换言之,促进社会经济发展能力的弱化对国家实现自身统治目标的能力产生了"负反馈"效应,结果迫使统治者不得不对传统体制进行调整,从而

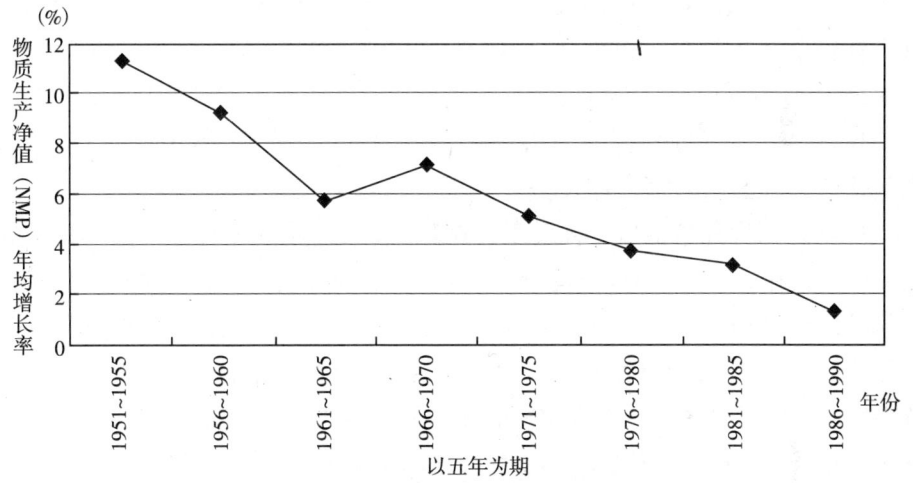

图 6-1 苏联经济增长的长期趋势

资料来源:Marie Lavigne, The Economics of Transition: From Socialist Economy to Market Economy. 2nd ed. London: Macmillan Press Ltd., 1999: 58~59.

表 6-2 苏联的经济增长周期(1950~1989年)

年 份	1950~1951	1952~1953	1954~1956	1957~1963	1964~1968	1969~1973	1974~1978	1979~1988	—	—	1989
周期NMP(物质产品净值)增长率(%)	16.0	8.2	11.6	6.0	8.2	6.5	5.0	3.3	—	—	2.6

资料来源:格泽戈尔兹·W.科勒德克著.从休克到治疗——后社会主义转型的政治经济[M].刘晓勇,应春子等译.上海:上海远东出版社,2000:69-70.

---

① 景维民.过渡经济论——目标、道路与制度[M].天津:天津人民出版社,2000:27-30;曾国安.政府经济学[M].武汉:湖北人民出版社,2002:357-369;曾峻.公共秩序的制度安排——国家与社会关系的框架及其运用[M].上海:学林出版社,2005:111-118.

使苏联从 20 世纪 50 年代中后期开始进入到一个周而复始且断断续续的改革进程之中。

三、传统国家治理模式的演变

学术界一般认为，苏联改革传统国家治理模式的先声始于 1921 年列宁推行的"新经济政策"。新经济政策的核心在于"把社会主义与市场经济直接相联系"。与之相应，在实践层面也对过于严厉的"战时共产主义"政策进行了必要的修正，例如，废除余粮征集制，改行粮食税；采取国家资本主义，以租让和租赁的形式在国家无力经营的企业中引入外资；部分恢复贸易和商品货币关系，允许个体企业、合作社的存在。尽管如此，"新经济政策"仅仅是迈向更为严酷的国家统治进程中的一种"暂时退却"。列宁本人就对此持有摇摆不定的态度，而在其身后，斯大林彻底抛弃了新经济政策，以国家的强制力量进行更为激进的改造，并最终确立起高度集权的斯大林模式。

1953 年斯大林逝世后，社会主义阵营普遍发起了一场"去斯大林化"的运动，也正是在这一背景下，苏联展开了其漫长而又曲折的改革历程。一般而言，学术界将苏联的改革划分为三个主要阶段：赫鲁晓夫时期的改革；勃列日涅夫时期的改革；戈尔巴乔夫时期的改革。这三次改革的初衷都是为了通过局部分权或局部引入市场机制的方式来激活传统计划经济体制的活力，但其最终都以失败而告终。不过，这种局部改革还是多少触及全能主义国家治理模式的某些制度构成，并使其逐渐发生着演变。

首先，改革使政府对经济社会的控制有所松动，但也由此引发了国家能力的逐步衰竭。在赫鲁晓夫时期，改革首先触及了传统的计划管理体制，并由此引发了中央与地方关系的调整。在 1957 年的改革中，传统的部门管理原则改变为地区管理原则，各地方行政区的国民经济委员会代替了原来的中央各部委履行对工业的管理职责。这是一次"分权"的尝试，弱化了中央的经济管理职能，相应地提高了地方的权利。勃列日涅夫时代虽然逆转了赫鲁晓夫时代的行政分权试验，但是却在政府与企业这一维度展开了经济分权，不仅借鉴了经济学家列别尔曼的建议，引入了利润、奖金等经济核算和激励手段，而且赋予了企业部分的自主经营权利。至于戈尔巴乔夫改革后期，政府放权的趋势更为明显，政府对经济、政治、社会、文化领域的控制更为放松，甚至最终到达难以控制的境地。

然而，这种不连贯的改革对国家和政府造成的一个难以扭转的恶性趋势就是国家能力的不断下降，乃至最终走向衰竭。这种恶果的产生主要源自以下三个原因：一是受执政者的意识形态刚性、计划体制的制度结构、复杂的利益关系以及外部因素的综合影响，改革本身呈现出周期性的、非稳定性的特征，结果错过了有效改革计划经济体制的最佳时机，最终使计划经济体制的制度效率与收益消耗殆尽，使得国家的经济权力与合法性基础遭到严重削弱。二是全能主义国家制度本身的结构性约束与改革期间出现的政治经济控制体系松动相互结合，还进一步促使以官僚、企业经理为代表的"狭隘利益集团"形成了相互勾结的"分利性联盟"，他们不再关注提高企业和国家整体的生产能力，而是致力于通过隐瞒真实信息、谋取国家补贴等各种"隐蔽的共谋"手段来实现自身的狭隘利益，从而给计划经济体制的平稳有效运行造成了巨大的障碍，并形成对改革传统体制的严重阻力。[①] 三是戈尔巴乔夫时代仓促发动的以"公开化"、"民主化"和"多元化"为核心的激进政治变革加速了国家的崩溃与能力的耗竭，即公开化导致共产党合法性的丧失，民主化导致国家机构组织力量的瘫痪，多元化导致民族分离主义的滋生，[②] 这些改革将"政党—国家"的基本制度拆散，使得苏联处于一种"无国家"状态。

其次，改革使得苏联逐步出现一个脆弱的、畸形的、不规范的市场经济萌芽。尽管在全能主义治理模式中，计划将市场排挤和压制到最小限度，但它并没有也不可能完全消失。伴随着改革时期国家控制的松动，在利益机制的驱使下，市场也再度萌生。特别是在戈尔巴乔夫改革时期，由于大大缩小了计划经济体制作用的范围，减少了政府对企业的行政干预，在一定程度上给予了企业、行业协会等社会经济主体经营的自主性，从而在不知不觉中催生了俄罗斯市场经济的"原生形态"。1987年的《国营企业法》给予企业更大的自主权，迫使它们服从仍处于限制中的市场力量。1988年5月的《合作社法》进一步给予了合作社与国有企业平等的权利，使得这些企业得以经营社会所需要的各种消费品、生活品，从而使苏联的中小型非国有经济开始大量萌生。但是由于相关的法律和制度并不健全，也缺乏相关的约束监督机制，因此，给予国营企业和合作社企业的经营自由权往往便利了经理人员将国家财产转换为私人财产，这实际上开启了"自发私有化"的闸门，从而使苏联高度公有化、成分单一化的所有制与产权结构在静悄

---

① 曼瑟·奥尔森.权力与繁荣 [M].苏长和，嵇飞译.上海：上海世纪出版集团，2005：105-120.
② 杨光斌，郑伟铭.国家形态与国家治理——苏联—俄罗斯转型经验研究 [J].中国社会科学. 2007 (4)：31-44.

地发生着变化。此外，合作社企业合法化之后，使苏联在此之前就存在的大量"第二经济"进一步得到"繁荣"。而且，这些非正式的经济成分还常常利用物资短缺、价格差价等体制性弊端产生的租金空间，通过倒买倒卖的方法赚取非法利润，并与腐败的官僚、黑社会组织"沆瀣一气"，从而编织了一张"地下经济之网"。实际上，无论是犯罪组织还是它们与官僚精英的勾结，在斯大林去世之后，特别是勃列日涅夫时代就有了增长和发展，不过，戈尔巴乔夫的改革无意中给它们的滋长创造了条件。总之，戈尔巴乔夫"四面出击"、缺乏协调性的经济改革尽管破坏了苏联经济体制的整体性，但是却打破了全能主义国家对经济系统的垄断与控制，给私有财产、市场创造了一个"自生自发"的空间。当然，也正是由于这种非系统的、不协调的、不规范的改革，使得这种市场经济从一出生就不免带有各种各样的先天不足。正如俄罗斯学者科萨尔斯和雷芙金娜指出的那样，戈尔巴乔夫时代不规范的经济改革成为俄罗斯"犯罪式"资本主义市场经济的一把主要的"开启钥匙"。①

最后，改革导致苏联出现了社会分化的趋势，一个不成熟的公民社会也在孕育之中。在改革与双轨并存（行政计划协调与市场协调并存）的过程中，伴随着政治与经济控制体系的松动，各种体制外的多元化的社会经济力量也开始出现，从而使苏联逐渐萌生了所谓的"第二社会"乃至"第二文化"，也就是游离于官方控制之外的社会力量以及文化环境。西方学者认为，这些体制外的、非官方的多元化趋势的出现在某种程度上意味着苏联正在逐步摆脱国家的束缚，从"全能主义"体制走向"早期后全能主义"体制、"成熟的后全能主义"体制。② 尽管多元化的社会经济成分的出现表明改革激活了长久被抑制的社会自组织能力，但是如果缺乏必要的约束和控制，这种体制外的社会经济成分很可能成为瓦解全能主义国家治理模式的深层隐患，苏联改革后期的状况就是如此。在苏联，不规范的"第二经济"常常成为滋生影子经济、自发私有化和有组织犯罪的温床，从而削弱了国家必要的财政汲取能力、合法暴力垄断能力以及秩序治理能力；而"第二社会"、"第二文化"成为包容和孕育自由派、反对派力量，进而使之与国家进行对抗的场所。由于国家与社会长期的隔膜与非良性互动，因此苏联的政府无法及时将这些体制外的经济与社会成分纳入体制内规范发展的轨道或者进行有效的控

---

① 张慧君. 俄罗斯转型进程中的国家治理模式演进 [M]. 北京：经济管理出版社，2009：128-129.
② 胡安·J.林茨，阿尔弗莱德·斯泰潘. 民主转型与巩固的问题：南欧、南美和后共产主义欧洲. 孙龙等译. 杭州：浙江人民出版社，2008：45-54.

制,结果使得这些成分逐步滋长,改变了国家与社会的力量对比和基本博弈关系,从而最终导致了社会对国家的反抗,进一步使国家丧失了对改革进程的必要调控能力。

综上所述,苏联一次次断断续续的改革(包括经济的、政治的以及思想文化领域的改革),虽然没有有效地改革传统的计划经济体制,使其重新焕发活力,但是却逐步地放松了全能主义国家对社会的控制,这种松动既体现在经济活动领域(如各种非国有的经济成分开始不断涌现,经济主体的行为方式开始趋于市场化),也体现在社会活动领域(如社会结构、利益的分化,非官方的、非正式的独立组织的出现),同样也反映在人们的思想、价值观念方面(如与官方意识形态的偏离,独立表达自身利益和观点的渠道的拓宽)。这些变化最终在戈尔巴乔夫激进的经济与政治改革中得以全面的、集中的爆发。而1991年8月,一场"保守派"仓促发动的短暂军事政变的失败也进一步证明了,在经历了6年之久的由渐进到激进的政治经济改革之后,苏联的全能主义国家所具备的权力、权威以及合法性已经丧失殆尽,它不再像斯大林体制下那样可以运用强制手段禁锢和控制社会,社会已经在一次次周而复始的改革中逐步累积起可以抵御国家过度扩张的力量。至此,国家与社会的基本博弈关系已经发生了巨大的变化。伴随着苏联解体,以及激进制度转型战略的实施,俄罗斯的国家治理模式将踏上另一条剧烈重构的路径。

尽管苏联的改革未能挽救传统社会主义体制崩溃的命运,但却为俄罗斯后继的制度转型与国家治理模式演进留下了诸多"改革遗产":一是无效的、不连贯的但却逐步走向激进的经济改革不仅彻底动摇了计划经济体制,而且加重了苏联的经济危机,特别是在戈尔巴乔夫执政末期(1991年),苏联经济已经陷于崩溃,不仅产出负增长(1991年国民生产总值下降了9%[①]),而且货币贬值、财政赤字巨大。正是如此严峻的宏观经济环境,成为"休克疗法"得以被采用的一个客观原因。二是从政治方面来看,苏联政府中的官僚精英阶层在戈尔巴乔夫时期尽管发生了分化,但他们中的绝大多数人在新制度之下仍然保持了精英身份,只不过有些人继续留在政府(如叶利钦和盖达尔等官僚精英),而另一些人转化为经济精英。苏联和俄罗斯这种精英身份的高度传承性成为俄罗斯的"寡头资本主义"和被利益集团俘获的弱政府治理模式得以形成的一个重要诱因。三是戈尔巴乔夫改革时期所留下的一个不规范的甚至带有犯罪性质的市场(如自发私有化、

---

① 唐朱昌.俄罗斯经济转型透视 [M].上海:上海社会科学院出版社,2001:13.

影子经济、有组织犯罪），对俄罗斯健康有序的市场经济体制与市场经济秩序建构带来了许多不利影响；而同样在这一时期出现的一个不成熟的、缺乏利益整合功能的公民社会也进一步加剧了转型时期的社会失序。①

第二节　俄罗斯转型中的国家治理模式重构

1991年12月底，作为地缘政治大国的苏联彻底瓦解；1992年1月，俄罗斯宣布实施"休克疗法"，正式踏上向市场经济转型的道路。自此，自由派改革者带着狂热与惊喜，开始对俄罗斯的政治、经济和社会制度展开大刀阔斧的改革。然而，不久人们就意识到剧烈的制度重构并未带来企及已久的繁荣和稳定，相反，国家与社会的秩序动荡，经济发展的日趋凋敝成为大变革时代的主题曲。在经历了国家治理模式重构带来的阵痛后，俄罗斯也开始反思原有的观念与策略，并试图探寻到一条更为稳妥、有效的国家治理模式构建道路。

一、不完善的民主化与弱政府治理模式

俄罗斯的转型是一个多重制度变迁共时推进的过程，即政治、经济和社会变革并驾齐驱。其中，自由派改革者尤为推崇政治变革的重要性，在他们看来，由极权政治向民主政治的过渡将为经济改革与社会转型创造一个良好的制度环境。特别是通过确立以多党竞争、议会民主和三权分立为核心的制度安排，可以有效约束国家权力，控制政府的"掠夺之手"，保障公民的自由选择和财产权利，这些都是培育一个富有生机的市场经济必不可少的制度基础。以波兰为代表的中东欧国家的实践似乎也印证了这一"转型铁律"。中东欧的许多国家在政治转型启动之前，大多召开了由执政党和反对派阵营参加的"圆桌会议"，以共同协商国家未来的走向。在经历了转型初期的政党博弈和政府体制磨合后，中东欧国家逐渐形成了比较规范的议会民主制政体的运作。在这种政体下，立法、司法和行政三种权力相互制衡，左、右两派政党或政党联盟轮流执政，政府的选举与更替基本按照比较规范的民主程序通过党派竞争和自由选举进行，而且政府权力的行使

---

① 张慧君.俄罗斯转型进程中的国家治理模式演进 [M].北京：经济管理出版社，2009：131-132.

第六章 俄罗斯转型中的国家治理模式重构

也受到立法、司法机关和公民组织的监督与制约。从中东欧国家的实践来看,竞争性民主政体下政府权力的行使受到必要的监督和制约,因而更多地遵从于法律和程序性规则;竞争性民主体制下政府全面推行改革,遏制既得利益集团势力的承诺更加可信,改革也更能获得广大民众的支持。①

与中东欧国家不同,俄罗斯的政治转型则经历了一个相对曲折的过程。俄罗斯社会主义政治制度的崩溃是在保守派与改革派的政治权力角逐中突然触发的,而没有经历一个像中东欧国家那样广泛的社会协商过程,因而社会各方实际上并没有就国家未来的政治经济走向达成一个共识。在这种情况下,以总统叶利钦为代表的激进改革者非常担心旧制度会卷土重来,因而他们推行改革的主要着眼点是彻底瓦解旧制度、打击旧势力,以确保转型不可逆转。在转型初期,由左派把持的议会与总统叶利钦之间在改革的诸多政策上存在着严重分歧,从而导致了许多改革政策的实施既不彻底也不连贯。在这种情况下,以总统叶利钦为首的宪法委员会开始着手制定一部新的宪法以强化总统的权力。1993年以总统集权为特征的新宪法草案终于出笼,但是由于议会与总统在新宪法上存在严重分歧,从而导致了新宪法难以在议会获得通过,结果总统和议会围绕新宪法的问题展开了激烈的争斗。围绕新宪法的斗争酿成了宪法危机,总统叶利钦最终借助武力解散了议会,并通过全民公决使新宪法获得通过。②俄罗斯的新宪法实际上体现了一种权威主义的政治体制架构,其最基本的特征是总统集权,政府听命于总统,而议会权力弱小,因此被冠以"超级总统制"之名。③在"超级总统制"下,政府实际上成为了听命于总统的工具,政府推动政治经济改革的各项措施往往受到总统个人偏好的影响。在转型初期,叶利钦是以一个激进的改革开拓者的姿态出现在俄罗斯政治舞台上的,在他的主导下政府确实推进了一些关键性的改革措施,如放开价格、稳定宏观经济以及推行大规模私有化。但是,叶利钦在其第二任期内由于身陷与寡头集团复杂而微妙的关系中,而且专注于巩固自身的权力,结果制约和影响了他推动国家政治经济转型的能力。④特别是在叶利钦执政后期,寡头集团开

---

① World Bank. Transition—The First Ten Years: Analysis and Lessons for Eastern Europe and the Former Soviet Union [M]. Washington, D.C., 2002, pp.107-108.

② 1993年10月3日,国会与总统的冲突激化,国会领导人及其武装支持者占领了位于莫斯科的国会大厦(称为白宫)、市长办公室及电视台,最终迫使总统叶利钦于10月4日采取武力"炮打白宫",结果国会领导人投降,但造成了大约200人死亡,这也被称为"白宫流血事件"。

③ 徐坡岭. 俄罗斯政治制度转型的全球化约束与政治传统张力 [J]. 世界经济与政治,2004(8).

④ 例如频繁地更换政府总理,以及受寡头利益集团的阻挠无法有力推行一些法律与制度改革措施等。请参见金雁、秦晖. 十年沧桑——东欧诸国的经济社会转型与思想变迁 [M]. 上海:上海三联书店,2004: 229-241.

始俘获政府决策,从而导致政府无法在关键性的法律与制度建设领域持续而有力地进行实质性的改革,结果对体制转型与经济恢复造成了严重的负面影响。此外,俄罗斯的政党制度、公民社会组织不及中东欧国家发达,因而减少了政治市场的竞争性,从而对总统及政府的行为缺乏必要制约。由此可见,俄罗斯集权式(或权威主义)的政治制度结构增大了政府与利益集团勾结的可能性。

俄罗斯不完善的民主化进程造成的一个严重后果就是极大地削弱了政府治理社会经济的能力,从而形成了一种典型的弱政府治理模式。根据第四章的定量评估我们也不难发现,在叶利钦执政末期,俄罗斯的政治稳定性与政府能力已经下降到极低的水平,不仅落后于中国,而且落后于许多实施激进转型的中东欧国家(见表 6-3)。俄罗斯转型期的弱政府治理模式主要体现为:政府无法有效实施法律、征收税款、提供必要的公共物品和服务,也无法有效抵制来自利益集团的俘获;政治领导人缺乏对改革的可信性承诺,以保持市场化改革的连续性;界定不完善的中央—地方关系,以及低效的地方政府治理;过度的行政干预和规制所导致的广泛的腐败和机会主义行为;早期局部改革获利者对进一步改革的抵制所形成的局部市场化改革的"制度陷阱";政府缺乏增进不同利益群体之间咨询、协商与合作的传统,而社会民众也丧失了对政府的必要政治信任。① 此外,在"弱政府"的治理下,俄罗斯还经受着分离主义、恐怖主义的严重侵扰。这些问题集中体现出俄罗斯后社会主义转型进程中政府能力遭到削弱的严重程度,即政府既不能实现维护政权稳定、维护国家与社会秩序稳定的功能,也无法履行提供有效的制度供给和公共政策,促进社会经济持续发展的功能,结果使得俄罗斯陷入严重的"国家治理危机",这种状况在叶利钦执政时代表现得更为明显。俄罗斯经济学弗拉蒂米尔·波波夫的研究表明,俄罗斯不完善的民主转型与弱政府治理模式是造成其转型过程中制度崩溃与经济绩效下滑的重要根源,这与中东欧的竞争性民主与有限政府的组合,以及中国的权威主义体制与强政府的组合所带来的较为良好的治理绩效形成了鲜明的对比。

---

① Ahrens, Joachim and Meurers, Martin. Institutions, Governance, and Economic Performance in Post-Socialist Countries: A Conceptual and Empirical Approach [EB/OL]. http: //www.gov.si/umar/conference/2000/pdf/meurers.pdf.

表 6-3 转型经济体政治稳定性与政府能力指标

地 区	国 家	1999 年	
		得 分	排 序
中东欧地区①	波兰	52.13	4
	捷克	51.84	5
	匈牙利	44.60	10
	斯洛文尼亚	61.09	1
	罗马尼亚	49.41	7
	保加利亚	48.04	8
独联体地区②	亚美尼亚	58.91	2
	阿塞拜疆	47.39	9
	白俄罗斯	35.65	14
	哈萨克斯坦	31.17	15
	吉尔吉斯	28.54	16
	摩尔多瓦	25.65	17
	俄罗斯	42.81	11
	塔吉克斯坦	18.77	18
	乌克兰	41.39	12
	乌兹别克斯坦	50.36	6
东亚地区	中国	55.04	3
	越南	35.78	13

二、混乱的市场化与畸形的市场经济体制

在经历了长期的有始无终的经济改革之后，走向市场已经成为俄罗斯经济转型的必然选择。然而，如何实现经济转型并建立起完善的市场经济体制却是伴随俄罗斯转型始终的一个富有争议的话题。在苏联解体之前，围绕着这一问题就已经形成两派截然对立的观点。③ 温和派主张建立一种符合俄罗斯国情的社会市场经济模式，并且采取渐进主义的转型方式。这种模式以增进社会整体的福利水平为导向，政府在其中发挥重要的协调作用，因而是一种可控的市场经济体制。激进派主张遵循新自由主义经济理论，建立一种盎格鲁—萨克逊模式的自由市场经济体制。该模式强调市场的作用空间最大化，政府的作用最小化。就转型方式而

---

① 中东欧目前包括 15 个国家，但由于分裂问题导致数据缺乏连续性，这里我们只选取其中的部分国家。
② 土库曼斯坦和格鲁吉亚分别于 2005 年和 2008 年宣布退出独联体，因此目前有 10 个成员国。
③ 唐朱昌. 从叶利钦到普京：俄罗斯经济转型启示 [M]. 上海：复旦大学出版社，2007：26-27.

言,推崇采取快速的、全面的、一次性的改革措施,实现从计划到市场的一步跨越。从"休克疗法"、"400 天计划"、"500 天计划"这些改革方案的名称中,不难看出其迈向市场经济体制的急迫性。

在经历了若干次失败的改革后,俄罗斯似乎已经对任何渐进主义的市场化战略彻底丧失了信心。在新自由主义思潮的鼓噪以及西方政客"美好"的承诺的诱导下,激进战略最终胜出,俄罗斯再度走上制度"跳跃"的历史轨迹。1992 年 1 月 2 日,"休克疗法"在俄罗斯正式实施,其主要内容包括:大幅放开物价,快速造就市场;采取严格紧缩的宏观经济政策,削减政府开支,稳定宏观经济;迅速推行大规模私有化,形成支持市场经济的所有者阶层;废除对外贸的管制,全面实行贸易自由化和金融自由化。"休克疗法"的设计者认为,激进改革的实施虽然在短期内可能造成一定程度的经济衰退和社会动荡,但这种状况很快就会发生改变。理性的经济人将会在市场力量的引导下对自身的资源禀赋进行合理的再配置;企业也会在缩减无效的投资和生产的基础上进入积极重组阶段,即增加投资、加速技术改造、开发新产品、开拓新市场。这些都将带动经济走出衰退的低谷,实现持久的繁荣。因此,俄罗斯长期的经济增长将呈现出 J 型曲线效应,即短暂的轻微衰退之后将迎来长期的迅猛增长。

然而事与愿违,"休克疗法"的实施并没有带来企及已久的繁荣,反而使俄罗斯陷入长达八年的持续衰退之中,其实际 GDP 的缩减幅度达到 40%,超过 20 世纪 30 年代大萧条时期西方国家的衰退程度,也超过了第二次世界大战期间苏联经济的缩减幅度。与严重经济衰退相伴生的是形成了一种极度混乱、无效的畸形市场经济体制。这种畸形市场经济体制主要体现出如下特征:一是寻租经济盛行。不规范的私有化和自由化改革使得权力垄断阶层与企业经营管理人员合谋掠夺国有资产,造成严重的国家财富流失。二是地下经济猖獗。一部分地下经济从事着违法活动,成为名副其实的"黑色经济";另一部分地下经济则为了逃避过高的税赋以及腐败的官僚掠夺,从而成为"灰色经济"。这两部分经济的滋长不仅侵蚀了俄罗斯的税收,而且恶化了市场交易秩序。三是债务经济、实物经济大量滋生。受经济衰退的影响,政府债务、企业间的相互拖欠使俄罗斯陷入严重的债务危机。企业间的相互拖欠还使得俄罗斯出现了易货贸易盛行的局面。由货币经济向实物经济退变的过程成为市场经济功能紊乱的重要表现。①

---

① 刘文革. 强制性制度变迁:"俄罗斯转型之谜"的经济学解释 [M]. 哈尔滨:黑龙江人民出版社,2003:54-56.

由此可见，俄罗斯激进的经济转型使政府丧失了对必要经济资源的汲取和控制能力，并且限制了政府必要的经济干预功能，从而形成了一种"弱政府"与"弱市场"并存且相互强化的低效制度均衡。这种激进转型战略忽视了一个基本的历史经验，即经济制度改革必须要依靠一个有能力的政府加以推动和协调，否则不可能建立起一个有效的市场经济体制。然而，过于激进的经济自由化和大规模私有化改革却使得政府丧失了对必要的经济资源的汲取和控制能力，而且也导致政府缺乏足够的力量来实施必要的宏观调控和经济干预，而任由经济自由落体般的持续下滑，最终进一步缩小了政府的财政基础，削弱了政府的经济权力和对改革进程的调控能力。当政府无力对经济制度改革施加必要的协调与控制之时，市场化和私有化改革必然为大规模的寻租、腐败、俘获和犯罪行为洞开大门，制度改革自然成为不同利益集团大肆瓜分改革租金的"竞技场"，结果必然使俄罗斯形成了一种畸形而低效率的市场经济体制，从而加剧了转型时期的社会经济危机。正如美国著名左翼经济学家大卫·M.科茨所言："无论在经济发展或经济转型中，国家在经济中的积极作用本身并不能保证经济的成功。国家采取的错误的积极政策可能不会达到目标。国家可能会变成一个寄生在社会中并阻碍经济发展的机构。然而，如果国家只是袖手旁观，等着个体性行为和非国家力量（如企业家、比较优势和跨国界的资本流动）带来经济发展或转型，其结果必然是以失败告终。这种失败的程度在转型上比在发展上表现得更大。就发展而言，这种失败趋向于导致经济萧条，从而使这个国家在世界经济中困于不利的位置。对于转型来说，完全执着于新自由主义战略的结果可能是快速后退，随之而来的是经济和社会的全盘崩溃。"① 也正是基于上述弊端，尽管俄罗斯的经济转型来势迅猛，但市场经济体制的有效性以及其对经济发展的促进作用都十分薄弱，这种状况不仅在叶利钦时代就已形成，而且一直延续到后叶利钦时代（见表6-4）。

三、急剧的社会变革与分裂的社会结构

原有的共有信念系统与社会控制体系的崩溃，使国家丧失了对社会进行必要的整合与控制能力。传统的全能主义国家治理模式依靠政治强制、官方意识形态灌输以及严格的社会控制几乎排斥了一切体制外社会力量的存在，并由此造就了一个高度封闭、僵化和结构简单的"总体性社会"，在这种社会结构中，社会分

---

① 大卫·M.科茨.国家在经济转型中的作用（上）[J].国外理论动态，2005（1）：8.

表 6-4 转型经济体市场有效性与经济发展指标

地区	国家	1999 年		2004 年		2009 年		十年排序振幅
		得分	排序	得分	排序	得分	排序	
中东欧地区	波兰	59.76	4	52.59	5	60.11	5	1
	捷克	72.96	2	63.22	3	76.27	2	1
	匈牙利	64.95	3	68.08	2	62.84	3	1
	斯洛文尼亚	77.23	1	77.97	1	78.99	1	0
	罗马尼亚	39.25	11	43.50	14	52.82	7	7
	保加利亚	42.94	9	46.09	8	50.08	9	1
独联体地区	亚美尼亚	38.85	12	45.36	11	41.50	13	1
	阿塞拜疆	47.08	6	46.05	9	61.57	4	2
	白俄罗斯	36.46	15	44.49	12	46.86	10	5
	哈萨克斯坦	42.96	8	51.96	6	51.83	8	2
	吉尔吉斯	34.22	16	36.20	16	43.99	11	5
	摩尔多瓦	36.60	13	35.11	17	41.43	14	4
	俄罗斯	44.91	7	45.72	10	37.03	17	10
	塔吉克斯坦	42.78	10	44.41	13	42.63	12	3
	乌克兰	32.83	18	51.91	7	26.81	18	11
	乌兹别克斯坦	36.53	14	29.14	18	40.57	15	1
东亚地区	中国	53.19	5	58.49	4	59.67	6	2
	越南	32.97	17	36.46	15	39.91	16	2

层比较单一,收入分配等社会差距也较小。但是伴随着市场社会主义改革的进行乃至后社会主义转型的正式启动,这种"总体性社会"结构发生了深刻的变革。根据俄罗斯著名社会学家 3.T.戈连科娃的观点,苏联和东欧国家的社会分化现象在改革时期就已经出现了,伴随着改革的进行,"所有社会设置——经济的、政治的、文化的、所有制的和政权的社会形式都在改变"。伴随着 20 世纪 90 年代激进的政治经济变革,苏联和东欧国家的社会分化却日益呈现出一种"自发的"、"无组织的"、"不确定性的"以及"两极分化"的特征。①显然,这一特征是激进而无序的政治经济变革在社会层面上的"映射"。

俄罗斯转型期的社会变革首先体现在收入分配差距的不断扩大。收入分配是一种相对意义上的概念,它归根到底涉及的是一个社会经济体系为谁生产、谁来获取最大收益分割的问题。衡量收入分配的主要指标是基尼系数。尽管俄官方公

---

① 3.T.戈连科娃.俄罗斯社会结构变化和社会分层(第二版)[M].宋竹音,王育民译.北京:中国财政经济出版社,2004:2-3.

布的基尼系数绝大多数位于 0.4 的警戒线以下，但大多数学者对这一指标的估计都已经超过了这一国际公认的警戒水平，例如，Dabrowski（2004）估计的 1995 俄罗斯的基尼系数是 0.439，1998 年是 0.446，2000 年是 0.432。此外，从十分位比率数（Decile Ratio）来看，俄罗斯的官方统计数字就高达 14，而很多学者估计这个数字甚至达到了 30，已经达到极其严重的程度，同样大大超过警戒线水平。Svejnar 指出，"如今，俄罗斯在世界最不平等国家中的情况，就像我们在很多最不平等的发展中国家里观察到的一样典型，比如巴西"。①换言之，俄罗斯的收入分配差距程度已经可以和世界公认的最不平等地区——拉丁美洲相提并论了。

社会变革的第二个表现是社会结构出现剧烈分化，甚至处于断裂边缘。在转型进程中，原有的工人阶级—农民阶级—知识分子阶层的简单社会结构趋于解体，大量新生的社会阶层、社会集团不断涌现。根据俄罗斯社会学家塔·扎斯拉夫斯卡娅的研究，转型期的俄罗斯社会自上而下形成了六大社会阶层："精英层"，即掌握巨大政治权力和经济权力资源的政治、经济精英，这一阶层占总人口的比例不到 0.5%；"上层"，即由大中型企业的领导人、次精英集团构成的社会阶层，这一阶层的比例大约为 6.5%；"中间层"，即中小商人、高级专业人士、中层管理人员、军官等，这一阶层的比例大约为 20%；"基础阶层"，即普通专业人士、工人、农民、服务人员等，这一阶层的比例大约为 60%；"下层"，即非熟练工人、临时失业人员，这一阶层的比例大约为 7%；"社会底层"，包括各种生活在社会边缘、底层的人员，如难民、盲流、酗酒者和生活无着落人员等，该阶层的比例大约为 5%。这种阶层分布呈现出的一个突出特点就是俄罗斯的中间阶层、中产阶级十分弱小，除少数掌握巨大权力资源的精英集团位于社会顶层外，大量民众被挤压到社会的下层和底层。显然，由于缺乏中间阶层这一稳定的缓冲阶段，且精英层与民众缺乏沟通和流通的渠道，因而俄罗斯呈现出一种脆弱的沙漏型社会结构，如图 6-2 所示。这种危险的社会结构使得俄罗斯社会日趋走向分裂，甚至面临随时断裂的风险。

最后，尽管俄罗斯在转型时期已经出现了大量基于自愿互利原则的自治性社会团体、组织和网络，但是理性而具有社会整合功能的现代公民社会却迟迟未能建立起来。公民社会发育迟缓主要由以下原因所致：一是俄罗斯历史上长期经历专制主义统治，私有财产、个人自由、民主、法治这些支撑公民社会的核心制度

---

① Svejnar. Labor Market Flexibility in Central and East Europe [M]. CASE Conference "Beyond Transition", Warsaw, April, 2002.

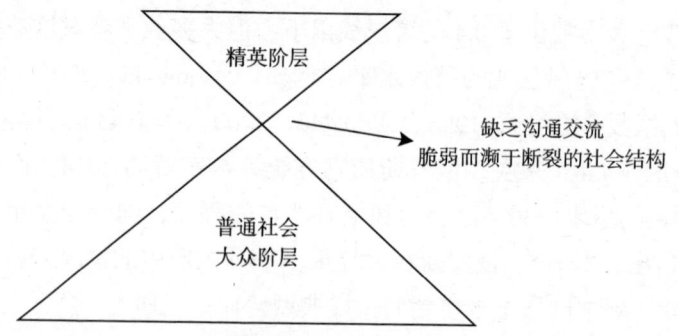

图 6-2 俄罗斯社会的"沙漏型"结构模型

资料来源：张慧君著.俄罗斯转型进程中的国家治理模式演进［M］.北京：经济管理出版社，2009：173.

安排与价值观念长期缺失，从而使公民社会的发育缺乏历史文化传统的支持，结果导致俄罗斯虽然具备了公民社会的"形式要件"，但却缺乏公民社会基本的内在成分和精神实质。二是转型时期严重的、持续的经济衰退使得苏联后期原本存在的中产阶级被彻底摧毁，公民社会失去了最重要的社会基础；俄罗斯社会学家祖斯拉夫斯卡娅认为，苏联后期曾经存在一个主要由受过良好教育的城市专业技术人员和熟练工人构成的中间阶层，他们本来可以成为支持俄罗斯后社会主义公民社会的重要基础，但经济的"休克疗法"却在很大程度上毁灭了这一阶层。[①] 三是转型时期社会结构和价值观念的急剧分化迅速摧毁了俄罗斯原本存在的"共有信念"系统，但却依然缺乏一种为社会所普遍认同的价值观念来整合社会分歧，促进社会团结；在俄罗斯转型时期，不仅社会普通民众的思想价值观念发生了巨大的分化，而且精英阶层内部也存在着巨大的利益、观念的差异和冲突，精英集团的分化与冲突严重削弱了转型社会的整合能力并使得俄罗斯的后社会主义公民社会缺乏必要的包容性。由于公民社会发育的不成熟与薄弱，那种基于公民社会的公民认同和公民文化在转型进程中的俄罗斯社会更加难以成长，"诚实、信任、守法、宽容"等公民社会的美德并未被俄罗斯的主流社会所认可；相反，"猜疑、欺诈、违法及不宽容"成了俄罗斯转型时期普遍存在的社会现实特征。[②] 许多所谓的私人商业组织、社会团体也往往失去了公民社会所应具备的合法、独立、自治的特征，而被官僚特权阶层所操控，甚至受到黑恶势力的裹胁，成为"恶性社会资本"、"私人暴力组织"孳生的场所，这就使得俄罗斯转型期的公民社

---

① 卡瑟琳·丹克斯.转型中的俄罗斯政治与社会［M］.欧阳景根译.北京：华夏出版社，2003：10.
② 黄军甫.社会结构变迁与俄罗斯政治转型［J］.当代社会主义问题，2004（2）.

会看起来并不那么"干净",而是笼罩着各种各样的颜色("黑色"或"灰色")。①

综上所述,由于俄罗斯社会转型的无序性导致其社会结构的分裂以及社会福利水平的整体下滑,因而在其国家治理质量评估指标体系中,社会稳定性与社会发展这一指标的得分和排序明显低于其他转型绩效较好的国家,如中东欧和中国(见表6-5)。

表6-5 转型经济体社会稳定性与社会发展指标

地区	国家	1999年		2004年		2009年		十年排序振幅
		得分	排序	得分	排序	得分	排序	
中东欧地区	波兰	51.62	5	50.48	4	51.14	5	1
	捷克	58.01	3	49.43	5	47.21	11	8
	匈牙利	41.04	12	31.48	13	33.29	15	3
	斯洛文尼亚	49.01	6	41.23	8	44.69	12	6
	罗马尼亚	41.52	11	33.80	11	32.08	17	6
	保加利亚	43.30	9	55.26	3	49.31	7	6
独联体地区	亚美尼亚	42.79	10	28.72	16	35.22	14	6
	阿塞拜疆	47.45	7	40.25	9	37.49	13	6
	白俄罗斯	35.80	16	31.35	14	66.78	1	15
	哈萨克斯坦	52.33	4	43.64	6	47.66	10	6
	吉尔吉斯	40.24	13	41.71	7	66.76	2	11
	摩尔多瓦	37.62	14	30.30	15	48.70	8	7
	俄罗斯	35.43	17	25.38	17	33.17	16	1
	塔吉克斯坦	32.40	18	32.15	12	48.00	9	9
	乌克兰	37.51	15	20.22	18	26.21	18	3
	乌兹别克斯坦	43.42	8	39.11	10	49.48	6	4
东亚地区	中国	69.12	2	61.29	2	58.30	4	2
	越南	71.83	1	67.34	1	63.61	3	2

四、盲目的国际化与依附性经济发展模式

封闭性与资源错配是植根于苏联计划经济体制的两大严重弊病。苏联作为一个横跨欧亚的大国,土地辽阔,拥有丰富的自然资源。但是在传统发展战略的主导下,却建立起一种极度封闭的经济结构,形成了能向军事生产能力及时转换的重型产业结构体系。其主要特征体现在以下几个方面:一是在国内以俄罗斯为核

---

① 张慧君. 俄罗斯转型进程中的国家治理模式演进[M]. 北京:经济管理出版社,2009:177-178.

心，以统一的国家劳动地域分工为基础形成了国内区域经济联系体系，各地区既拥有保证全国经济运转的专业化产品的生产部门，又具有保证本地区经济综合发展的部门，具有很强的经济自给性，对世界经济的依赖程度较小。二是以经互会为核心，建立了以苏联为首的社会主义国际经济体系。在该体系内，苏联与其他社会主义国家进行广泛的贸易往来，经互会成为苏联封闭型经济体系向东欧国家延伸的重要途径。三是在对外经济活动中长期排斥市场机制的作用，实行国家垄断和集中的计划管理体制。四是形成了国内国外两套完全脱钩的价格体系，无法形成灵活有效的价格自动调节机制。五是长期实行低关税政策，而且税制简单。六是在外汇体制领域形成多重汇率制度并存的局面，货币无法自由兑换。①

伴随着向市场经济转型的正式启动，俄罗斯封闭式的经济体系被打破，经济结构与经济发展模式也面临着巨大的变革。转型初期，经济学家们对俄罗斯的对外开放和经济发展前景普遍持有一种乐观的态度。他们认为，计划体制的解体将改变政治牵制经济活动的痼疾，这将意味着中长期的繁荣。在俄罗斯，经济起飞的条件早已具备：工业化已经完成；拥有数量众多的受过良好教育的健康劳动力；较少的人口基数等。虽然转型国家在传统体制下技术老化，产业结构失衡，但是伴随着经济的开放，在西方资本流入和扶持下，资源重新配置和结构的重大调整将迅速实现。②受这种乐观态度的影响，俄罗斯开始推行全面开放和融入国际经济的战略。1992年2月，在俄罗斯独立后不久，叶利钦总统在会见驻莫斯科外交使团团长时指出，俄罗斯准备与世界各国、各地区进行广泛合作。俄将执行不受意识形态约束的、对外开放的外交政策，并准备既同西方也同东方，既同北方也同南方进行广泛的合作。俄罗斯外交政策基本构想也指出，俄将放弃苏联推行的大国主义外交，开展重视国家利益的经济优先外交，争取成为国际社会的真正伙伴。对外开放已经成为独立后的俄罗斯的一项基本国策。③为此，俄罗斯通过了《对外经济活动自由化法令》，规定废除对外贸易垄断，取消对外经济活动的限制，凡在俄罗斯境内注册的企业均有权参与对外经济活动，改变高汇率制度，实现统一的浮动汇率制度。

尽管对外开放是发展市场经济的必要之举，但过于激进的对外开放战略也给俄罗斯经济带来严重的负面影响。对外自由化并未改变外贸下降的局面，反而恶

---

① 薛君度，陆南全. 新俄罗斯：政治·经济·外交 [M]. 北京：中国社会科学出版社，1997：206—208.
② Nauro F. Campos, Fabrizio Coricelli. Growth in Transition: What We Know, What We Don't, and What We Should [R]. William Davidson Working Paper Number 470, February 2002.
③ 薛君度，陆南全. 新俄罗斯：政治·经济·外交 [M]. 北京：中国社会科学出版社，1997：208.

化了形势。例如，1992 年俄罗斯与独联体国家的贸易额为 794 亿美元，比上年下降了 16.8%，其中出口 424 亿美元，下降 16.7%；进口 370 亿美元，下降 16.9%。贸易结构也极不合理，其中 75% 的出口商品是燃料和原材料，进口的 30% 以上是食品和消费品。出口下降、收汇滞留国外以及外债负担沉重，最终导致俄罗斯陷入外汇储备枯竭的境地。1992 年俄罗斯外债总额 748 亿美元，到期应偿还的外债为 167 亿美元，还有 39 亿美元利息，而偿还能力只有 20 亿美元。外汇枯竭和通货膨胀使卢布汇率脱离控制。俄罗斯从 1992 年 7 月 1 日起开始实行经常项目项下的统一浮动汇率制。当时规定 1 美元兑换 125 卢布，到 8 月初下跌为 161 卢布，9 月初为 211 卢布，11 月底又下跌到 470 卢布。[①]

比上述问题更为严重的是，俄罗斯在市场化和融入国际经济进程中还形成了一种带有严重依附性的资源依赖型经济发展模式。俄罗斯原本是一个具备高度工业化生产能力的国家。但是，伴随着激进的经济转型，特别是大规模私有化，原有的工业体系迅速瓦解，企业的生产能力、技术水平大幅度下降，以至于出现了学者们所说的"去现代化"、"去工业化"的趋势。结果，俄罗斯只能根据主流经济学的"比较优势"原理大量出口储量丰富的石油、天然气等资源产品来换取外汇以满足发展本国经济，提高民众生活水平的需求。例如，按照俄罗斯 2004 年石油产量 4.6 亿吨计算，每桶石油价格上涨 1 美元，俄罗斯就能多赚取 30 亿美元的收入；反之，石油价格的下降也将会使俄罗斯丧失不只数十亿美元的损失。[②] 如果根据杰弗里·萨克斯（2005）的观点，这意味着俄罗斯在经济发展和产业结构的阶梯上出现了很大的退步，从一个工业大国走向一个资源出口型的低度工业化国家。对资源出口的依赖必然加剧了俄罗斯对整个国际经济体系的依附性以及本身经济体系的脆弱性。这一状况显然与当前整个世界经济和国际贸易发展的水平以及俄罗斯实现大国经济复兴的愿望相背离。这不仅反映出俄罗斯产品在国际市场上缺乏竞争力，出口创汇能力有限，而且反映出更深层次的结构性矛盾，即俄罗斯经济结构调整与进出口商品结构之间相互制约产生了"自发性和退化性的反工业化趋势"。低度化的产业结构导致商品进出口结构的低度化，结果俄罗斯只能依靠出口初级产品换取轻重工业制成品。低度化的进出口结构又使得产业结构向反方向调整，使俄罗斯只能停留在低水平的国际分工链条上。[③]

---

① 张弛. 俄罗斯转型绩效透视 [M]. 北京：经济日报出版社，2003：60.
② 王永兴. 2008 年：处于转型十字路口的俄罗斯 [J]. 俄罗斯中亚东欧研究，2009（1）：1-6.
③ 薛君度，陆南全. 新俄罗斯：政治·经济·外交 [M]. 北京：中国社会科学出版社，1997：216-217.

经济转型深化中的国家治理模式重构

五、国家治理模式重构的无序性与转型危机

通过对俄罗斯国家治理模式重构进程的分析，我们不难发现，在 20 世纪 90 年代的俄罗斯，以新自由主义为主导的激进转型体现出一种急于摧毁旧世界的决心和试图通过迅速的政治民主化和激进的经济自由化、私有化改革来打破传统计划经济体制的壁垒，冲破高度集权的全能主义国家治理模式的束缚，在短期内建立起法治国家、市场经济和公民社会三位一体的现代国家治理模式的宏伟构想。但在实际操作过程中却出现了制度改革的严重变形，从而产生了来自政府、市场与社会三个层面的严重治理危机，或者说"政府失灵"、"市场失灵"与"公民社会失灵"并存。

在国家解体与制度剧变的影响下，政府急于从社会经济领域退出，却造成了严重的国家政权衰败与政府的制度能力、秩序治理能力极度弱化。政府不再是一个维护法律与秩序的公共权威，而公共权力也随着政府的衰弱而被官僚、利益集团甚至私人暴力组织所攫取，从而呈现出一种国家制度解体、公共权威消解的秩序解构现象。政府强制推动的以产权私有化为核心的激进经济变革非但没有造就一个有效的市场经济，反而为各种公共和私人利益团体大肆掠夺国有资产并瓜分改革租金提供了巨大的空间，并且最终孕育了一个势力强大并可以俘获政府决策的寡头阶层，从而进一步削弱了政府对政治经济转型进程的调控能力。后私有化阶段的法治缺失不仅使产权在实际运行过程中难以清晰界定，而且使得各种市场契约的实施只能依靠封闭式的关系网络加以支持，甚至使俄罗斯从货币经济一下子退回到前现代的物物交易，并出现了严重的信任危机，从而导致整个的社会经济交易秩序出现了严重混乱与萎缩。在政府治理崩溃、市场秩序失控的条件下，历来极端脆弱的俄罗斯社会受到政治权力与经济权力的双重撕扯，出现了严重的分化、极化现象，以致存在随时断裂的隐患。而伴随着政治民主化与经济自由化刚刚萌生的公民社会却出现了严重的功能异化，俄罗斯的公民社会不再是协调与整合社会利益分歧的社会稳定器，反而成为既得利益集团掠夺国家经济资源、俘获政府决策的平台；而且在缺乏政治与法律秩序这一坚固"外壳"保护的前提下，公民社会也成为滋生"庇护关系"、"封闭性网络"，甚至是有组织犯罪等恶性社会资本的场所，并进一步加剧了社会的分裂与秩序的混乱。显然，俄罗斯在 20 世纪 90 年代的激进转型进程中确实陷入了一种国家整体治理模式的全面危机之中，或者说是陷入一个"秩序分裂"的制度陷阱之中，结果使得经济长期处于

衰退之中而迟迟得不到复苏。

正是基于上述特征，本书将俄罗斯20世纪90年代（特别是叶利钦执政时期）所形成的国家治理模式界定为一种"秩序分裂"（Order-fragmentation）型国家治理模式（见图6-3）。这一国家治理模式的基本特征表现为以下三个方面：弱政府治理模式——政府过度退出与调控能力、行为能力严重弱化，政府被既得利益集团俘获，机会主义行为泛滥，政府无法提供充足有效的制度供给和秩序治理；扭曲的制度改革与混乱的市场经济秩序——经济制度改革严重变形，市场的低效资源配置与低度的经济行为协调能力，私人产权和契约遭到严重侵犯，陷入一种"反法治"的无效制度陷阱之中；社会分裂与不成熟的公民社会——经济利益与权力规则相互结合加剧了社会分化趋势，社会结构处于断裂的边缘，公民社会发育不足并呈现出严重的功能异化和整合失灵。

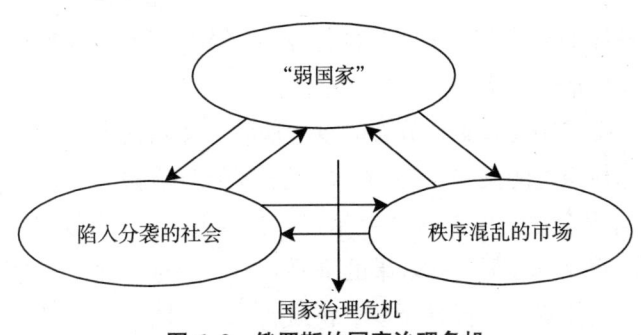

图6-3 俄罗斯的国家治理危机

第三节 俄罗斯国家治理模式构建面临的挑战

为了使俄罗斯摆脱因国家权力解构与能力耗竭所引发的"秩序分裂型国家治理模式"，必须从俄罗斯的历史与现实出发，重新探索切实有效的制度转型与国家治理模式重构的道路。其中，重塑国家强大的制度能力和秩序治理能力，保持国家对社会经济转型的有效指导和调控，显然是俄罗斯摆脱叶利钦时代日益严重的国家治理危机的必要条件。2000年普京执政后，也正是从加强国家政权建设、强化国家能力构建这一核心问题入手，采取了一系列政治、经济与社会改革政策，对俄罗斯的制度转型与国家治理模式进行有力的调整。普京时代对国家权力的整合与国家能力的构建主要体现为以下三个方面的内容：

一、稳定制度环境与建立强政府

后社会主义多重制度转型引发了严重的政治、经济与社会动荡，在这一过程中，政府作为国家秩序的稳定器、制度改革的推进器发挥着关键性的作用。[①] 然而，叶利钦时代的"弱政府"却远远无法发挥上述功能。在多重权力中心、分利集团的联合侵蚀下，国家的政治经济权力实质上处于极度分散的状态，政府也自然处于一种软弱无能的状态之中。为了扭转上述局面，普京采取一系列政治改革措施来集中整合国家权力，构建具备充足制度能力的"强政府"，从而试图为经济转型与国家治理模式重构创造一个稳定的制度环境。恰如普京所言："对俄罗斯人来说，一个强大的国家不是什么异己的怪物，不是要与之做斗争的东西，恰恰相反，它是秩序的源头和保障，是任何变革的倡导者和主要推动力。"[②] 构建强政府的努力主要包括如下措施：

首先，改革政党制度，整合分裂的政治秩序。叶利钦时代，俄罗斯政坛风云激荡。国家解体与激进的民主化转型揭开了俄罗斯政治秩序持续混乱的序幕。党派斗争、总统与议会之间的持久冲突始终是贯穿叶利钦时代政治斗争的一条主线，也是削弱政府改革政策实施效果的重要原因。针对政党发展的混乱局面，普京执政后提出要在俄罗斯实行有两三个和四个政党参加的多党制，把政党活动纳入法制轨道，在议会中形成支持政府的稳定多数派。2001年7月颁布的《俄联邦政党法》规定成立全国性政党的主要条件是人数在1万人以上，政党的每个联邦分支机构不少于100人；2004年《俄联邦政党法》修订时再将门槛提高到不少于5万人，每个联邦分支机构不少于500人；2005年出台的新《选举法》将政党进入国家杜马的门槛从5%的席位提高到7%的席位。[③] 通过政党制度改革，普京初步使俄罗斯摆脱了叶利钦时代政治秩序混乱的局面，巩固了自身的执政地位，使得支持总统和政府的中间力量党派在议会中获得绝对优势，从而为政府调整转型战略，实现国家治理模式转变创造了坚实的基础。

其次，改革联邦体制，强化国家对地方政权的垂直领导。在俄罗斯转型之

---

① 朱天飚. 比较政治经济学 [M]. 北京：北京大学出版社，2006：261-266.
② 普京. 千年之交的俄罗斯 [M]// 普京文集：文章和讲话选集. 北京：中国社会科学出版社，2002：9.
③ 徐向梅. 普京的政治治理和俄罗斯政治走势分析 [J]. 当代世界与社会主义，2007 (1).

初,以总统叶利钦为首的激进自由派改革者为了对抗苏联的中央政权以及其他保守的反对派,因此授予了各地方政府极大的自主权。这种出于政治斗争和意识形态偏好而草率做出的制度安排使得俄罗斯的政治体制和国家结构从高度集权的一端立即跳跃到过度分权的另一端,即地方权力过大,中央与地方关系处于极度混乱无序的状态。由于中央政府丧失了对地方政府的必要控制,导致地方政府的各种机会主义行为泛滥,严重削弱了中央政府的权威和法律、政策的执行效率。自普京执政后,俄罗斯就开始对其无效的联邦体制进行不断的改革和调整:一是成立联邦区及任命总统驻联邦区的代表,巩固联邦体制,强化中央政府对地方的控制;二是变更各联邦主体执行权力机关的组建方式,用总统提名、地方议会通过的方式替代地方最高行政长官的直接选举;三是改变联邦委员会成员构成,联邦委员会成员不再由各联邦主体行政长官和立法机关的领导人兼任,改由各联邦行政机关和立法机关代表组成,以削弱地方行政长官的地位和权力,增强联邦委员会作为立法机关的独立性;四是命令各级地方政府修改违反俄罗斯联邦宪法的地方法令,整合并统一俄罗斯国家整体的法律和秩序;五是进一步改革和完善中央与地方的财政分权关系;六是坚决打击以车臣为代表的民族分离主义、恐怖主义和极端主义势力,维护俄罗斯的领土完整和主权统一。

再次,打击寡头干政,强化国家对政治经济资源的控制能力。在俄罗斯经济转型进程中,由于法律和制度的缺失,一批脱胎于苏联的精英阶层利用混乱的市场化和腐败的私有化大量攫取国家财产,并由此形成了可以左右国家政局和政府决策的寡头势力。普京执政后,决心改变寡头干政与俘获国家的局面。他要求寡头"平等地远离政治",并明确表示要与敢于干政的寡头做无情的斗争。2000年,普京在执政不久就首先清除了寡头控制的媒体王国,改变寡头集团借助媒体裹胁社会舆论与政府对抗的局面,如寡头古辛斯基控制的主要媒体——独立电视台被政府收购。此后,政府又通过法律和经济的手段打击那些不听政府劝告,继续通过干预政治实现自己野心的寡头,这些措施先后迫使古辛斯基出逃以色列、别列佐夫斯基流亡英国。2003年10月,普京政府又以严重的经济犯罪为由将试图干政的俄罗斯第一大富豪、尤科斯石油公司总裁霍多尔科夫斯基进行拘捕和审判,并严厉追究该公司的逃税行为,拍卖尤科斯公司的财产以清偿债务。普京用强硬手段瓦解了敢于向国家政权挑战的寡头阶层的经济基础,对他们进行经济剥夺,初步扭转了叶利钦时代寡头严重干政、政府被强势利益集团俘获而治理能力软弱的格局,从而为俄罗斯摆脱由于寡头对政府严重俘获所导致的"局部经济改革均衡陷阱"创造了条件。当年不可一世的"攫财大亨"别列佐夫斯基也不得不承认，寡头与政府建立的"良好关系"已经不复存在了，寡头与国家只能保持适度的距离并且服从政府的指令，"现在的大资本已经不再是通过总统来管理国家，而只是羞答答地建议总统领导他们这些资本家"。①

最后，改革行政体制、打击腐败，提高政府的廉洁与效能。一方面，在20世纪90年代的转型进程中，尽管俄罗斯通过实施激进的"休克疗法"使政府从大部分社会经济领域中退出，但是由苏联政府体制演变而来的俄罗斯行政系统的治理职能转换仍然不能很好地适应现代市场经济的需要，而且存在着政府构成不合理、机构臃肿、各级政府间的职权划分不科学、结构设置不合理等多种行政管理问题。②另一方面，由于尚未形成完善而有效的政府公务员制度，并且缺乏必要的法律和制度约束，俄罗斯在转型进程中产生了大量的职务犯罪和贪污腐败问题，这些形式多样的"政府病"不仅削弱了政府自身的治理能力，而且严重阻碍了社会经济发展。针对政府职能涣散、行政效能低下的弊病，普京在其第二任期内开始将行政体制改革列入国家制度建设的日程。从2001年开始，俄罗斯相继展开了数次重要的政府改革，通过裁减、合并政府部门机构，减少冗员，规范政府行为等措施来提高政府的效率。与此同时，俄罗斯也开始整治日益严重的腐败问题，其主要措施包括：明确法律法规，要求政府官员严格自律；积极推行政务公开，政务透明；设立对腐败问题进行社会监督和政府监督的机构；实行高薪养廉政策等。

通过上述举措，俄罗斯政府的自主性得到提高，政策和法令的执行能力明显增强，政府的行政成本有所降低，而治理效能却不断改善。基于上述原因，普京时代的俄罗斯逐步摆脱了叶利钦时代政府软弱无力的状态而朝向一种"强政府"治理模式演进，这就为其着手经济与社会其他领域的制度改革构筑起坚实而有力的政治基础。

尽管如此，俄罗斯仍然需要进一步强化国家政权建设，提高国家的制度能力、治理能力。虽然普京时代的一系列举措对于稳定国家的政治秩序、提高政府的治理效能取得了初步成效，但以规范的民主制度和善治的标准来看，俄罗斯的政治体制与政府治理仍然存在着极大的弊端、风险和不稳定因素。首先，如何在普京时代已经造就的强势总统角色与"梅—普"时代可能出现的强势总理角色之

---

① 徐向梅.普京的政治治理和俄罗斯政治走势分析[J].当代世界与社会主义，2007（1）.
② 关海庭，吴群芳.渐进式的超越——中俄两国转型模式的调整与深化[M].北京：北京大学出版社，2006：235-236.

间实现权职分工和有效协调,以避免出现双重权力中心冲突而再度消耗国家权力并降低政府执行效能的局面,将是贯穿"梅—普"时代的一个关键性治理问题。尽管普京和梅德韦杰夫都深信在遵守宪法的前提下通过合理的分工(目前来看前者侧重内政和经济,后者侧重外交和国防)和有效协调不仅不会形成双重政权,而且会提高效率,但是其实际效果还有待长期观察。其次,如何打破俄罗斯从苏联时期到叶利钦时期再到普京时期,中央与地方从集权到分权再到集权的循环,建立一种均衡、有效的中央与地方的权力关系,不仅对于俄罗斯政治稳定具有重要意义,而且关系到俄罗斯能否真正建立一种"市场维护型联邦制"的有效的政府治理结构。再次,普京政府虽然通过打击寡头势力缓解了叶利钦时代"寡头政治"的局面,但是以大型企业为代表的商业利益集团对政府的俘获问题仍然没有得到根本解决。俄罗斯经济学家雅科夫列夫和祖拉夫斯卡雅的研究发现,普京采取的一系列政治集权和打压寡头的措施,并没有彻底解决俄罗斯"国家被俘"的问题,普京的政策在一定程度上是把垄断租金从叶利钦时代形成的寡头转移到与联邦政府关系密切的寡头手中,不解决国家俘获问题,俄罗斯的政府治理绩效难以真正提高。[①] 最后,尽管普京在其任期内就已经开始着手改革政府行政体制,但俄罗斯政府长期形成的严重腐败问题仍然是制约政府治理效能提高的重要因素。俄罗斯第一副总检察长安德烈·布克斯曼在 2007 年对媒体披露,俄罗斯官员行贿受贿达到相当惊人的程度,行贿数额约为 2400 亿美元,2006 年前 8 个月执法机关共查获约 2.8 万起腐败案件,其中 9000 起是行贿案,证据确凿。[②] 显然,打击腐败依然是俄罗斯新领导人面临的艰巨任务。普京和梅德韦杰夫二人均表示在未来将继续改革政府体制,特别是向俄罗斯依然十分严重的寻租、腐败等顽症宣战,建立起法治和高效的现代政府。

二、深化市场经济体制建设与调整经济发展模式

20 世纪 90 年代,叶利钦试图通过迅速的经济自由化为市场的自发扩展创造空间,然而却在过度缩减政府职能范围的同时破坏了政府必要的保护和培育市场秩序的能力,从而使俄罗斯的市场经济体制严重扭曲。普京对市场经济的制度特

---

① Evgeny Yakovlev, Ekaterina Zhuravskaya. State Capture: From Yeltsin to Putin [R]. CEFIR/NES Working Paper Series, No. 94, 2006, http://www.cefir.ru/papers/WP94_Zhuravskaya_Yakovlev.pdf.
② 赵立枝,王超. 俄罗斯经济形势扫描 [J]. 西伯利亚研究, 2007 (1): 7.

性及其与经济发展之间关系的理解要比叶利钦更为深刻、务实。这突出体现为普京在不断增强政府自身治理能力的基础上对俄罗斯畸形的市场体制进行改造，对支持市场经济有效运转和经济持续发展的制度安排进行更加细致的培育，从而将催生现代市场经济的两种力量——政府的理性构建与个体的自发演化并有机结合起来。

首先，自普京执政后，俄罗斯政府就开始着手完善市场经济运行的制度环境建设，构建法治的市场经济。在叶利钦时代，尽管俄罗斯的政府和立法当局也曾试图通过大规模立法和采取移植西方国家先进法律制度的方式，迅速制定出一系列支持现代市场经济有效运转的法律和法规条文，但是相对于转型时期变动不居的社会经济环境而言，法律制度改革与现代法治建设的步伐依然是十分滞后的。为了扭转俄罗斯法治缺失和市场经济秩序严重紊乱的局面，普京政府将经济制度构建的突破口选在加强俄罗斯转型时期的法制建设，即通过加强立法、强化国家法律体系的统一性、打击犯罪、取缔影子经济等一系列措施努力为俄罗斯的市场经济发展营造一个以法治为基础的，稳定、有效的制度环境。

其次，俄罗斯开始修正激进的私有化政策，强化国家对国有资产以及战略性行业的控制，深化公司治理建设。俄罗斯转型初期的大规模私有化不仅导致了国家财产的巨大流失，而且催生了势力强大的寡头阶层。普京执政后，虽然强调不会实施逆转早期私有化的大规模"重新国有化"措施，但也决心对混乱无序的私有化政策进行大幅度的修正。除了打击寡头，没收其非法所得外，俄罗斯进一步出台了更为完善的《俄罗斯联邦国有资产和市政资产私有化法》以规范产权改革的方式，同时在推进私有化的同时仍然在关系国计民生的行业和领域保持了一定的国有经济成分，以确保国家的经济控制力。在完善产权改革的基础上，俄罗斯更加重视现代公司治理制度的建设。特别强调要改变多数企业被"内部人控制的局面"，大力发展开放型股份公司，以便吸引国内外战略投资者的进入，完善企业的治理机制，加快企业重组进程，提高企业的经营效率和竞争力。

再次，强化宏观调控，制定长远经济发展战略。在经历了早期市场化导致的剧烈阵痛后，俄罗斯开始反思原有的经济转型策略，试图放弃过度放任的"自由式"市场经济制度安排，将市场运行和社会发展建立在国家调控体系基础之上，努力构建一种"可控的市场经济体制"。从普京时代开始，俄罗斯明确了国家干预经济的基本范围和职能：一是保护产权；二是保障平等的竞争条件；三是精简企业注册程序；四是减轻税负；五是改革金融体系；六是实行现实的社会政策。与此同时，开始制定切实可行的长远经济发展战略。如2000年出台的《俄罗斯至

2010 年发展战略》、2003 年提出的十年内 GDP 翻番的战略目标、2005 年出台的《俄罗斯 2005~2008 年社会经济发展中期纲要》等。这些经济发展计划提出了俄罗斯长期发展的战略目标，探讨了诸种可供选择的经济发展模式，并且针对俄罗斯特定的优势与劣势提出了促进经济发展的战略举措。

最后，稳健推行对外开放，积极融入世界经济体系。在叶利钦时代，俄罗斯虽然也非常重视对外开放，并且试图通过开放来吸收外国投资以缓解国内投资不足、生产萎缩的局面。但是，俄罗斯动荡、腐败和法制不健全的投资环境严重削弱了外国投资者的信心，这就使得俄罗斯经济转型以来吸收的外资十分有限。① 相反，过于激进的对外开放战略导致了外国商品的大量流入，这不仅给国家带来了巨大的贸易逆差，而且严重冲击了本国民族企业的生存和发展，进一步加重了转型时期的经济困境。从这个意义上讲，转型初期，俄罗斯处于一种被动地、消极地走向世界经济体系的状态。普京执政后在坚持俄罗斯经济对外开放的基本方针不变的基础上对开放战略进行了调整和深化。普京主张实行俄罗斯与世界经济的一体化，但是强调必须循序渐进地推行，必须吸收 20 世纪 90 年代盲目自由化的教训。除了保持对外开放势头不会逆转外，俄罗斯开始更加强调互惠共赢的开放模式，并且综合运用自身的政治、经济、资源、外交、军事优势，以便在融入全球经济过程中确保国家的核心利益。同时，俄罗斯也在通过深化法律和制度改革，改善本国自身的贸易投资环境，以便扭转资本外逃的局面，吸纳更多外国资本的进入。

通过上述制度改革与结构调整，俄罗斯的市场经济体制自普京时代开始出现了不断改善的局面，紊乱的经济秩序也逐步得到稳定。尽管如此，俄罗斯的市场经济体制发育仍然处于初级阶段，健康有效的市场经济秩序尚未生成，经济发展进程中仍然存在严重的结构性矛盾。在俄罗斯未来的经济转型中，除了进一步完善市场经济体制的各项制度建设，提高市场经济体制的综合运行绩效，形成健康规范的市场经济秩序之外，最为重要的任务有两个。② 一是争取实现经济的持续稳定发展。在普京任期内，俄罗斯政府就已经确立了 2010 年实现 GDP 翻一番的国家核心战略目标，而梅德韦杰夫在其施政纲领中也指出俄罗斯必须有 10 年的稳定期才能把 20 世纪失去的机会寻找回来，这也是实现俄罗斯强国富民目标的经

---

① 唐朱昌. 俄罗斯经济转型透视 [M]. 上海：上海社会科学院出版社，2001：55-56.
② 新华网. 普京卸任总统后的五大不变 [EB/OL]. http：//news.xinhuanet.com/world/2008-04/05/content_7921882.htm，2008-4-5.

济基础。显然，在预定时间内实现上述目标，单纯依靠市场的自发演化力量是远远不够的，国家主导和协调下的经济制度构建、经济政策制定以及经济发展战略实施显然是不可缺少的重要条件。但最新的研究表明，俄罗斯政府对于经济增长的影响存在着不确定性效应。其中一个典型的案例就是政府的消费性支出比重过大（用于社会保障、消费者补贴等方面的支出），而生产性支出增长相对缓慢（用于基础设施等方面的支出），结果削弱了经济持续增长的潜力。因此，如何调整政府在经济中的作用方向，将直接影响俄罗斯长期的经济增长。① 二是从能源发展型模式转变为创新型发展模式，建立"创新型国家"，以提高俄罗斯的国家竞争力。以能源、原材料和初级产品为主的低水平经济结构始终是俄罗斯经济发展和竞争力水平提高过程中的一个深层隐患和制约因素，因此，在《俄罗斯2005~2008年社会经济发展中期纲要》中，政府就提出要调整经济结构，使其朝着有利于加工工业、服务部门特别是高新技术产业方向发展的"创新导向型发展模式"。② 而梅德韦杰夫在其施政纲领中进一步重申了这一目标的重要性，并且指出，今后4年是向创新型经济过渡的决定性时期，这更加需要强有力的国家领导，以便为所有企业创造有利的条件。③ 但是，迈向创新导向型发展模式的道路却异常艰难。由于来自石油等资源出口带来的巨额外汇收入的诱惑，加之能源利益集团的阻挠，俄罗斯在转变发展模式的道路上举步维艰。因此，在经历的2009年国际金融危机的巨大冲击之后，俄罗斯再次提出了以创新带动国家现代化的目标。为此，国家决心大力扶持高新技术产业，将航空航天、造船业和能源动力、信息技术、生物、医疗等领域作为着力发展的高科技技术产业。作为支持高新技术发展的基本条件，俄罗斯决定增加人力资本投入，计划用于教育与医疗卫生事业的预算支出占GDP的比重分别由2006年的4.6%和3%提高到5.5%~6%和6.5%~7%。同时，要为科研活动创造有利条件。此外，还要相应调整外交政策，强调俄罗斯外交将突出寻求能为俄罗斯提供相应技术发展和为国产高科技产品走向地区和国际市场做出更大贡献的国家。将首先与主要国际伙伴欧盟和美国建立专门的现代化同盟。④

---

① 韩爽. 俄罗斯持续经济增长面临挑战 [J]. 转型国家经济政治研究动态，2011 (5).
② 郭连成. 评普京任期内的俄罗斯经济发展战略 [J]. 经济研究参考，2007 (7)：14-17.
③ 新华网. 俄罗斯开启"梅普组合"时代 [EB/OL]. http: //news.xinhuanet.com/world/2008-05/07/content_8121299.htm.
④ 陆南泉. 当今俄罗斯经济现代化的迫切性与面临的主要难题 [J]. 学习时报，2010-8-23，第2版.

三、社会发展与公民社会建设

叶利钦时代的激进变革将社会拖入一种极度分裂的状态,从而孕育出一个畸形而脆弱的市场社会。激进的制度变革撕裂了传统的习俗、文化、信任等社会纽带,俄罗斯社会日益陷入贫弱、分裂、无序的状态。这种社会结构与社会形态更加剧俄罗斯政治经济转型的不可控性。为了避免社会陷入无政府的秩序混乱状态,自普京时代开始,俄罗斯从经济、政治、社会与思想文化等各个层面采取综合措施,以减缓日益加速的社会分化趋势,实现社会整合与国家秩序的和谐治理。

首先,俄罗斯开始实施积极的社会政策,以扶持社会的发展,实现国家对社会的经济整合。这些积极的社会政策措施主要包括:采取超前增长居民实际货币收入的政策,以扭转人民生活水平持续下降的趋势;通过税收等手段调解收入分配,提高居民最低生活费标准,以消除日益严重的两极分化;加快社会保障制度改革,建立更为完善的社会安全网络,减少公民在市场经济中面临的不确定性和风险;解决拖欠工资和养老金问题等,提高人民的生活水平,以降低激进变革带来的社会成本。

其次,针对俄罗斯转型期各种社会思潮涌动,传统价值观分裂所造成的混乱,俄罗斯提出了促进价值观念整合与社会团结的主张。为此,普京执政时期提出了用已经存在于现实中的民族思想来整合全国各民族人民,共同朝向一个统一的目标迈进,这种民族思想就是"俄罗斯思想"。"俄罗斯思想"的主要内容包括:"爱国主义",即对自己民族历史和成就的自豪感和建设强大国家的心愿,一种为自己的祖国、自己的历史和成就而自豪的情感;"强国意识",即俄罗斯过去和将来都是伟大的国家,这是由俄罗斯的地缘政治、经济和文化的不可分割性所决定的,强国意识成为振奋俄罗斯人民精神的崇高目标;"国家权威",即具备强大政权的国家是秩序的源泉和保障,是改革的倡导者和主要推动力,拥有强大力量的国家是秩序与繁荣的源头;"社会互助精神",即借助国家和社会改善自己的状况,保持社会团结。[①] 通过对"俄罗斯思想"的历史传统和现实意义的深刻挖掘和重新诠释,俄罗斯试图塑造一种强有力的民族思想体系,以振奋俄罗斯社会的民族精神,引领俄罗斯人民走上政治、经济与社会生活正常化、稳定化的发展道路。

最后,协调国家与公民社会的关系,构建有效的社会控制体系。在20世纪

---

① 张弛. 俄罗斯转型绩效透视 [M]. 北京:经济日报出版社,2003:179.

经济转型深化中的国家治理模式重构

90年代的社会经济转型中,一个相对具有自治性、独立性的公民社会已经开始在俄罗斯得到萌发。然而,在历史传统的束缚以及漏洞百出的政治经济改革等多种因素的制约下,俄罗斯新生的公民社会依然是力量薄弱而且不成熟的社会组织形态。它不仅不具备整合功能,反而成为势力强大的精英阶层、既得利益集团上演街头政治、俘获政府决策,甚至与国家政权公开对抗的舞台。在普京执政后,俄罗斯开始注重对公民社会的发展进行规范和引导,使公民社会的发展处于一个国家"可控"的限度之内。为此,俄罗斯政府采取了一系列改革措施,试图在俄罗斯培育更加成熟和运行规范的现代公民社会制度。一是建立成熟的政党体制,消除党派林立、政治纷争不断的混乱局面;二是削弱地方分离主义势力,强化了国家的垂直权力体系,将政治与社会生活保持在国家有效控制的限度之内;三是打击寡头干政,促使强大的既的利益集团与国家保持适度距离;四是重新夺回被寡头控制的新闻媒体工具,取得国家对社会舆论的有效掌控;五是在法律和制度上强化了对俄罗斯国内非政府组织的管理和控制。

俄罗斯采取的一系列促进社会发展和公民社会建设的措施,旨在消除社会分裂,为制度变革提供一个稳定、和谐的社会基础。这些举措虽然收到了一些成效,但并没有完全改变转型期各种消极的社会因素。因此,俄罗斯在经济转型深化阶段仍然面临着诸多社会发展问题。首先,严重的社会分化始终是困扰俄罗斯的社会问题。根据2008年1月的民意调查显示,俄罗斯31%的家庭没有足够的收入添加应季服装鞋帽,16%的家庭缺乏足够的收入购买食品,10%的家庭将3/4的收入用于食物支出;俄罗斯有13%的居民生活在贫困线之下,而10%的最富裕者的收入15倍于10%的最贫困者。① 面对这一严峻问题,普京和梅德韦杰夫均表示将继续推进积极的社会政策来缓解严重的社会分化,最大限度地让百姓分享经济发展的巨大成果。其次,受转型期的经济衰退和福利体制不健全等因素的影响,俄罗斯面临着人口负增长的严峻形势,这成为制约俄罗斯社会经济发展的不利因素。②"梅—普"时代俄罗斯政府依然需要在原有的社会政策基础上,依靠国家的力量来提高出生率,降低死亡率,改善人口结构。最后,俄罗斯还面临着进

---

① 新华网.透视"梅普组合"引航下的俄罗斯未来[EB/OL].http://news.xinhuanet.com/world/2008-03/15/content_7793278_1.htm,2008-3-15.

② 俄罗斯人口出生率与西欧国家相近,但死亡率却很高。2006年,俄罗斯人口死亡率达到了人口出生率的1.5倍。当前,俄罗斯的人口数量已经从1993年的历史峰值1.486亿人减少到了1.42亿人,并且继续以年均七八十万的速度递减。如果目前的趋势不能扭转,俄罗斯人口数量将于2050年降到世界第18位,而1913年俄罗斯曾是世界第三人口大国。新华网.透视"梅普组合"引航下的俄罗斯未来[EB/OL].http://news.xinhuanet.com/world/2008-03/15/content_7793278_1.htm,2008-3-15.

一步协调国家与公民社会关系的问题。普京时代的一系列举措（如整合政党、打击寡头、控制媒体等）在稳定社会秩序和规范公民社会发展的同时，也不免产生了一些抑制公民社会自主自治能力的消极影响。从国际经验来看，缺乏一个发育成熟的公民社会，国家难以实现善治的目标。因此，在梅德韦杰夫的执政纲领中也强调了通过巩固司法和言论自由，使公民社会更加积极有效地参与国家治理的目标。当然，这一目标的实现也需要一个长期调试与反复磨合的过程。

第七章　中国转型中的国家治理模式重构

自 1978 年以来,中国经济的高速列车已经持续轰鸣了 30 多个年头。年均 9.9%的经济增长速度以及卓有成效的市场化、工业化、城市化和国际化进程,书写了经济转型的"中国奇迹"。目前,中国已超越日本,成为全球第二大经济体。根据世界经济论坛执行主席克劳斯·施瓦布的预测,到 2010 年,中国经济总量占世界经济总量的比重将达到 16.9%,美国则下降到 18.3%,这意味着在 2020 年前后,中国将成为全球第一大经济体,中国也将重新夺回原本属于它的世界领先地位。

在决定中国转型与发展模式的诸种因素中,国家治理模式的影响功不可没。特别是在中国共产党的坚强领导下,中国自身的治理模式伴随着内外环境的变化而不断做出适应性调整,从而在确保转型期社会秩序稳定的基础上实现了经济的快速、持续发展。本章主要对中国转型进程中的国家治理模式演进做出深入分析,对蕴含其中的基本经验进行总结,并在此基础上对转型深化阶段中国国家治理模式构建面临的挑战进行探讨,从而为理解中国的转型奇迹提供一个更具解释力的政治经济视角。

第一节　中国传统体制下的国家治理模式

以封建专制、小农经济、松散型社会为主要特征的传统国家治理模式在近代中国面临着严峻挑战。经历了长期内忧外患和国家衰败之后,中国迫切需要一种强有力的国家治理结构来实现整合社会秩序、推动国家经济现代化的目标。中国革命胜利后所建立起来的全能主义国家治理模式顺应了这一时代要求。然而,如同苏联和东欧一样,全能主义国家的过度扩张也引发了经济、政治、社会等领域的诸多矛盾和危机,从而迫使中国对其原有的国家治理模式做出适应性调整,并由此拉开了中国改革开放这一大时代的序幕。

一、传统国家治理模式形成的历史背景

理解中国转型中的国家治理模式演进必须溯及历史。数千年绵延不断的文化传统,成为一种文明的基因,深深融入中国的历史血脉之中。它们不仅成为中华文明的显著标志,而且也深刻地影响着后世的历次重要制度变迁。历史的路径依赖效应也在中国的国家治理模式演进过程中再次得到有力的印证。

与苏联和东欧国家相比,中国有着更为悠久的帝制传统。这种政治经济体制形成于两千多年前的秦朝(公元前221年至公元前206年)。尽管历经沧桑,但直到20世纪早期,中华帝制的基本构成要素却没有发生根本改变。根据美国学者李侃如(Kenneth Lieberhal)的概括,中华帝制的主要特征体现为如下几方面:

第一,以儒学为核心的意识形态体系。儒学体现了一种极为保守的统治思想,它以维持长久以来形成的秩序为首要目标,崇尚政治和社会领域的尊卑有度,强调"礼仪"作为社会和谐的关键要素。儒学传统兼容了其他思想流派(如佛教、道教、法家等)的意识形态成分,特别是提倡严刑酷法的法家思想,从而将道德主义与冷酷的高压统治融为一体。

第二,以君王为首的政治体制。皇帝被视为上奉"天命",下启"民智"的最高统治者。他统领"外朝"(官僚)和"内廷"(皇室),拥有不受任何正式法规约束的绝对权力。以君主集权为核心的专制国家对个人实施严格的支配与控制,个人被严格限定于特定等级范围内。国家控制社会的手段包括人口调查、户籍管理、里甲制度、株连、限制谋生之路等。①

第三,中央集权的官僚传统。起源于秦朝的官僚制度绵延数百年,形成了独特的体制。一方面,它具有与西方近代官僚体制相似的特点,如界定清晰的品级和职能分工、以功绩为晋升标准、明确的报酬结构、发达的沟通体系、正式的监察组织等。另一方面,正式官员占人口的比例远远低于近代西方国家,在清王朝鼎盛时期,全国的正式官员仅有两万人。与之相应,由一批被称为"乡绅"的非正式的、低级的官吏在基层行使着实际的治理权,这就使得中华帝国在中央集权

---

① 曾峻.公共秩序的制度安排——国家与社会关系的框架及其应用[M].上海:学林出版社,2005:213.

的外表下隐含着大量非正式的地方分权。

第四，经济以传统农业为基础（小农经济），土地可以自由买卖，地主经济和自耕农经济并存，租佃制和雇佣制普遍存在。虽然具有比较发达的商业活动，但"重农抑商"的观念始终占据主导地位，私人所有权从未得到清晰界定和严格保障。国家左右着社会资源的分配，并通过苛捐杂税、徭役等手段攫取社会剩余产品。国家拥有官办官营的工商业，而民营手工业和商业受到严格限制，因而没有发育出发达的市场经济。国家除了提供少数基础设施和赈灾活动外，几乎不承担其他公共服务职能，属于"统而不治"。

第五，上下有序、恪守礼仪、重视家庭的社会结构。以农业为主的经济形态造就了普遍的村落家族关系，以家庭为核心的伦理观念使个人将自身定位于特定关系网络中的一员，而缺乏积极的公民意识和社会责任。[1]

上述体制在维系了中华帝国近两千年的统治后，在近代遭遇到前所未有的重大挑战。来自西方列强的入侵和源于国家内部的动荡最终使得清王朝走向衰落，中华帝制也相继崩溃瓦解。自民国初年到1949年中华人民共和国成立，中国始终处于外敌入侵和内部动荡交扰的混乱状态之中。在这种状态下，经济发展遭遇重创，社会民众孱弱无力，因而许多人寄希望于出现一个强大的国家对社会秩序进行有效整合，将散布于社会之中的零散资源加以集中，以实现国家现代化的目标，并将经济发展与社会生活导入正常轨道。从制度经济学的角度来看，这意味着当时的中国社会已经内生出对强国家治理模式的制度需求。

仅仅具备制度需求是远远不够的，更为重要的是需要出现一个强有力的制度供给主体。中国共产党顺应了这一历史潮流，成为推动社会变革、建立强有力的国家治理模式的制度供给主体。在27年的发展历程中（从1921年7月到1949年10月），中国共产党已经成长为一个意志坚定、组织严密、纪律严明、拥有丰富革命斗争经验和强大社会动员能力的现代化政党。此外，在长期征战过程中，中国共产党也已经具备了一定的政权建设和经济管理的经验。这集中体现为以"延安模式"为代表的根据地经验，如战时命令体制、统收统支、地方分权、自力更生等。这些都使得中国共产党拥有了领导新中国实现社会变革，推进国家工业化、现代化进程的制度知识和能力。

中国共产党在革命胜利后迅速通过一系列的社会经济改造，并借鉴苏联的政

---

[1] 李侃如. 治理中国：从革命到治理[M]. 胡国成，赵梅译. 北京：中国社会科学出版社，2010：3-20；武力. 新中国60年"政府主导型"发展模式的形成与演变[J]. 教学与研究，2009（10）.

治经济体制结构,因而也形成了一种高度集权、集中的中央计划经济体制以及支持这一体制运行的全能主义国家治理模式。在这种体制结构与治理模式之中,国家的势力扩展至社会生产、生活的各个方面,社会被全面动员和组织起来,不断地被政治化、国家化。① 与之相应,计划经济体制将市场的力量极度排挤甚至彻底消灭,国家主导下的赶超式工业化战略也全面展开。总之,在社会极端贫弱、自组织治理成本异常高昂的情况之下,国家自上而下的强制性秩序治理就成为一种低成本的制度供给方式,它体现了一种制度选择的必然逻辑。

由此可见,中国全能主义国家治理模式的形成原因与苏联和东欧国家既有相似之处,也存在着某种差异。首先,中国在历史上也长期经历了封建专制主义的统治,而且在近代历史的较晚阶段才接触到西方的某些民主思想,因此,中国的专制主义传统更加根深蒂固。这种传统为国家在治理社会过程中所具有的主导地位提供了某种合法性支持。其次,中国也是一个典型的后发现代化国家。虽然从清末开始,中国就经历了一个"西学东渐"的过程,但是那时的现代化改革主要是出于维护封建王朝统治的需要而实施的,而且现代化的内容也仅仅局限于引进技术的较低层面,相应的政治、经济与社会制度变革却大大滞后。再次,19世纪中期以来,中国就一直面临着被外部列强瓜分的命运,与此同时,国内因连年的战乱也处于一种四分五裂的状态。历史要求中国必须具备一个强有力的权威主体对陷于分裂的社会经济进行有效整合。最后,苏联的制度示范效应也成为中国建国后选择计划经济体制以及与之相应的全能主义国家治理模式的一个重要外部推动力量。总之,传统计划经济体制下的全能主义国家以其强大的权力为支撑,实现了近代以来中国国家治理梦寐以求的三大目标:国家统一、民族独立与现代化的推进。② 因此,中国在革命胜利后建立全能主义国家治理模式也是一种历史的必然选择。③

二、传统国家治理模式的特征和绩效

中国传统计划经济体制下的国家治理模式在许多方面借鉴甚至是移植了苏联

---

① 曾峻. 公共秩序的制度安排——国家与社会关系的框架及其运用 [M]. 上海:学林出版社,2005:218.

② 苏力. 当代中国的中央与地方分权——重读毛泽东《论十大关系》第五节 [J]. 中国社会科学,2004(2).

③ 张慧君. 国家演进与市场社会主义变迁——历史比较与制度分析 [R]. 博士后研究工作报告. 天津:南开大学,2010:62-63.

的体制模式，这在政治、经济和社会的各个层面都有不同程度的体现。

在政治领域，中国如同苏联一样建立起一种"政党—国家"体制。在这种体制中，形成了政党与国家平行且相互交叉的两套管理机构。在政治体制的各个层级上（如中央、省、地、市、县和镇或公社），均设置有一整套近乎党政同构的机构，而在政府各部门的内部还建立起了党委、党支部以及党的基层组织。在这样一种国家政治体系中，原则上是由党来制定政策，而后由政府加以实施，但实际情况却十分复杂。在从政策制定到实施的每一个过程，政党与政府机构之间都进行着复杂地互动和交流，特别是党能够通过多种途径直接干预到政府行政过程。①

在政党—国家体制的框架内，政府拥有极大的权力。政府的最高权力机构——国务院设置了各个委员会和部，其中前者负责管理和协调涉及若干部的问题。每一个部、委都直接领导和控制着自身的全国性组织机构体系，从而将其从中央延伸到省、市、县等各个层级，直至实质上政府的最基层经济组织——国有企业。在这个庞大而复杂的层级制政府结构中，分布着广泛的、自上而下的权力管道，它原则上要求下级机构对上级机构的政策、指令保持绝对的服从，因而是一种高度集权、集中的政府治理模式。

尽管如此，一些经济学家已经敏锐地意识到中国的集权型政府治理结构与苏联的不同之处，并借鉴产业组织理论中的 M 型层级制与 U 型层级制加以区分。图 7-1 显示了苏联的 U 型政府层级制结构。在这种结构中，政府层级之间的信息流动以及管控都是根据职能方式或专业化原则来设置的单一的组织形态，也被称为"条条"形式。其中，国有企业大多是按照工业部门来进行分类，并且由中央政府的各个部位来直接进行监督和控制，而地方政府仅仅是中央的下属结构，它们的职能仅限于从基层搜集信息并执行中央的计划，而在管理本地区的国有企业方面并没有太多的自主权。与苏联不同，图 7-2 显示了中国的 M 型政府层级制结构。在这种结构中，国民经济按照行政区域管辖原则采取多地区、多层次的组织形态，即"块块"形式。其中每一个层级或行政区域都可以视为一个相对自主的经济运行单元。地方政府也能够根据职能方式来管理本地的企业，它们在职能和产品的供给方面是半自主的和相对自给的。② M 型层级制形式实际上延续了中

---

① 李侃如. 治理中国：从革命到治理 [M]. 胡国成，赵梅译. 北京：中国社会科学出版社，2010：87.
② 钱颖一，许成钢. 中国的经济改革为什么与众不同——M 型的层级制和非国有部门的进入与扩张 [M] // 张军，周黎安. 为增长而竞争：中国增长的政治经济学. 上海：格致出版社，上海人民出版社，2008.

国历史上中央集权但地方治理的历史传统，它赋予了地方政府一定的自主权。这种特殊的政府治理结构在计划体制下虽然时常引发中央与地方之间权力划分的周期性动荡，但也为日后地方政府采取各种积极而灵活的改革试验创造了空间。

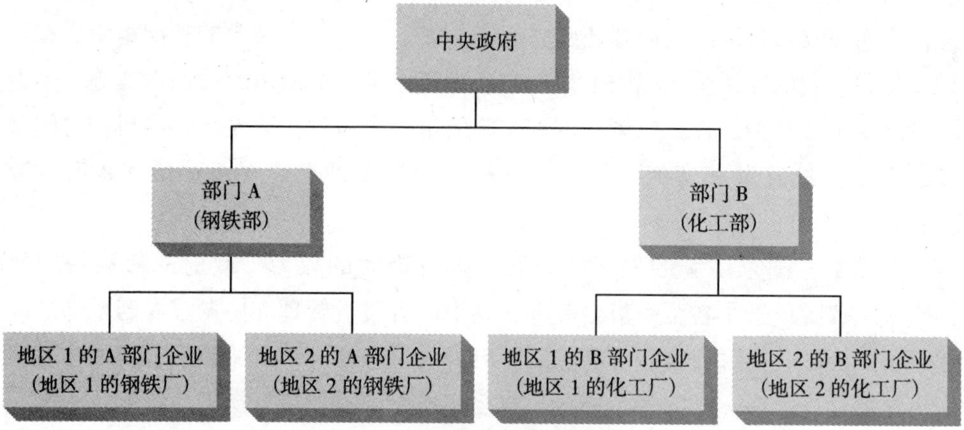

图 7-1　苏联的 U 型层级制结构

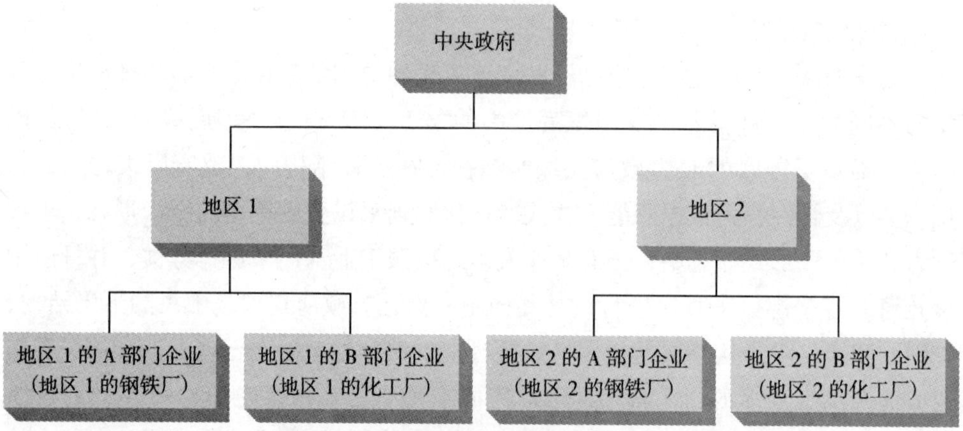

图 7-2　中国的 M 型层级制结构

在经济领域，中国也效仿苏联，在新中国成立后逐步建立起高度集中的中央计划经济体制。1949~1957 年，中国计划经济体制的形成大致经历了 8 年时间。在此期间，计划经济体制的形成经历了两个主要阶段：1949~1952 年为第一个阶段，即为建立计划经济创造条件的阶段；1953~1957 年为第二个阶段，即计划经济的形成阶段。其中，1949~1952 年是由计划与市场相结合的新民主主义经济向计划经济转变时期。这个转变是以国营经济迅速发展和社会主义改造为基础，先从有关国计民生的重要行业和重要产品开始,然后逐步扩展。在此期间,国家首先对金融和外贸采取了计划管理,并对棉纱、棉布等少数短缺产品实行了统购统销制度。1953~1956年,随着国家对主要农副产品实行统购统销和对私营工商业的社会主义改造,计划管理基本涵盖了所有产品市场。与此同时,随着社会主义改造的基本完成,劳动力市场消失,由于中国劳动力严重过剩,中国对劳动力的流动和择业的限制远远大于苏联和东欧。但是,1956年实现了农业合作化以后,高级社还是真正的集体经济,国家的计划仅对其生产经营具有指导作用。直到1958年建立政社合一的人民公社,政府直接控制了农村经济运行,计划经济才完全形成。

总体而言,在这八年里,计划经济体制的建立是沿着两条主线同时推进的:所有制结构的公有化程度不断提高;计划管理组织系统和管理原则不断巩固和强化。

建立计划经济体制,生产资料公有化是关键。正如恩格斯在《社会主义从空想到科学的发展》中所说:"无产阶级将取得社会权力,并且利用这个权力把脱离资产阶级掌握的社会化生产资料变为公共财产。通过这个行动,无产阶级使生产资料摆脱了它们迄今具有的资本属性,给它们的社会性以充分发展的自由。从此按照预定计划进行的社会生产就成为可能的了。"① 生产资料公有化在中国是分两步实现的。第一步,没收官僚资本并加以改造。旧中国的官僚资本,是指以蒋、宋、孔、陈四大家族为首的,具有封建性和买办性的国家垄断资本,它是中国当时生产关系中最反动的代表。新民主主义革命胜利后,中央政府立即对其实施了没收。据统计,到1949年底,共没收官僚资本企业2858家,拥有生产工人75万人。这些企业被没收后,经过民主改造,转变为社会主义全民所有制企业。第二步,对农业、手工业和资本主义工商业实行社会主义改造。根据过渡时期总路线的精神,"三大改造"成为"一五"期间各级政府的工作重点之一。受毛泽东1955年严厉批判邓子恢关于"控制发展"合作化思想的影响,农业和手工业的合作化步伐明显加快。原来计划用3个五年计划完成的合作化改造,不到一个五年计划就提前完成了。我国资本主义工商业的改造,从1953年起,步伐加快。这与1953年上半年投资规模过大所引起的农副产品和工业原材料供给紧张直接相关:由于农副产品市场供给紧张,国家对农产品实施"统购统销"。资本主义商业企业或是被淘汰,或是成为国营或合作社商业的代理机构;由于原材料紧

---

① 马克思恩格斯选集(3)[M].北京:人民出版社,1972:443.

张，而国家首先要保证国营企业和公私合营企业的资金和原材料供给，所以资本主义工业企业只能与国营企业合营。而且私企业主都知道：只有早合作，才能占据有利地位。在此背景下，资本主义工业改造速度加快，到1956年年底，全国私营工业企业的99%都参加了公私合营。① 三大改造后所有制结构的详细变化可参见表7-1。

表7-1 "三大改造"前后所有制结构对比

单位：%

年 份	全民所有制经济	集体所有制经济	公私合营经济	前三项合计	私营经济	个体经济
1952	19.1	1.5	0.7	21.3	6.9	71.8
1956	32.2	53.4	7.3	92.9	0.1	7.0

资料来源：刘仲藜. 奠基——新中国经济五十年 [M]. 北京：中国财政经济出版社，1999：12.

计划经济管理体系和管理原则同样是逐步建立的。1949年9月，根据中央人民政府组织法，成立了政务院财政经济委员会。财政经济委员会内设财政计划局。这是中国第一个全国性的计划管理机构。相应地，在中央人民政府各部、各大行政区②和省（市）自治区人民政府的财经委员会，也分别设置了负责计划统计工作的局、处、科等计划机构。这个初步形成的计划机构网络，开始对恢复期的国民经济实行一定程度的计划管理。为了适应第一个五年计划的要求，1952年11月成立了国家计划委员会。国家计划委员会直属于中央人民政府，负责制订和组织实施全国的经济计划工作。随后，县以上各级地方政府先后建立了各级计划委员会。经过此次机构调整，计划机构的行政地位提高了。1956年又成立了国家经济委员会，它负责年度计划工作。而国家计划委员会专门负责长期计划工作。从此，计划机构的权责划分细化了。

中国的部门计划从1950开始编制，全国性综合年度经济计划是从1952年开始编制的。随着经济计划的编制和实施，中国逐渐建立了直接计划和间接计划相结合的统一计划分级管理的计划经济制度。具体而言，国家对国营企业和公私合营企业实行直接计划；对私营企业和个体经济实行间接计划，运用价格、税收、信贷等政策和加工、订货、收购等措施实施控制。这是适应当时计划管理水平和经济发展需要的。但是，随着"三大改造"的急剧完成，直接计划的部分大大增

---

① 姚开建，陈勇勤. 改变中国 [J]. 北京：中国经济出版社，2003：42.
② 在国民经济恢复期，全国划分为六大行政管理区：东北、华北、华东、中南、西南和西北。1954年大行政区机构被撤销。

加了：直接管理的部属企业由 1953 年的 2800 多家增加到 1957 年的 9300 多家；国家统一分配的物资由 220 种增加到 530 多种；国家计划管理的工业产品由 115 种增加到 300 多种。可以说，到 1957 年，中国高度集中的计划经济管理体制已基本建立。

在社会生活领域，伴随着政治权力和经济权力的集中，国家也在不断对社会实施渗透和控制。美国学者李侃如认为，从原则上讲，中国传统的制度模式是一种国家控制社会的体制。无论在理论还是在实践中，个人的倡导或利益集团的活动都被认为是不合法的。政权使用了大量资源（包括意识形态灌输、政治高压以及通过物质刺激来操控）来支撑这种体制的存续，其最终结果就是政府使用大量的控制来维持它对社会的主宰。一切非官方组织只有在国家的默许下才能存在。然而，一旦政府感受到任何国内政治威胁，通常会很快地限制任何独立机构的活动。[1]

中国学者孙立平、李强等将传统体制下的社会结构称为"总体性社会"。这种社会结构体现了一种资源高度垄断条件下的国家与社会关系。其基本特征表现为，国家利用意识形态、组织机构和干部队伍等手段对社会进行全面渗透与控制。[2] 在一定意义上，这种渗透和控制是中国实现国家现代化目标所必须的政治动员过程，它要求将一切资源、行动乃至思想集中统一到一起，以实现国家的战略目标。新中国成立后所形成的这套体制所具备的政治动员能力已经远远超过近代历史上的所有政治运动和政治制度。

从组织结构的特征来观察，中国计划体制下的社会是以单位制为基础、以纵向组织为中介的、高度中央集权的体制。不同层级行政区划分为各级中介组织，而权力指向中央这一最高层级。这种特定的社会体制具有如下特征：一是整个组织高度中央集权，各级单位和组织均为中央的派出或延伸机构，其主要职责是贯彻中央的方针政策；二是从基层单位到中央的所有组织在结构上具有同质性。单位是一个集政治、经济、安全、福利所有职能为一体的组织。从公共选择的角度看，单位和各级政府均具备两种职能：一是公共物品的供给者，承担着社会组织、管理和意识形态传播的功能，成为社会与政治控制的组织者；二是非公共物品的供给者，除政府本身外，绝大多数单位是某种产品或服务的供给者。[3]

在总体性社会中，单位和各级行政组织将社会分割为互不沟通的部分，每一

---

[1] 李侃如. 治理中国：从革命到治理 [M]. 胡国成, 赵梅译. 北京：中国社会科学出版社，2010：202.
[2][3] 李强. 后全能体制下现代国家的构建 [J]. 战略与管理，2001 (6).

个单位或行政组织实际上成为一个相当自足的团体。单位或行政组织与其成员的关系类似家庭及其成员之间的关系。人、财、物首先是单位或行政组织的私产,然后才成为抽象意义上的国家公共财产。在总体性社会中,由于不存在功能分殊,仅存在地域分殊,因此,公共领域与私人领域的界限被模糊,国家与社会高度统一。在这种体制中,整个社会被高度政治化与国家化。"由于从单位到中央,层层机构的主要目标是社会控制,整个社会的所有机构、所有人都以政治为职业、以履行国家职能为目标。在这个意义上,国家的权力达到顶峰。"①

总之,通过无孔不入的社会控制,国家几乎全面覆盖了社会的日常生活和交往领域,人们的生、老、病、死衣食住行都需要国家进行管理,自发自愿形成的社会团体与中间组织不复存在,个人被单位固化,仅有的社会组织全部被纳入政治权力的运作框架之内。在文化思想领域,为了灌输崭新的政治意识形态,为了塑造社会主义新人,各种非主流的思想形态被视为封建的或资产阶级的而受到批判。由此可见,国家权威过度扩张的必然结果是社会的弱化,乃至完全依附在政治之上。②

尽管全能主义国家治理模式在特定时期发挥了整合社会秩序,动员稀缺资源迅速实现国家工业化的目标,但是国家不受限制地入侵社会也内生出一系列难以克服的制度弊端。在经济领域,国家在经济管理过程中需要掌握庞大信息,但信息的复杂性又往往超过计划当局的实际能力,因而导致主观上的决策失误,决策失误进一步导致经济结构失衡,经济增长质量低下,从而使人民生活水平难以大幅提高。由于缺乏强有力的激励机制,微观经济主体生产经营的积极性不高,劳动生产率增长缓慢,经济增长逐渐失去动力。在政治领域,计划经济体制的全面扩张必然导致国家权力的过度膨胀和政府规模的无限扩张。国家权力高度集中并缺乏必要的约束,必然导致各种专断行为,并产生了官僚主义、寻租、腐败等弊病;政府机构和功能的不合理以及管理方式的简单化,也导致政府行政效能低下。在社会领域,国家对社会的严格控制,严重抑制了社会成员的积极性、主动性和创造力,使个人丧失自我发展的机能,形成依赖性人格,社会也失去自我组织和自我管理的能力,只能依附于强有力的国家才能得以生存。由于国家权能范围过度扩张所内生出的上述问题,全能主义国家无法支持高度集中的中央计划经

---

① 李强. 后全能体制下现代国家的构建 [J]. 战略与管理, 2001 (6); 孙立平. 社会转型: 发展社会学的新议题 [J]. 开放时代, 2008 (2).
② 曾峻. 公共秩序的制度安排——国家与社会关系的框架及其运用 [M]. 上海: 学林出版社, 2005: 218–219.

第七章 中国转型中的国家治理模式重构

济体制的有效运行，社会经济系统内部也出现了大量的混乱与无序，从而导致体制效率衰减，经济增长速度放缓甚至停滞，使中国也陷入严重的治理危机之中。

三、传统国家治理模式的演变

国家对经济和社会的过度扩张必然出现"边际报酬递减"的现象。国家也相应地从维系秩序治理、推动经济发展的"扶持之手"蜕变为扰乱社会秩序、阻碍经济发展的"掠夺之手"。这在中国传统国家治理模式运行的过程中也再次得到印证，并成为促使政府对传统计划体制进行改革的巨大压力。

中国的政治领导人很早就开始注意到照搬苏联模式可能给本国社会经济发展带来的弊端，并着手进行改革。这集中体现为 1958~1978 年进行的周期性行政分权改革。针对"一五"期间传统计划经济统得过死的弊端，毛泽东在 1956 年发表的《论十大关系》中指出："我们的国家这样大，人口这样多，情况这样复杂，有中央和地方两个积极性，比只有一个积极性好得多。我们不能像苏联那样，把什么都集中到中央，把地方卡得死死的，一点机动权也没有。"[1] 1956 年，国务院专门召开了全国体制会议，检查中央集权过多问题。1958 年 8 月，中国进行了第一次改革尝试。这次改革的核心就是中央政府向地方政府下放了一系列社会经济管理权。[2]

一是下放计划权。根据中共中央 1958 年 9 月发布的《关于改进进化管理体制的规定》这一文件，地方政府获得了如下计划管理权：对地方工农业生产指标的调整权；对地方的建设规模、项目以及投资使用统筹安排；对地方物资的调剂使用权；对重要产品的超产部分按一定比例自行支配。

二是下放企业的管辖权。根据 1958 年 4 月 11 日发布的《关于工业企业下放的几项规定》，在国务院各部门主管的企业中，除极少数重要的、特殊的以及试验性的企业继续由中央管理之外，其他企业的管理权均下放给地方政府。

三是下放物资分配权。下放物资分配权的主要内容包括以下几项：削减中央各部委集中分配和管理的物资的种类与数量；中央保留的统配物资也由以往的"统筹统配"转变为"地区平衡，差额调拨"；除了铁路、军工、外汇、国家储备等少数领域之外，中央和地方企业的物资均由其所在的省、市、自治区供给和

---

[1] 毛泽东著作选读（下册）[M]. 北京：人民出版社，1986：729.
[2] 对权力下放的论述可参见吴敬琏. 当代中国经济改革 [M]. 上海：上海远东出版社，2004：47-48.

分配。

四是下放基本建设项目的审批、投资以及信贷管理权限。地方政府在项目审批、筹集资金、兴办当地各项事业方面获得了很大的自主权。

五是下放财政和税收权。中央与地方的财政收入划分方法从"以支定收、一年一变"转变为"以收定支、分级管理、分类分成、五年不变"。同时将一些税种下放给地方或采取中央与地方按比例分成的原则来增加地方政府的收入，还给予地方政府较宽泛的减税、免税以及加税的权力。

六是下放劳动管理权。省级（直辖市）政府有权自主决定本地的招工计划，而不必通过中央各部门的批准。

行政性分权改革的重要结果就是扩大地方政府管理经济的权限。例如，从1958年3月到年底，不到一年时间，原来中央直属的9300多家企业就下放了8100多家给地方政府管理，下放了88%，部属企业只剩下1200个。部属企业工业产值占整个工业总产值的比重由1957年的39.7%下降到13.8%。国家计委管理的工业产品减少到215种，通配物资减少到125种，减少了75%。中央财政掌握的收入占全国财政收入的比重由"一五"时期的74.1%下降到"三五"时期的49.1%。

然而，"大跃进"时期，由于权力下放过快，加上"左"的思想泛滥和自然灾害，国民经济处境十分困难：国民经济比例失调，国家财政年年赤字，物价大幅上涨，市场供应非常紧张等。在此背景下，从1961年起开始了为期五年的国民经济调整期。从总体来看，20世纪60年代上半期的调整，以强调集中和权力上收为主线。到1966年，国家部属企业约有1.1万个，国家统配物资达到579种。

20世纪60年代中期，调整任务完成和国民经济形势好转后，中央集中过多的弊端以及中央和地方的矛盾重新又显现出来。从1969年开始，再次实行经济管理权限下放。中央部属企业多数下放给地方管理，其中包括鞍钢钢铁公司、大庆油田、长春汽车制造厂、开滦煤矿、吉林化学工业公司等特大型企业。到1970年，中央部属企业只剩下500多个，部属企业产值占整个工业产值的比例下降为8%左右。国家通配物资减少到只有49种。实践证明，十年动乱中的经济体制变革是错误的。国家经济之困顿几乎无以复加。粉碎"四人帮"以后，中央开始重新回收权力。国家通配物资到1978年增加为689种，国家部属企业到1981年增加到2681个。

上述情况表明，中国改革开放前对计划经济的几次调整，都是围绕中央政府和地方政府经济管理权限的划分进行的，一直在"一统就死，一放就乱，一乱就统,一统又死"的怪圈中打转转,结果形成了行政权力、经济管理权力周期性收放的循环。表7-2从中央部属企业和中央统配物资规模的变化这一角度,对这一阶段周期性的行政分权改革作了简要总结。

表7-2 改革开放前我国"条块"转换的调整变化

年 份	1953	1957	1959	1966	1970	1978	1981
国务院各部管理的企业(家)	2800	9300	1200	11000	500	—	2681
国家统配物资(种)	220	530	125	579	49	689	—

资料来源:马凯,曹玉书.计划经济体制向社会主义市场经济体制的转型[M].北京:人民出版社,2002:75、94-96;刘国光.中国经济建设的若干理论问题[M].南京:江苏人民出版社,1986:8-16.

与苏联赫鲁晓夫时代相似,中国自20世纪中后期开始的行政性分权改革的总体思路是将中央计划经济体制的弊端归咎于权力过度集中(特别是中央管得太死),因此需要通过下放中央所把持的计划和经济管理权力,以调动地方发展经济的积极性。但是,与苏联相似,"行政的分权改革并不能克服传统中央计划经济体制的固有弊端,也没有改变原体制的本质。行政分权的结果是,资源的主要配置者和经济的主要调节者仍然是政府行政机关,只不过是有时把部门协调改为行政性大公司协调,或者把直接行政协调改为间接行政协调"。[①] 也正因为如此,在不触动计划经济体制基本框架的条件下进行的行政分权改革并没有提高国家管理经济与社会运行的效率,反而陷入了中央与地方的权力关系持续混乱的陷阱之中,从而给国家整体的秩序治理带来了巨大的困难。而且,即使这种有限的分权化改革也时常被各种政治运动和群众运动所干扰,如"大跃进"和"文化大革命"的发动,这就使得原本以完善计划经济体制为导向的制度改革中途夭折,改善国家治理能力的道路也几乎陷入绝境。

尽管如此,中国传统体制下的行政性分权也产生了另一种效应。在高度集中的中央计划经济体制和全能主义国家治理模式之下,市场的发育受到高度的抑制。在这一基本约束条件下,行政性分权在扩大地方政府自主权的同时,也为市场经济的萌芽开辟了空间。获得了自主权的地方政府伴随着政治环境的改善,可以相对灵活地根据本地的实际情况展开有效的改革试验。当地方政府能够从这些改革中获取收益的时候(财政收入的扩大),就会形成促进市场化改革的强有力

---

① 景维民.过渡经济论——目标、道路与制度[M].天津:天津人民出版社,2000:149-150.

的激励机制。行政性分权改革还形成了地方政府之间相互竞争的格局。为了从经济发展中获得收益,地方政府会进一步改善自身的治理行为,为本地企业提供更多的公共产品和服务。例如,中国乡镇企业的异军突起就得益于地方政府在产权保护、融资渠道、产品生产、销售等各个方面的有力支持。从这个意义上讲,行政性分权改革确实培育出中国市场化改革乃至整个国家治理模式改进的动力源泉。诚如钱颖一和温加斯特所言:"当改革的政治阻力还很大的时候,当旧的计划制度还十分坚硬的时候,当市场的发育很大程度上取决于人们对改革的持久性的预期的时候,恰恰是分权化创造了市场化改革的根本动力。"①

第二节 中国国家治理模式演进与调整

为了化解传统的全能主义国家治理模式给秩序治理与社会经济发展带来的不利影响,中国的执政者于1978年启动了真正意义上的改革开放进程。1978年至今的体制变革进程大致经历了循序渐进、从量变到质变的三个阶段:②

第一个阶段大致为1978~1992年。在这一阶段,改革首先从农村这一体制外、垄断租金较少的领域入手,主要体现为家庭联产承包责任制的试验和推广。伴随着农村改革成效的显现,政府将改革逐步引入城市。个体经济、私营部门有所发展,成为改善市场供应状况、搞活经济、促进增长的重要民间力量;国有企业也迈开改革步伐,国企改革从改革初期的放权让利、承包制,逐步推进到确立了以"产权清晰、权责明确、政企分开、管理科学"的现代企业制度。与微观经济部门改革相伴随的是价格、金融、财税、外贸等宏观领域改革的相继展开(各种形式的"双轨制"改革试验),改革逐步由体制外到体制内,由增量到存量全面、纵深推进。

第二个阶段大致从1992年邓小平同志南方谈话开始到20世纪末。这一时期以邓小平同志南方谈话和中共十四大的召开为标志,中国的改革开放与现代化进

---

① 钱颖一,B. R. Weingast. 中国特色的维护市场的经济联邦制 [M] // 张军,周黎安. 为增长而竞争:中国增长的政治经济学. 上海:格致出版社,上海人民出版社,2008.

② 以下对中国改革与转型的阶段性划分参考了国家发改委宏观经济研究院课题组. 中国加速转型期的若干发展问题研究(上)[J]. 经济研究参考,2004(16);景维民,张慧君等. 经济转型的阶段性演化与相对市场化进程研究 [M]. 北京:中国财政经济出版社,2006:77-153.

程过渡到一个整体推进的新阶段。十四大将建立社会主义市场经济体制作为经济体制改革的目标，其后的十四届三中全会通过了《中共中央关于建立社会主义市场经济体制若干问题的决议》，确立了中国所要建立的社会主义市场经济体制基本框架的内容，从而成为经济体制改革的指导纲领。这一框架的主要内容包括以下几项：改革国有企业经营机制，建立现代企业制度；培育和发展包括产品市场和要素市场在内的完整的市场体系；转变政府职能，健全宏观调控体系建设；构建合理的收入分配制度和社会保障制度；深化农村经济体制改革；推进对外经济体制改革，扩大对外开放；等等。① 从此，中国的经济体制改革进入到一个整体改革与重点突破相结合，增量改革与存量改革齐头并进的阶段。市场体系、宏观调控体系、国有企业、分配与社会保障制度，以及政府管理体制等多领域的改革也开始相互配套、协同演进。②

第三个阶段大致从世纪之交开始至今。世纪之交，中国已经初步建立起社会主义市场经济体制的基本框架，支持市场经济运行的政治、经济与社会基础也得以初步确立。2003年10月，中共十六届三中全会通过了《中共中央关于完善社会主义市场经济体制若干问题的决定》。该决定不仅明确宣告中国已经初步形成了社会主义市场经济，而且提出了进一步完善社会主义市场经济体制的目标与任务。其后召开的中共十六届五中全会通过了《中共中央关于制定国民经济和社会发展第十一个五年计划的建议》，该建议进一步强调了要坚持以科学发展观统领中国社会经济发展的全局，从而不断完善社会主义市场经济体制。③ 上述一系列标志性历史事件表明，目前中国已经进入和正在经历一个经济转型的深化与完善时期。这一时期，中国的制度改革和社会经济发展呈现出许多新的特点。例如，经济结构从生产主导型经济向流通主导型经济转变，从资源约束型经济向需求约束型经济转变，从短缺经济向低层次过剩经济转变；社会结构和组织出现分化和多样化特征，整个社会经济体制由行政审批经济向法治经济和自主经济转变；国内经济的平衡发展与对外开放的不断深入推进相互协调；等等。④ 通过全面而深入的制度创新和发展模式转变，中国将跨越转型深化与完善的"临界点"，建立起更加成熟、完善的社会主义市场经济体制，这也将标志着中国的经济转型任务基本完成。

---

① 吴敬琏.当代中国经济改革 [M].上海：上海远东出版社，2004：76—77.
②④ 中国发展委宏观经济研究课题组.中国加速转型期的若干发展问题研究（上）[J].经济研究参考，2004（16）.
③ 张宇.中国转型模式：反思与创新 [M].北京：经济科学出版社，2006：103—104.

从中国体制变革的路径演化轨迹中可以发现，1978~1992年的改革在许多方面带有与苏联和东欧国家相似的"市场社会主义"改革的色彩。首先，改革的初衷并非是要推翻社会主义计划经济体制，建立市场经济体制，而是试图通过局部分权和有限度地引入市场经济机制来完善计划经济体制，缓解传统体制与发展模式对国家秩序治理与社会经济发展的制约（如减轻国家的财政负担、缓解供求紧张的状况、解决城市就业问题等），以实现计划经济体制与市场机制的某种融合，这一点从20世纪80年代提出的一系列改革目标中就得以明显体现，如1979年提出"以市场调节为辅的计划经济"、1984年提出"有计划的商品经济"、1987年提出"国家调节市场，市场调节企业"。显然，改革者在这一时期虽然已经模糊地意识到市场机制对于提高资源配置效率、改善供求紧张状况以及推动经济发展具有重要作用，但在意识形态领域却远未实现从"反市场"向"亲市场"的完全转变，[1]至于对"市场经济"、"市场作为资源配置的主导机制"等提法更是讳莫如深。只有到邓小平同志南方谈话和中共十四大的召开，中国的上层改革者才真正在政治与意识形态层面实现了从"反市场"到"亲市场"的转变，才正式拉开了向以市场为基础性资源配置方式的社会主义市场经济体制的转型。其次，在这一时期，指导中国改革的经济理论也明显带有市场社会主义的色彩。例如，中国经济学界和经济工作领导人比较普遍地认同孙冶方[2]在20世纪60年代提出的经济思想，开始重视价值规律对社会经济的调节作用并将扩大企业经营自主权和提高企业活力作为改革的重点，在此基础上还出现了"企业改革主线论"、"整体协调改革论"等改革战略的巨大争论。[3]而且，这一时期苏联与东欧经济学派的理论、思想也开始大量向国内引介，苏联与东欧的改革实践也受到国内的很大重视，前南斯拉夫的自治社会主义模式、波兰和匈牙利的分权模式、戈尔巴乔夫的"新思维"模式都曾先后为中国的改革者提供了重要的参考和借鉴。[4]可以说，在20世纪80年代，真正影响中国改革的经济理论并非如今人们耳熟能详的西方经济学，而是东欧经济学、市场社会主义经济理论，以及将前者与中国国情相结合的"中国改革经济学"。[5]最后，从实践层面来看，中国20世纪80年代的许多改

---

[1] 张宇. 市场社会主义的反思 [M]. 北京：北京出版社，1999.
[2] 西方学者将孙冶方看作是中国持有市场社会主义思想的经济学家的重要代表。参见贝尔纳·夏旺斯. 东方的经济改革——从50年代到90年代 [M]. 吴波龙译. 北京：社会科学文献出版社，1999：116.
[3] 吴敬琏. 当代中国经济改革 [M]. 上海：上海远东出版社，2004：55-75.
[4] 张宇. 市场社会主义反思 [M]. 北京：北京出版社，1999：341-342.
[5] 吴敬琏. 当代中国经济改革 [M]. 上海：上海远东出版社，2004：55-59.

第七章 中国转型中的国家治理模式重构

革方式都不同程度地带有与苏联和东欧国家市场社会主义改革相近的特征,如价格领域的"双轨制"、中央与地方非制度化的行政(财政)分权、政府与企业的经济分权(放权让利、承包制)等,这些改革也比较明显地体现出对传统计划经济体制进行的边际性修正或增量改革的色彩,而非彻底改变计划经济体制,走向市场经济体制。此外,在中国20世纪80年代的改革进程中,也因关键领域的改革不到位以及计划机制与市场机制的摩擦使得经济出现了一定程度的"改革推进—经济增长—过热与失衡—加强控制—经济降温与收缩"这种市场社会主义改革所固有的"治—乱"循环。但是与苏联和东欧国家不同的是,渐进式改革的点滴积累却最终促使中国成功跨越了"市场社会主义"的改革阶段,比较顺利地进入到全面建设"社会主义市场经济体制"的经济转型阶段,并在改革与转型过程中保持了经济的持续快速发展和市场化水平的不断提高,不仅避免了国家政治经济体制解体与剧烈重构的厄运,而且使整个国家治理模式得到改进,国家治理经济和社会的能力也得到不断提升,从而成为支撑中国"转型奇迹"最为重要的制度基石。

一、政府目标偏好的灵活调整

从历史经验来看,大多数比较成功的制度改革与国家转型往往是由上层执政者通过调整自身的认知偏好和执政理念,并采取相应的政策转变加以稳健推动的,例如,被西方学者视为典范的南欧、拉美的民主转型与巩固,大多都是采取这种方式来启动制度改革与转型的。[①] 同样,中国改革的发动也首先源于国家执政者认知偏好的转变以及由此引发的政府政策的适应性调整。执政者认知偏好和执政理念的调整主要来自于三个方面因素的触动:一是20世纪70年代末领导集团的更替避免了严重的政治社会动荡,同时也使得以邓小平同志为核心的具有改革思想的领导集团走上了中国的政治舞台,这就使得"政治权力很快从激进和非理性分子转移到注重实际的决策者手中"。[②] 从中国的历史传统来看,"政治领导人的性格和行为可能对中国人民的经济生活产生巨大的影响",[③] 因此,20世纪70年代末的领导集团的良性更迭就为国家整体战略目标的转换创造了契机。二是经

[①] 胡安·J. 林茨,阿尔弗莱德·斯泰潘. 民主转型与巩固的问题:南欧、南美和后共产主义欧洲 [M]. 孙龙等译. 杭州:浙江人民出版社,2008.
[②] 邹至庄. 中国经济转型 [M]. 北京:中国人民大学出版社,2005:24
[③] 邹至庄. 中国经济转型 [M]. 北京:中国人民大学出版社,2005:16

历了"文化大革命"十年的浩劫,中国的国民经济已经处于崩溃的边缘,经济绩效的严重下滑不仅引起人们对计划经济体制效率的质疑,甚至危及国家的合法性基础,给政权的稳定带来巨大的风险。在上述经济与政治压力的触动下,执政者从巩固政权稳定性这一"理性偏好"出发也必须对原有的执政理念和政策进行必要的调整。三是西方发达市场经济国家的经济发展特别是周边东亚发展型市场经济体(如东亚的"四小龙")的迅速崛起,不仅为执政者提供了一个学习和积累经济制度知识的重要途径,而且直接对政府形成了潜在的制度竞争压力。①

总之,在上述三大因素的综合作用下,中央执政者的认知偏好和执政理念发生了重大转变,从而果断终止了"以阶级斗争为纲"的政治教条,而将国家治理目标放在以经济建设为中心、促进国家经济的恢复与快速增长上来,形成了经济增长的共识。这种战略调整,使国家实现自身目标偏好的能力与促进社会经济发展的能力相统一。在中国特定的国家权力格局下,执政者认知偏好和执政理念的转变将突破原有的刚性意识形态的制约,使得比较僵化的制度环境的弹性和灵活性逐步增强,从而为经济体制改革与国家能力的调整创造了必要的政治前提。此外,伴随着改革的推进,执政者还根据社会经济环境的变化而不断对自身的认知偏好和执政理念进行适应性的再调整(如对改革与转型目标所进行的阶段性调整),为改革的进一步推进提供更加有利的制度环境,从而使国家的战略目标、制度改革政策更加符合社会经济发展的长期利益,这也为不断化解传统体制所固有的国家能力悖论创造了有利的条件。

二、政府制度和能力的持续构建

伴随着渐进式改革的推进,国家自身也在发生着进化,即不断对自身的组织制度、角色、目标和行为进行适应性的调整,从而协调和优化国家能力的配置,这主要体现为中国持续不断的政府行政体制改革。美国著名政治学家林茨和斯特潘认为,后社会主义民主转型与巩固的五大基本要素之一就是要建立一个以"理性—法律的科层制规范"为核心的有能力的国家机器,以保证国家"实施有效的

---

① 对中国执政者认知偏好转变的分析受到了曹洪刚(2007)的启发。参见曹红刚.政府行为目标与体制转型 [M].北京:社会科学出版社,2007:124-142;另可参见景维民.过渡经济论——目标、道路与制度 [M].天津:天津人民出版社,2000:118-122。

命令、管制和提取资源"。① 尽管中国的渐进式改革和转型与苏联和东欧国家的后社会主义转型存在着本质的差异，但是建立一个规范、有效的政府治理体制依然是推动社会主义市场经济体制建立与国家能力优化、完善的基本条件。正是基于这一制度转型的基本历史经验，中国从 20 世纪 80 年代初就开始了几乎平均五年一次的政府行政体制改革，②如此频率之高的政府改革也成为中国在国家能力调整和构建领域与苏联和东欧国家最为不同的特色（无论是其"市场社会主义"改革时期还是"后社会主义"转型时期）。

中国的政府行政体制改革主要涉及两方面内容：一是机构精简，即缩减政府规模、降低政府成本与内耗、对政府结构进行分合变动，这是一种外延式的改革；二是职能转变，其"核心目标是再造政府，以适应环境的挑战，体现为功能上的革故鼎新"，因而属于一种内涵式的改革。③ 在 1998 年之前，中国的政府行政体制改革主要侧重于以"精兵简政"为核心的外延式改革，以降低过高的行政成本，减轻国家的财政负担；而 1998 年以来的政府行政体制改革在精简机构的基础上更加注重政府职能的转变，这既是出于打破制约改革与转型深化的政治约束的需要，同时也是在对外开放不断推进过程中面对外部因素的冲击而作出的积极应对（特别是加入世界贸易组织后对政府职能转变的迫切需要）。④ 尽管由于历史原因、政治原因以及错综复杂的利益纠葛，以往的政府行政体制改革常常呈现出一种"精简—膨胀—精简—膨胀"的周期性循环，然而，正是在这一次次不尽完善的行政体制改革过程中，政府的目标、角色、职能与行为方式却发生了深刻的改变。

首先，政府的治理理念和角色定位发生了重大转变。政府不再将自身看作凌驾于经济和社会之上的拥有绝对理性的统治者，也不再用纯粹意识形态化的政治目标来取代社会经济发展目标；相反，政府日益关注促进社会经济高效、公平、

---

① 影响后社会主义民主转型与巩固的五大场域（因素）分别是公民社会、政治社会、法治、国家机器和经济社会。参见胡安·J.林茨，阿尔弗莱德·斯泰潘.民主转型与巩固的问题：南欧、南美和后共产主义欧洲 [M]. 孙龙等译. 杭州：浙江人民出版社，2008：3-15.

② 中国改革进程中已经经历的五次比较重要的政府行政体制改革分别发生在 1982~1983 年、1987~1988 年、1992~1993 年、1997~1998 年、2001~2002 年，目前正在经历着第六次更为深入的改革，即 2008 年正式启动的"大部制"改革。参见陈明明.政府改革及其社会空间：从多元主义到法团主义 [M]//顾丽梅公共政策与政府治理.上海：上海人民出版社，2006：148.

③ 陈明明.政府改革及其社会空间：从多元主义到法团主义 [M]// 顾丽梅.公共政策与政府治理.上海：上海人民出版社，2006：152-154.

④ 陈明明.政府改革及其社会空间：从多元主义到法团主义 [M]//顾丽梅.公共政策与政府治理.上海：上海人民出版社，2006：156-167.

公正发展,提高全体社会成员的福利水平。政府理念的转变也必然导致其角色定位的转变,那就是从革命型政府、政治动员型政府向经济建设型政府、公共服务型政府转变。政府对待市场的态度也从"敌视"、"排斥"转向"友好"、"亲和",政府从几乎垄断和控制所有经济资源转变为控制部分必要的经济资源,而将数量相当的经济资源和决策权力转交给市场和私人部门。① 在此过程中,政府还以一种更加开放的态度接受来自国内外的先进管理经验,不断增强自身的制度学习能力,更新自身的治理理念。诸如"治理与善治"等先进观念和知识日益融入政府的目标偏好并贯彻到日常的管理过程之中。

其次,政府的组织结构设置、激励约束机制以及人力资本积累日趋合理化。1982 年的政府机构改革将国务院的 100 个部门裁减为 61 个,此后虽又有所膨胀,但是在 1998 年的改革中进一步缩减为 29 个。政府机构精简在一定程度上减少了政府冗员,降低了政府的行政成本。政府机构的缩减还伴随着机构设置的优化。在 2003 年的改革中,为了实现完善宏观调控体系,深化国有资产管理体制改革,统一商业、贸易流通管理,强化金融体系监管,提高食品安全等目标,国家合并或新成立了一系列必要的经济社会治理部门,如国家发展和改革委员会、国有资产监督管理委员会、商务部、中国银行监督管理委员会、国家食品药品监督管理局。2008 年启动的大部制改革也进一步合并或重新组建了政府部门机构,以实现精简、统一、高效的目标。政府改革的另一个重要成就是健全了干部人事制度,完善了政府的激励约束结构,促进了科层系统人力资本的更新与积累。其主要措施包括:废除领导干部终身制;下放干部管理权;改革工资制度;建立干部激励与保障机制;实行"公推公选"和干部监督制度;建立国家公务员录用考核制度;健全干部培训制度;等等。这些制度安排确保政府可以不断吸纳新的社会精英进入国家管理系统,以维持一个理性化、专业化和具备职业操守的现代官僚体系,这也成为中国政府治理绩效高于俄罗斯等转型国家的重要原因之一。施莱弗通过比较研究得出了这样的结论,而俄罗斯政府治理效能低下的重要原因在于"俄罗斯保留了老政治家,并给他们提供了不恰当的激励,从而导致了他们的掠夺性行为"。

再次,政府权力配置结构更为合理,从单一的集权型治理向适度分权型治理

---

① 葛延风. 中国政府的角色及职能调整——进展、问题和挑战. Prepared for the Program on: Fiscal Management For Better Governance: Learning from Each Other, July 2004, http://info.worldbank.org/etools/docs/library/233713/1GeYanfeng.pdf.

(或集权与分权相结合)转变。除了政府与市场、政府与社会的经济性分权和社会性分权之外,最为重要的就是中央与地方之间的行政分权和财政分权。1978年以后的分权改革大致可以划分为两个阶段:1978~1992年,中央政府遵循放权让利的思路实施了财政包干体制,并将部分事权、城市管理权、企业管理权下放给地方政府;1992年之后,分税制(1994)的实行使得中央与地方的财政分权进一步制度化,同时进一步扩大了地方政府在经济管理领域的事权。① 对于中央与地方分权对中国的政府治理结构与经济发展的积极意义,以钱颖一、许成钢、温加斯特为代表的所谓"第二代财政联邦制"的代表人物给予了比较明确的解读。他们认为,中国的分权化改革带来了如下正面效应:一是调动了地方政府推动改革试验和发展经济的积极性;二是地方间的竞争给予地方政府提供基础设施、创立良好商业环境的激励;三是促使地方政府在财政支出方面更加谨慎,硬化了预算约束;四是地区间竞争防止任何地方政府对经济决策的垄断,降低了它们操控本地企业的可能性;五是地方权力的增加对中央政府的权力形成一定的制约,防止其偏离市场化改革的方向。② 如果说"第二代财政联邦制"更加侧重于论证分权的优点,那么美国经济学家奥列弗·布兰查德和安德烈·施莱弗领悟到必要的集权对于分权化改革实施的重要意义。他们通过对中俄的比较研究发现,中国的地方政府在转型中之所以表现出准许新企业进入、促进地方经济增长的行为,其中一个重要原因在于共产党领导的中央政府能够牢牢控制转型进程,并通过激励和惩罚并重的方式来约束地方政府官员的掠夺行为,削弱地方政府的俘获以及竞争租金的行为。相反,俄罗斯在制度崩溃后形成了一个运转失灵的民主制度和软弱无能的联邦中央政府,根本无法有效约束地方政府与传统大企业的相互勾结和机会主义行为。③ 中国学者周黎安认为,在中央集权这一基本前提下,中央政府根据地方官员发展经济的政绩(以GDP为中心)进行的"晋升锦标赛"是促进地方政府推动经济增长的强有力的激励机制。④ 总之,在转型过程中,以财政分权、行政分权为核心的一系列制度安排体现了一种中央集权与地方分权有机结合的治理

---

① 关海庭,吴群芳. 渐进式的超越——中俄两国转型模式的调整与深化 [M]. 北京:北京大学出版社, 2006:126-127.

② 钱颖一,B. R. Weingast. 中国特色的维护市场的经济联邦制 [M] //. 张军,周黎安. 为增长而竞争:中国增长的政治经济学. 上海:上海人民出版社,2007:37-39.

③ Blanchard, Olivier, Sleifer, Anderei. Federalism with and without Political Centralization: China versus Russia [R]. NBER Working Paper No.7616, March 2000.

④ 周黎安. 中国地方官员的晋升锦标赛模式研究 [M] //. 张军,周黎安. 为增长而竞争:中国增长的政治经济学. 上海:上海人民出版社,2007:111-139.

结构,它比较有效地利用了集权与分权两种决策机制和治理手段的优势,既维护了中央的权威,又调动了地方的积极性,从而取得了比较良好的治理效果。当然,中国的分权改革并不完善,在其运行过程中也出现了诸如地方保护主义、地区间发展不平衡、市场分割和重复建设、公共产品供给不足和效率低下等问题,这些都成为转型深化阶段政治体制改革、行政管理体制改革的重点和难点。

最后,政府的治理方式更加多元化,政府的职能范围也更加合理。传统体制下政府主要依靠行政命令、指令性计划强制推动政策实施的局面已经发生重大改变,政府对经济资源和经济活动的控制已经大大减弱。政府开始综合使用法律手段、经济手段以及必要的行政手段来推行各种制度改革和公共政策,而且在行政过程中也更加尊重客观的经济规律,更加注重扶持和增进市场和私人部门的协调功能以克服"市场失灵",而尽量避免"政府失灵";在社会管理层面,政府也已经从过去的控制全部社会事物以及社会成员行为转变为主要维护正常的社会秩序运转,而将政府过多承担的部分社会管理事务转交给社会团体、民间组织,政府也更加注重培育和维护社会的自组织秩序治理能力。[①] 在治理过程中,政府也更多地采取柔性化、弹性化的方式来激励社会经济主体执行国家的政策,以提高政策的有效性。此外,政府对自身的职能范围也不断做出调整,以界定政府与市场及社会的必要边界。1993 年中共十四届三中全会通过的《中共中央关于建立社会主义市场经济体制若干问题的决定》将政府的经济管理职能界定为制定和执行宏观调控政策、搞好基础设施建设、培育市场体系、监督市场运行和维护平等竞争、调节社会分配和组织社会保障、控制人口增长、保护自然资源和生态环境、管理国有资产和监督国有资产经营。2003 年中共十六届三中全会通过的《中共中央关于完善社会主义市场经济体制若干问题的决定》进一步提出了转变政府经济管理职能的方向:深化行政审批制度改革,为市场主体服务和创造良好的发展环境;加强国民经济和社会发展中长期规划的研究和制定,提出发展的重大战略、基本任务和产业政策,促进国民经济和社会全面发展,实现经济增长与人口资源环境相协调;加强对区域发展的协调和指导,积极推进西部大开发,支持中西部地区加快改革发展,振兴东北地区等老工业基地;等等。上述变化表明,伴随着社会经济环境的变迁,中国政府的经济职能在两个层面上做出了重要调整:一是在经

---

① 葛延风. 中国政府的角色及职能调整——进展、问题和挑战. Prepared for the program on: Fiscal Management For Better Governance: Learning from Each Other, July 2004, http://info.worldbank.org/etools/docs/library/233713/1GeYanfeng.pdf.

济领域进一步缩减多余的行政管理职能，更多地发挥市场机制的作用；二是强化政府的公共服务职能，促进社会经济的平衡发展。

总之，经过持续不断的政府行政体制改革，中国政府整体的治理结构正在从大而无当、强而无效的全能型政府向职权分明、规模合理、干预适度、功能有效和遵从法律的现代法治型政府、有限型政府与公共服务型政府转变。政府行政体制与治理模式所发生的这些深刻变革自然成为支撑中国经济体制变革与国家能力构建的最为重要的制度与组织基础，它使得国家的政策和法律的制定与实施更加贴近社会，更加科学、有效。

三、经济转型路径与策略的合理选择

在中国的体制变革进程中，政府以灵活务实的态度比较合理地安排了改革的顺序、速度和节奏，使得市场化改革得以稳健而有效地推行。改革是一个涉及多重制度变量与利益关系调整、变革的复杂过程。能否通过有效的改革战略选择，以积蓄力量、化解矛盾，不仅影响改革的有效推进程度，而且直接关系到国家整体的治理能力。而中国改革与转型的成功以及在此过程中实现国家能力优化的重要因素之一就在于执政者根据本国的实际国情选择了比较适宜的改革战略、改革方式，并在这一过程中保持了政府对改革进程的有效调控。

首先，经济改革先于政治改革的策略选择维系了国家制度的整合度、协调性和统一性，避免了苏联和东欧国家那样因政治体制与政治秩序突然断裂而造成的国家制度崩溃与政府能力耗竭的局面，不仅保证了政府对改革进程的必要控制力，而且为政府职能与能力的平稳有效转换提供了比较宽裕的时间和空间。当然，强调经济改革先于政治改革以及政治秩序的稳定性，并非意味着在中国的改革进程中没有发生政治领域的改革。实际上，中国政府从改革初期开始就非常重视政治体制改革对经济改革的重要推动作用，诸如"党政分开"、"政企分开"、"行政分权"、"财政分权"、"机构改革"都包含着深远的政治体制改革的意义，没有这些领域的改革，中国的市场化改革是不可能顺利而深入推进的。[①] 中国政府在处理经济改革与政治改革关系的真正着眼点在于，对政治改革的设计与推动必须充分考虑到本国的历史与国情，既要发挥政治改革为经济改革扫清障碍的积极作用，又要避免因政治改革超越国家与社会的承受能力，给经济发展与社会秩序造

---

① 张宇. 市场社会主义反思 [M]. 北京：北京出版社，1999：360.

成严重动荡，从而将改革、发展与稳定有机结合起来，为体制改革与社会经济发展确立正确的发展取向，提供一个稳定而有利的制度环境，而绝不能像苏联和东欧国家那样使经济改革与社会经济发展为政治改革所引发的政治冲突所拖累。

其次，分阶段、有次序的渐进式改革不仅比较合理地利用了传统制度资源中有利于市场化改革平稳推进的因素，而且避免了因利益结构剧烈调整所造成的社会动荡，从而比较有效地缓解了改革的阻力，分散了改革带来的社会成本，最终保持了市场化改革的稳定性与连续性。以新自由主义为指导的"华盛顿共识"认为，必须采取"大爆炸"式的激进改革战略，迅速而同步地展开各个领域的变革，使之相互配套、相互协调，才能实现从计划经济体制向市场经济体制的一步跨越；局部的、零敲碎打的渐进改革只能重新回到苏联和东欧国家市场社会主义改革时期那种新旧体制并存和长期摩擦的无效均衡之中。然而，从历史和现实来看，经济改革与转型具有整体渐进性的特征。由于改革与转型具有"总和的不确定性"，[1]而且涉及非常复杂的制度结构与利益关系的调整，因此，无法事先设计出一个完美无缺的改革蓝图，只能综合考虑各种约束条件，适度分解各项改革的内容，把握好改革的速度、步伐，并根据环境的变化对改革的目标与方式进行适应性的调整，这样才能充分释放每一阶段、每一领域的改革能量，化解利益结构调整对改革造成的阻力，并且不断为新一轮的改革注入动力。反之，苏联和东欧某些国家看似快速、激进的制度转型却因改革方案设计不周全以及过度触及传统的社会利益结构，导致许多制度改革措施无法推进或者在实践中出现了严重扭曲（如俄罗斯和东欧的私有化改革的扭曲），结果不得不在付出巨大成本之后，回过头来重新探寻渐进而有效的改革策略。

最后，在改革进程中，中国既不拘泥于传统体制的束缚，也不盲从西方主流经济学家开出的"万能药方"，而是从中国特定的国情着眼，发现并推广了一系列行之有效的制度创新（如农村家庭联产承包责任制）、"过渡性制度安排"（如乡镇企业、双轨制等），[2]从而为经济体制的顺利转换架设了桥梁。毫无疑问，改革与转型意味着从原有的计划经济体制结构迈向一种新的市场经济体制结构。在这一过程中，为了避免因体制结构断裂而陷入一种"制度真空"，必然要在拆除旧体制的过程中不断引入新的制度安排以填补这一真空地带。一般而言，国家可以采取两种方式：一种方式是从国外大规模引进、移植发达国家的"最优制度实

---

[1] 热若尔·罗兰.转型与经济学［M］.张帆，潘佐红译.北京：北京大学出版社，2001.
[2] 周冰等.过渡性制度安排与平滑转型［M］.北京：社会科学文献出版社，2007.

践",苏联和东欧国家大多采取的是这种方式,但其效果却不尽如人意,因为常常容易出现新制度与本国的旧制度乃至文化传统相互冲突的局面,从而影响整体制度结构的有效运行;①另一种方式就是基于本国的现实,发现、改造乃至创造一些有生命力的制度安排,以实现整个制度结构的平稳转换,中国采取了这种比较务实的做法,特别是创造性地探索出一系列承接新、旧体制的"过渡性制度安排",这种"降低改革成本、减小改革阻力和控制改革风险的机制",推动了整体制度结构的"平滑转型"。②

总之,在中国的体制变革进程中,政府对改革与转型战略的明智选择打破了西方学者所谓的经济转型必然要经历一个经济下滑与社会福利锐减的"转型之谷"的神话,③使中国整体的转型进程基本上保持了一个经济持续增长与社会福利水平不断提高的上升趋势。在此基础上,国家自身的财力资源、经济权力也不断得到巩固,社会民众对国家治理有效性的合法性认同也在不断增强,这些都有助于在转变国家权力配置格局的同时,优化、提升国家的综合治理能力。

四、政府与社会关系的深入协调

伴随着市场化和政府行政体制改革的推进,中国政府也在不断协调其与社会之间的关系,以保证国家对社会的有效掌控与和谐治理。经济改革与政府行政体制改革所引发的社会控制体系放松、资源流动加速、开放程度提高以及个体自由选择权利扩大等因素的综合作用,势必会导致与传统计划经济体制相一致的"总体性社会"、"均质社会"被打破,社会利益的分化、社会结构的复杂化以及大量新生社会经济成分的出现成为一种必然趋势,社会的自主性也在不断增强。④

转型进程中,中国的社会分化首先体现为收入分配差距的扩大。转型前的中国是一个收入分配极为平等的国家,当时城市地区的基尼系数在 0.2 以下,农村地区的基尼系数位于 0.21~0.24。经过 30 多年的转型,收入分配差距呈现出不断扩大的趋势。目前,中国的基尼系数已经明显超过国际公认的 0.4 的警戒水平,

---

① Gérard Roland. Understanding Institutional Change: Fast-moving and Slow-moving Institutions [J]. Studies in Comparative International Development, Vol.38, No.4, pp. 109-131.
② 曹红刚.政府行为目标与体制转型[M].北京:社会科学出版社,2007:38-39.
③ 亚当·普沃斯基.民主与市场——东欧和拉丁美洲的政治经济改革[M].包雅钧等译.北京:北京大学出版社,2005:106-152.
④ 曾峻.公共秩序的制度安排——国家与社会关系的框架及其运用[M].上海:学林出版社,2005:227-229.

传统的收入分配均等化格局被彻底打破。其次，社会分层结构更为多元化，在传统的三大阶层（工人阶级、农民阶级和知识分子阶层）基础上出现了许多新的社会阶层。根据中国社会科学院《当代中国社会阶层报告》的研究，到世纪之交，按照组织资源（政治资源）、经济资源和文化资源的占有情况，中国的社会结构已经由改革前的工人阶级、农民阶级、知识分子阶层的简单构成，分化为十大阶层，即国家与社会管理者阶层、经理人员阶层、私营企业主阶层、专业技术人员阶层、办事人员阶层、个体工商户阶层、商业服务人员阶层、产业工人阶层、农业劳动者阶层和城乡无业失业半失业者阶层。① 再次，相对自治和独立的民间组织、社会团体得到快速发展，公民社会出现萌芽。据统计，到1989年高峰期，全国社团组织达到20多万个，此后虽有所下降，但到2002年，全国共有县级以上社团组织13.3万个；县级以下各类民间组织虽无正式统计数字，但保守估计也至少在300万个以上。② 最后，社会成员的心理、价值观出现了多样化趋势，这些都对社会成员参与经济和社会交往的行为模式产生了深刻影响。

　　社会结构的变革既孕育着众多的机遇也带来了重大的挑战。它一方面适应了市场化的需要，标志着整个社会由传统走向现代，从封闭走向开放；另一方面也表明转型社会蕴藏着巨大的风险和不确定因素。因此，政府必然要根据环境的变化及时而有效地协调其与社会的关系，构建起新的社会整合与控制机制；否则，社会可能出现严重的动荡和失序。中国政府协调其与社会之间关系的第一个重要表现就是通过积极的社会政策来促进经济与社会的平衡发展。在转型初期，受较低的社会经济发展水平的制约，中国采取了一种效率优先兼顾公平的非平衡发展战略。这种战略在推动市场化与经济快速成长的同时也带来了一系列负面问题，如地区和城乡发展不平衡、贫富差距悬殊、经济秩序紊乱、自然生态环境恶化等。针对这些问题，中国政府从20世纪90年代后期开始加大扶持社会的力度，并且相应出台了一系列新的公共政策，主要包括实施西部大开发战略、推行城市最低保障制度、解决"三农"问题、改革农村税费制度、建立农村合作医疗、取消农业税、推行农村免费义务教育、建立城市全民医疗保险等。有学者借鉴波兰尼的观点将上述扶持社会的公共政策看作"保护性反向运动的兴起"。③ 政府与社

---

　　① 曾峻. 公共秩序的制度安排——国家与社会关系的框架及其运用 [M]. 上海：学林出版社，2005：228.

　　② 俞可平. 市场经济与中国公民社会的兴起 [M] // 俞可平. 市场经济与公民社会——中国与俄罗斯. 北京：中央编译出版社，2005：6-7.

　　③ 王绍光. 大转型：1980年代以来中国的双向运动 [J]. 中国社会科学，2008（1）.

会关系协调的第二个重要表现就是政府对新生的各种社会团体和民间组织的控制、规范和协调。中国转型期出现的社会团体和民间组织具有不同的属性和功能。一些团体和组织有助于社会的自我管理并可以为社会成员提供必要的公共物品和服务;而另一些组织会干扰国家秩序、妨碍社会的稳定发展。有鉴于此,中国政府对新生的社会团体和组织区别对待,采取"分类控制"的方式加以治理,即引导和鼓励那些有益的社会团体和组织的发展,而对那些不利于国家和社会稳定的组织加以控制甚至禁止。① 政府协调其与社会关系的第三个表现就是公共政策的制定过程开始更多地引入社会参与,倾听来自社会民众的声音,从而确保决策的透明度、科学性和有效性。传统计划经济体制下政府的公共决策过程是相对封闭的而且缺乏透明度,社会民众的参与程度也很低,这不免影响到公共政策的科学性和有效性。伴随着转型的推进,中国政府的公共决策过程也发生了重大转变,传统的封闭式决策模式已经日渐式微,而其他不同程度引入专家、学者、媒体乃至普通大众参与的公共决策模式日益兴盛,社会对政府公共政策的影响力也不断增强。②

总体而言,中国在转型过程中根据特定的国情对政府与社会之间的关系进行着持续的适应性调整,以图实现政府与社会的良性互动与和谐治理,而防止出现俄罗斯等国家转型中所形成的政府与社会对立、对抗的局面。

五、稳健的国际化与国家竞争能力的提升

传统社会主义政治经济体制与国家治理模式的形成、发展、解体与重构的整个历史过程都与国际政治经济体系的演变和外部因素的冲击有着千丝万缕的联系。外部因素的影响既可能对体制变革、国家能力优化与国家治理模式重构产生积极的推动、促进作用,也可能给其带来不利的消极影响,甚至是重大挑战,这一点对中国也不例外。中国的领导人在改革之初就深刻洞悉到全球范围内高速经济增长的基础已经从封闭的计划经济体制和粗放的外延式经济发展模式转变为开

---

① 中国政府分类控制社会组织的方式主要包括:禁止成立;政府自上而下强制组建;必须纳入政府设定的体系内;鼓励成立;以企业形式存在而政府不直接干预。它们分别对应了五种不同类型的社会组织。参见康晓光,韩恒. 分类控制:当前中国大陆国家与社会关系研究[J]. 开放时代, 2008 (2).
② 王绍光概括出中国公共政策议程设置的六种模式:"关门模式";"动员模式";"内参模式";"借力模式";"上书模式";"外压模式"。这六种公共决策模式在中国同时并存,但其总体趋势体现为"关门模式"、"动员模式"逐步减少,其他模式则频繁出现。参见王绍光. 中国公共政策议程设置的模式[J]. 开放时代, 2008 (2).

放的市场经济和集约的内涵式经济发展模式。换言之，从20世纪70年代末开始，经济增长已经不再单纯地依赖增加生产能力，而是更加依靠技术进步以及各种创新活动（包括制度创新）。然而，在传统计划经济体制下，中国发展的重要困境之一来自于新技术的匮乏以及在研究、开发与生产实践之间存在着难以逾越的鸿沟。走出这种困境必须要摒弃闭关锁国的封闭性政策，实现国家的对外开放。周边的韩国、中国台湾、中国香港、新加坡等东亚发展经济体的经验也给予了中国大陆的改革者深刻的启示，那就是克服技术、资本、管理知识等方面的不足，必须把握世界经济发展的大趋势，参与到全球经济的竞争与合作体系之中。

中国政府在体制变革初期就将对内改革与对外开放有机结合，逐步融入世界经济体系，以借助外部有利因素来推动体制变革、经济发展与国家竞争优势的提升。鉴于中国特定的经济发展水平与社会政治环境，中国的对外开放战略同样遵循了一种渐进式的稳健推进逻辑。20世纪80年代，中国相继建立了四个经济特区、14个沿海开放城市以及五个经济开放地区，从而形成了沿海地区全面开放的格局；20世纪90年代进一步开放沿边和沿江地区，从而使对外开放从沿海向内陆全面展开。伴随着2001年加入世界贸易组织（WTO），中国已经开始全面融入全球市场经济，市场化进程更加不可逆转。在对内改革与对外开放的协调互动过程中，中国的外贸管理体制、外汇管理体制逐步完成了市场化转型，从而扩大了对外贸易的规模和外资引进的数量；中国的市场化水平、经济开放程度、国家竞争优势得到全面提升；经济结构、产业结构与经济增长方式也不断得到优化；政府整体的职能配置、行为方式也正在发生着重大转变。中国已经成为推动全球经济增长、维护世界经济秩序的重要大国，这都将有助于中国在风云多变的全球格局中实现持续发展与和平崛起的国家战略目标。

伴随着经济转型的深入推进，改革者普遍意识到，中国的社会主义市场经济是开放的市场经济。对内改革与对外开放有机结合是中国经济发展的基本方针。中国的对外开放不是利益此消彼长的"零和博弈"，而是互利共赢的"正和博弈"。一方面，对外开放为中国带来了资金、技术和先进的管理经验，深入推动了经济体制改革进程；另一方面，中国也为世界其他国家提供了丰富的劳动力、商品和广阔的市场，增加了其他国家获利的机会。经济全球化的发展使中国与世界经济的融合日益加深，这对中国改进和提升对外开放水平提出了新的要求。中国将继续奉行对外开放的基本国策，扩大开放领域，优化开放结构，提高开放质量，完善内外联动、互利共赢、安全高效的开放型经济体系，培育国家参与国际分工、合作和竞争的优势。

但是，来自外部世界的冲击也对中国政府的自主性提出了重要挑战，这就使得政府的制度改革与公共决策需要考虑更多变量的影响，而政府治理的有效性空间也与这些外部因素有着日益密切的关联。例如，在国际经济联系日益密切的条件下，宏观经济调控政策的制定和实施不仅要考虑国内供求关系的平衡和结构调整的需要，还要充分考虑国际产业分工格局的演变，关注国际市场的动向，这就使得中国在制定宏观经济调控政策时面临多方面因素的制约。[1] 正因为如此，在全面融入全球化的时代，中国政府在制度学习、政策制定与适应能力的培育的过程中也必然要以国家和民族的根本利益为出发点，充分考虑到外部世界的先进经验、优良的制度安排与本国传统、国情的兼容性，稳健而富有成效地探索符合本国实际国情的制度改革方式与国家治理模式。同时，中国也要在对外开放中坚持国家的自主性，维护国家的核心利益，并建立起防范和管理国际经济风险的体系和机制，提高国家有效应对外部经济风险冲击的能力。否则，像某些苏联和东欧国家那样，不顾本国的历史与现实约束，无原则地、盲目地移植西方发达国家的"最优制度实践"，看似一种"突变式"的制度学习过程，实质上却落入"市场原教旨主义"、"新自由主义教条"的陷阱之中，最终影响了制度转型与国家治理模式构建的绩效，使国家与人民的利益遭受严重损失。

六、国家治理模式的有效调整与中国的转型奇迹

通过上文的分析我们可以发现，中国的经济转型历程与苏联和东欧国家的转型历程形成了鲜明的对比。中国并未完全遵循主流经济学所推崇的"华盛顿共识"这一激进转型战略，而是采取了一种非标准的渐进转型路径，其主要特征是"逐项的、部分的、增量的改革，并且常常是实验性的，最显著的差别在于中国没有进行大规模的私有化"。[2] 许多经济学家认为，中国特定的转型战略弊端重重，难以避免失败的命运。然而，恰恰是这种主流经济学视野中非标准的、不彻底的转型方式却取得了比苏联和东欧国家更为优良的转型绩效，因而被许多学者称为"中国奇迹"。

理解中国奇迹最为直观的视角就是转型期经济增长的速度、持续的时间以及增长的质量。从这三个标准来看，将中国转型称为"奇迹"是实至名归的。从

---

[1] 张俊伟. 2003 年以来的宏观调控：回顾与前瞻[J]. 经济研究参考, 2008 (2).
[2] 林毅夫, 姚洋. 中国奇迹：回顾与展望 [M]. 北京：北京大学出版社, 2006: 38.

1978年至今的30多年间中国保持了持续快速的经济增长，其年平均GDP增长率接近10%，而且在可预期的将来，中国仍然将保持快速的经济增长速度（即便在2009年全球金融危机的冲击下仍然获得了8.7%的增长率）。这已经超越了亚洲"四小龙"（中国香港、中国台湾、韩国、新加坡）和亚洲"四小虎"（印度尼西亚、马来西亚、泰国、菲律宾）曾经创造的持续25年之久的经济增长和快速工业化的"东亚奇迹"。与苏联和东欧国家相比，这一奇迹更为明显（见表7-3）。在转型期间，苏联和东欧国家几乎都出现了程度不同的产出下降，一些国家（如乌克兰）的产出下降时间超过了10年，产出缩减幅度接近60%。直到2008年，主要转型国家的实际GDP才恢复或超过到转型前的1989年的水平。而中国却是个极少数的正面例外，其经济从未出现负增长，到2007年，中国的实际GDP已经达到转型初期（1978年）的15倍。这在很大程度上反映出中国经济增长的稳定性和持续性。

表7-3 部分转型国家的经济增长比较

类别	国家	产出下降的年数	截至2000年产出累积下降幅度（%）	2008年的实际GDP/1989年的实际GDP（1989年=100）
转型前改革相对持久、深入	中国	—	—	1500*
	匈牙利	4	15	136
	波兰	2	6	178
	斯洛文尼亚	3	14	156
转型前只进行过零散的、不连续的改革或基本没有改革	保加利亚	4	16	114
	罗马尼亚	3	21	128
	俄罗斯	7	40	108
	乌克兰	10	59	70

注：*中国的数据为按可比价格计算（1978年为100）的2007年GDP/1978年GDP的比例。
资料来源：2008年的实际GDP/1989年的实际GDP的数据来欧洲复兴与开发银行（EBRD）2009年的《转型报告》，下载网址：http://www.ebrd.com；其他数据来自World Bank, 2002, Transition—The First Ten Years, 2002, Washington D.C., p.5.中国的数据来自国家统计局网站：http://www.stats.gov.cn。

衡量经济增长质量的另一个重要指标是反映技术进步的全要素生产率。以克鲁格曼为代表的一些西方人士认为，包括中国在内的东亚国家的经济增长并无"奇迹"可言，因为这些国家的经济增长完全是由要素投入来驱动的，而几乎不存在技术进步因素。但客观而言，虽然中国的经济增长确实严重依赖要素投入的作用，但技术进步的贡献也是存在的，尽管全要素生产率并非一直处于上升状态。根据联合国工业发展组织的研究报告，1979~1992年，中国的年均全要素增长率为1.7，处于连续上升状态。从1993年开始，全要素生产率出现下滑趋势，直到2000年才改变这种态势。而根据中国学者郑玉歆、李善同等的测度，尽管转型时期中国的全要素生产率的年均增长率一度出现反复，但总体而言一直存在着正向的增长，而且对整个的经济增长发挥了重要的促进作用（见表7-4）。此外，从其他一些指标来观察，中国也并非是单纯依赖要素投入实现经济增长，相反，技术进步的作用越来越大。这也表明中国的经济增长模式正在从粗放的外延式增长向集约的内涵式增长转变。例如，中国研究与试验发展折合全时人员由1991年的67.1万人年增加至2007年的164.9万人年；研发支出占GDP的比重由1995年的0.57%增加到2007年的1.49%；专利申请授权数量也村1991年的2.46万件增加到2007年的35.18万件。①

表7-4 中国转型期全要素生产率及其对经济增长的贡献率

年　份	GDP增长率（%）	全要素生产率增长率（%）	全要素生产率增长率对经济增长的贡献（%）
1978~1985	9.8	3.5	35.3
1986~1989	8.9	2	22.2
1990~1997	11.2	4	36.1
1997~2000	7.7	0.8	10.9
2000~2003	8.4	1.6	19.9
1990~2003	9.7	2.7	28
1978~2003	9.4	2.4	26.2

资料来源：李善同. 中国经济增长潜力与经济增长前景分析 [J]. 管理世界，2006（9）；罗卫东，姚中秋. 中国转型的理论分析：奥地利学派的视角 [M] //冯兴元. 中国的"奇迹"：成因、问题与展望. 杭州：浙江大学出版社，2009.

伴随着经济总量的增大和经济增长质量与结构的改善，社会民众的总体福利水平也在不断得到提高。中国已经顺利实现了现代化建设"三步走"战略的第一步、第二步目标，人民生活总体上达到小康水平。改革开放以来，中国已经连续跨越了人均收入400美元（温饱，1990）和800美元（总体小康，2000）两个门槛，到2003年人均收入达到1000美元的水平。② 中国的绝对贫困人口数量也从1978年的2.5亿从下降到当今的3000万人。人均预期寿命从1970~1975年的63.2岁上升到2000~2005年的71岁。1998年，世界银行已经将中国从低收入国

---

① 冯兴元. 中国的"奇迹"：成因、问题与展望 [M] //. 罗卫东，姚中秋. 中国转型的理论分析：奥地利学派的视角. 杭州：浙江大学出版社，2009.
② 国家发改委宏观经济研究院课题组. 中国加速转型期的若干发展问题研究（上）[J]. 经济研究参考，2004（16）.

家的行列中提高到中等收入国家的行列之中。[1]目前,中国的人均国民收入也已接近4000美元。

对于中国转型奇迹的成因,学术界有着不同的解读。以萨克斯、胡永泰为代表的西方学者将中国改革与转型的成功归结为有利的初始条件,即改革前国有部门相对较小,而农业部门与农业人口比例大,这使得市场化改革触发了一个剩余劳动力转移的经济发展过程;而相对松弛的计划经济体制和较小的社会福利体系都使得中国的体制改革受到相对较小的束缚,面临着较低的调整成本。[2]国内学者不赞同用有利的初始条件来完全解释中国的成功经验。他们认为,尽管初始条件确实给中国的改革与转型带来一些有利影响,但是初始条件与转型的成功与否并不存在必然的因果关系,而且从动态角度来看,原来相对有利的初始条件也很可能伴随着转型的推进产生不利的影响。[3]因此,国内学者大多将中国转型的成功经验归结为采取了比较符合中国国情的改革与转型方式。例如,一些学者从经济发展战略的角度着眼,认为中国比较合理地利用了本国资源禀赋的"比较优势",不断提高企业在市场环境下的"自生能力",从而创造了改革与转型的"中国奇迹"。[4]还有学者从制度经济学、新政治经济学等角度出发,认为中国所采取的"双轨制"改革、增量改革等改革策略比较有效地安排的改革的顺序,分散了改革与转型带来的社会成本,避免了这一过程中出现的产出下降与社会福利水平的降低。[5]此外,还有一些学者认为,中国的成功之处主要是由于在转型进程中发现、创造了有效率的制度安排,促进了经济体制的平稳有效转换,等等。[6]

我们认为,不论是对初始条件的准确把握,还是对改革与转型方式的有效选择,显然都与国家治理模式的演进、改善具有密切关联。换言之,在改革与转型

---

[1] Joachim Arens, Philipp Mengeringaus. Institutional Change and Economic Transition: Market-Enhancing Governance, Chinese-Style [J]. The European Journal of Comparative Economics, Vol.3, No.1, 2006: pp.75-102.

[2] Jeffrey Sachs, Wing Thye Woo. Structural Factors in the Economic Reform of China, Eastern Europe, and the Former Soviety Union [J]. Economic Policy, April 1994, pp.102-145;世界银行.1996年世界发展报告:从计划到市场 [M].北京:中国财政经济出版社,1996:19-20.

[3] 张宇.过渡政治经济学导论 [M].北京:经济科学出版社,2001;景维民,张慧君.经济转型的阶段性演化与相对市场化进程研究 [M].北京:中国财政经济出版社,2006:77-153.

[4] 林毅夫,蔡昉,李周.中国的奇迹:发展战略与经济改革 [M].上海:上海三联书店,上海人民出版社,1994;林毅夫,姚洋.中国奇迹:回顾与展望 [M].北京:北京大学出版社,2006.

[5] 吴敬琏.渐进与激进——中国改革道路的选择 [M].北京:经济科学出版社,1996;樊纲.渐进改革的政治经济学分析 [M].上海:上海远东出版社,1996;张宇.过渡政治经济学导论 [M].北京:经济科学出版社,2001.

[6] 周冰.过渡性制度安排与平滑转型 [M].北京:社会科学文献出版社,2007.

进程中，政府目标偏好的灵活调整、政府制度和能力的持续构建、转型路径和策略的合理选择、政府对社会秩序的有效掌控以及稳健有效的国际化与国家竞争能力提升等因素的综合作用，不但使中国比较有效地化解了传统计划经济体制与全能主义国家治理模式所内生的种种低效制度弊端，而且推动了国家治理模式的持续改进和完善，从而逐步形成了政府、市场及社会三元并存与互惠共生的国家治理格局。这种国家治理模式演进的直接后果就是维系了转型期良好的国家秩序治理，在此基础上激发了经济主体的活力，消除了束缚资源有效配置的体制障碍，推动了社会经济的持续快速发展，从而创造了中国的转型奇迹。图7-3对中国国家治理模式演进与转型奇迹的内在作用机理进行了比较直观的描述。这就与苏联和东欧国家"市场社会主义"改革与"后社会主义"转型阶段国家治理模式剧烈重构过程中所出现的政府能力衰竭、市场秩序混乱、社会结构断裂的不利局面形成了鲜明的对比。

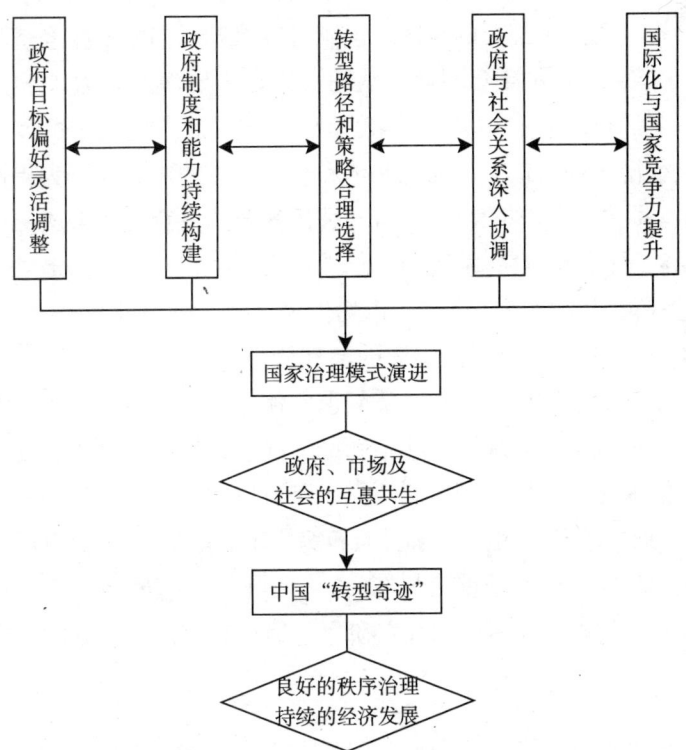

图7-3　国家治理模式的有效调整与中国转型奇迹的内在逻辑

经济转型深化中的国家治理模式重构

第三节 中国转型深化中的国家治理模式构建

在从1978年至今的30多年的改革与转型进程中,中国不仅实现了经济的持续发展,而且发生了深刻的国家制度变革,其中主要包括经济领域从传统计划经济向现代市场经济转变;社会领域从传统农业社会和结构单一的"总体性社会"向工业社会、城市社会、多元开放社会转型;政治领域从高度集权的政治体制向社会主义民主法治体制转变。① 多重制度转型也促使中国走出全能主义国家治理模式,国家(政府)—市场—社会(公民社会)三元并存与互补的现代国家治理格局也已初步形成。这既给中国的国家能力优化配置与提升创造了契机,同时也提出了比较重大的挑战。从契机方面来看,市场与社会的发育为国家职能的转变与能力的优化、提升创造了必要的空间,国家可以将其承担的某些经济与社会职能剥离出来并转移给市场和社会团体,从而可以集中资源和精力来办大事、办好事,以削减国家的行政成本并提高国家的治理效能;市场与社会的发育也壮大了可以与国家进行博弈的力量,从而为制约和规范国家的权力与行为提供了必要的外部保障力量。此外,中国的市场经济与公民社会的发育还远未成熟,经济与社会中的自组织治理能力和自我发展能力仍然比较弱小,在这一前提之下,国家的过度退出也很可能带来比较严重的"市场失灵"和"公民社会失灵",从而导致更大范围的无序,这必然会弱化国家的治理能力,也会给社会经济的持续、健康、平衡发展带来严重的负面影响。实际上,伴随着改革与转型的不断推进,中国的国家治理领域也确实出现了一些不和谐的现象,如权力异化引发的政治资源流失与治理效能弱化;市场治理体制不完善所出现的市场经济秩序混乱;社会加速分化所导致的收入分配差距拉大和社会行为失范;等等。② 它们也成为转型深化阶段中国国家治理模式构建的重点与难点。

有鉴于此,如何在转型深化与完善阶段,通过有效的国家制度建设,协调政

---

① 经济合作与发展组织. 中国治理 [M]. 北京:清华大学出版社,2007. I-Ⅷ;"中国政治体制改革研究"课题组. 建设一个民主和法治的现代化国家——中国政治体制改革研究报告总论 [J]. 经济研究参考,2007 (31).

② 曾峻. 公共秩序的制度安排——国家与社会关系的框架及其运用 [M]. 上海:学林出版社,2005:230-233.

府、市场与社会之间的关系也就自然成为进一步优化和提升国家能力，并构建一种支持社会主义市场经济体制有效运行的现代国家治理模式的关键。中国转型深化阶段的国家治理模式构建需要立足于两个基本前提。首先是保持制度环境的基本稳定，具体表现为坚持中国共产党的领导与社会主义制度的稳定性。这是中国30多年转型所积累的宝贵经验，也是中国与俄罗斯等转型国家相比取得优良转型绩效的决定性因素。它是保持国家组织制度统一，确保政府具备充分行为能力，并保证社会经济转型坚持公正与繁荣目标的基本前提条件。其次，中国的国家治理模式构建必须服从和服务于实现社会经济持续、稳定、均衡发展这一目标。中国是一个发展中大国，资源稀缺与生产力发展水平较低仍然是制约国家与社会现代化进程的关键因素。这就决定了国家治理模式构建需要着眼于促进社会经济的快速发展，并且使发展的成果惠及全民。任何背离稳定与发展的激进变革都是不可取的。在坚持上述两大基本前提的基础上，中国需要对政府、市场及社会之间的关系进行深入细致的协调与构建，建立起"法治化的公共服务型政府"、"有效的市场经济体制"和"利益整合型公民社会"三位一体的现代国家治理模式。①

一、化解政府悖论，建立法治化的公共服务型政府

新制度经济学大师道格拉斯·C.诺斯有一个著名的论断："国家的存在是经济增长的关键，然而国家又是人为经济衰退的根源。"② 这一论断被称为"国家悖论"或"政府悖论"。换言之，政府既可能成为维系国家秩序和谐治理，促进社会经济持续发展的"扶持之手"，也可能成为干扰国家秩序，抑制经济发展的"掠夺之手"。因此，如何通过有效的制度改革来化解"政府悖论"，就成为贯穿人类社会兴衰发展史中的核心问题。这一点同样适用于处于变革进程中的中国。在前一阶段的转型过程中，中国政府比较有效地发挥了创建市场与整合社会的"扶持之手"的功能，但是在政府的目标、体制、行为、功能等方面仍然存在许多不适应甚至阻碍市场经济与社会发展的问题。"政府悖论"在中国的转型过程中具有不同的表现形式：以GDP为中心的政绩考核机制导致地方政府行为短期化，单纯强

---

① 张慧君. 经济转型与国家治理模式演进——基于中国经验的研究 [J]. 经济体制改革, 2009 (2).
② 道格拉斯·C.诺斯. 经济史中的结构与变迁 [M]. 陈郁, 罗华平译. 上海: 上海三联书店, 上海人民出版社, 1994: 20.

调经济效率和经济利益,而忽视了本应发挥的社会管理和公共服务职能;政府过度介入经济活动不仅导致烦琐的行政审批制度,增加了微观经济主体的负担,而且也滋生出日益严重的寻租、腐败问题;某些政府部门缺乏有效的民主决策和监督机制,导致公共权力部门化、部门利益制度化,削弱了政府决策的有效性;政府内部的组织结构和部门设置不合理,导致政府职能重叠、权责不清、政出多门等问题,降低了政府的治理效能;等等。① 为了化解"政府悖论",克服各种潜在的"政府失灵"问题,需要通过持续的制度改革,建立起一种"法治化的公共服务型政府"。

在控制政府行为的现代国家制度中,法治是被学者们最为关注的一种制度安排。经验研究也表明,法治与经济增长的关系最为密切,法治对经济增长具有比较明显的正向效应。法治是政府实现善治的基本要素之一,也是公共管理的最高原则,它要求政府官员及公民都要遵循法律的约束,但前提首先是规范政府的权力和行为。② 建立法治政府的努力是中国政府转型中的巨大变革,特别是建立社会主义市场经济体制目标的确立以及对外开放进程的加速成为促进法治形成的重要内部和外部动力。它首先要求通过完善社会主义民主法制建设来规范政府的权力和行为,强化政府的政治责任、自律机能,确保政府为全社会创建安全、平等和民主的政治与法律环境。在此基础上,使法律内化为全体社会成员从事社会经济活动时自觉遵守的行为准则。虽然在30多年的改革与转型进程中,中国在创建法治领域取得了明显成效,但政府整体的法治化水平仍需进一步提高。在完善社会主义市场经济体制阶段,除了进一步强化法律体系的建设外,更重要的是依靠政治体制改革、行政体制改革、社会经济结构的优化等综合性措施来强化政府的法治意识与有效实施法律的能力。

在提高政府法治化水平的同时,中国还需要通过更为深入的政府改革来提高政府的公共服务职能,实现建立公共服务型政府的目标。公共服务型政府的治理理念兴起于20世纪80年代西方国家出现的"新公共管理"运动的改革浪潮中。政府提供的公共服务大致包括:宏观调控、市场监管和公共产品。政府按照公民缴纳的税收和附带授权的责任来提供这些公共服务。其要义在于将政府的核心职能定位于提供公共服务,特别是市场和私人部门缺乏提供意愿或能力的公共物品和服务。为了实现建立公共服务型政府这一目标,就需要改革传统的高度集权、

---

① 董方军,王军.大部门体制改革:背景、意义、难点及若干设想[J].中国工业经济,2008(2).
② 俞可平.治理与善治[M].北京:社会科学文献出版社,2000:10.

僵化的科层官僚体系，借助市场和社会的力量来提高政府提供公共服务的能力，即通过市场竞争来打破政府对公共服务的垄断、降低政府的行政成本、提高政府的行政效能；以企业家精神来塑造政府，加快政府行政技术的创新速度；通过分权和社会民众的广泛参与，以提高政府治理的透明度、责任性和有效性。中共十七大报告中明确提出了加快行政管理体制改革，建立服务型政府的目标。强调"着力转变职能、理顺关系、优化结构、提高效能，形成权责一致、分工合理、决策科学、执行顺畅、监督有力的行政管理体制"。在此基础上"健全政府职责体系，完善公共服务体系，推行电子政务，强化社会管理和公共服务。"① 建立公共服务型政府目标的确立意味着中国的政府治理模式变革进入到一个核心攻坚阶段，它将实现政府治理理念、政府职能以及治理模式的重大转变。它要求政府根据市场经济和社会发展的需要明确界定自身的职能范围，合理设置政府的组织机构，完善政府内部的激励约束机制，有效配置政府掌控的社会经济资源，在此基础上着力培育政府提供公共物品和服务的能力，使政府的能力与其职能范围相互适应，以提高公共服务的供给效率。

二、培育市场，创建有效的市场经济体制

中国经济转型的目标就是建立一种能够促进社会长期繁荣的有效市场经济体制。在前一阶段的转型中，市场经济体制的基本制度结构已经得到初步确立，市场机制也已经成为资源配置的主要力量，但是依然存在许多制度性问题和结构性问题需要加以克服。虽然在转型深化阶段，市场经济体制的发育和成熟要更多地依靠激发社会民众的自主性和创新精神，充分发挥市场机制的协调作用，但是单纯依靠市场和社会力量的自发作用显然无法完成建立完善的市场经济体制的任务。转型国家的经验表明，由于维系市场经济运行的制度安排具有公共物品的属性，单纯依靠市场和社会的力量必然会导致有效制度供给不足，而且某些非法的私人部门也将会介入制度的创设，这时必然会产生大量无效的制度安排甚至滋生出种种有组织的犯罪行为，从而干扰人们正常的理性预期，导致各种形式的机会主义行为泛滥，最终使得整个市场陷入秩序混乱的"低水平制度陷阱"之中。②

---

① 胡锦涛在党的十七大上的报告：《高举中国特色社会主义伟大旗帜 为夺取全面建设小康社会新胜利而奋斗》，新浪网：http：//news.sina.com.cn/c/2007-10-24/205814157376.shtml.
② 保罗·G. 黑尔. 转型时期的制度变迁和经济发展 [J]. 经济社会体制比较，2004 (5).

因此,需要在转变政府治理模式,提高政府治理效能的基础上进一步发挥政府培育市场、增进市场的功能。当然,在这一过程中,需要着力克服政府缺位和政府越位并存的问题,形成一种政府与市场相互促进的良性互动状态。

就中国而言,转型深化阶段政府至少在以下三个方面需要发挥培育市场经济体制的重要作用:首先,完善市场经济体制的制度环境建设。在这方面,一些政府职能需要强化,而另一些政府职能需要精简。需要强化的职能主要表现为加强有关支持公平竞争和促进良好经济秩序形成的立法和执法工作,提供必要的市场监管和宏观调控,为市场的有效运转提供一个稳定的政治与法律环境;需要精简的政府职能主要表现为改革现有的行政审批制度,缩减不必要的行政干预,打破部门与行业的行政垄断,将更多的资源投入到必要的公共物品供给方面。其次,需要继续深入推进一些基础性、关键性的经济制度改革与建设,以进一步提高市场经济体制的综合运行绩效。主要包括:深化国有企业改革,完善国有资产管理体制,鼓励和引导非国有经济的发展,为多种经济成分共同发展创建公平竞争的环境;在完善商品市场建设的基础上,大力发展包括资本市场、劳动力市场、土地市场在内的生产要素市场,健全和规范其内在运行机制,形成统一、开放和竞争有序的现代市场体系;深化财政、税收、金融和社会保障体制改革,建立起健全、完善的宏观调控体系;深入推进外贸、汇率体制改革,提高本国市场经济抵御外部冲击的能力,更加积极地融入国际经济体系。[①] 最后,政府需要着力推动一系列重要的经济结构调整,以改变经济发展失衡的局面,实现经济发展方式的根本性转变。这主要包括:调整产业结构,提高产业发展的竞争力;加大对农业领域的投资和结构调整力度,增加农民收入,缩小城乡差别;加大国民收入分配调整力度,增强居民特别是低收入群众消费能力;积极稳妥推进城镇化,提高城镇发展质量和水平;大力推进技术改造,加快传统产业优化升级;发展循环经济与节能型产业,缓解来自环境和能源领域的压力;推进基本公共服务均等化和引导产业有序转移,促进区域协调发展;继续实施西部大开发、东北地区等老工业基地振兴、中部地区崛起、东部地区率先发展的区域发展总体战略;积极扶持贫困地区加快发展,加大扶贫开发力度,提高自主发展能力,等等。

总之,政府采取的制度建设与结构调整措施将有助于建立起一种各项制度安排协调运行,能够有效应对竞争压力与外部冲击,并实现全面、均衡和可持续发

---

① 张卓元. 不断完善社会主义市场经济体制促进国民经济又好又快发展——学习党的十七大报告的一点体会 [J]. 经济研究, 2007 (11).

展的有效的市场经济体制。当然,伴随着市场经济体制的发育完善,政府也要对其职能范围进行动态化的调整,逐步退出某些经济领域,让市场机制发挥更大的作用。

三、扶持社会,构建利益整合型公民社会

中国转型深化阶段面临的一个重要挑战就是社会利益的分化重组可能会对转型的进一步推进带来一定的阻力和风险。一方面,在前期的转型过程中,渐进式改革试图在不触动既得利益集团的根本利益的前提下,通过培育新体制或对旧体制进行局部改革以改进经济体制的运行效率,这样做可以减少改革的阻力。但是,转型的深入推进势必要对旧体制的核心部分进行改革,这就不可避免地要触动相当一部分利益集团的既得利益。另一方面,在转型过程中也产生了一些新的利益集团,它们利用过渡时期相对薄弱的法律与制度环境,通过各种手段"寻租"获取了巨大的利益。但是,随着经济体制改革的深化,市场竞争程度的提高,它们原先所获取的"租金"会迅速"耗散",在这种情况下,两种既得利益集团就可能会利用手中积累的政治经济资源干预政府决策,从而迟滞改革的推进。此外,在转型过程中也逐渐产生了一个被人们称之为"弱势群体"的阶层,如农村中无法向外转移的劳动力、城市中的下岗失业人员以及其他低收入人群等,这一群体无法像上述两个既得利益集团那样利用各种有力的渠道去"俘获"政府决策,因此很可能成为未来改革成本的主要承担者,如果不能给这一群体适当的补偿,必然会加速社会分化的趋势,从而最终削弱支持改革与发展的"共容利益"。从社会经济发展角度看,由于在转型的前一时期国家对经济增长速度过分关注,因而在一定程度上忽略了社会经济结构的平衡发展。社会经济结构的失衡不仅引起了宏观经济的波动(如国内有效需求不足),而且在一定程度上加剧了各种社会矛盾和紧张状态。因此,社会经济结构的失衡不仅是一个经济问题,而且是一个政治问题。这两种问题交织在一起,使得未来转型的不确定性增大,转型的风险增大。

为了化解社会利益分化重组带来的阻力和风险,就需要改革者及时对转型战略进行相应的调整,以化解转型过程中积累的各种矛盾,并为下一步的大飞跃蓄积能量。为此,政府需要首先对发展理念做出调整,即从"效率优先、兼顾公平"转向更加关注社会的公平与正义,使转型与发展的丰硕成果惠及全体社会民众。在此基础上进一步推进扶持社会的积极的社会公共政策,来消弭市场化带来

的社会裂痕。这些公共政策主要包括促进就业、社会保障、公共卫生、住房保障、教育保障、缩小收入差距与反贫困、支持三农等。更为重要的是要对这些社会政策进行综合性设计，使它们相互配套、相互协调以实现其持续抵御长期社会风险的目标；在推行社会政策的过程中，政府需要强化自身的社会政策能力，避免不必要的资源浪费，而力求保证社会政策的实施效率；尽管在扶持社会发展方面，政府扮演着重要的角色，但是同样需要吸纳民间组织和力量参与，以弥补政府的不足，并逐步培育社会自发的秩序治理与抗击风险的能力。①

除了上述措施外，面对日益多元和复杂的社会结构，一个成熟、理性、开放并具备利益整合功能的现代公民社会的兴起是实现有效的国家治理不可或缺的构成要素。理论和经验研究表明，公民社会在国家治理方面具有政府和市场所不具备的一些优势：公民社会可以与政府形成互补或竞争的关系，提高公共物品供给的效率和质量；公民社会能够塑造社会成员的自治与合作精神，减少社会对政府的过分依赖，规约政府行为；公民社会孕育出丰厚的社会资本，可以增进信任、克服集体行动中的协调问题，提高资源配置效率。基于上述原因，公民社会被视为缓解市场失灵和政府失灵的第三种治理机制。②从转型国家的经验来看，创建公民社会可以采取两种模式。一种是依靠民间社会力量自发演化的自由主义模式，这种模式强调的是公民社会与政府的二元分立，公民社会的一个重要功能就是制约和对抗政府以保障个人权利不受侵犯。另一种是政府自上而下地理性构建与民间自下而上的自发演化相互结合的社团主义模式。这种模式强调政府与社会不是相互竞争的关系，而是相互合作的关系。政府与社会都不是自足的，只有在相互扶持、相互补充的过程中才能实现共同发展。社团主义虽然承认社会存在着多元利益，但是更加强调多元利益的和谐、共容和稳定的秩序，而非竞争、对抗和分裂无序。就中国特定的国情而言，前一种模式是不可取的，因为它很容易出现社会游离于政府，甚至与政府对抗的局面，这一点已经被苏联和东欧国家改革失败的教训所证明。相反，中国只能采取后一种模式，实现政府与公民社会的良性互动，形成一种政府与社会共生共容、互惠共生的社团主义模式。为此，政府在构建公民社会的过程中要呈现出一种更加积极和开放的姿态。政府需要承认公民社会存在的合法性与合理性，通过相关法律保障公民的基本权利，为公民个人

---

① 俞可平.中国治理变迁30年 [M].北京：社会科学文献出版社，2008：122-141.
② 曾峻.公共秩序的制度安排——国家与社会关系的框架及其运用 [M].上海：学林出版社，2005：202-204.

和社会团体提供更加广阔的发展空间,充分激发社会民众的自主性与创新精神,增强社会的自组织治理能力。与此同时,政府需要保持对社会的必要控制和指导,将民间组织和社会团体纳入法制化和规范化发展的轨道,并且综合运用各种公共政策消除体制变革造成的社会裂痕,防止形成某种分利性和掠夺性的利益集团,有效整合社会利益结构,促进社会和谐稳定发展。

第八章　全球化与后危机时代的国家治理模式演进趋势

经济转型与国家治理模式重构不是在一个封闭的状态下进行的，而是在全球开放系统下发生的大规模制度变迁。国际政治经济格局形成的外部约束从一开始就成为影响制度转型的重要变量。第二次世界大战后，冷战格局的形成促使苏联模式在社会主义阵营内部推广和扩散，从而使这些国家的体制结构与国家治理模式形成极大的同构性。全能主义国家治理模式的兴起，顺应了社会主义国家摆脱不平等国际政治经济旧秩序的历史诉求，提高了国家发展的自主性和能力，但也因此导致了国家的过度扩张，使经济日益走向僵化、封闭和低效，无法利用全球分工深化和技术转移的优势。冷战结束后，社会主义国家走上制度转型与国家治理模式重构的道路，在此过程中，全球化作为一个重要外部变量与转型进程密切相连。一方面，全球化成为经济转型与国家治理模式重构的重要动力；另一方面，全球化也因转型国家的加入而得到不断扩展。刚刚得以控制的全球金融危机，就暴露出经济全球化的负面影响。转型国家在危机中也遭受到沉重打击。危机在转型国家的扩散暴露出新自由主义给经济转型与国家治理模式重构带来的严重困境。后危机时代，转型国家因而面临着通过更加全面、深入、细致的制度改革与结构调整，来探寻一种超越新自由主义的有效现代国家治理模式。

第一节　冷战格局与传统国家治理模式的同构性

第二次世界大战后形成的冷战格局成为推动全能主义国家治理模式在社会主义阵营推广和扩展的重要因素，这充分体现了制度变迁的强制性与诱致性相互结合的特征。全能主义国家治理模式既因应了社会主义国家抵御外部威胁、重建战后国民经济体系的强烈诉求，同时也是边缘国家摆脱核心国家掠夺、提高国家发展自主性的一种必要手段。冷战的结束改变了原有的国际政治经济格局，也使得社会主义与资本主义两大阵营的力量对比发生了变化。这种外部影响进而传导至社会主义国家内部，导致其传统国家治理模式发生动摇，并逐步走向解体与转型。

一、冷战的形成与全能主义国家兴起的外部压力

冷战是指 1945~1991 年间，以美国为首的西方资本主义国家和以苏联为首的社会主义国家这两大阵营除直接交战以外，在经济、政治、军事、外交、文化、意识形态等各方面均处于对抗状态的时期。冷战格局的形成大约经过了 10 年的时间。1945~1955 年，北约和华约组织相继成立，资本主义与社会主义阵营双方的国家各自加入两大组织，标志着美苏两大阵营全面对峙格局的形成。冷战时期，以美苏为主体的两极世界格局，是战争中各大国军事的较量和战后社会经济发展力量消长变化的结果，它反映了战后国际政治经济秩序演变的新趋势。冷战格局的突出特点体现为以下三个方面：一是资本主义与社会主义两种社会制度和对立的意识形态在全球范围内展开内容极为广泛的斗争；二是北约和华约形成长期的军事对峙；三是美苏两个超级大国在全球范围内为各自的利益展开广泛竞争。

冷战作为一个重要的外部变量，对以苏联和东欧为代表的社会主义国家的制度变迁与社会经济发展产生了重要影响。特别是冷战形成的外部压力对全能主义这种特定的国家治理模式在社会主义阵营内部的扩散、推广、凝固和延续起到推波助澜的作用，从而使得社会主义国家传统的国家治理模式具有极大的相似性和同构性。

第二次世界大战期间，苏联为了对抗法西斯德国的入侵，保卫国家的独立和安全，在原有的计划经济体制基础上进一步强化了国家的力量，其整体制度结构也服从于战时的需要，以维持国家秩序的高度统一以及对社会经济资源的严格控制和调配。第二次世界大战结束后，受战时条件影响而高度军事化的全能主义国家治理模式并未因战争结束而改变；相反，在许多方面还呈现出不断强化和加剧的趋势，国家对经济和社会的渗透与控制的程度也因而大大加深。在苏联，许多高度集权、高度强制性的战时体制和命令以法律、决议的形式在战后被固定下来。战时的统制经济、非常法令、专门法庭等制度安排被变本加厉地移植到战后的全能主义体制中。严厉的战时劳动管理制度也被全盘照搬，如战时颁布的军工企业职工擅自离职、旷工、迟到都要被判刑的法规一直延续至 1956 年。在农业领域，为了提高公有制的比重和纯度并加大资源汲取力度，苏联进一步强化了集

体农庄管理体制，缩小甚至取消了农户的自留地，并对农民的个人果园和家畜产品征收重税。此外，苏联在战后还实行了大规模的合并集体农庄运动，到1951年初，集体农庄从战前的近30万个合并为12.3万个，数量减少了一半以上。① 在苏联巩固本国既有的社会经济制度和国家治理模式的同时，全能主义国家治理模式还被广泛移植到东欧和东亚新生的社会主义国家之中。

冷战时期，以苏联为代表的全能主义国家治理模式在社会主义阵营的推广与扩散是由外部和内部因素交相呼应、共同作用所致。从外部因素来看，从苏联建立的第一天起，维护国家政权的安全与稳定就成为第一要务。第二次世界大战结束后，美国霸权主义的崛起以及两极格局的形成对苏联的国家安全形成了新的挑战。为了巩固在战后国际体系中的主导地位，防止共产主义在全世界的扩散，美国开始对苏联实施"遏制战略"，由此强化了美国与苏联的对抗性质，造就了战后世界格局中的两大博弈力量。为了应对来自外部不利因素的挑战，苏联不得不将国家发展的目标定位于在世界资本主义体系之外，寻找到一条超越西方国家的现代化道路，因而对本国原有的国家治理与经济发展模式进行了进一步的强化，即试图借助全能型政府的强制性力量，加快对自身经济体制的改造，加速国有化、集体化和工业化进程，以便为在日后与西方国家的对抗乃至战争中赢得胜利奠定坚实的物质基础。此外，为了巩固和维护社会主义阵营的团结与稳定，向其他同盟国推广本国的制度结构与治理模式也有助于加强苏联对其他社会主义国家的控制和协调，防止其滑向资本主义阵营。从这个意义上讲，全能主义国家治理模式的强化与推广对苏联而言，是在特定的外部约束条件下的一种理性的策略选择。正如斯大林所言："无产阶级在一国取得胜利之后，该国无产阶级应尽最大的可能去支持和发展国际范围的革命运动，牢记社会主义不可能在一国取得最后胜利，社会主义制度对于资本主义制度的最终胜利有待于国际范围内解决。"②

从社会主义阵营的内部因素来看，第二次世界大战中取得的辉煌胜利，不仅极大地提高了苏联在国际社会中的威望，而且增强了苏联社会主义经济制度与国家治理模式的吸引力。这种特定的制度结构与治理模式不仅在20世纪30年代使苏联避免了世界范围大萧条的冲击，而且在战争期间以其巨大的生产能力和动员能力打败了不可一世的法西斯军国主义势力。对于饱经战争沧桑的东欧和东亚的社会主义国家而言，为了迅速医治战争创伤，使国民经济迅速走上社会经济复苏

---

① 陆南泉等. 苏联兴亡史论 [M]. 北京：人民出版社，2002：496–498.
② 格·季诺维也夫. 列宁主义（中译本）[M]. 北京：东方出版社，1989：247.

与繁荣的道路，选择和模仿苏联的制度结构与治理模式也自然成为一条捷径。当然，在第二次世界大战中的胜利在一定程度上也助长了苏联对外扩张的报复，促使其极力推行以对抗与扩张为核心的国家战略，这也成为全能主义国家治理模式在社会主义阵营得以广泛推广的巨大推动力量。

二、摆脱不平等国际秩序与国家自主性的强化

第二次世界大战后，社会主义国家的崛起有力地冲击了国际政治经济旧秩序，然而，由于以美国为首的西方国家通过政治、经济乃至军事手段极力维护其在国际体系中的垄断地位，导致传统的国际政治经济秩序得以继续存在，并在一定程度上被强化。从经济发展层面来看，战后不平等的国际秩序呈现出三大特征：一是以不合理的国际分工为基础的资本主义国际生产体系；二是以不等价交换为基础的资本主义国际贸易体系；三是以大国垄断为基础的国际货币金融体系。

第二次世界大战以后，美国凭借其强大的经济实力，确立了以美国霸权地位为核心的国际经济秩序，其支柱就是以美国为中心的"多边自由贸易体系"和"布雷顿森林体系"。这种国际经济秩序不仅没有改变，而且进一步强化了原有的国际经济旧秩序。在国际生产领域，形成了"发展中国家原料产地—发达国家工业中心"的格局。在国际贸易领域，原料和初级产品与工业制成品之间的"剪刀差"进一步扩大，致使发展中国家的贸易条件进一步恶化。在国际资本流通领域，发达国家的跨国公司对外直接投资规模的不断扩大，不仅形成了"发展中国家资本输入—发达国家资本输出"的基本格局，而且使发达国家对发展中国家市场的占领和控制进一步加强。在国际货币金融领域，发达国家通过对国际货币基金组织和世界银行等国际金融机构的控制而进一步巩固了其垄断地位。20世纪70年代以后，由于美国地位的衰落，布雷顿森林体系瓦解，第三世界国家开始为建立国际经济新秩序进行了长期不懈的斗争。但国际经济旧秩序并没有发生根本性的变化，发达国家仍在世界经济的各个领域占据着主导地位。这种不平等的国际秩序实际上使得战后非西方国家在世界经济中长期处于边缘化的地位，对核心国家产生了严重的依附性。在这种情况下，外围国家为了摆脱对中心国家的依附，实现民族的独立与振兴，由依附性发展转向自主中心式发展，以推进经济现代化，赶上并超过发达国家，因而开始在否定市场经济体制的基础上寻找一种新的社会经济组织形式。而计划经济体制的兴起正是外围国家为了突破"中心—外

第八章 全球化与后危机时代的国家治理模式演进趋势

围"结构,从而改变不合理的世界政治经济旧秩序的伟大尝试。[1]

第二次世界大战后,社会主义国家试图摆脱不平等国际秩序的努力在很大程度上强化了国家的自主性,为推动社会经济现代化进程注入了强大动力。计划经济体制与全能主义国家治理模式的建立,一度推动和促进了社会生产力的发展,确保了社会主义国家的重工业,特别是国防工业的发展,从而使这些国家扭转了经济落后、工业基础薄弱的传统不利经济结构,为发展大工业和建立较为完整的现代国民体系奠定了坚实的基础。伴随着经济增长与结构变迁的推进,国家不仅扩大了可供汲取的财政资源基础,而且赢得了社会民众对政府的普遍支持,大大提高了国家统治的合法性,从而从整体上提高了国家的制度供给和秩序治理能力。但是,国家自主性和能力的无限扩张也给社会主义国家在国家治理与经济发展领域带来了许多难以克服的困境。国家自主性和能力的过度膨胀严重侵蚀了社会经济自身所具有的秩序治理与资源配置能力。国家虽然可以通过对经济的干预,用行政权力来配置资源,组织全社会资源来建立高度集中的工业体系,但是,它在很大程度上借鉴了西方国家大工业生产的经验教训,其成功来源于苏联等国家对西方工业化基本模式的模仿。与市场经济相比,这种建立在国家权力基础上的统治经济优势非常明显,可以在最短时间内、在最大范围上实现资源的有效配置,但是它的缺点也很突出,那就是不利于技术进步,只能实现经济的粗放式增长,而难以实现创新和技术进步支撑经济的集约式增长,不能满足经济现代化的需要。此外,在冷战格局下,由于国家将注意力放在经济发展的国内维度,强调自给自足,这使计划经济在很大程度上带有封闭性的特征,既不利于技术在国际间的传播和扩散,也不利于承接西方工业化国家的技术转移,从而丧失了利用战后经济全球化加速和新科技革命推动经济发展的最佳机遇。上述种种原因的累积不仅决定了社会主义国家传统经济发展模式的不可持续性,更不能适应全球经济格局变化带来的严峻挑战,从而最终促使苏联、东欧等国家在冷战后期,选择了激进的政治经济体制转变的道路。

此外,由于传统计划经济体制使苏联处于相对封闭的经济中,国际化程度极低,国际分工局限在经互会内部,在一个狭小的圈子里合作,与世界市场体系是分开的,孤立的,因此,使各成员国都脱离世界市场,缺乏与世界先进产品的竞争,与西方各国的技术水平差距拉大,不能充分融入国际市场,不能充分利用国

---

[1] 景维民,孙景宇.混合经济中的所有制结构与转型绩效差异——国际维度下的经济转型研究[J].江海学刊,2006(3).

际分工,在国际贸易与国际金融领域没有发展,与世界市场割裂开来,国际市场竞争力不够,世界经济影响力衰落。

三、冷战结束对国家治理模式演变的影响

进入20世纪80年代,美苏在世界范围内的权力争夺不断升级。美国对苏联采取了更为强硬的政策,以图重振其在国际体系中的霸主地位。为此,美国展开了与苏联的军备竞赛,以便消耗苏联的国力,从而为自身获取竞争优势。同时,在亚洲、非洲等发展中国家和地区美国还大力扶持亲美政权,打击亲苏政权,以便遏制苏联的影响力。在与美国争夺世界霸权的过程中,苏联使自己背上了沉重的包袱,经济逐步出现停滞趋势。与之相应,在外交上,苏联也采取了战略收缩,试图利用战略缓和的空间加速本国经济发展,确保自身的超级大国地位。这就使得美苏争霸态势由苏攻美守转变为美攻苏守。

在旷日持久的军备竞赛和全球争霸中,经济发展水平明显落后于美国的苏联过度消耗本国的物力和财力,严重削弱了自身在国际上的竞争能力。从20世纪80年代中后期开始,苏联的经济下滑趋势日益明显,并最终处于停滞状态。在后三个五年计划中,苏联的国民收入增长速度下降了50%,到1990年甚至出现了战后的首度负增长,社会总产值与国民收入增长速度分别为-2%和-4%。与之相应,经济结构扭曲的程度更加严重。其工业产量的1/5用于军事领域,而轻工业和农业发展严重滞后,服务业发展更加薄弱。此外,苏联还面临着国内消费品需求不足,国际市场竞争力不够,贸易、金融、价格等市场体系不完备的问题。经济发展的停滞,导致苏联与美国的国力差距日益巨大。20世纪60年代后期,苏联的GDP达到美国的70%,而到了1989年则降到25%。在科技水平方面,苏联比西方落后了大约15~20年。[①]

经济发展的困难与国际力量对比的变化,导致苏联内部的矛盾和危机不断加深。一方面,国内民众对严重的经济短缺、急剧下滑的生活水平表示出日益严重的不满,对国家未来的发展普遍悲观失望。这种主观情绪进一步演变为社会民众对国家治理能力的信任度降低,甚至对计划经济体制和社会主义政治制度产生了质疑和否定的倾向。另一方面,美国等西方国家经济的巨大发展以及推行的人权外交和市场经济观念对于很多苏联民众产生了更大的吸引力。这种内部的巨大反

---

① 张丽. 俄罗斯经济转型中的美国因素研究 [D]. 沈阳:辽宁大学博士学位论文,2006:37.

第八章 全球化与后危机时代的国家治理模式演进趋势

差不仅加剧了民众不满,而且由此孕育了内部的民主派、改革派甚至是反对派。经济领域累积的矛盾也逐步演变成激烈的政治斗争,国际政治约束转化为国内政治约束,成为苏联发生制度变革的累积性力量。[①]

外部与内部危机的相互叠加与强化,迫使苏联在20世纪80年代进行了更为全面、激进的改革。而这场改革无论对于国际政治经济格局转换还是苏联乃至整个社会主义阵营的国家治理模式变革,都是一个极其关键的导火线。20世纪80年代的改革呈现出一个由渐进到激进不断加速的过程。从前期来看,改革依然主要限于经济领域,其目的仍然是对传统计划经济体制进行局部的修补与完善。然而,在经济改革受挫而无法深入推进之后,戈尔巴乔夫将改革进一步推进到政治及对外关系领域,由此,包括苏联在内的社会主义国家逐步走上了一条国家治理模式剧烈重构的道路。1986年初,戈尔巴乔夫首次提出"新思维"的概念,将其作为处理与美国等西方国家关系的基本原则。戈尔巴乔夫认为,"新思维"包括两方面的含义:一方面,对话是实现政治和解与国际安全的基本手段;另一方面,"全人类的价值高于一切"、"人类利益高于一切"、"人权优先于主权",成为国内国际政治的思想基础。由此可见,新思维的提出,表明苏联对美国态度的转变,希望同美国结束军备竞赛,保持和发展友好关系,从而由对抗走向合作,以便消除两个世界之间的隔阂,使苏联更快地融入世界经济发展的潮流。

如果说对外关系领域的变化为国家治理模式变革提供了外部条件,那么于1988年发起的以"公开性"、"民主化"为标志的政治改革则进一步将传统体制和全能主义国家治理模式推向崩溃与重构的边缘。如同其经济改革的方案和内容一样,戈尔巴乔夫的民主化政治改革方案也包含相当广泛的领域和内容,甚至某些领域的政治改革要比经济改革更加激进。从实际情况来看,戈尔巴乔夫的政治改革不仅涉及共产党内部的民主化,如各级党组织、党委领导的直接选举,党政分开等,也涉及国家制度和政府制度的民主化,如完善议会制度、选举制度,精简、改革政府官僚机构,加强法制建设等,而且涉及整个社会的民主化,如允许建立非官方的独立组织。这些政治领域的改革实际上从内部和外部两个方面对传统的政治经济体制与全能主义国家治理模式造成了根本性的冲击。一方面,过于宽泛、激进的政治改革不仅导致了执政党的意识形态混乱,政府的权力真空,而且由此引发了激烈的权力斗争。在这一过程中,作为苏联全能主义国家治理模式重要支柱的"党国精英"集团开始发生了分化。一部分人对戈尔巴乔夫的激进政

---

① 张丽. 俄罗斯经济转型中的美国因素研究 [D]. 沈阳:辽宁大学博士学位论文,2006:42.

治改革表示不满，逐渐成为维护旧体制的保守派；另一部分人发现旧体制已经无法再给他们带来丰厚的政治经济利益，从而转变成为"亲资本主义联盟"的一部分。这种激进政治改革所带来的冲击不仅使戈尔巴乔夫自身的权力、操控改革进程与方向的能力受到严重削弱，为后来的"8·19"事件以及他个人的倒台埋下了伏笔，而且使得国家和政府因政治改革冲击所造成的政权涣散，进一步放松了对经济与社会的控制。另一方面，在改革期间，苏共允许人们不必经它的同意和参与就可以建立非正式的团体，从20世纪80年代末到整个90年代这段时间里，这些独立性社团在苏联和俄罗斯得以迅速发展。一些西方学者认为，这是在建立一个独立于"政党—国家"之外的公民社会上迈出的重要一步。这些非官方的团体、组织可能是文化的、职业的、民族的、慈善的，也可能是妇女团体，甚至是反对派建立的政治组织。它们有些是真正独立自治的，有些是和中央、地方精英甚至国外组织有着密切的联系。① 尽管这些组织是弱小的、支离破碎的，还不足以成为构成政治舞台的相互作用和关系网络的一部分，因而也是一个"不成熟的公民社会"。但是这一力量的出现，毕竟使得苏联出现了一个独立于全能主义国家的政治、经济与社会力量，因此从根本上改变了传统体制下国家与社会的基本博弈关系，从而为社会最终从全能主义国家的控制之下"逃逸"创造了条件。

苏联内政外交领域发生的剧烈变革也进一步传导到东欧其他社会主义国家，使得这些国家原本蓄积已久的社会矛盾日益凸显，相应地，社会主义政治经济体制的稳定性受到严重动摇，传统的全能主义国家治理模式也处于风雨飘摇之中。最终，1989年东欧社会主义国家相继发生了社会剧变。此后，这些国家纷纷拥抱西方阵营，脱离了苏联的控制。1990年，两德统一，打破了东西欧力量平衡格局，并对两极格局产生了强烈冲击。就在同一时期，苏联改革走上歧途，国内多年积聚的各种矛盾同时迸发出来，联邦在经济危机、政治危机和民族危机中解体，战后以来的两极格局也随之寿终正寝。自此，苏联和东欧国家走上一条通过激进制度变革来重构国家治理模式的道路。

综上所述，在美苏长期争霸过程中，苏联的国力消耗殆尽，最终选择了缓和与收缩的战略，导致冷战结束。而冷战期间苏联国家治理领域累积的种种矛盾在后冷战时期集中爆发，最终推动苏联传统体制瓦解。苏联发生的变化直接或间接地对其他东欧社会主义国家产生制度示范效应，引发了整个社会主义阵营的剧烈变革。

---

① 卡瑟琳·丹克斯. 转型中的俄罗斯政治与社会 [M]. 欧阳景根译. 北京：华夏出版社，2003：174.

第八章　全球化与后危机时代的国家治理模式演进趋势

第二节　经济全球化与国家治理模式重构的关联性

经济全球化成为 20 世纪 80 年代以来不断加速的世界经济大趋势。全球化在促进商品和要素在世界范围内加速流动的同时，也将市场经济体制带入更多的国家，这一趋势有力地推动了转型国家的经济转型与国家治理模式重构。全球化既给转型国家融入世界经济、发挥比较优势带来重大机遇，同时也给其整体的国家治理模式重构带来严峻挑战。转型国家需要兼顾国内国际两方面的因素，才能稳健而有效地推进国家治理模式重构的进程。

一、经济全球化加速及其基本特征

冷战的终结导致世界政治经济格局发生重大变化。东欧剧变和苏联解体后，两大世界经济体系相互隔离的障碍被消除，国际贸易额度大幅增长，国际投资不断扩大，跨国公司得到了空前的发展，国与国之间经济的相互依赖性更加紧密。世界经济的整合顺应了经济全球化的大趋势；与此同时，社会主义国家的市场化转型也大大促进了经济全球化的进一步扩展。自此，世界经济领域发生的各项变革都深深地融入全球化进程，世界经济一体化的程度也大大加深。

学术界一般认为，"全球化"这一术语是由美国经济学家泰奥多尔·莱维特于 1985 年提出的。他在《哈佛商报》上发表了题为《谈市场全球化》一文，用"全球化"一词来描述此前 20 年间国际经济的巨大变化，即商品、服务、资本和技术在世界范围内生产、消费领域中的扩散。此后，全球化就成为人们分析当前世界经济发展趋势的一个重要维度。1990 年，经济合作和发展组织（OECD）前首席经济学家奥斯特雷也使用了全球化一词来说明生产要素正在以更快的速度在全球范围内流动，从而实现资源在世界范围内的最优配置。[①] 1997 年，国际货币基金组织将全球化定义为"是指跨国商品与服务交易及国际资本流动规模和形式的增加，以及技术的广泛迅速传播使世界各国经济的相互依赖性增加"。波兰著名经济学格·科勒德克认为："全球化是一个建立自由化的、统一的世界商品市场的

---

① 樊莹.经济全球化与国家经济安全[J].世界经济与政治，1998（5）.

经济转型深化中的国家治理模式重构

过程，形成一个新的、制度化的国际秩序，为全世界范围内发展生产、开展贸易和增进资本流通服务。"① 由此可见，经济全球化可以理解为世界经济运行的一个历史过程，即资本、劳动力、技术、知识、信息等生产要素和商品在全世界范围内自由流动，各要素统一的世界市场逐渐形成，各国之间的经济联系日益紧密。

对于全球化从何时何地开始，人们是有争议的。一些学者认为，全球化在几千年之前就已经开始了，在出现货币以及以物易物的商业活动时，市场以及贸易就开始了跨地域的流动。但是，从中世纪末期至今，世界范围内主要出现了三次具有标志性意义的全球化运动。第一次全球化开始于地理大发现后的世界经济发展趋势。1492年哥伦布发现美洲新大陆和1497年达·伽马发现欧印航线，为经济全球化做出必要的准备。这次全球化的一个直接后果就是殖民体系在全球的扩展。第二次全球化发生在19世纪。伴随着工业革命的发生，大机器工业代替工场手工业，成为资本主义经济的基础，与此同时，世界市场也初步形成。第三次全球化浪潮始于20世纪80年代。这一时期，经济市场化、自由化和信息化的扩展，使世界经济进入到一个全球化加速的阶段。与前两次全球化相比，第三次全球化呈现出一些鲜明的特征：一是以20世纪80年代末社会主义国家的经济转型为标志，市场经济开始在全球范围内扩展。市场经济的开放性要求各国必须着眼于国内国际两个市场，实现二者的接轨。二是经济自由化改革的实施，极大地消除了全球贸易和资本流动的壁垒。相应地，贸易、投资、金融自由化不断发展，经济全球化趋势得以强化。三是第三次全球化与信息技术和互联网反战等新技术革命的突破具有密切关联。不同经济主体，可以利用信息技术便利地从世界各个角落获取信息，及时交流并完成各项业务。这就促使经济的全球化与信息化紧密联系在一起。② 由此可见，经济全球化呈现出一个不断加速的过程，特别是最近的一次全球化进程更是以惊人的速度改变着世界经济的发展，这在很大程度上得益于技术进步和制度创新大大削减了世界经济中的交易成本，便利了各国之间的相互交往。

首先，经济全球化的主要特征体现为资源配置的全球化以及国际分工和生产的一体化。这进一步体现在以下几个层面上：一是贸易自由化。经济全球化推动了多边贸易体制的形成，促进了全球货物贸易、服务贸易，技术贸易的发展，加

---

① 格·科勒德克. 全球化与后社会主义国家大预测 [M]. 郭增麟译. 北京：世界知识出版社, 2003：13-14.

② 张东宁. 冷战后世界秩序的变化与重构 [D]. 长春：吉林大学博士学位论文, 2006：70-71.

快了国际贸易的增长速度,促进了全球贸易自由化的发展。二是生产国际化。全球化促使生产要素跨国流动,使生产超越了一国的疆界。大量的跨国公司在全球范围内整合其生产链条,以充分利用各国的比较优势,降低成本、提高配置效率。三是金融全球化。大量的金融业务跨国界进行,形成了各种形式的跨国贷款、跨国证券发行和跨国并购体系。各国金融市场的联系日益密切并呈现出高度整合的趋势。同时,金融创新和各国金融市场自身的发展也为金融市场的全球化提供了条件,使国际资本更大规模和更加频繁地在全球流动。四是科技全球化。各国科技资源在全球范围内的优化配置,先进技术和研发能力的大规模跨国界转移,跨国界联合研发广泛存在。跨国公司还通过垄断技术标准的使用,控制了行业的发展,获取了大量的超额利润。

其次,经济全球化体现为市场经济体制在全球范围内的扩散。市场经济体制在全球范围的扩展是经济全球化的一个重要标志。自20世纪80年代以来,发展中国家开始抛弃传统的计划干预手段,纷纷展开以市场化为导向的制度改革与结构调整。20世纪80年代末社会主义国家的经济转型更是加速了全球经济市场化的进程。转型国家的市场化改革,不仅包括中国的经济转型,而且也包括苏联和东欧等国家由计划经济向市场经济体制的转型。正如科勒德克所指出,"21世纪前夕,全球经济一个重要的特点是广泛的后社会主义转型过程。欧洲和亚洲有30多个国家(其人口多达15亿)卷入了这场急剧的变革。它不仅事关这些国家的命运,而且也关系到整个世界的前途。向市场体制转型的必然结果是社会主义国家的开放及其与全球经济的一体化"。[①] 经济全球化与经济转型的内在联系和互动关系表现为经济全球化引发全球经济的市场化;全球经济的市场化浪潮推动转型国家实行经济转型和制度变迁;而经济转型和制度变迁又进一步推动了经济全球化进程的发展。[②]

最后,经济全球化面临着利益格局调整的结构性约束。当前的全球化制度是由在国际事务上占支配地位的某些西方大国组织实施的。最有竞争力的西方强国在国际事务上利用垄断和霸权,力图将自身的生产方式逐渐扩展到所有的国家。斯蒂格利茨指出,目前的全球经济体系是在第二次世界大战后建立的,那时许多新兴市场还是殖民地,国际金融体系与今天的世界大为不同,贸易也要小得多。

[①] W.科勒德克.从休克到治疗:后社会主义转型的政治经济 [M].上海:上海远东出版社,2000:403–404.

[②] 郭连成.经济全球化与转型国家政府职能转换 [J].世界经济.2003(10).

而今天世界发生了巨大的变化,中国崛起,新兴市场相对发展,旧的体系明显地存在着一些重要缺陷,如南北贸易关系中的不平等、全球金融体系的不稳定以及全球金融体系的不平等等问题日益突出。①在实体经济领域,从产业结构在国际间的分工来看,西方发达国家的产业结构比较合理和完善,其国内的企业主要处于产业分工的上游,掌握着先进的生产技术,这些企业所开发的产品前期投资巨大,一旦产品被开发出来,在相当长一段时间内没有替代品,产品的附加值较高。而大部分转型国家的企业一般不具备产品技术开发所需要的雄厚实力,只能将发达国家已经很成熟的产品拿来进行改造,利用本国廉价劳动力的优势对产品的流程进行优化组合以降低成本,因而其国内企业往往是紧跟西方发达国家企业的后面,处于产业分工的下游。这些企业的产品由于技术成熟,替代品较多,因而竞争激烈,产品的附加值低。可见,优胜劣汰依然是现代市场经济的一个重要特征。在国际间的产业分工中,西方发达国家由于技术领先、资金实力雄厚而处于领先的优势地位,其产业调整引导并制约着包括转型国家在内的发展中国家,而后者在产业分工中处于不利地位。国际经济体系的不平等在金融自由化的过程中表现尤为突出。沙奈指出,金融自由化和放宽管制并没有取消各国的金融体系,它们只是以"不充分"或"不完全"形式使其一体化并形成一个整体,这个整体有三个特点:②首先,它有明显的等级之分,美国的金融体系支配着其他国家的金融体系,这是美元的地位以及美国的债券和股票市场规模所决定的;其次,这个整体的各个监管和监督机构是无能为力和不负责任的;最后,各个市场(外汇交易市场、债券市场、股票市场等)的统一是由金融交易者根据各市场不同程度的差别进行交易来实现的。金融体系的不平等是造成金融体系不稳定,频频爆发金融危机的根本原因。虽然伴随着新兴经济体和发展中国家的崛起,世界政治经济格局多极化的趋势日益明显,但是不突破由发达国家主导、欠发达国家为附庸的利益分配格局,全球化进程中发展不平衡的局面难以从根本上得到改变。

二、经济全球化与转型国家的政治经济变革

经济全球化与制度转型是两个相互依存而并行不悖的过程。恰如波兰著名经济学家科勒德克所言:"这两大进程相互渗透、相互影响,创造了一系列相互关

---

① 斯蒂格利茨.亚洲经济一体化的现状与展望.比较(第1辑).北京:中信出版社,2002.
② 弗朗索瓦·沙奈.金融全球化[M].北京:中央编译出版社,2000:2.

第八章 全球化与后危机时代的国家治理模式演进趋势

联的内涵。一方面，全球化过去和现在都是后社会主义转型的催化剂，其作用正在不断加强；另一方面，假如不是不久前还是一个特殊封闭的社会主义世界的参与，那么全球化至少不可能以如此规模、如此速度得以发展。"①

转型是一个多领域、多层面的大规模制度变迁过程。从最普遍的意义上讲，它意味着从高度集中的传统计划经济体制转变，但在经济转变的同时，转型国家的政治、社会领域的制度变革也将深入推进。而这一过程与全球化进程紧密结合在一起，形成复杂而微妙的互动关系。

全球化首先意味着经济市场化在全球范围内的扩展。在转型经济体以外的国家中，全球市场化进程从20世纪70年代就已经开始不断加速，这种运动对转型国家迈向市场经济起到推波助澜的作用。第二次世界大战后期，西方国家过度使用凯恩斯主义经济政策，导致经济长期陷入"滞胀"状态。此后，新自由主义经济思潮复兴，全球范围内的经济理论和政策导向发生重大转变，以小政府、大市场为导向的发展理念再次占据主导地位。与此同时，西方发达国家开始了以经济市场化、自由化、解除规制、紧缩财政、削减政府公共部门为核心的制度改革。在此过程中，新自由主义改革战略还被推广至非洲、拉美等发展中国家，并最终在20世纪90年代形成了推崇"市场原教旨主义"的"华盛顿共识"。苏联解体和东欧剧变后，"华盛顿共识"在转型国家大行其道。许多转型国家的改革者深受新自由主义经济思潮的影响，其政策设计的直接取向就是建立一个类似于美国和英国模式的自由放任的市场经济体制。在这种理念的指导下，许多转型国家在实践中极力推行经济自由化、私有化和国际化进程，削弱政府对经济的干预和控制，以促使本国经济与全球市场经济尽快实现接轨与融合，实现商品、资本、劳动力等资源的自由流动，以充分利用世界市场实现资源的有效配置和经济快速发展的目标。由此可见，以市场化为核心的经济全球化进程成为转型国家推动国内制度变革的重要动力，同时，社会主义国家的经济转型也极大地促进了市场经济在全球范围的扩展。

全球化不仅仅局限于经济层面，而且涉及政治、社会、文化等各个层面。其中一个典型的趋势就是民主化在全球范围的扩展。正如美国著名政治学家亨廷顿所言，"从总体上看，民主化的运动是一项全球性的运动"。根据亨廷顿的归纳，从19世纪开始，整个世界经历了民主化的三波浪潮。第一波民主化浪潮发生于

---

① 格·科勒德克. 全球化与后社会主义国家大预测 [M]. 郭增麟译. 北京：世界知识出版社，2003：13–14.

1828~1926年，它起源于美国和法国的资产阶级革命，其间，世界范围内民主国家的数量增长为33个。1922~1942年，世界出现了第一波民主化的回潮，主要原因在于法西斯军国主义的兴起，在这次回潮中，民主国家的数目下降为11个。1943~1962年出现了第二次民主化短波，特别是第二次世界大战后民主国家的数量增长为51个。此后，1958~1975年又出现了第二波民主化的回潮，民主国家的数量下降为29个。从1974年开始，世界掀起了第三波民主化浪潮。据称，伴随着葡萄牙、西班牙独裁统治的结束，以及苏联和东欧国家的转型，至少有30个国家实现了迈向民主的转型，使世界上民主国家的数量大约翻了一番。从时间维度来看，第三波民主化与经济全球化的加速几乎是同步的。正因为如此，西方以及转型国家的自由派改革者认为，全球经济市场化与政治民主化是两个紧密联系、相辅相成的过程，"民主与市场"构成了制度转型的核心主题。他们还将苏联和东欧国家社会主义的失败归因于没有建立民主制度，在民主缺失的条件下，市场化改革不可能取得成功。也正是在这种思维的指导下，许多转型国家或是先于经济转型，或是与经济转型同步，实施了迈向西方资产阶级民主政体的政治转型，也由此引发了整个国家治理模式的剧烈重构。

由此可见，全球化成为推动转型国家政治经济体制变革的一个重要外部变量。一方面，它通过"直接牵动效应"（社会主义阵营内部国家之间）和"间接示范效应"[1]（既包括西方国家对社会主义国家的影响，也包括社会主义国家内部的影响），将大致相似的转型目标、转型方式、策略选择以及制度变迁的任务植入广大转型国家，并且使从改革到转型的进程大大提速。许多转型国家也利用全球化和对外开放的"机会之窗"从西方世界移植和引进了大量制度安排，以填补传统社会主义政治经济体制瓦解留下的"制度真空"。从以多党竞争、议会民主、三权分立为核心的政治制度，到以私有产权、契约自由、有限政府为核心的经济制度，转型国家试图通过大规模的制度模仿和移植，在短期内再造出一套有效的制度安排，以走上社会持久繁荣的道路。另一方面，转型国家以经济市场化和政治民主化为核心的制度变革也对全球化在世界范围内的进一步扩展发挥了不可低估的促进作用。市场化与民主化规则的引入，在很大程度上打破了冷战时期社会主义阵营与资本主义阵营之间形成的"制度藩篱"，从而使不同国家可以在相对一致的国际规则框架下进行相互交往与互动博弈，这些都有助于因规则差异导致

---

[1] 李丽. 经济全球化背景下转型国家经济自由化与市场开放研究 [D]. 大连：东北财经大学博士学位论文，2007: 43.

的行为不确定性，降低了潜在冲突发生的几率和风险，有助于形成相对和谐的国际政治经济秩序。在规则与制度隔阂消减的基础上，经济资源在全球范围内的流动也获得了较为可靠的保障。以市场化为导向的制度改革，为资本、技术和管理等资源实现全球配置，以及为生产、贸易与投资实现全球性流动创造了条件。不同国家可以根据各自的资源禀赋在全球范围内进行分工与贸易，从而充分利用本国的比较优势。根据经济学的基本原理，全球范围内的资源自由流动与配置，不仅可以促进一国的经济增长与发展，而且可以提高全球的财富与福利水平。

三、经济全球化条件下国家治理模式重构的机遇和挑战

从历史和现实来看，传统社会主义政治经济体制与国家治理模式的形成、发展、解体与重构的整个历史过程都与国际政治经济体系的演变与外部因素的冲击有着千丝万缕的联系。在转型正式启动之前，社会主义国家的制度与治理模式选择主要受到美、苏主导的两极化的世界政治经济格局的影响。相似的历史经历、国际因素以及苏联的制度示范效应使得社会主义国家的体制结构与治理模式具有极大的"同构性"。伴随着两极世界格局的解体、全球化趋势的加速以及制度转型的正式启动，转型国家整体的制度结构与治理模式也发生了明显的变革和分化。在这一过程中，转型国家的国家治理模式变革与经济发展既面临着重大机遇也面临着严峻挑战。

从机遇来看，市场经济的引入以及国家治理模式由封闭走向开放，有助于转型国家生产要素的优化配置和合理利用。对外开放与融入世界经济可以实现以最有利的条件来进行生产，以最有利的市场来进行销售，达到世界经济发展的最优状态，提高经济效率，使商品更符合消费者的需要。全球化还促进了转型国家参与国际分工的程度，有助于其迅速实现产业演进和制度创新，改进管理，提高劳动生产率，积极开发新产品，提高自身的国际竞争力，促进了经济结构的合理优化。特别是促使转型国家进口世界上自己需要的先进科学技术，借助"后发优势"，促进科技进步、经济结构的优化和经济发展。在国际层面，全球化使转型国家更加积极地加入国际政治经济的博弈过程，增加了国际舞台上的博弈主体和力量，从而有助于促进世界多极化格局的形成，推动国际关系的转型。冷战的终结虽然结束了美苏两国争霸的二元国际格局，但是却助长了美国建立单极世界格局的野心。然而，伴随着转型国家制度改革的深入推进以及由此促成的经济复苏和繁荣，将大大推动新兴市场和发展中国家的振兴，使国际力量对比发生改变，

从而促进多极化世界格局的形成。转型国家在全球化进程中作用的增大，也将使国际规则进一步充实、完善和强化，对大国的行为约束将得到加强。这些都将有助于实现全球治理多样化、和谐化，从而为经济转型的进一步深入推进创造良好的国际环境。

尽管全球化为转型国家的治理模式重构带来了重大机遇，但与此同时也给其提出了前所未有的严峻挑战。在全球化所形成的新的世界格局之下，外部因素对转型国家的现代国家治理模式构建也将产生重要影响。面对这些外部变量的影响，转型国家如果不能采取适宜的应对策略，将严重阻碍制度改革的推进并降低转型进程中国家治理的有效性程度。

首先，来自外部世界的制度示范效应和各种长期或偶发性冲击将影响政府的偏好转换、策略选择与国家自主性的维系，从而在整体上影响政府的制度能力、治理能力；转型国家的政府日益需要在国际与国内两方面因素的权衡之下来制定有效的公共政策，确定本国制度改革与转型的可行路径。尽管各国政府一直是经济全球化的最主要推动者，但全球化却使政府的权威和能力受到前所未有的冲击和挑战。跨国活动的急剧增长以及全球性、区域性国际组织的作用日益增大、力量不断增强，导致民族国家的政府对国内政治经济的控制力度大为削弱，国家的权力也在不断缩小，这一点在转型国家也体现得比较明显。在转型进程中，无论是制度改革还是结构调整，都少不了西方大国、国际金融机构以及区域组织的参与。在此过程中，外部力量在转型目标、方式、速度、具体改革内容等诸多方面为转型国家设定了规则和日程表，成为转型国家的政府不得不考虑的重要外部约束，否则将无法得到国际社会在资金、技术、制度等方面的支持。这在俄罗斯与国际金融机构以及中东欧与欧盟的转型博弈过程中体现得尤为明显。此外，经济全球化将一国的生产结构纳入全球的生产结构，将一国的市场纳入全球的市场，因此，转型国家在制定本国的制度改革与宏观调控政策的时候，还必须考虑到国际和区域内部的经济发展趋势，以确保政策的有效性。跨国公司作为世界经济的重要行为主体，跨越了行业、国家的界限，形成自己内部体系，从而对主权国家的经济决策权形成一定程度的削弱。在转型国家的市场化改革进程中，跨国公司和银行都是极其重要的参与者。在许多转型国家，跨国公司和银行不仅在主要的产业、企业中持有大量股权，而且向这些国家提供了大量的私人借贷，从而逐步控制了这些国家的经济命脉。在这种情况下，转型国家的政府在制定公共政策时不得不考虑跨国资本的利益，有时跨国资本甚至能够直接左右政府决策。尽管如此，也应看到，在当前和未来相当长的时期内，民族国家的政府作为世界秩序的管理者，仍将是像以往任何时候一样有效，一样重要，制定全球规则仍旧是各国政府的特权。这就决定了转型国家的政府仍然要在未来的转型深化进程中发挥制度变革推进器和社会秩序稳定器的功能。面对全球化的约束，转型国家的政府不是消极避让，而是应当积极参与，充分考虑国内与国外双重约束，趋利避害，充分发挥有效的治理职能。

其次，经济全球化的规则单一性与转型国家制度建设长期性和复杂性存在矛盾。① 经济全球化既是市场经济在全球扩展的过程，同时也是新自由主义思潮在全球扩散的过程。新自由主义推崇市场万能论，主张只要削减政府干预，就可以提高竞争强度和资源配置效率。显然，这种单一的市场原教旨主义的"拇指规则"严重忽视了转型国家制度建设的长期性和复杂性。在计划经济体制长期盛行之后，转型国家明显缺乏支持市场运行的制度基础设施，如有保障的私人财产权、具备自生能力的企业组织、必要的规制机构和产业政策、健全的宏观调控体系，以及运行良好的法律制度和司法体系。在这种情况下，仅仅依靠新自由主义的经济市场化、全球化规则并不能使转型国家取得良好的经济绩效。例如，当价格自由化、贸易自由化和宏观经济稳定化政策实施后，许多转型国家并没有迅速出现价格稳定与产出增长的局面；相反，却落入高额通货膨胀与严重经济衰退长期并存的"滞胀"陷阱中。造成这种局面的主要原因在于，由于缺乏完善的市场竞争规则和有效率的经济组织，原有的企业组织仍然具有高度的垄断性，它们不是致力于通过增加投资、技术创新、提高产出等手段来获利，而是通过提高价格和减少产出的形式来为自身谋取更多的垄断利润。因此，改进和完善市场竞争环境、转变企业的角色和行为等制度建设工作将是一个长期而艰巨的任务，它需要一个复杂的适应和调整过程，这决定了制度建设的长期性。这一过程势必不能被经济全球化的单一规则所取代，只能由转型国家根据自身的国情不断进行调试与摸索。

最后，转型国家在全球化进程中还要充分考虑外部经验和制度安排与本国历史、文化传统的兼容性，避免盲目的制度移植导致的新生制度结构的非效率性。制度对于经济发展的重要推动作用已经逐步成为转型国家的一个共识。但是对于有效制度安排的生成路径依然是一个具有争议的话题。一些转型国家深受新自由主义的影响，认为存在一套具有普世意义的最优制度安排。只要利用全球化的机遇，将这样一套制度安排全盘移植过来，就可以迅速造就一种有效的市场经济体

---

① 李丽. 经济全球化背景下转型国家经济自由化与市场开放研究 [D]. 大连：东北财经大学博士学位论文，2007：40-41.

制和民主国家治理模式。然而现实表明,每一种制度安排的形成都具有特定的文化土壤,每一种制度安排的作用空间都要受其所处的社会历史环境的制约。不顾这些约束条件而盲目移植外来的制度安排是不可能取得预期效果的。虽然某些正式的制度安排(如宪法、财产法、公司条例等)可以作为"快速推进型制度"在一夜之间被引入,但是诸如惯例、习俗、心理认知、文化等非正式制度则属于"慢速推进型制度",需要经过长期的历史演化过程才能进行适应性变迁。在这种情况下,过于激进的制度移植很可能导致正式制度与非正式制度变迁的非一致性、非协调性,从而影响整个新生的制度结构发挥效用。此外,从转型国家的实践来看,过度激进地融入全球化进程也可能对民族和国家的制度、传统、文化、价值产生严重冲击,使其原有的信仰、哲学、价值观发生剧烈重构,结果会破坏历史上长期形成的良性"社会资本",使转型国家丧失凝聚社会的重要纽带,产生严重的"信仰真空"。这无疑会给转型期的社会秩序治理带来严重困境,甚至出现社会分裂的危机,也必然给稳定有效的市场与民主秩序的生产带来困难。这些现象都源于新旧制度转换造成信仰和文化的缺失。因此,在全球化进程中,尽管转型国家需要吸收外来文化的因子,这种吸收和融合有利于文化的发展,但是,吸收的前提应当是保留自己的优秀传统文化和社会资本,确保社会制度变迁的联系性、稳定性,在此基础上探索出符合本国国情的适宜的制度安排。

综上所述,只有从全球化的世界趋势着眼,兼顾国际体系与国内政策和制度选择的互动关系,才能深刻体察转型国家在当前和未来的制度转型与现代国家治理模式构建过程中所面临的关键问题,并准确把握转型国家的现代国家治理模式的演进趋势。就转型国家目前的发展状况而言,一方面需要循序渐进地融入世界政治经济体系,借助外部世界有利的制度示范效应、制度竞争效应推动本国制度转型的深化与现代国家治理模式的建设;另一方面需要适度提高国家的自主性,保持政府对社会经济转型的有效调控,将制度转型的国际经验与本国的传统和国情进行协调,着力提升国家整体的竞争优势,防止国家在全球体系中被"边缘化",以至于最终退化成为一个"依附性"的"弱国家"。

第三节 后危机时代国家治理模式的演进趋势

新自由主义是目前左右世界政治和经济格局的一大现象。它既是一种经济政策,也是一种文化思潮和政治管理政策;它形成于发达国家但却被作为市场原教旨主义教条推广到发展中国家。20世纪90年代,新自由主义成为主导苏联和东欧国家经济转型的战略,并引发了严重的转型危机,而当前源于美国并席卷全球的金融危机再次给转型国家造成严重冲击。危机的爆发集中体现出新自由主义这种极端私有化、绝对自由化的转型战略的内在弊端。新自由主义转型战略虽然在十年间建立起转型国家市场经济体制的基本框架,但这种经济体制却是一种畸形的市场经济体制,它在市场秩序、产权制度、金融体制、经济结构、发展模式及政府治理等方面存在着严重不稳定性、脆弱性和无效性,从而成为导致危机加剧的深层制度根源。经历危机洗礼后,转型国家势必要对指导本国转型的新自由主义范式做出重大调整,探寻到一条更为有效的转型与发展道路。超越新自由主义必须立足国情,努力实现改革理论的新突破,不但要吸收和借鉴西方国家先进的制度与规则,又要充分考虑转型国家特殊的文化背景及历史传统,注重其应用的内生化与本土化。后危机时代的经济转型需要在以下方面做出策略调整:一是转变国家治理理念,遏制新自由主义的负面影响;二是重新定位国家角色,培育和增进国家能力;三是建立社会规制型市场经济,提高本国经济发展的自主性;四是整合与扶持社会,为转型深化和经济发展奠定稳固的社会基础;五是积极而又审慎地融入全球化进程。

一、全球金融危机对转型国家的冲击

如果说20世纪30年代的资本主义经济大萧条见证了新古典经济自由主义的失败,那么本次由美国次贷危机引发的全球金融危机宣告了新自由主义经济思潮和政策的彻底破产。这场危机不仅给西方发达市场经济体造成严重冲击,而且给广大发展中国家带来巨大灾难,结果导致全球经济自第二次世界大战以来出现了首度的负增长。根据国际货币经济组织2010年4月发布的《世界经济展望》提供的数据,2009年全球GDP的增长率为-0.6%,其中发达经济体的增长率为-3.2%,新兴市场和发展中经济体的增长率为2.4%。

在全球经济大家族中,有一个独特的群体遭受危机的冲击最为严重,这就是以俄罗斯和东欧国家为代表的,从传统计划经济体制向市场经济体制转型的国家。危机期间,转型国家的新生的市场经济体系出现了严重的系统性混乱。货币贬值与资本外逃、股市崩溃与银行破产、债务高涨与实体经济衰退、政局不稳与社会动荡,成为转型国家经济危机并发症的典型特征。多重危机的交互作用引发了宏观经济动荡，进而严重影响了经济增长的速度，从而使刚刚从20世纪90年代的危机中恢复过来的转型经济再度遭遇重大挫折。根据国际货币基金组织最新提供的数据，以波兰、匈牙利等15个国家为代表的中东欧转型经济体2009年的GDP增长率为-3.7%；以俄罗斯、乌克兰等13个国家为代表的独联体的GDP增长率为-6.6%。作为苏联和东欧最大转型国家的俄罗斯，其经济增长的降幅高达约8%。虽然从目前的经济发展趋势来看，大多数转型国家2010年预期的GDP增长率由负变为正，但是仍有少数国家（如匈牙利、拉脱维亚、立陶宛、黑山、罗马尼亚）仍要在负增长中度过2010年，其中不乏被西方认定的转型先进国家。而转型国家整体也要至少经历大约5年的时间，才能逐步走出危机的阴影（如表8-1所示）。

表8-1 主要转型国家的实际GDP增长率

	1992~2001平均(%)	2002年(%)	2003年(%)	2004年(%)	2005年(%)	2006年(%)	2007年(%)	2008年(%)	2009年(%)	2010年(%)	2011年(%)	2015年(%)
中东欧	2.6	4.4	4.8	7.3	5.9	6.5	5.5	3.0	-3.7	2.8	3.4	4.0
波黑	—	5.0	3.5	6.3	4.3	6.2	6.5	5.4	-3.4	0.5	4.0	4.5
保加利亚	-2.5	4.5	5.0	6.6	6.2	6.3	6.2	6.0	-5.0	0.2	2.0	5.0
克罗地亚	—	5.4	5.0	4.2	4.2	4.7	5.5	2.4	-5.8	0.2	2.5	3.0
爱沙尼亚	—	7.9	7.6	7.2	9.4	10.0	7.2	-3.6	-14.1	0.8	3.6	3.3
匈牙利	2.5	4.4	4.3	4.9	3.5	4.0	1.0	0.6	-6.3	-0.2	3.2	3.0
拉脱维亚	—	6.5	7.2	8.7	10.6	12.2	10.0	-4.6	-18.0	-4.0	2.7	4.0
立陶宛	—	6.9	10.2	7.4	7.8	7.8	9.8	2.8	-15.0	-1.6	3.2	2.9
波兰	4.6	1.4	3.9	5.3	3.6	6.2	6.8	5.0	1.7	2.7	3.2	4.0
罗马尼亚	0.3	5.0	5.3	8.5	4.1	7.9	6.3	7.3	-7.1	0.8	5.1	4.1
独联体	—	5.2	7.7	8.2	6.7	8.5	8.6	5.5	-6.6	4.0	3.6	5.0
俄罗斯	—	4.7	7.3	7.2	6.4	7.7	8.1	5.6	-7.9	4.0	3.3	5.0
亚美尼亚	—	13.2	14.0	10.5	13.9	13.2	13.7	6.8	-14.4	1.8	3.0	4.5
格鲁吉亚	—	5.5	11.1	5.9	9.6	9.4	12.3	2.3	-4.0	2.0	4.0	5.0
摩尔多瓦	—	7.8	6.6	7.4	7.5	4.8	3.0	7.8	-6.5	2.5	3.6	4.0
蒙古	1.2	4.7	7.0	10.6	7.3	8.6	10.2	8.9	-1.6	7.2	7.1	12.8
乌克兰	—	5.2	9.6	12.1	2.7	7.3	7.9	2.1	-15.1	3.7	4.1	4.0

资料来源：IMF：World Economic Outlook, April 2010.

转型国家遭遇经济危机冲击是由多重因素的影响造成的，既有外部因素，也有内部深层的制度根源。一方面，在经济全球化背景下，国际经济的不利影响必然通过商品、资本、劳动力市场等多种途径传导到转型国家,并被放大、扩散,对本国经济带来负面影响。但另一方面,这场危机对转型国家的危害也与新自由主义制度变革具有内在因果关系。

自20世纪80年代末开始,俄罗斯和东欧国家按"华盛顿共识"的训导,对本国的传统计划经济体制进行了激进改造,在大约10年中初步建立起资本主义市场经济体制的框架。经过改造后的新型市场经济体制具有几个鲜明的特点。

第一,价格形成机制、市场交易体制、贸易体制发生了根本性变化。90%以上的商品价格完全由市场供求力量自发决定,各种管制措施被大幅去除,国内经济主体可以自由地从事各种市场交易及对外贸易。市场已经成为占据主导地位的资源配置机制。

第二,产权制度和金融体制发生了根本性变革。通过"小私有化"、"大私有化"等各种类型的产权改革,大多数转型国家已形成以私有产权为基础的多元产权制度。转型国家的金融体制也发生了巨大变化。商业银行、股票、债券等资本市场蓬勃发展,非银行金融机构也破土而出。在中东欧比较典型的现象就是银行系统中的大部分资本为外国所有者持有,成为"外资资本主义"的样板国家。中东欧国家银行系统中外资所占比例一般为55%~97%,大量跨国公司控制了这些国家的经济命脉。

第三,对外开放日益扩大,融入世界经济进程不断加深。伴随着市场化的推进,经济的对外依存度大幅提高。中东欧国家主要着眼于欧美等西方市场。俄罗斯对外开放的程度虽不及中东欧国家,但伴随着转型的推进,其对外开放程度已不断加深。

第四,政府在经济中的作用也发生了根本性的变化。依据新自由主义的理论,向市场经济转型势必要彻底改革政府,将其范围和边界大大推回。虽然根据社会经济环境的变化政府职能范围有所调整,但"小政府"、"有限政府"已经成为俄罗斯和东欧占主导地位的治理理念和改革导向。

第五,转型国家的经济结构与发展模式也经历了剧烈重构。新自由主义认为,虽然在计划体制下苏联和东欧国家完成了工业化任务,但其经济结构是扭曲的、畸形的(过度工业化),并未有效利用既有的资源和比较优势。转型需要经历"后工业化"过程,降低工业比重,提升服务业的比重,充分利用本国的比较优势。在此理念的导引下,传统的工业部门(如重工业、军事工业)大大缩减,新的服务业特别是金融业成为发展重点,储备丰富的自然资源成为一些国家经济的重要支柱(如俄罗斯)。

上述五个方面充分体现了新自由主义激进转型战略的精髓。西方学者也将这五方面变革的程度作为衡量转型快慢与绩效优良与否的标准。然而，经由新自由主义改造的经济体制却埋藏着严重隐患，并在当前国际经济环境中得到集中体现。

首先，尽管转型国家初步建立起市场经济体制，但这种体制是极不完善的，特别是缺乏完备的制度基础设施支持。产权保护、法治环境、市场监管体制依然十分薄弱，缺乏增进信任的文化环境与社会资本，存在着严重的机会主义行为，导致健康有效的市场秩序无法形成。结果，市场主体往往将宝贵的资源、技能投入到外贸、金融等部门的投机和违法行为活动中去，而不是为实体经济的增长服务。这助长了金融部门的泡沫和虚假繁荣，增大了经济的系统性风险。20世纪90年代俄罗斯和东欧的金融危机就与畸形的市场经济体制具有内在因果关系，而本次金融危机更体现出肆意妄为的市场主体给经济发展造成的严重危害。

其次，盲目地对外开放和无限制地融入全球经济也增加了经济的脆弱性。在转型中，俄罗斯和中东欧普遍形成了一种债务依赖型的金融体系。许多转型国家参照西方模式对金融部门进行改造，出现了形形色色的金融机构。这些金融机构大多规模弱小、债务比重过高、缺乏应对危机的良好管理水平。一些中东欧国家还采取美国的高赤字、高消费和高举债经济模式，使其经济的对外依存度空前提高。虽然外资流入具有积极作用，但是也给体制尚不成熟的金融部门带来潜在的不稳定性。当全球金融危机来袭之时，西方资金出现大量外逃，中东欧立即陷入严重的债务危机之中，进一步危及其他经济部门。

再次，畸形的经济结构是转型国家遭受金融危机冲击的另一重要原因。许多转型国家依然没有形成一个合理有效的经济结构。除了中东欧国家的过度外向型和金融依赖的无效模式外，另一个具有代表性的案例就是俄罗斯的资源依赖型模式。在俄罗斯的经济结构中，能源原材料占有过高比重，经济增长主要依靠资源性产品的出口拉动（原油、天然气、煤炭、电力、有色和黑色金属等）。石油在俄罗斯资源出口中居于主导地位，俄罗斯经济走势也与石油价格密切相关。本次由美国次贷危机引起的金融危机暴露了俄罗斯经济结构严重依赖资源的脆弱性。危机导致国际市场石油价格下跌给俄罗斯经济造成严重冲击，阻碍了俄罗斯强国复兴的步伐。其他转型国家（如乌克兰）也面临类似的问题。这种困境势必要求转型国家尤其是俄罗斯努力改变主要依靠石油和原材料出口带动增长的经济结构和发展模式。

最后，缺乏调控能力的政府无法提供有效抵御外部冲击的措施和方案。市场并非万能的，它不仅在提供公共产品、提供完备信息、消除垄断、协调收入分配等方面存在着严重失灵,而且无法自行消除宏观经济波动并抵御各种不确定因素的冲击。需要一个有能力的政府进行必要的干预和救助,以弥补市场的缺陷。然而,在经历了新自由主义改革之后,俄罗斯和中东欧的政府能力遭到严重削弱,政府在面临危机挑战时缺乏应对的资源和政策工具,只能听凭市场自我吸收和消化外部冲击和风险。在中东欧加入欧盟的过程中,许多国家不得不让渡部分主权,政府在制定和实施财政、货币等宏观政策时要受到欧盟的严格制约。此外,党派斗争、政治交易、利益集团俘获等因素交互作用影响了政治环境的稳定性,削弱了政府的调控能力,为政府及时、有效地出台反危机措施造成了政治障碍。

二、后危机时代国际政治经济格局的演变

由美国次贷危机引发的全球金融危机对世界经济发展来说是一场巨大的灾难,现代经济学中的标准模型并不像预期的那样好,各国的经济学家们也在忏悔他们的失算,并试图回答和解释为什么会发生世界范围的金融崩溃。普遍认为,这次国际金融危机爆发的导火线是美国次贷危机,主要原因是美国经济的失衡以及经济中的泡沫化。俄罗斯经济学院院长谢尔盖·古里耶夫曾说过:"泡沫的破裂不是第一次,当然也不是最后一次;当我们生活在泡沫中,而没有一种模式能够解决它时,那下一次泡沫是不可避免的。"从根本上说,它仍然是马克思主义创始人所揭示的生产社会化与生产资料私人占有这一资本主义基本矛盾所引起、所决定的,是资本主义发展的当代形态——国际金融垄断资本主义内在矛盾发展的必然结果。

综观世界历史,危机的爆发总会带来世界政治经济格局的变革,本次由美国次贷危机引起的全球金融危机也是如此。危机的一个直接后果就是打破了由美国完全主导的单极世界格局,多极化的世界格局日益明显。西方发达国家在世界经济中所占比重整体在下降,而以中国、印度、俄罗斯、巴西为代表的新兴经济体的力量迅速上升。自2008年起,新兴经济体的经济总量已上升至全球经济总量的4成以上,对世界经济增长的贡献率也超过了50%。新兴经济体逐步掌握了更多的话语权,在国际上日益扮演着重要的角色,从而增加了国际舞台中的博弈主体和力量。这意味着在金融危机之后国际格局必然会经历一次重组的过程。总体上看,金融危机中能够受益的大多都是那些新兴的快速发展国家。这些国家在经济危机中可以审时度势,不断积蓄力量,从而利用后危机时代的发展契机一举崛起。对转型国家而言,世界政治经济格局的变化既是机遇,也是挑战。一方面,

转型国家可以利用自身的优势并联合其他新兴市场经济体国家,积极参与后危机时代新世界格局的重塑,改变由发达国家主导的不平等的国际秩序,使后危机时代逐步形成的新秩序更加兼容新兴市场经济体的利益诉求。另一方面,转型国家在未来也将更多地面临着遭遇外部冲击的风险,甚至是来自西方大国的围堵和遏制。这意味着国际因素将日益成为影响转型国家的制度变革、经济发展与国家治理的重要变量。如何在外部影响不断加深的条件下,在"后危机时代"挑战和机遇的博弈中确保政府治理的有效性,维系国家发展的自主性,将是转型国家重构其国家治理模式过程中需要审慎权衡的问题。

更为重要的是,后危机时代世界经济的发展趋势也呈现出一些新特征。首先,世界经济的发展模式将会出现重大调整和转变。西方国家将会降低消费率而提高储蓄率,这意味着以美国为代表的高消费、高负债、低储蓄的增长模式难以为继,世界需求结构也将随之出现重大变化,从而给出口导向型的发展中经济体带来重大挑战。对于具有外向型经济特征的众多转型国家而言,形势的严峻性不言而喻。其次,世界经济将进一步经历"去泡沫化"、"去杠杆化"的过程,从虚拟经济的过度膨胀回归到实体经济的振兴与发展。奥巴马政府就曾明确表示,美国经济要从债务推动的增长模式转向出口和制造业推动的增长模式。为此,西方国家会改变高消耗型的传统产业模式,着力推动新能源、低碳经济、绿色经济等新兴产业的战略性发展,以抢占未来经济发展的制高点。这对于严重依赖传统产业的转型国家而言也提出了严峻挑战。最后,伴随着新兴市场经济体的崛起以及西方国家发展战略的调整,世界市场的竞争格局也将更加激烈。每个国家都试图运用自身的核心竞争力,在未来的国际经济舞台上为自身谋取更大的利益,这不免会在不同国家之间形成新的矛盾,为潜在的经济贸易冲突埋下隐患。最近中美在汇率、对外贸易等领域出现的纠纷和争端就是其中典型的表现。上述崭新的世界经济发展趋势成为转型国家深化治理模式变革的重要动力和压力,它必然要求各国政府对现有的经济发展战略、发展模式作出重大而深刻的调整,以适应新的国际经济环境,确保自身的竞争优势。

三、走出危机与国家治理模式的调整

危机孕育着变革。综观世界历史,危机的爆发总会带来世界政治经济格局的调整和变化,本次由美国次贷危机引起的全球金融危机更加如此。当危机在全球蔓延期间,以美国为代表的盎格鲁—撒克逊模式、金融创新制度以及新自由主义和全球秩序遭到普遍质疑。这意味着"最小国家+大私有化+自由市场+金融创新+全球化"的新自由主义范式将做出必要修正,原有的市场主导型治理模式也将作出适当调整。转型国家显然处于这一变革的前沿地带。

1. 转变国家治理理念,遏制新自由主义的负面影响

当国际金融危机尚未尘埃落定之时,国际学术界以及政策实践领域已经开始对既有的占据主导地位的新自由主义治理理念做出反思。在本轮全球金融危机爆发前的近十年间,俄罗斯和中东欧曾经历了一个经济持续繁荣的过程(如图8-1所示)。一些西方学者曾一度将转型国家这一时期的经济成功归功于新自由主义的治理理念和政策措施:①20世纪90年代成功地实行了解除规制、私有化和稳定化措施,完成了向市场经济转型。②结构调整使传统体制下受到抑制的物质和人力资本得到充分利用。③在深入的国际整合过程中建立起出口驱动的外向型增长模式。① 然而,危机的爆发却严重地重创了新自由主义模式在转型国家乃至发达资本主义国家中的信誉。恰如美国著名学者南希·伯索尔和弗朗西斯·福山所言:"如果说这场全球金融危机让任何发展模式受到审判的话,那就是自由市场或信自由主义模式。该模式强调小政府、取消管制、私有制和低税收。"②

新自由主义以一种极度理想、简化的方式来看待市场经济与全球发展,而严重忽视了自由放任的市场经济内在的脆弱性和不稳定性,而这种特性和负面影响在体制尚不成熟的转型国家体现得更加淋漓尽致。那些严格遵从新自由主义和"华盛顿共识"改革战略的国家,在此次危机中遭受的冲击最为剧烈(如中东欧国家),但中国等相对远离新自由主义理念的新兴市场经济体则相对平稳地度过危机。这些国家大多积累了大量的外汇资本,保持了对本国银行和金融体系的监管与控制,强化了政府对市场和社会的干预。现实中的巨大反差,昭示着新自由主义即便没有在转型国家完全丧失信誉,但最起码也不再是一统天下。从目前的调整趋势来观察,在今后的十年里,新兴市场和低收入国家很可能会进一步改革自己的经济政策方针,用与自由市场模式相关的灵活性和效率换取旨在确保更大的忍耐力以应对竞争压力和全球经济创伤的国内政策。这些国家将会逐步打破"外资崇拜",不那么注重资本的自由流动,而是更多地关心通过社会保障网络计划将危机给社会造成的破坏降低到最低程度,并更加积极地支持国内工业。这些

---

① Aslund A.. Implications of the Global Financial Crisis for Eastern Europe [J]. Development & Transition, Vol. 13, 2009, pp. 2-4.
② 南希·伯索尔,弗朗西斯·福山. 华盛顿共识完结以后:危机结束后的发展[J]. 外交,2011年3~4月号.

国家还将更加积极地改革政府部门，使官僚机构更为充分有效地发挥作用。在国际层面，新兴市场国家也将利用它们日益增长的影响力，参与到国际政治经济秩序的改革中来，促使世界格局迈向更为多极化的趋势。①

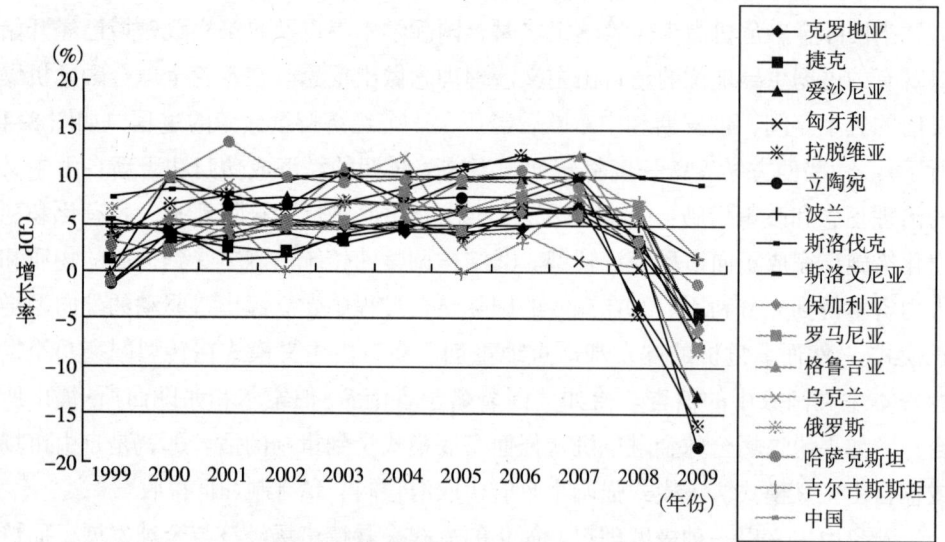

图 8-1　转型国家近十年的 GDP 增长趋势
资料来源：根据欧洲复兴与开发银行（EBRD）和中华人民共和国国家统计局提供的数据绘制。

2. 重新定位国家角色，培育和增进国家能力

新自由主义转型战略的一个核心主旨就是缩小国家范围，削弱国家能力，以便为市场和公民社会的发展创造条件。不过，新自由主义在摧毁国家的同时也削弱了市场，分裂了社会。后国际金融危机时代，伴随着新自由主义国家治理理念的式微，对国家角色和职能的认识也将发生重大转变。实际上，世界银行等国际发展机构在近15年以来一致在致力于推动重塑国家、改革政府的计划，旨在使政府部门得到加强，促进善治和打击腐败。但即便在经济高度发达的西方国家，也未能使国家职能的转变和能力的改善与市场经济的发展保持协调同步，这凸显了改革国家任务的复杂性和艰巨性。改革国家的困难主要源于如下因素的制约：一是国家官僚机构所服务的政府通常是按自身的私利行事，形成寻租的分利性联盟，而非理想的、非人格化的公共服务机构，内部与外部缺乏打破这种僵化利益格局的强大动力。二是高效的国家制度和官僚机构必然是内生化的，从而反映一

---

① 南希·伯索尔，弗朗西斯·福山. 华盛顿共识完结以后：危机结束后的发展. 外交. 2011年3~4月号.

国的政治、社会和文化的现实。有效的国家机器和官僚机构的发展是一个漫长而痛苦的过程，许多经济以外的因素（如战争的动员）在创建强大的国家制度方面发挥了重要作用。法治等制度和机构如果简单地从国外复制，很少能发挥作用。各国需要采纳与其国情相适应的内容。三是政府部门改革要求制定一个与国家建设并行不悖的过程。除非一国社会具有明确的国家特征意识和共同的公共利益，否则，个人对其表现出的忠诚就会少于对自己族群、部落或关系网络的忠诚。

本次由美国次贷危机引发的国际金融危机的爆发也为改革国家，改进国家能力提供了一个重要契机。它为各国重塑自身的官僚机构和政府职能提供了一种倒逼机制，为打破巩固的利益同盟提供了必要的内部动力和外部压力，也促使各国在逐步探索一种能够替代新自由主义的国家改革战略。就转型国家而言，在制定替代方案时，需要使其有利于发展、一体化、社会公正和民生。任何旨在以发展、公正、真正民主和民族独立为目标的取代新自由主义方案的核心，就是要有自己的社会和政治力量。这一社会和政治力量要有能力反对和击败维护现有制度的国内和国际力量。国家要在发展中起主导作用，国家以其社会政策，有能力解决食品、就业、教育、卫生、公共交通和住房等问题，促进社会经济的长远利益。因此，当我们制定新的转型战略时，应着力避免新自由主义的片面性，不应忽视能使转型国家真正复兴的更大、更具包容性的目标。

在后国际金融危机时代，转型国家治理模式变革的切入点在于重新定位国家角色，培育和增进国家治理社会经济的能力。经济转型并不意味着国家将发展经济的责任完全让渡给私人部门，而是要建立两者之间协调互动的新型关系。国家的过度退出和能力削弱并不能自发创造出一个运行完善的市场经济，而只能导致市场的无序运转。尽管国家直接干预的范围要比计划经济体制有所收缩，但其某些方面的功能则需要得到强化，甚至是重塑。

除了保障产权、提供法律秩序等公共服务以及实施宏观调控这些一般性职能外，转型国家尤其需要强化国家防范、管理和应对经济风险的能力。首先，这就要求转型国家转变自身的治理理念，摒弃对新自由主义经济观的盲目推崇。实际上，无论市场化还是全球化都是"双刃剑"。它们在促进要素流动，提高资源配置效率的同时，也给体制尚不稳固的新兴经济体带来巨大的内部和外部风险。这种风险仅仅依靠私人部门的自发力量是无法承担和克服的，国家必须给予足够的重视，承担必要的责任。其次，转型国家需要改进和强化政府的监管职能。与其他公共政策相比，监管是一种事前的风险防范机制。它通过法律和行政手段为国内外微观经济主体设定了必要的进入规则和标准，并通过对经济运行过程的适时监控,来克服私人主体潜在的机会主义行为,确保个体理性与集体理性和社会公益的和谐一致性。在这方面,改革和强化金融监管体制已成为一种世界性趋势,转型国家也不例外。自2000年以来,受西方放松管制潮流的影响,转型国家对金融机构的监管出现了明显弱化的趋势,如对银行资本充足率的要求下降,监管机构权力缩减等。危机期间,一些转型国家(如俄罗斯)已经意识到强化金融监管的重要性。但对于一些高度开放的小型转型经济体而言(如中东欧国家),如何在强化对外资银行的监管与确保本国获得充足的外部投资之间保持平衡,将面临艰难的抉择。最后,当风险和危机爆发时,国家必须及时有效地提供必要的干预,不能盲目相信市场的自我纠错能力,从而错过应对危机的最佳时机。在本次危机中,以美国为代表的发达国家面对挑战暂时放下新自由主义的不干预教条,比较果断地采取了一系列金融援助和经济刺激方案,在很大程度上减轻了危机带来的破坏。中国也及时出台了相关方案,并以其强大的国家能力为依托,成功实施了反危机措施,推动了经济增长。相反,苏联和东欧一些转型国家则囿于意识形态教条和内外政治压力犹豫踟蹰、裹足不前,最终只能吞下社会经济危机不断加深的苦果。

3. 建立社会规制型市场经济体制,提高本国经济发展的自主性

在提升和巩固国家能力的基础上,转型国家需要对原有的市场经济体制、经济发展模式进行深入调整。经济转型之初,对于向何种市场经济转型,存在多种可能性,如自由市场经济、社会民主主义市场经济、社会市场经济、社会主义市场经济等。但在自由派改革者主导的公共选择过程中,自由放任型市场经济最终胜出,成为大多数苏联和东欧国家的转型目标。然而,这种市场经济模式不仅在已有的转型中引发了巨大灾难,而且在全球经济遭受重创的今天又显得十分脆弱。因此,转型国家有必要作出深刻反思,变自由放任型市场经济为"社会规制型市场经济"。

著名经济史学家卡尔·波兰尼曾指出,市场经济从来就不是自足的,而是深深"嵌入"政治、宗教和社会关系之中的;任何试图"脱嵌"于社会规制的市场经济不会带来繁荣,而只会"摧毁人类并将其环境变成一片荒野"。[①] 这意味着,有效的市场经济实质上是由人性化设计和塑造的社会规制性经济体制。这种市场经济模式在某种程度上体现了德国"秩序自由主义"学派的思想,即"一个有效

---

① 卡尔·波兰尼.大转型:我们时代的政治经济起源 [M].冯钢,刘阳译.杭州:浙江人民出版社,2007:15-16.

的市场经济本质上是由政治塑造而成的,是人性化设计的结果"。在这种体制中,不仅需要一个有权威的政府为市场设立规则并保护其运行,而且需要通过社会各阶层的参与和监督来为其平稳发展构筑坚固的屏障。国家、市场和社会不应各自为政,专注于自身利益,而应当相互协调,以保障人的权利和尊严。这要建立在"富裕、人权、社会参与和集体支撑"的社会保障网络基础上。① 社会规制型市场经济是转型国家经历长期的政治、经济和社会动荡后的一种必然的制度选择路径,它融合了转型国家规避市场失灵、政府垮台、社会分裂、民众苦难等诸多转型风险的利益诉求,体现了社会包容与社会公正的终极目标。在后国际金融危机时代,社会规制型市场经济能够将经济增长、社会参与和生态可持续发展这些目标相互协调,使国家能够有效应对诸如社会分化、环境退化、人口老化等社会风险。

在创建社会规制型市场经济的同时,转型国家还要深入调整现有的经济发展模式。经济危机充分暴露出转型国家过度外向型经济和资源依赖型经济这两种发展模式的严重弊病。它们都是具有严重依附性的经济发展模式,其长期发展的后果就是使转型国家彻底丧失经济发展的自主性,而只能服从和服务于发达国家设定的不平等国际经济秩序。扭转这种经济发展格局需要从内部和外部两个方面着手。在内部方面,转型国家需要优化自身的经济结构,既要防止金融部门过度无序发展,导致虚拟经济与实体经济严重失衡,同时也要提高本国的自主创新能力,形成多元化经济结构协调发展的局面。在外部方面,转型国家需要携手联合改变不平等的国际政治经济秩序,使后危机时代的新世界格局更加兼容转型国家的利益诉求。在这方面,中国和俄罗斯两个转型大国相对具有更多的策略回旋余地。两国在改革国际货币金融体系、贸易秩序、金融监管体制等诸多方面存在共同目标与合作空间。

4. 整合与扶持社会,为转型深化和经济发展奠定稳固的社会基础

本次国际金融危机的爆发有着深刻的社会根源,而金融危机扩散、传导、演变后衍生出的社会危机更急剧了后金融危机时代全球的经济风险。危机爆发前的十年间,虽然全球经济发展的脚步从未停止,但经济发展的成果却并未使社会各阶层民众得到均衡的分享。在美英等发达国家,贫富差距依然在扩大。例如,自1970年代以来,美国收入最高的1/5人口的实际收入增长了60%,但其余阶层收

---

① Sebastian Hellmann. 中国异乎寻常的政策制定过程:不确定状况下反复试验 [J]. 开放时代,2009(7).

入的下降却超过了10%。①这种状况导致社会财富集中在少数人手中,而广大普通民众只能依靠负债消费和过度信贷来维持体面的生活水准,这就为次贷危机乃至金融危机的爆发埋下伏笔。在广大转型国家,收入分配差距的扩大也已是不争的事实,更为严重的是,在不成熟的民主政治中,左右两派政党为了讨好中低收入群体的选民而采取了民粹主义的政策,进一步助长了过度消费和过度信贷。危机爆发后,经济冲击导致的社会福利水平锐减又进一步使民众对政府应对危机的能力丧失了信心,从而使市场的危机演变为政府的危机、社会的危机,甚至引发严重的社会动乱。希腊、法国因政府紧缩、改革养老金体制引发的大规模社会抗议和骚乱,中东北非国家出现的政局动荡都是经济危机引发社会危机的典型表现,而保加利亚、匈牙利、俄罗斯等转型国家也因民众对政府应对危机的不佳表现出现了严重的社会骚乱。

由此可见,转型国家在后危机时代面临着更艰巨的整合与扶持社会发展的任务。新自由主义在转型国家肆虐的第一个十年已经给社会造成了极大分裂。日趋扩大的收入分配差距,精英联盟对社会财富的剥夺,已经使转型社会处于断裂和崩溃的边缘。这不仅成为转型国家内需不足的深层社会根源,而且也为国家稳定发展带来巨大的社会风险。而全球经济危机导致的产出下降和后危机时代经济的缓慢复苏,将给极端贫困的家庭和社会人群带来更沉重的打击。实际工资和就业的缩减,货币贬值导致的物价上涨,以及因财政拮据导致的社会服务减少这三种因素的综合作用,将大大削减社会的福利水平。有数据显示,在2008年3月至2009年3月这一危机迅速传播阶段,转型国家的失业人口数量急速上升。在危机最严重的波罗的海国家,失业人口增加了一倍多;在摩尔多瓦增加了60%;在捷克、斯洛伐克、罗马尼亚、俄罗斯、斯洛文尼亚、乌克兰,失业增长率也在20%~40%。与之相应,生活在贫困线之下的人口数量也急剧上升。在俄罗斯,贫困人口的比重从2008年第一季度的13.4%上升到2009年第一季度的17.4%,新增了约600万贫困人口。②失业和贫困的增长还使转型国家的人口预期寿命和健康状况出现了恶化趋势。因此,危机对转型国家社会发展的负面影响将是长期性的。面对这一严峻局面,转型国家必须采取的措施就是加大社会支出力度,通过失业保险、医疗保险、养老保险、公共教育、社会救济、反贫困等综合性的社

---

① 丁灿,许立成. 全球金融危机:成因、特点和反思[J]. 中央财经大学学报,2010(6).
② World Bank. Turmoil at Twenty: Recession, Recovery, and Reform in Central and Eastern Europe and the Former Soviet Union [M]. Washington, D. C., 2009, pp. 163–164.

会政策来构筑起促进社会稳定的安全网络。然而，这一改革的道路是极其艰苦和漫长的。特别是原有的社会主义福利体系被彻底拆除，新的福利体制改革漏洞百出，因而转型国家普遍面临社会政策匮乏的问题。本次危机给转型国家的政府提出了严重警示，那就是在后危机时代，需要对社会福利体制和社会政策进行更加深入的改革和协调，从而为转型深化和经济的平稳发展创造稳固的社会基础。

5. 积极而又审慎地融入经济全球化进程

经济全球化是世界经济发展的必然趋势，是任何力量无法阻挡的。转型国家的经济开放必须从国内和国际的现实出发来制定切实可行的政策。转型国家应积极参与全球化，趋利避害，而不能游离其外。从后国际金融危机时代的国际形势来观察，迈向多极世界格局的趋势日益显现。危机不仅使发达国家整体的经济实力有所下降，而且最终导致了七国集团作为协调全球经济政策主要场所的消亡及其被二十国集团所取代。二十国集团不仅包括以往的发达国家，而且包括了中国、俄罗斯、巴西、印度等转型国家和新兴市场经济体。这一动向表明，西方国家承认它们已经不能单靠自己处理全球经济事务，而需要新兴市场经济国家在治理全球经济事务中承担更重要的角色，发挥更大的作用。这显然为这些国家在制定全球化规则，分享全球化收益方面提供了更大的机遇。

尽管如此，转型国家要想抓住这种机遇，还必须要苦练内功，不断提高自身的实力和能力。首先，转型国家不仅要充分发挥自然比较优势，还要不断创造后天比较优势，使本国在比较优势阶梯上不断提升。比较优势既有建立在自然资源禀赋基础上的自然比较优势，又有建立在技术创新和技术扩散基础上的后天比较优势，而转型国家尤其缺乏后一方面的比较优势。后天比较优势的缺乏使得转型国家始终处于全球产业链条的低端，无法维系经济发展的自主性，只能跟在发达国家后面亦步亦趋，甚至最终被推向经济发展的边缘地带。经历了国际金融危机的严重冲击之后，主要的转型国家已经意识到提高本国自主创新能力、培育后天比较优势对于积极融入全球经济进程的重要意义。例如，俄罗斯前总统梅德韦杰夫在2009年国情咨文中提出，将实现现代化作为国家未来十年的目标。现代化的核心内涵就是"建立智慧型经济以替代原始的原料经济，这种经济将制造独一无二的知识、新的产品和技术，以及有用的人才"。为此，俄罗斯决心在经济上实行创新发展战略，使创新的速度大大提高。国家大力扶持高新技术产业，将航空航天、造船业和能源动力、信息技术、生物、医疗等领域作为着力发展的高科技技术产业。作为支持高新技术发展的基本条件，俄罗斯决定增加人力资本投入，计划用于教育与医疗卫生事业的预算支出占GDP的比重分别由2006年的

4.6%和3%提高到5.5%~6%和6.5%~7%。同时，要为科研活动创造有利条件。

其次，转型国家在全球化进程中需要调整自身的经济结构，使虚拟经济要回归实体经济。金融是现代经济的重要因素，其根本功能是为实体经济提供资金融通服务，降低经济运行成本，推动经济更好更快的发展。金融须根植于实体经济并服务于实体经济这一根本，其价值创造必须源于实体经济的真实价值。这次危机证明，金融一旦脱离实体经济，就会成为无源之水、无本之木，虚拟的金融资产就会迅速膨胀，最终在泡沫破灭的同时，也会对实体经济造成巨大的伤害。实体经济是检验虚拟经济发展程度的标志。虚拟经济的出发点和落脚点都是实体经济，即发展虚拟经济的初衷是为了进一步发展实体经济，为实体经济服务。这样，实体经济就自然而然地成了检验虚拟经济发展程度的标志。对于转型国家而言，更要着眼于促进实体经济发展，推动重点产业振兴，加强货币政策、信贷政策、财税政策与产业政策的协调配合，进一步提高金融服务水平，加大金融支持力度。当前形势下，要着力把金融资源配置到真正能够创造财富的行业，配置到真正具有成长价值的企业，配置到资源能够发挥最大效用的领域，立足于做大做强实体经济，不断夯实经济发展的"实体基础"。

再次，转型国家需要有效协调内需与外需的关系，在积极扩大出口的同时，更加关注扩大国内需求。西方学者普遍认为，转型国家是全球化的重要受益者，特别是外向型经济发展模式下，通过国际贸易产生的外部需求成为推动经济增长的强大动力，俄罗斯、中东欧乃至中国21世纪前10年的增长莫不如此。然而，这种过度依靠外需拉动的发展模式也极具脆弱性，特别是当国际经济环境恶化影响外部需求之时，外向型经济体便会面临经济增长的严重下滑。本次全球金融危机严重冲击了世界经济，特别是西方发达国家，而后危机时代，世界经济也将经历一个低速增长和缓慢复苏的过程。在此期间，转型国家不仅面临外部需求不足的制约，而且还会遭受贸易保护主义、贸易摩擦加剧的冲击，同时，国内资源环境约束和劳动力成本提高的压力也会更加严重。在这种情况下，转型国家势必要对原有的经济发展格局做出调整。除了进一步融入经济全球化，不断拓宽国际贸易空间外，更要注重开拓国内市场，通过各种方式激发内需的活力，以弥补外需不足的缺陷，为经济的持续平稳增长构筑坚实的基础。

最后，转型国家需要将深化内部制度改革与重塑外部国际经济秩序有机结合，为经济转型深化与经济发展谋求更加有利的国际空间。与发达国家相比，转型国家面临着自身市场经济体制薄弱与外部不合理国际经济秩序的双重约束，而这两方面又存在着一种相互强化的响应。一方面，市场经济体制不完善，影响了转型国家积极有效地参与国际竞争的机会；另一方面，发达国家又会以转型国家的制度脆弱性为由，排挤和遏制转型国家的发展（如美国和欧洲至今仍未承认中国的市场经济国家地位）。因此，在后国际金融危机时代，转型国家势必要将内部制度改革与寻求外部有利发展空间相互结合。一方面，要通过更加深入、细致的制度改革健全国内市场环境，构筑公开透明、竞争有效的市场经济秩序，深化与国际经济的接轨，为吸引国外投资、促进经济增长创造有利条件；另一方面，进一步强化国际合作与交流，特别是利用各种国际平台，加强转型国家、新兴市场经济体国家之间的团结与合作，提升转型国家的整体实力，使其在国际经济事务中拥有更多的话语权、规则制定权。[1] 总之，只有采取内外兼修、竞争与合作并举的战略，转型国家才能在不断完善市场经济体制的同时，为自身营造一个互利共赢、风险共担、利益共享的国际经济环境。

---

[1] 迟福林，殷仲义. 后危机时代发展方式转型与改革：新兴经济体的新挑战、新角色、新模式. 北京：华文出版社，2010：74.

第九章 国家治理模式重构的结论与启示

经济转型引发的制度变迁，促使转型经济体的国家治理模式发生了巨大变革。这一变革不仅对转型国家的社会经济发展绩效产生了重要影响，而且深刻地重塑了这些国家未来的体制模式和发展模式。通过对经济转型深化中的国家治理模式重构进行系统、深入的比较研究，本书得出一系列重要的研究结论与启示。

一、主要研究内容与结论

20世纪80年代末90年代初，发生在苏联、东欧以及东亚社会主义国家的社会经济转型被视为自工业化以来世界经济发展进程中最为重要的历史事件。转型是一场规模空前的多层次、多领域、系统性的制度变迁过程。转型的深刻后果之一就是彻底改变了传统计划经济体制下形成的高度集权的全能主义国家治理模式，并促使政府、市场与社会各自内部的制度结构以及三者之间的相互耦合关系发生了剧烈的重构，法治国家、市场经济与公民社会三元并立并相互支撑的现代国家治理模式被大多数转型国家视为转型成功的目标。然而，国家治理模式重构的进程却异常复杂曲折。在长达二十多年的转型进程中，许多苏联和东欧国家在制度改革的诸多方面并没有产生新自由主义改革方案所预期的理想效果，反而长期陷入深度转型性衰退与政治、经济和社会秩序混乱相互交织的无效制度陷阱之中。而并未遵从新自由主义战略的中国却取得了社会秩序稳定与经济持续快速发展的转型奇迹。面对转型绩效的巨大反差，不同学科的研究者从不同的视角出发给予了各种解读。本书在吸收和借鉴已有研究成果的基础上，结合转型国家的历史与现实，对转型与国家治理模式演进的基本特征、路径轨迹与国家治理的综合绩效进行更加全面深刻的分析与解读，以期揭开"转型绩效之谜"这一长期困扰国际转型学界的理论难题做出有益的学术尝试。国家治理模式重构也为转型经济研究提供了一个崭新的理论视角，它有助于我们更加全面、准确地把握转型的整体性路径演化轨迹,深刻洞察转型进程中存在的核心制度问题,并在转型深化阶段探寻有效的制度改革战略。研究转型进程中的国家治理模式重构不仅为转型经济学、制度经济学、发展经济学等经济学分支学科提供了重要的理论资源和经验支撑,也为这些学科的进一步发展创建了一个崭新的知识增长点。

1. 国家治理模式重构与转型经济研究的理论视角

转型经济研究表明,成功的经济转型不仅需要经济方面的变革,更需要将变革深入扩展到政治领域和社会领域。因此,理解经济转型必然不能仅限于经济这一单一维度,而是要兼顾经济、政治与社会三个维度。国家治理模式重构显然提供了这样一个较为适宜的理论视角。

在本书中,我们将国家治理模式界定为在一定领土范围之内,政府、市场与公民社会相互耦合所形成的一种整体性的制度结构模式;其中,政府、市场和公民社会各自都是由一系列相互关联的规则、组织和治理机制构成的制度系统。在微观层面,它们发挥着协调社会成员行为,提供有效的激励约束结构,降低交易成本、社会风险和不确定性的功能;在宏观层面,政府、市场和公民社会三大治理主体相互协调、相互配合,共同维系着一个国家整体的秩序治理,并在此基础上协调资源配置,促进社会经济的持续发展。政府、市场和公民社会三大治理机制都服从边际报酬递减规律的制约,任一机制的过度扩张或收缩都无益于秩序治理与经济发展,只有三者间的互惠共生才能有效发挥国家治理的功能。

通过构建国家治理模式的动态演化模型并结合人类社会治理模式发展的宏观历史叙事,本书揭示了国家治理模式演进的一般趋势。在社会发展初期,由于存在个体理性与集体理性的悖论,单靠个体相互作用自生自发的私立秩序难以发挥维系共同体稳定,调配稀缺资源,促进增长的功能,因此,一个具有强制力的公共权威——政府被创制出来,以弥补私立秩序的不足。然而,政府出现之后便具有一种自我膨胀的内在驱动,其过度扩张不仅耗费了巨大的社会经济资源,而且对个体的自由和权利造成严重侵犯,从而产生了"边际报酬递减"的趋势。这时,市场作为一种建立在平等的利益交换基础上的制度安排和治理机制便应运而生,并由此激活了人类社会被压制已久的效率和活力,市场的出现也由此促进了政治与经济、公域与私域的二元分化,人类社会也由此从一元治理模式向二元治理模式演进。在政府与市场展开此消彼长的漫长博弈的同时,第三种治理机制也在萌生。这就是由建立在自愿协调、互利互惠基础上的各种民间团体、组织、关系和社会网络构成的公民社会。公民社会不仅能够提高公共物品的供给效率和质量,而且有助于塑造社会成员的自治与合作精神,克服集体行动中的协调问题,

第九章 国家治理模式重构的结论与启示

从而扩展社会交往空间，改进资源配置效率，提升经济发展的效率空间。基于这些独特的优势，公民社会被视为能够同时克服市场失灵和政府失灵的第三种治理机制。自此，人类社会再度由二元治理模式走向政府—市场—公民社会并存与互补的三元治理模式。

国家治理模式演进的一般规律并不能掩盖不同历史时期、不同经济发展阶段国家治理的多样性特征。社会主义国家传统的全能主义国家治理模式体现为一种政府过度排挤市场并压制社会的特殊治理模式。恰恰因为这种治理模式违背的国家治理模式演进的一般规律，因而才产生了制度效率衰竭的问题，最终走向制度解体与重构的道路，此后，构建政府—市场—公民社会三元并存的现代国家治理模式，成为转型的目标。从这个意义上讲，转型可以看作对传统国家治理模式错配的一种强制性矫正。当然，在此过程中，并非所有转型国家都顺利实现了国家治理模式重构的目标，政府、市场与社会之间的关系仍在不断调试与磨合之中，但其共同的发展的趋势是致力于构建一种政府、市场和公民社会互惠共生的有效现代国家治理模式。

2. 理解转型经济体国家治理模式重构的路径与绩效

转型初期，主导转型经济研究的新自由主义理论采取了一种简约主义的、直线式的转型观。这种观点认为，在内部变革诉求与外部制度示范的双重作用下，转型国家的治理模式会迅速走向制度趋同的道路。而且，趋同的方向是一种"最优"治理模式，那就是以美英为代表的盎格鲁—撒克逊模式，"竞争性民主制下的小政府、自由放任的大市场、多元开放的公民社会"成为该模式的显著标志。但转型实践与事前的预期再度发生巨大偏差，转型国家的治理模式重构发生了大分化的趋势。本书通过深入的理论分析和经验研究，在纷繁复杂的转型现实中区分并归纳总结出三种典型的国家治理模式重构路径（见表9-1）。

表9-1 转型国家具有代表性的国家治理模式的主要特征与演进趋势

典型的国家治理模式	中东欧的国家治理模式（如波兰、匈牙利、捷克）	以俄罗斯为代表的独联体国家的国家治理模式	以中国为代表的东亚转型国家的国家治理模式
基本制度结构与治理特征	竞争性民主体制和相对有效的有限政府+相对完善的私有产权与契约体制+相对具有竞争性并兼顾社会公平的市场社会体制（社会民主主义传统）	可控民主和被强势利益集团俘获的"弱政府"+不完善的私有产权与契约体制+相对缺乏竞争且不公平的市场社会体制（权威主义传统）	共产党领导的人民民主政体和具备有效制度供给与秩序治理能力的"强政府"+不断发展中的公、私混合多元产权与契约体制+具备一定竞争性且不断分化的可控市场社会体制（权威主义传统）

· 359 ·

续表

典型的国家治理模式	中东欧的国家治理模式（如波兰、匈牙利、捷克）	以俄罗斯为代表的独联体国家的国家治理模式	以中国为代表的东亚转型国家的国家治理模式
演进趋势	在加入欧盟后有可能进一步向欧洲大陆特别是德国的社会市场经济趋同，并进一步完善其现有的社会民主型国家治理模式	叶利钦时期部分具有拉美化的趋势，普京执政后试图构建强政府主导下的可控市场社会体制，目前仍处于非稳定和非均衡的制度演化状态	成熟完善的社会主义市场经济与社会主义政治文明的有机结合，政府—市场—公民社会三元并存与互补的现代国家治理模式

（1）中东欧国家治理模式的重构路径。中东欧国家以政治秩序剧变来启动转型进程。政治剧变的结果是各国纷纷抛弃了高度集权的传统政治体制，向西欧式的议会民主制过渡。由于转型前各国都经历了一个广泛的社会协商过程，因而政治体制转型比较温和、平稳。[1] 在经历了转型初期的政治动荡后，中东欧国家已经形成了三权分立、议会民主和多党轮流执政的资本主义议会民主制的基本政治架构和政治秩序。[2] 在现有的政治秩序结构约束下，中东欧国家政府权力的行使受到立法、司法机构和诸多公民组织的监督与制约。政府在转型进程中基本保持了改革政策的连续性，政府虽然放弃了对私人经济活动的过度管制，但在维护法律和秩序、保持宏观经济稳定、有效提供公共物品以及规制管理制度等方面仍然发挥着关键作用。

从市场化进程与社会体制发育状况来看，中东欧国家采纳了比较激进的转型方式对本国的价格、贸易、财政、金融、所有制等经济制度进行了大规模的改造，同时采取了紧缩性的货币财政政策来稳定宏观经济环境。中东欧国家的市场化改革措施实施的比较彻底、连贯，改革带来的阵痛持续时间相对较短，市场化程度也达到了较高的水平。转型进程中，中东欧国家将效率与公正两大目标结合起来，使大多数人在转型的过程中受益，因而保持了社会秩序的稳定，使经济转型走上一条比较稳妥的道路。由于中东欧国家在转型之前就存在某些具有较强自治能力的公民社会成分，因此伴随着政治经济转型的正式启动，中东欧国家的公民社会组织得到了蓬勃发展。而且伴随着制度转型与国家治理模式重构的深化，

---

[1] 除了罗马尼亚和前南斯拉夫在政治体制剧变过程中出现了流血冲突和民族战争以外，大多数中东欧国家的政治转型是比较平稳的。
[2] 中东欧民主政体实现比较稳定、规范运行的一个重要表现就是实现了政权的"两度易位"，即在转型初期选举获胜的政党或政治联盟，在下一次选举中失利并将权力平稳移交给获胜者，而后者又平稳地将权力移交给下一次的选举获胜者。

中东欧传统公民社会的政治功能正在被职业化的政党组织所取代,而各种公益性的社会团体得到蓬勃发展,这些公民社会组织在协调公民参与公共生活,保障公民的自由与权利,促进社会和谐发展和国家秩序有效治理方面发挥了巨大作用。

鉴于上述事实与特征,我们用"竞争性民主体制和相对有效的有限政府+相对完善的私有产权与契约体制+相对具有竞争性并兼顾社会公平的市场社会体制(社会民主主义传统)"来概括中东欧的国家治理模式还是比较适用的。这种国家治理模式尽管尚处于演化之中,但可能与以德国为代表的欧洲大陆型国家治理模式趋同,这种治理模式将"社会民主(公民社会参与型治理)、有序的市场与社会团结"三者有机结合起来。①

(2) 俄罗斯国家治理模式的重构路径。尽管俄罗斯也是以政治体制的彻底变革来启动转型进程的,但是与中东欧国家不同,俄罗斯的政体变革没有经历一个社会广泛协商的过程,而是在政府保守派与改革派的政治权力角逐中突然触发的,此后又逐步形成了一种被强势利益集团俘获的"弱政府"治理模式。在转型过程中,俄罗斯政府存在的最突出的弊病就是以企业经理和金融寡头为代表的利益集团俘获政府的决策,从而使得政府对体制转型和经济发展的调控能力大为削弱。"政府被俘"与政府权威的削弱不仅扭曲了政府的改革决策,而且加速了政府自身的腐败进程,从而严重影响政府对整个经济的治理能力。在"俘获型"国家治理模式下,民众对政府做出的推动法律与制度改革的承诺的信任度较低,对改革的支持力度也较弱。

从社会经济体制的变迁来看,尽管俄罗斯效仿波兰的做法,采取"休克疗法"来推动本国的市场化进程,但是在俄罗斯,"休克疗法"的实施远未达到波兰那样的效果。一方面,自由化政策与宏观稳定政策不协调,导致了通货膨胀与经济衰退长期并存的"滞胀"现象;另一方面,混乱的私有化不仅带来了严重的腐败和社会不公,而且造就了控制国家政治经济生活的金融寡头阶层。因此,俄罗斯的经济转型无论在效率还是社会公正方面都与中东欧国家有很大的差距。特别是在俄罗斯严重扭曲的制度改革的影响下,政治、经济与社会权力在国家与社会不同阶层之间的分布严重不平衡,结果导致精英联盟相互勾结共同削弱、剥夺公民社会,从而使整个国家陷入"寡头政治"的无效制度陷阱之中,并引发了严

---

① 奥勒·诺格德. 经济制度与民主改革:原苏东国家的转型比较分析 [M]. 孙友晋等译. 上海:上海人民出版社,2007:220.

重的社会秩序混乱与经济持续衰退。因而不得不在普京总统执政后采取"强国家"发展战略,以中央集权的强政府来整合市场与社会秩序,推动俄罗斯走出"秩序分裂"的无效制度陷阱,并着力构建一种强政府主导下的可控的社会经济体制模式。

基于上述事实与特征,我们用"可控民主①和被强势利益集团俘获的弱政府+不完善的私有产权与契约体制+相对缺乏竞争且显失公平的市场社会体制（权威主义传统）"来概括俄罗斯整体的国家治理模式特征。俄罗斯上述国家治理模式与拉丁美洲一些国家出现的国家秩序分裂、社会经济发展失衡与停滞的状况有着某种相似之处。自2000年普京总统执政以来,俄罗斯采取了以构建强政府为核心的转型战略与国家治理模式调整方针,因此,目前俄罗斯的国家治理模式仍然处于一种制度变迁的非均衡、非稳定时期,其总体的演化方向仍需要进一步观察与研究。

（3）中国国家治理模式的演化路径。与俄罗斯和中东欧国家相比,中国的政治、经济与社会转型遵循了一种"渐进改革"的逻辑。中国是在制度环境（社会主义基本的宪法制度与意识形态）基本保持稳定的前提下开始实施从计划经济向市场经济转型的。制度环境的基本稳定使得政府和个人可以在预期稳定的前提下稳步推进各种经济制度创新活动,从而使得中国的改革与转型进程具有渐进性。在制度环境基本稳定的前提下,中国最为突出的特征就是一个具有强大制度供给和秩序治理能力的强政府对制度转型保持着有效的调控,从而保证了转型时期社会经济秩序的稳定性和连续性。

尽管在制度转型与国家治理模式演进过程中,中国比苏联和东欧国家更多地保存了国家的权威以及政府的控制能力和干预功能,但是中国市场化和社会化的速度并不十分缓慢。30多年的渐进式改革与转型已经使中国从高度集权的全能主义国家控制之下逐步演化出一个富有生机和活力的市场社会,并使得国家与社会、政府与市场之间的关系发生了巨大的转变,政府—市场—公民社会三元分化与互补的现代国家治理模式正在形成之中,主要表现为:①在动态化的目标搜寻与制度摸索中逐步确立了社会主义市场经济体制,商品、货币、价值、价值规律、市场机制逐步获得了应有的地位,市场已经成为经济交换与资源配置的基础

---

① "'可控民主'的实质是总统集权,使总统权力凌驾于其他社会权力之上,成为民主的操控者。"俄罗斯的"可控民主"起源于以总统集权为特征的1993年宪法,普京任总统后进一步强化了总统集权制,如改革联邦体制加强中央政府权力、打击寡头干政、控制媒体和舆论、在议会内部培植亲总统的党派等。请参见许志新."可控民主"及其风险[J].俄罗斯中亚东欧研究,2005（5）.

性手段和方式。②经济改革与政府职能转变使经济权利和社会权利向民众回归，创业权、竞争权、组织权、财产权、交易权、创新权等社会经济权利已经成为民众实现个体与社会利益的不可或缺的法律与制度工具。①③市场化改革与市场经济秩序不断扩展所引发的资源自由流动性增加、个体自由选择权扩大，导致社会结构出现分化，不仅新的社会经济成分、社会阶层正在形成，而且一个具备社会利益整合功能的现代公民社会也正在萌芽和发展壮大。

基于上述事实与特征，我们可以用"共产党领导的人民民主政体和具备有效制度供给与秩序治理能力的强政府+不断发展中的公、私混合多元产权与契约体制+具备一定竞争性且不断分化的可控市场社会体制（权威主义传统）"来概括中国正在出现的新型制度结构与国家治理模式。尽管中国的社会经济转型尚未完成，许多攻坚性的制度改革任务仍在进行过程之中，但中国的制度转型与国家治理模式演进的目标仍然是建立完善的社会主义市场经济体制和社会主义政治文明。这一目标的实质是将社会主义的基本原则和特征与中国的实际国情和社会经济转型的成功实践进行有机结合。

运用第四章构建的国家治理质量指标体系，本书从政治稳定性与政府能力、市场有效性与经济发展、社会稳定性与社会发展三个维度对转型国家整体的治理质量进行了综合测度。结果表明，中东欧国家和中国整体的治理质量位居转型国家前列，而俄罗斯等独联体国家整体的国家治理质量相对落后于上述国家。造成这一差异的根源在于，中东欧和中国在转型进程中立足于本国的历史传统和现实约束，较为有效地协调了政府、市场与社会之间的关系，探索出一条连贯、一直且符合本国国情的国家治理模式重构道路。相反，俄罗斯过度激进且考虑不周的转型策略破坏了制度变迁的连续性、关联性和稳定性，陷入政府失灵、市场失灵和公民社会失灵相互影响、相互强化的国家治理危机之中，导致经济长期衰退和社会秩序的持续动荡。经历了严重的结构性危机之后，俄罗斯国家治理模式的调整与国家治理绩效的恢复都尚需时日。

3. 把握转型深化与后危机时代国家治理模式的演进趋势

世纪之交，转型国家已经初步建立起市场经济体制的基本框架，对外开放程度也空前提高。但转型并未就此结束，而是进入到一个转型深化与完善市场经济体制的崭新阶段。正当这一阶段逐步展开并深入推进之时，一场席卷全球的国际

---

① 方竹兰.论民众经济权利的回归——探究中国经济体制转型的实质[J].中国人民大学学报，2006(3).

金融危机沉重打击了几乎所有转型国家。这一现象表明，转型国家已经建立的市场经济体制以及与之相应的治理结构仍不成熟，仍然存在很大的内在不稳定性。因此，转型国家再度站在十字路口，面临艰难抉择。

本书的研究表明，在经济全球化的宏大历史背景中，虽然转型国家的市场化、民主化与社会化的基本方向不会发生根本性逆转，但势必要对原有的转型目标、方式以及国家治理方略做出必要修正。

首先，转型国家需要对转型的目标模式做出深刻反思。全球金融危机凸显了以"无为政府+大私有化+自由市场+金融创新+全球化"为核心特征的新自由主义范式的内在弊端，这一范式型构的新自由主义治理模式已经给中东欧和俄罗斯造成了较为严重的损害。从目前的发展来看，这些国家将会适当放慢自由化、金融创新以及经济开放的速度，同时更加关注政府能力的恢复与本国的社会体制改革和民生建设，以便为本国脆弱的市场经济体制构筑一个坚固的政治和社会保护带，使其具备足够的应对国际竞争和外部风险挑战的能力。

其次，转型国家需要对其原有的经济发展模式做出深刻调整。中东欧和俄罗斯在转型过程中形成了两种代表型的经济发展模式，即外向型主导的经济发展模式和资源依赖型经济发展模式。这两种发展模式都是带有严重依附型的经济发展模式，其长期发展的结果就是使转型国家丧失经济发展的自主性，只能服从和服务于发达国家设定的不平等的国际经济秩序。后危机时代，中东欧和俄罗斯必然要经历一个痛苦的制度改革与结构调整过程，以探寻更为有效的经济发展模式。与中东欧和俄罗斯相比，中国凭借其特定的制度优势，较为成功地抵御了国际金融危机的冲击，但也暴露出其原有经济发展模式的内在不足。在后金融危机时代，中国也已开启了其调整经济结构、转变发展方式的进程，其重点在于协调内需与外需、投资与消费、经济增长与社会发展之间的关系，不断提高自主创新能力、发展新型产业，从而实现自身在国际分工格局和全球产业链条上的跃迁。

最后，推动社会转型将会成为转型国家治理模式重构的又一重点。如果说在前20年中，经济转型与政治转型成为大多数国家制度变革的重点，那么社会转型相对处于一个薄弱的环节。转型初期激烈的政治经济变革已经使转型国家的社会结构出现巨大分化，甚至处于断裂边缘，这不仅影响了转型期的社会秩序稳定，而且也导致了经济增长缺乏持续的内生性动力。转型实践表明，缺乏稳固的社会结构、和谐的社会共识，既不会有一个有效的市场经济体制，也不会有一个运行规范的民主政治体制。因此，经济转型与后金融危机时代，推动社会转型再度提上转型国家的议事日程，其核心在于通过更为积极的社会体制改革和社会政策，扶持社会发展，消弭社会裂痕，重塑社会整合机制。

二、若干重要启示

制度转型时期的国家治理模式变迁是转型国家具有的普遍现象，它集中表现为广大转型国家通过政治、经济与社会等领域的多重制度转型正在退出传统社会主义体制下高度集中、集权、封闭的"全能主义"国家治理模式，并逐步向"法治国家、市场经济与公民社会"三位一体的现代国家治理模式转变。通过对上述制度转型与国家治理模式重构的总体进程、内在问题以及发展前景的分析，我们可以得出一些具有相对普遍意义的结论与启示：

第一，无论处于何种初始条件的约束，也无论选择哪种转型方式和战略，培育和增进政府能力都是制度转型与国家治理模式构建的首要任务。在现代社会，虽然存在多元化的治理主体和网络，但是政府作为一个集政治、经济和社会资源为一身的治理主体对于推动制度变革和经济发展发挥着不可替代的作用。西方国家的历史经验已经表明，尽管资本主义在中世纪后期就开始自发地萌芽，但是市场经济的建立和扩展离不开政府的扶持和推动。从统一国内市场到开辟海外殖民地，从保障产权到推动产业发展和技术创新，从镇压劳工运动到改进社会保障，资本主义市场经济发展的每一步都少不了政府的身影。也正因为如此，西方两位比较政治经济学家得出了这样的结论："强经济需要强国家"，"相对强大的国家无论过去还是未来都是一个决定该国在国际经济里的比较性工业地位的主要机制"。①然而，当新自由主义经济学家面对转型世界提出他们的政策建议时，却严重忽视了自己国家所经历的这段历史事实，结果自由化政策的实施导致了转型国家政府能力的严重丧失。

在转型深化阶段培育和增进转型国家的政府能力当然是一项复杂的系统工程，也不存在绝对唯一的治理之道。但是，根据历史发展的经验，我们还是可以提出一些构建政府能力的基本策略选择。首先，要确保政府制度和组织结构的整合度、协调性和稳定性。政府是一个制度化、组织化的公共治理主体。它的权力运行与职能行使需要在一个相互协调、紧密配合的规则和组织体系中加以完成（如宪政秩序的稳定，立法、行政、司法机构的相互支持，政府不同职能部门的

---

① 琳达·维斯，约翰·M. 霍布森. 国家与经济发展——一个比较及历史性的分析. 黄兆辉等译. 长春：吉林出版集团有限责任公司，2009：3-4.

相互协调)。如果政府制度结构被拆散、组织体系被分解,那么国家势必无法发挥必要的治理功能,整个社会也将陷于无政府的秩序混乱状态。其次,需要合理设计本国的政治制度,主要包括适度权衡国家权力的集中与分散,协调和完善民主制度的规范运行,创建法治。政治制度的核心作用在于规范国家权力的运行,控制其潜在的机会主义行为,更好地发挥政府的权能。再次,改进行政系统的有效性,主要包括政府行政体制是否便利信息的沟通交流、控制科层制所固有的"委托—代理"问题;能否建立起专业化和具备职业操守的现代官僚体系并实现政府治理创新等。这些将直接影响政府的治理成本以及提供公共物品和服务的能力。最后,要协调政府与社会的关系,主要包括两方面内容:一是政府的制度供给和公共政策是否得到社会大多数成员的理解和支持,这将影响政府的合法性基础及其政策实施的有效性;二是政府在政策制定和实施过程中能否抵制某些社会集团,特别是强势的狭隘利益集团的影响,这也将影响政府的自主性和治理能力。

第二,在培育政府能力的基础上,需要对政府与市场及社会之间的关系进行深入细致的协调与构建,以确立一种政府—市场—社会互惠共生的有效现代国家治理模式。在现代国家治理模式之中,政府、市场与社会是三大基本结构要素。而政府与市场、政府与社会之间的相互关系直接决定国家治理模式的基本制度特征与国家整体的治理绩效。就转型国家而言,伴随着经济与社会转型的深入推进,这些国家传统体制下所形成的政府与市场、政府与社会关系发生了重大转变。

从政府与市场的关系来看,尽管各国国情不同,所采纳的转型战略存在重大差异,但毫无疑问的是,各国的政府在构建现代市场经济体制、治理市场经济秩序方面发挥着不可或缺的重要作用。由于大多数支持市场经济运行的良好制度安排具有公共物品的属性,单纯依靠市场机制自发的制度供给很难达到社会最优的水平,因此,政府必须一方面建立不能由市场自发建立的经济制度,另一方面要对政府及社会民众的公共偏好进行规范;否则,一些不合法的私人部门可能会插手缺失制度的创设,并由此滋生大量的"恶性社会资本",从而严重干扰规范有效的市场经济秩序的生成,这时的市场也必然处于效率低下与能力薄弱的状态,结果必然会形成一种"弱政府—弱市场"并存的低效"制度陷阱"。而转型国家理想的政府与市场关系应当是建立一种"强政府—强市场"共生的"市场增进型治理结构"(Market-Enhancing Governance)。"市场增进型治理结构"首先要求政府具有足够的能力有效执行政策,保障个人权利,限制政客和官僚的掠夺行为,阻止利益集团的俘获行为;为此,政府需要通过持续的改革强化公共部门的能力构建以培育适宜的治理机能。在政府能力强化的基础上,必须创建出关键性的经济制度,它们主要包括产权和契约制度,市场进入和退出的规则,稳定的货币体系,为克服市场失灵而采取的政府规制政策、收入分配政策、社会保障体系,等等。这些制度安排并非完全遵循标准的经济理论模式,而是更多地来自于实践中的经验摸索和创新。中国被视为"市场增进型治理结构"的典型代表。中国在转型之初注重保持政府制定和实施政策的能力,政府通过分权化改革对自身权力进行必要限制,中央与地方政府的目标实现了激励相容。尽管在转型初期,法治和私人产权缺乏完善的保障,但一系列有效的过渡性制度安排(如家庭联产承包责任制、乡镇企业、财政分权等)促进了经济的强劲增长。伴随着政治进程的制度化、法治的强化以及加入 WTO 后的外部影响,中国政府的改革承诺更加可信,这就使其正在迈向一种"以规则为基础的经济"。

在国家治理模式的整体结构中,政府与社会是另一对关键性的关系要素。在某种意义上,经济转型就是一个全能型政府逐步退出经济和社会领域的过程,也就是政府与社会关系重新塑造的过程。与全能主义国家治理模式下的"总体性社会"不同,转型时期的社会分化与社会整合机制发生了根本性的变化。前者主要体现为伴随着政治控制放松、私有财产、市场竞争、要素流动和对外开放等因素的出现,原有的单一社会结构发生了巨大分化,新的社会阶层、社会力量乃至思想文化观念不断涌现;后者主要表现为,原有的严格的政治社会控制体系重构,新的社会整合与控制体系尚未形成,因此不可避免地增加了转型时期国家秩序治理的困难。从俄罗斯、东欧乃至中国转型期的教训和经验来看,综合运用政治、经济与思想文化手段来实现转型期的社会整合是保证经济转型深入推进和国家秩序有效治理的基本社会前提。而从国际发展趋势来看,构建一个符合本国国情的、具备较强的社会利益整合功能的现代公民社会,并且形成一种公民平等广泛参与公共政策的"参与式治理"(Participant Governance)模式,不仅有助于转型时期的社会经济秩序和谐治理,而且可以增进公共信任和政府的治理能力。从转型国家的历史与现实特性出发,至少在以下方面的制度改革对于构建现代公民社会、协调政府与社会之间的关系具有积极意义:一是改善国家整体的制度环境,特别是要通过完善法治建设,为公民个人的财产、自由、平等等基本公民权利提供坚实的法律制度保障,同时将公民社会团体、民间组织的发展纳入法制化、规范化的轨道,防止公民社会演变成为"恶性社会资本"以及其他不利于国家与社会秩序稳定的民间力量滋生的场所。二是深化以市场化为导向的制度改革,大力推进现代市场经济体制建设,建构以自由平等的契约关系为基础的比较成熟的市场经济体制,为理性、成熟的现代公民社会的发育奠定坚实的经济与社会基础。

三是按照自愿、平等、互惠的原则规范公民社会内部的组织结构和功能，逐步增强公民社会团体、民间组织、第三部门的自治性、独立性、非营利性等基本特征，促进各种民间团体在增进本团体利益的基础上更加关注大范围的社会公共利益，融入社会的"共容利益"。四是逐步探索符合本国国情的政府与社会协商合作，公众积极参与公共事务治理的制度化的长效机制，从而提高政府治理的合法性、透明性、责任性、回应性、参与性和有效性，不断强化政府的能力建设，努力实现善治型的政府治理模式。五是政府需要积极投资于社会，通过各种经济、法律与社会政策，缩小公民在财富分配、身份、社会地位等方面的巨大差距，消除因贫困和人力资本存量差异所导致的"社会排斥"，缓解和消弭日趋分化甚至趋于断裂的社会结构，增进社会团结程度。六是构建一种共同分享社会经济发展利益，共同承担社会公共义务和风险的社会责任观，培育和谐共容的社会理念，从而为现代公民社会的发育营造一种积极、开放的公民文化氛围。

第三，立足本国国情，关注国家治理模式构建过程中制度关联性效应，避免落入"最优治理实践"的陷阱。政府—市场—公民社会三者的具体结合方式是多样化的，因此形成了多样性的国家治理模式。然而，在 20 世纪 80~90 年代新自由主义大行其道之时，西方主流经济学家和国际组织却往往向发展中国家和转型国家推行一套统一的自由化改革方案——"华盛顿共识"，经济学家将其称之为"最优治理实践"(Best-Practice Governance)。"华盛顿共识"的实质是一种倡导政府迅速从社会经济中撤出的"最小国家"战略，由于它忽略了发展中国家和转型国家现有的制度基础设施，也忽略了这些国家的历史传统，因此注定走向失败。在这些国家，市场与社会中所蕴涵的自组织治理能力和自我发展能力相当薄弱，因此，政府的仓皇撤退，必然形成秩序混乱的市场和濒于分裂的社会。这就决定了发展中国家和转型国家的制度改革与治理模式转变需要经历一个循序渐进的适应性调整过程。否则，盲目地遵从各种版本的"最优治理实践"只能给这些国家留下无穷的遗憾。

转型国家的实践表明，每一种制度安排的形成都具有特定的文化土壤，每一种制度安排的作用空间都要受其所处的社会历史环境的制约。不顾这些约束条件而盲目移植外来的制度安排是不可能取得预期效果的。虽然某些正式的制度安排（如宪法、财产法、公司条例等）可以作为"快速推进型制度"在一夜之间被引入，但是诸如惯例、习俗、心理认知、文化等非正式制度属于"慢速推进型制度"，需要经过长期的历史演化过程才能进行适应性变迁。在这种情况下，过于激进的制度移植很可能会破坏原有制度结构的关联性，导致正式制度与非正式制

第九章　国家治理模式重构的结论与启示

度变迁的非一致性、非协调性，从而影响整个新生的制度结构发挥效用。此外，从转型国家的实践来看，过度激进地融入全球化进程也可能对民族和国家的制度、传统、文化、价值产生严重冲击，使其原有的信仰、哲学、价值观发生剧烈重构，结果会破坏历史上长期形成的良性"社会资本"，使转型国家丧失凝聚社会的重要纽带，产生严重的"信仰真空"。这无疑会给转型期的社会秩序治理带来严重困境，甚至出现社会分裂的危机，也必然给稳定有效的市场与民主秩序的生产带来困难。因此，在国家治理模式重构进程中，尽管转型国家需要吸收外来文化和先进的制度安排，但是，吸收的前提应当是保留自己的优秀传统文化和社会资本，确保社会制度变迁的连续性、稳定性。特别要关注在国家治理模式重构进程中维护广义制度关联性效应，① 即确保制度运行环境与正式制度之间的关联性、正式制度与非正式制度之间的关联性以及正式制度内部基础性制度与次级制度之间的关联性，在此基础上探索出符合本国国情的适宜的制度安排与国家治理模式。

---

① 详细内容可参见第三章。

参 考 文 献

一、中文参考文献

[1] 奥利弗·E.威联姆森.资本主义经济制度——论企业签约与市场签约 [M].段毅才,王伟译.北京:商务印书馆,2002.

[2] 安德烈·施莱弗,罗伯特·维什尼.掠夺之手——政府病及其治疗 [M].赵红军译.北京:中信出版社,2004.

[3] 埃格特森.经济行为与制度 [M].吴经邦译.北京:商务印书馆,2004.

[4] 埃里克·弗鲁博顿,鲁道夫·芮切特.新制度经济学——一个交易成本分析范式 [M].姜建强,罗长远译.上海:上海三联书店、上海人民出版社,2006.

[5] 阿尔弗雷德·席勒,汉斯-京特·克吕塞尔贝格.秩序理论与政治经济学 [M].史世伟等译.太原:山西经济出版社,2006.

[6] 奥勒·诺格德.经济制度与民主改革:原苏东国家的转型比较分析 [M].孙友晋等译.上海:上海人民出版社,2007.

[7] 阿夫纳·格雷夫.大裂变:中世纪贸易制度比较和西方世界的兴起 [M].郑江淮等译.北京:中信出版社.2008.

[8] 布鲁斯.社会主义的政治与经济 [M].何作译.北京:中国社会科学出版社,1981.

[9] 比兰契奇.前南斯拉夫社会发展的思想和实践(1945~1973)[M].北京:商务印书馆,1983.

[10] 贝尔纳·夏旺斯.东方的经济改革——从50年代到90年代 [M].吴波龙译.北京:社会科学文献出版社,1999.

[11] 白永秀,任保平.世纪之交:发展经济学的回顾与前瞻 [J].经济学动态,2000(5).

[12] 白千文."广义制度关联性"视角下的转型路径研究 [D].天津:南开

大学博士学位论文，2009.

［13］巴里·克拉克. 政治经济学——比较的观点（第 2 版）［M］. 王询译. 北京：经济科学出版社，2001.

［14］保罗·G. 黑尔. 转型时期的制度变迁和经济发展［J］. 经济社会体制比较，2004（5）.

［15］布鲁斯·布恩诺·德·梅斯奎塔，希尔顿·L. 鲁特. 繁荣的治理之道［M］. 叶娟丽等译. 北京：中国人民大学出版社，2007.

［16］彼得·埃文斯等. 找回国家［M］. 方力维等译. 北京：生活·读书·新知三联书店，2009.

［17］贝拉·格雷什科维奇. 抗议与忍耐的政治经济分析：东欧与拉美转型之比较［M］. 张大军译. 桂林：广西师范大学出版社，2009.

［18］查尔斯·林德布洛姆. 政治与市场——世界的政治经济制度［M］. 王逸舟译. 上海：上海三联书店，上海人民出版社，1995.

［19］陈郁. 制度变迁、市场演进与私人契约安排——1986~1990 年上海股票交易的案例分析［J］. 经济研究，1995（7）.

［20］陈国富. 契约的演进与制度变迁［M］. 北京：经济科学出版社，2002.

［21］陈宗胜. 发展经济学——从贫困走向富裕［M］. 上海：复旦大学出版社，2006.

［22］陈乐民. 20 世纪的欧洲［M］. 北京：生活·读书·新知三联书店，2007.

［23］曹荣湘. 走出囚徒困境——社会资本与制度分析［M］. 上海：上海三联书店，2003.

［24］C. 曼特扎维诺斯，C. 诺斯，S. 沙里克. 学习、制度与经济绩效［J］. 经济社会体制比较，2005（3）.

［25］崔万田，周晔馨. 正式制度与非正式制度的关系探析［J］. 教学与研究，2006（8）.

［26］蔡昉. 中国经济面临的转折及其对发展和改革的挑战［J］. 中国社会科学，2007（3）.

［27］曹红刚. 政府行为目标与体制转型［M］. 北京：社会科学出版社，2007.

［28］查尔斯·蒂利. 民主［M］. 魏洪钟译. 上海：上海人民出版社，2009.

［29］迟福林，殷仲义. 后危机时代发展方式转型与改革：新兴经济体的新挑战、新角色、新模式［M］. 北京：华文出版社，2010.

[30] 达姆扬诺维奇.铁托自诉[M].北京:新华出版社,1984.

[31] 道格拉斯·C.诺斯,罗伯特·托马斯.西方世界的兴起[M].厉以平,蔡磊译.北京:华夏出版社,1999.

[32] 道格拉斯·C.诺斯.经济史中的结构与变迁[M].陈郁,罗华平等译.上海:上海三联书店,上海人民出版社,1994.

[33] 道格拉斯·C.诺斯.制度、制度变迁与经济绩效[M].陈郁译.上海:上海三联书店,1994.

[34] 道格拉斯·C.诺斯.新制度经济学及其发展[J].经济社会体制比较,2002(5).

[35] 道格拉斯·C.诺斯.制度、制度变迁与经济绩效[M].杭行译.上海:格致出版社、上海三联书店,上海人民出版社,2008.

[36] 道格拉斯·C.诺斯.理解经济变迁过程[M].钟正生等译.北京:中国人民大学出版社,2008.

[37] 大卫·M.科茨.国家在经济转型中的作用(上).国外理论动态,2005(1).

[38] 董方军,王军.大部门体制改革:背景、意义、难点及若干设想.中国工业经济,2008(2).

[39] 丹尼·罗德里克.寻找可行的经济发展战略.经济社会体制比较,2008(2).

[40] 丹尼·罗德里克.关于治理问题的思考[M]//吴敬琏.比较(第37辑).北京:中信出版社,2008.

[41] 达龙·阿西莫格鲁.治理与发展的相互作用:世界银行经济学家需要注意的地方[M]//吴敬琏.比较(第37辑).北京:中信出版社,2008.

[42] 蒂莫西·耶格尔.制度、转型与经济发展[M].陈宇峰,曲亮译.北京:华夏出版社,2010.

[43] 董直庆,王林辉,李富强.政府治理结构和中国经济增长关联性检验:1978~2006[J].学习与探索,2009(4).

[44] 丁灿,许立成.全球金融危机:成因、特点和反思[J].中央财经大学学报,2010(6).

[45] 凡勃伦.有闲阶级论[M].北京:商务印书馆,1964.

[46] 菲吕博顿.新制度经济学[M].孙经纬译.上海:上海财经大学出版社,1998.

[47] 樊纲. 渐进改革的政治经济学分析 [M]. 上海：上海远东出版社，1996.

[48] 樊纲，胡永泰. "循序渐进"还是"平行推进"——论体制转型最优路径的理论与政策 [J]. 经济研究，2005（1）.

[49] 樊莹. 经济全球化与国家经济安全 [J]. 世界经济与政治，1998（5）.

[50] 弗朗索瓦·沙奈. 金融全球化 [M]. 齐建华译. 北京：中央编译出版社，2000.

[51] 弗朗索瓦·巴富瓦尔. 从休克到重建——东欧的社会转型与全球化—欧洲化 [M]. 陆象淦，王淑英译. 北京：社会科学文献出版社，2010.

[52] 弗朗西斯·福山. 国家构建：21世纪的国家治理与世界秩序 [M]. 黄胜强，许铭原译. 北京：中国社会科学出版社，2007.

[53] 弗朗西斯·福山. 关于发展的政治维度和经济维度间的关系我们知道什么？[M]//吴敬琏. 比较（第37辑）. 北京：中信出版社，2008.

[54] 冯绍雷，相蓝欣. 转型理论与俄罗斯政治改革 [M]. 上海：上海人民出版社，2005.

[55] 冯绍雷. 20世纪的俄罗斯 [M]. 北京：生活·读书·新知三联书店，2007.

[56] G. M. 霍奇逊. 现代制度经济学宣言 [M]. 北京：北京大学出版社，1993.

[57] 龚猎夫. 斯洛文尼亚——中东欧经济转型最成功的国家 [J]. 国际问题研究，1996（2）.

[58] 格泽格尔兹·W. 科勒德克. 从休克到治疗——后社会主义转型的政治经济 [M]. 刘晓勇，应春子等译. 上海：上海远东出版社，2000.

[59] 格·科勒德克. 全球化与后社会主义国家大预测 [M]. 郭增麟译. 北京：世界知识出版社，2003.

[60] 高歌. 浅析东欧国家二战前的历史对政治转型的影响 [J]. 东欧中亚研究，2000（4）.

[61] 高薪才，滕堂伟. 新比较经济学四大学派的形成及其发展 [J]. 经济学动态，2005（12）.

[62] 国际货币与基金组织（IMF）. 世界经济展望：聚焦转型经济 [M]. 北京：中国金融出版社，2001.

[63] 葛延风. 中国政府的角色及职能调整——进展、问题和挑战. Prepared

for the program on: Fiscal Management For Better Governance: Learning from Each Other, July 2004, http://info.worldbank.org/etools/docs/library/233713/1GeYanfeng.pdf.

[64] 国家发改委宏观经济研究院课题组. 中国加速转型期的若干发展问题研究（上）[J]. 经济研究参考, 2004 (16).

[65] 郭连成. 经济全球化与转型国家政府职能转换 [J]. 世界经济, 2003 (10).

[66] 郭连成. 资源依赖型经济与俄罗斯经济的增长和发展 [J]. 国外社会科学, 2005 (6).

[67] 郭连成. 俄罗斯经济转型与转型时期经济论 [M]. 北京: 商务印书馆, 2005.

[68] 郭连成. 评普京任期内的俄罗斯经济发展战略 [J]. 经济研究参考, 2007 (7).

[69] 郭晓东. 重构国家: 后社会主义国家构建的类型研究 [J]. 天津社会科学, 2007 (5).

[70] 关海庭, 吴群芳. 渐进式的超越——中俄两国转型模式的调整与深化 [M]. 北京: 北京大学出版社, 2006.

[71] 顾丽梅. 公共政策与政府治理 [M]. 上海: 上海人民出版社, 2006.

[72] 黄仁宇. 资本主义与二十一世纪 [M]. 北京: 生活·读书·新知三联书店, 1997.

[73] 黄军甫. 社会结构变迁与俄罗斯政治转型 [J]. 当代社会主义问题, 2004 (2).

[74] 黄德发. 政府治理范式的制度选择 [M]. 广州: 广东人民出版社, 2005.

[75] 黄少安. 制度经济学 [M]. 北京: 高等教育出版社, 2008.

[76] 黄秋菊, 景维民. 国家构建视角下的中俄转型比较分析 [J]. 当代世界与社会主义, 2010 (5).

[77] 黄秋菊, 景维民. 后危机时代中国治理模式提升的策略选择 [J]. 经济社会体制比较, 2011 (1).

[78] 黄秋菊, 景维民. 新自由主义范式对转型国家的危害及反思 [J]. 河北经贸大学学报, 2011 (1).

[79] 黄秋菊. 俄罗斯转型期的国家制度能力与经济发展 [J]. 俄罗斯中亚东欧

研究，2011（3）.

[80] 黄秋菊. 经济转型进程中的国家制度能力演进——中俄转型的比较政治经济学分析. 北京：经济管理出版社，2013.

[81] 侯风菁. 匈牙利私有化评析［J］. 欧亚社会发展研究，2000.

[82] 赫尔曼，施克曼. 转型国家的政府干预、腐败与政府被控——转型国家中企业与政府交易关系研究［J］. 经济社会体制比较，2002（5）.

[83] 韩毅. 比较经济体制研究的新方法：历史的比较制度分析［J］. 经济社会体制比较，2002（1）.

[84] 胡健. 转型经济新论——兼论中国俄罗斯的经济转型［M］. 北京：中央党校出版社，2006.

[85] 胡安·J. 林茨，阿尔弗雷德·斯特潘. 民主转型与巩固的问题：南欧、南美和后共产主义欧洲［M］. 孙龙等译. 杭州：浙江人民出版社，2008.

[86] 纪军. 匈牙利市场社会主义之路［M］. 北京：中国社会科学出版社，2000.

[87] 景维民. 过渡经济论——目标、道路与制度［M］. 天津：天津人民出版社，2000.

[88] 景维民. 从计划到市场的过渡——转型经济学前沿专题［M］. 天津：南开大学出版社，2003.

[89] 景维民，张慧君等. 经济转型的阶段性演化与相对市场化进程研究［M］. 北京：中国财政经济出版社，2006.

[90] 景维民，张慧君. 国家权力与国家能力：俄罗斯转型进程中的国家治理模式演进——兼论"梅—普"时代俄罗斯的国家治理前景［J］. 俄罗斯研究，2008（3）.

[91] 景维民，张慧君. 制度转型与国家治理模式重构：进程、问题与前景［J］. 天津社会科学，2009（1）.

[92] 景维民，孙景宇. 混合经济中的所有制结构与转型绩效差异——国际维度下的经济转型研究［J］. 江海学刊，2006（3）.

[93] 景维民，孙景宇等. 经济转型的阶段性演进预评估［M］. 北京：经济科学出版社，2008.

[94] 景维民，孙景宇等. 转型经济学［M］. 北京：经济管理出版社，2008.

[95] 景维民，田卫民等. 经济转型中的市场社会主义——国外马克思主义的分析与实践检验［M］. 北京：经济管理出版社，2009.

[96] 景维民,王敏.后发展经济体治理模式的演进与经济发展——以韩国、台湾经济发展为例[J].东岳论丛,2009(9).

[97] 景维民,黄秋菊.国家制度能力与经济结构调整——基于转型期的中俄比较研究[J].南开学报(哲学社会科学版),2011(1).

[98] 景维民,白千文.俄罗斯经济"V型"增长的原因:基于"广义制度关联性"的解释[J].俄罗斯中亚东欧研究.2009(3).

[99] 景维民,白千文.次级制度:转型的逻辑起点[J].天津商业大学学报,2009(6).

[100] 金雁,秦晖.十年沧桑——东欧诸国的经济社会转型与思想变迁[M].上海:上海三联书店,2004.

[101] 贾恩弗朗哥·波齐.国家:本质、发展与前景[M].陈尧译.上海:上海人民出版社,2007.

[102] 经济合作与发展组织.中国治理[M].北京:清华大学出版社,2007.

[103] 柯武刚,史漫飞.制度经济学:社会秩序与公共政策[M].韩朝华译.北京:商务印书馆,2000.

[104] 卡瑟琳·丹克斯.转型中的俄罗斯政治与社会[M].欧阳景根译.北京:华夏出版社,2003.

[105] 孔田平.东欧经济改革之路——经济转型与制度变迁[M].广州:广东人民出版社,2003.

[106] 孔田平.论转型与中东欧国家的赶超[J].经济研究参考,2004(78).

[107] 卡齐米耶日·Z.波兹南斯基.全球化的负面影响:东欧国家的民族资本被剥夺[M].佟宪国译.北京:经济管理出版社,2004.

[108] 卡拉·霍夫,约瑟夫·斯蒂格利茨.大爆炸之后?后共产主义社会法治形成的障碍[M]//吴敬琏.比较(第17辑).北京:中信出版社,2005.

[109] 卡尔·波兰尼.大转型:我们时代的政治经济起源[M].冯钢,刘阳译.杭州:浙江人民出版社,2007.

[110] 康晓光,韩恒.分类控制:当前中国大陆国家与社会关系研究[J].开放时代,2008(2).

[111] 拉卡托斯.科学研究纲领方法论[M].兰征译.上海:上海译文出版社,1986.

[112] 李丹琳.马其顿共和国的经济[J].东欧中亚市场研究,1997(10).

[113] 李强.后全能体制下现代国家的构建[J].战略与管理,2001(6).

[114] 李新. 转型经济研究 [M]. 上海：上海财经大学出版社，2007.

[115] 李丽. 经济全球化背景下转型国家经济自由化与市场开放研究 [D]. 大连：东北财经大学博士学位论文，2007.

[116] 李侃如. 治理中国：从革命到治理 [M]. 胡国成，赵梅译. 北京：中国社会科学出版社，2010.

[117] 梁志刚. 从国家和社会的关系看我国市场化取向改革的合理性 [J]. 求实，2000（1）.

[118] 罗伯特·帕特南. 使民主运转起来 [M]. 王列，赖海榕译. 南昌：江西人民出版社，2001.

[119] 陆南泉等. 苏联兴亡史论 [M]. 北京：人民出版社，2002.

[120] 李·J.阿尔斯通等. 制度变革的经验研究 [M]. 罗仲伟等译. 北京：经济科学出版社，2003.

[121] 罗伯特·吉尔平. 全球政治经济学：解读国际经济秩序 [M]. 杨宇光，杨炯译. 上海：上海人民出版社，2003.

[122] 列昂尼德·波里什丘克. 转型经济中的制度需求演进 [M]//. 吴敬琏. 比较（第9辑）北京：中信出版社，2003.

[123] 刘文革. 强制性制度变迁："俄罗斯转型之谜"的经济学解释 [M]//. 哈尔滨：黑龙江人民出版社，2003.

[124] 罗伯特·巴罗. 经济增长的决定因素：跨国经验研究 [M]. 李剑译. 北京：中国人民大学出版社，2004.

[125] 罗荣渠. 现代化新论——世界与中国的现代化进程 [M]. 北京：商务印书馆，2004.

[126] 罗卫东，姚中秋. 中国转型的理论分析：奥地利学派的视角 [M]. 杭州：浙江大学出版社，2009.

[127] 卢现祥. 新制度经济学 [M]. 武汉：武汉大学出版社，2004.

[128] 卢现祥，巧玲. 新制度经济学 [M]. 北京：北京大学出版社，2007.

[129] 林毅夫，蔡昉，李周. 中国的奇迹：发展战略与经济改革 [M]. 上海：上海三联书店、上海人民出版社，1994.

[130] 林毅夫，姚洋. 中国奇迹：回顾与展望 [M]. 北京：北京大学出版社，2006.

[131] 刘明珍. 公民社会与治理转型——发展中国家的视角 [M]. 北京：中央编译出版社，2008.

[132] 刘倩. 统合主义：历史、挑战与未来 [J]. 学习论坛，2009（4）.

[133] 劳伦斯·勃兰特，托马斯·罗斯基. 伟大的中国经济转型 [M]. 方颖，赵扬等译. 上海：格致出版社，上海人民出版社，2009.

[134] 马克思恩格斯选集（第 1 卷）[M]. 北京：人民出版社，1972.

[135] 马克思恩格斯选集（第 3 卷）[M]. 北京：人民出版社，1972.

[136] M.卢瑟福. 经济学中的制度 [M]. 陈建波，郁仲莉译. 北京：中国社会科学出版社，1999.

[137] 毛泽东著作选读（下册）[M]. 北京：人民出版社，1986.

[138] 马凯，曹玉书. 计划经济体制向社会主义市场经济体制的转型 [M]. 北京：人民出版社，2002.

[139] 马克垚. 世界文明史 [M]. 北京：北京大学出版社，2004.

[140] 迈克尔·曼. 社会权力的来源（第 2 卷·上）[M]. 上海：上海人民出版社，2007.

[141] 曼瑟·奥尔森. 权力与繁荣 [M]. 苏长和，嵇飞译. 上海：上海世纪出版集团，2005.

[142] 曼瑟·奥尔森. 国家的兴衰：经济增长、滞胀和社会僵化 [M]. 李增刚译. 上海：上海人民出版社，2007.

[143] 马丁·帕尔达姆，埃里希·贡德拉赫. 关于制度和发展的两种观点：大转型与制度优先 [M]//吴敬琏. 比较（第 37 辑）. 北京：中信出版社，2008.

[144] 迈克尔·麦克福尔. 俄罗斯未竟的革命——从戈尔巴乔夫到普京的政治变迁 [M]. 唐兴贤等译. 上海：上海人民出版社，2010.

[145] 尼·别尔嘉耶夫. 俄罗斯思想——十九世纪末二十世纪初俄罗斯思想的主要问题 [M]. 雷永生，邱守娟译. 北京：生活·读书·新知三联书店，1995.

[146] 诺姆·乔姆斯基. 新自由主义和全球秩序 [M]. 徐海铭译. 南京：江苏人民出版社，2000.

[147] 南开大学课题组. 全球化条件下中国转型的战略框架 [J]. 改革，2009（7）.

[148] 讷斯塔塞. 东欧二十年转型风暴：从集权主义到全球化 [J]. 当代世界，2010（1）.

[149] 欧阳建国. 社会主义和谐社会综合评价体系研究 [J]. 浙江社会科学，2006（2）.

[150] 普京文集：文章和讲话选集 [M]. 北京：中国社会科学出版社，2002.

[151] 帕尔·加斯伯,卡尔曼·米赛伊. 匈牙利:渐进主义和休克疗法 [J]. 转型通讯, 2004 (3).

[152] 帕萨·达斯古普特, 伊斯梅尔·撒拉格尔丁. 社会资本——一个多角度的观点 [M]. 张慧东等译. 北京:中国人民大学出版社, 2005.

[153] 帕特里克·邓利维, 布伦登·奥利里. 国家理论:自由民主的政治学 [M]. 欧阳景根等译. 杭州:浙江人民出版社, 2007.

[154] 青木昌彦, 奥野正宽. 经济体制的比较制度分析 [M]. 魏加宁等译. 北京:中国经济发展出版社, 1999.

[155] 青木昌彦. 比较制度分析 [M]. 周黎安译. 上海:上海远东出版社, 2001.

[156] 钱颖一. 政府与法治. 比较. 2003 (5).

[157] 钱滔. 历史比较制度分析 (HCIA) 方法:一个文献综述——以 Avner Greif 研究成果为代表 (讨论稿) [J]. 浙江大学法与经济研究中心文库, 2003-4-2.

[158] 平乔维奇. 产权经济学——一种关于比较体制的理论 [M]. 蒋琳琦译. 北京:经济科学出版社, 2004.

[159] 齐心, 梅松. 大城市和谐社会评价指标体系的构建与实证分析 [J]. 统计研究, 2007 (7).

[160] R.科斯等. 财产权利与制度变迁——产权学派与新制度学派译文集 [M]. 上海:上海三联书店, 上海人民出版社, 1994.

[161] 热若尔·罗兰. 转型与经济学 [M]. 张帆等译. 北京:北京大学出版社, 2002.

[162] 热若尔·罗兰. 转型与经济学——政治、市场和企业 [M]//吴敬琏. 比较 (第3辑). 北京:中信出版社, 2002.

[163] 任力, 王宁宁. 演化经济学的形成与发展 [J]. 西南师范大学学报 (人文社会科学版), 2006 (1).

[164] 索尔·埃斯特林, 尤里安·勒·格兰德. 市场社会主义 [M]. 北京:经济日报出版社, 1993.

[165] 宋林飞. 社会风险指标体系与社会波动机制 [M]. 社会科学研究, 1995 (6).

[166] 世界银行. 1996年世界发展报告:从计划到市场 [M]. 北京:中国财政经济出版社, 1996.

[167] 世界银行. 1997年世界发展报告:变革世界中的政府 [M]. 北京:中

国财政经济出版社，1997.

[168] 世界银行. 2002年世界发展报告：建立市场体制 [M]. 北京：中国财政经济出版社，2002.

[169] 苏克列瓦. 马其顿共和国的私有化 [J]. 今日东欧中亚. 1998 (3).

[170] 塞缪尔·亨廷顿. 第三波——20世纪后期民主化浪潮 [M]. 刘军宁译. 上海：上海三联书店，1998.

[171] 萨缪尔森，诺德豪斯. 经济学（第16版）[M]. 萧琛等译. 北京：华夏出版社，1999.

[172] 苏永乐. 波兰经济转型概观（1989~2000）[J]. 陕西经贸学院学报. 2001 (6).

[173] 斯蒂格利茨. 亚洲经济一体化的现状与展望 [M]//吴敬琏. 比较（第1辑）. 北京：中信出版社，2002.

[174] 苏力. 当代中国的中央与地方分权——重读毛泽东《论十大关系》第五节 [J]. 中国社会科学，2004 (2).

[175] 萨克斯. 全球视角的宏观经济学 [M]. 上海：上海三联书店，2004.

[176] 斯科特·戈登. 控制国家——从古代雅典到今天的宪政史 [M]. 应奇等译. 南京：江苏人民出版社，2005.

[177] 斯图亚特·R. 林恩. 发展经济学 [M]. 王乃辉等译. 上海：格致出版社，上海三联书店，上海人民出版社，2009.

[178] Sebastian Hellmann. 中国异乎寻常的政策制定过程：不确定状况下反复试验 [J]. 开放时代，2009 (7).

[179] 孙立平. 社会转型：发展社会学的新议题 [J]. 开放时代，2008 (2).

[180] 孙景宇. 如何理解转型国家的制度变迁——对相关研究的一个总体评价 [J]. 江苏社会科学，2009 (4).

[181] 孙景宇，姚万军. 理解前苏联国家的经济增长 [J]. 世界经济研究，2009 (7).

[182] 童伟. 匈牙利财政制度 [M]. 北京：中国财政经济出版社，1998.

[183] 唐朱昌. 俄罗斯经济转型透视 [M]. 上海：上海社会科学院出版社，2001.

[184] 唐朱昌. 从叶利钦到普京：俄罗斯经济转型启示 [M]. 上海：复旦大学出版社，2007.

[185] 威廉·奥尔森等. 国际关系理论与实践 [M]. 王沿等译. 北京：中国社

会科学出版社，1987.

[186] 王绍光，胡鞍钢. 中国国家能力报告 [M]. 沈阳：辽宁人民出版社，1993.

[187] 王绍光. 大转型：1980年代以来中国的双向运动 [J]. 中国社会科学，2008（1）.

[188] 王莉. 斯洛伐克转型十年情况 [J]. 国际资料信息，1999（11）.

[189] 王英津. 国家和社会：马克思主义经典作家之阐释 [J]. 江苏行政学院学报，2004（2）.

[190] 王一江. 国家与经济 [M] //吴敬琏. 比较（第18辑）. 北京：中信出版社，2005.

[191] 汪丽敏. 斯洛文尼亚：政治经济形势稳定 [EB/OL]. 网址：http://euroasia.cass.cn/Chinese/index.html.

[192] 王永兴. 转型经济研究范式评述 [J]. 江苏社会科学，2007（5）.

[193] 王永兴. 2008年：处于转型十字路口的俄罗斯 [J]. 俄罗斯中亚东欧研究，2009（1）.

[194] 吴敬琏. 中国采取了"渐进式改革"战略吗？[J]. 经济学动态，1994（9）.

[195] 吴敬琏. 渐进与激进——中国改革道路的选择 [M]. 北京：经济科学出版社，1996.

[196] 吴敬琏. 当代中国经济改革 [M]. 上海：上海远东出版社，2004.

[197] 维托·坦茨. 体制转型和政府角色的改变[J]. 经济社会体制比较，1999（7）.

[198] 武力. 新中国60年"政府主导型"发展模式的形成与演变 [J]. 教学与研究，2009（10）.

[199] 辛向阳. "趋同论"研究 [M]. 北京：中国人民大学，1996.

[200] 薛君度，陆南全. 新俄罗斯：政治·经济·外交 [M]. 北京：中国社会科学出版社，1997.

[201] 薛晓源，陈家刚. 全球化与新制度主义 [M]. 北京：社会科学出版社，2004.

[202] 徐湘林. 以政治稳定为基础的中国渐进政治改革 [J]. 战略与管理，2000（5）.

[203] 徐湘林. 从政治发展理论到政策过程理论——中国政治改革研究的中

层理论建构探讨［J］．中国社会科学，2004（3）．

［204］徐坡岭．俄罗斯政治制度转型的全球化约束与政治传统张力［J］．世界经济与政治，2004（8）．

［205］许新．转型经济的产权改革——俄罗斯东欧中亚国家的私有化［M］．北京：社会科学文献出版社，2003．

［206］许宪春．正确理解和使用 GDP［J］．中国统计，2003（8）．

［207］许志新．重新崛起之路——俄罗斯发展的机遇与挑战［M］．北京：世界知识出版社，2005．

［208］亚当·斯密．国民财富的性质和原因的研究（上卷）［M］．郭大力，王亚南译．北京：商务印书馆，1972．

［209］翼翔．捷克经济的顺利转型［J］．俄罗斯研究，1994（5）．

［210］俞可平．治理与善治［M］．北京：社会科学文献出版社，2000．

［211］俞可平．市场经济与公民社会——中国与俄罗斯［M］．北京：中央编译出版社，2005．

［212］俞可平．中国治理评估框架［J］．经济社会体制比较，2008（6）．

［213］俞可平．中国治理变迁 30 年［M］．北京：社会科学文献出版社，2008．

［214］杨龙．西方新政治经济学的政治观［M］．天津：天津人民出版社，2003．

［215］约翰·N. 德勒巴克，约翰·V. C. 奈．新制度经济学前沿［M］．张宇燕等译．北京：经济科学出版社，2003．

［216］姚开建，陈勇勤．改变中国［M］．北京：中国经济出版社，2003．

［217］阎耀军．社会稳定的计量及预警与空管理系统的构建［J］．社会科学研究，2004（3）．

［218］亚当·普沃斯基．民主与市场——东欧与拉丁美洲的政治经济改革［M］．包雅钧等译．北京：北京大学出版社，2005．

［219］亚诺什·科尔奈．理想与现实［M］．北京：中国经济出版社，1987．

［220］雅诺什·科尔奈．大转型［M］//吴敬琏．比较（第 17 辑）．北京：中信出版社，2005．

［221］雅诺什·科尔奈．社会主义体制——共产主义政治经济学［M］．北京：中央编译出版社，2007．

［222］约翰·威廉姆森．华盛顿心目中的"政策改革"［J］．经济社会体制比较，2005（2）．

[223] 苑洁. 国外后社会主义研究的理论视角 [J]. 当代世界与社会主义, 2007（1）.

[224] 雅鲁泽尔斯基言论集 [M]. 北京：人民出版社, 1992.

[225] 杨光斌, 郑伟铭. 国家形态与国家治理——苏联—俄罗斯转型经验研究 [J]. 中国社会科学, 2007（4）.

[226] 朱国云. 科层制与中国社会管理的组织模式 [J]. 管理世界, 1999（5）.

[227] 朱晓中. "回归欧洲"：历史与现实 [J]. 东欧中亚研究, 2001（1）.

[228] 朱天飚. 比较政治经济学 [M]. 北京：北京大学出版社, 2006.

[229] 张宇. 市场社会主义的反思 [M]. 北京：北京出版社, 1999.

[230] 张宇. 过渡政治经济学导论 [M]. 北京：经济科学出版社, 2001.

[231] 张宇. 中国转型模式：反思与创新 [M]. 北京：经济科学出版社, 2006.

[232] 张淑娟. 匈牙利吸引外资的经验教训 [J]. 当代世界, 2003（2）.

[233] 张弛. 俄罗斯转型绩效透视 [M]. 北京：经济日报出版社, 2003.

[234] 张仁德. 比较经济学的危机与创新 [J]. 经济社会体制比较, 2004（3）.

[235] 张旭昆. 制度系统的关联性特征 [J]. 浙江社会科学, 2004（3）.

[236] 张淑惠. 互惠共生与转型中的政府治理 [D]. 天津：南开大学博士学位论文, 2006.

[237] 张卓元. 不断完善社会主义市场经济体制促进国民经济又好又快发展——学习党的十七大报告的一点体会 [J]. 经济研究, 2007（11）.

[238] 张丽. 俄罗斯经济转型中的美国因素研究 [D]. 沈阳：辽宁大学博士学位论文, 2006.

[239] 张东宁. 冷战后世界秩序的变化与重构 [D]. 长春：吉林大学博士学位论文, 2006.

[240] 张军, 周黎安. 为增长而竞争：中国增长的政治经济学 [M]. 上海：格致出版社, 上海人民出版社, 2008.

[241] 张俊伟. 2003年以来的宏观调控：回顾与前瞻 [J]. 经济研究参考, 2008（2）.

[242] 张慧君. 转型进程中的国家治理模式重构：比较制度分析——以中欧和俄罗斯为例 [J]. 俄罗斯研究, 2006（2）.

[243] 张慧君. 俄罗斯转型进程中的国家治理模式演进 [M]. 北京：经济管理出版社, 2009.

[244] 张慧君, 景维民. 转型国家的治理结构与策略选择——基于理论和经验研究的总结与反思 [J]. 当代世界与社会主义, 2009 (1).

[245] 张慧君. 经济转型与国家治理模式演进——基于中国经验的研究 [J]. 经济体制改革, 2009 (2).

[246] 张慧君. 经济转型中的制度陷阱研究 [J]. 现代经济探讨, 2009 (4).

[247] 张慧君, 景维民. 国家治理模式构建及应注意的若干问题 [J]. 社会科学, 2009 (10).

[248] 张慧君. 国家演进与市场社会主义变迁——历史比较与制度分析 [R]. 天津: 南开大学博士后研究工作报告, 打印稿, 2010年1月.

[249] 张慧君, 景维民. 从经济转型到国家治理模式重构——转型深化与完善市场经济的新议题 [J]. 天津社会科学, 2010 (2).

[250] 张慧君, 黄秋菊. 后危机时代转型国家的治理模式变革与经济发展 [J]. 社会科学研究, 2010 (3).

[251] 张慧君, 黄秋菊. 国家制度能力与经济转型: 理解中国模式的政治经济维度 [J]. 天津社会科学, 2011 (2).

[252] "中国改革与发展报告"专家组. 透过历史的表象: 中国改革20年回顾、反思与展望 [M]. 上海: 上海远东出版社, 2000.

[253] 曾国安. 政府经济学 [M]. 武汉: 湖北人民出版社, 2002.

[254] 曾峻. 公共秩序的制度安排——国家与社会关系的框架及其运用 [M]. 上海: 学林出版社, 2005.

[255] 邹至庄. 中国经济转型 [M]. 北京: 中国人民大学出版社, 2005.

[256] 章玉贵. 比较经济学与中国经济改革 [M]. 上海: 上海三联书店, 2006.

[257] 周黎安, 转型中的地方政府: 官员激励与治理 [M]. 上海: 格致出版社, 上海人民出版社, 2008.

[258] 曾康霖, 黄平. 中东欧转型经济国家股票市场制度研究 [M]. 北京: 中国金融出版社, 2006.

[259] "中国政治体制改革研究"课题组. 建设一个民主和法治的现代化国家——中国政治体制改革研究报告总论 [J]. 经济研究参考, 2007 (31).

[260] 赵立枝, 王超. 俄罗斯经济形势扫描 [J]. 西伯利亚研究, 2007 (1).

[261] 周冰等. 过渡性制度安排与平滑转型 [M]. 北京: 社会科学文献出版社, 2007.

[262] 周红云. 国际治理评估体系评述 [J]. 经济社会体制比较, 2008 (6).

[263] 郑永年. 中国模式: 经验与困局 [M]. 杭州: 浙江人民出版社, 2010.

[264] 1997~2000年俄罗斯政府中期纲要构想: 结构改革和经济增长 [J]. 经济问题, 1997 (1).

[265] 3.T.戈连科娃. 俄罗斯社会结构变化和社会分层 (第二版) [M]. 宋竹音, 王育民译. 北京: 中国财政经济出版社, 2004.

二、外文参考文献

[1] Avner Greif. The Organization of Long-Distance Trade: Reputation and Coalitions in the Geniza Documents and Genoa During the Eleventh and Twelfth Centuries, The Journal of Economic History, Vol. 51, No. 2, 1991.

[2] Avner Greif. Institutions and International Trade: Lessons from the Commercial Revolution, The American Economic Review, Vol. 82, No. 2, 1992.

[3] Avner Greif. Contract Enforceability and Economic Institutions in Early Trade: The Maghribi Traders' Coalition, The America Economic Review, Vol. 83, No. 3, 1993.

[4] Avner Greif. Historical and Comparative Institutional Analysis, The American Economic Review, Vol. 88, No. 2, 1998.

[5] Anna Grzymala-Busse, Pauline Jones Luong. Reconceptualizing the State: Lessons from Post-Communism, Politics & Society, Vol. 30, No. 4, 2002, pp. 529-554.

[6] A. Aslund Implications of the Global Financial Crisis for Eastern Europe, Development &Transition, Vol. 13, 2009, pp. 2-4.

[7] Cynthic, Roberts, Thomas Sherlock. Bring the Russian State in: Explansitions of the Derailed Transition to Market Democracy, Comparative Politics, Vol.31, No.4, 1999, pp.477-498.

[8] Douglass C. North, Robert Paul Thomas. The Rise and Fall of the Manorial System: A Theoretical Model, Journal of Economic History, 31 (December), 1971.

[9] David Stark, Laszlo Bruszt. One Way or Multiple Paths: For a Comparative Sociology of East European Capitalism, American Journal of Sociology, Vol.106, No. 4, 2001, pp. 1129-1137.

[10] Daniel Daianu. Is Catching Up Possible in Europe?, TIGER Working Paper Series, No. 19, 2002.

[11] Danuta Hübner. Impact of the Membership in the European Union on Economic Growth in Poland, TIGER Working Paper Series, No. 51, 2004.

[12] Daron Acemoglu, Simon Johnson. Institutions as A Fundamental Cause of Long-run Growth, In: Philippe Aghion and Steven N. Durlauf, eds. Handbook of Economic Growth, Volume IA. Elsevier B.V., 2005, pp. 386–472.

[13] David Lane, Martin Myant (ed). Varieties of Capitalism in Post-Communist Countries, New York: Palgrave Macmillan, 2007.

[14] Erik Berglof, Patrick Bolton. The Great Divide and Beyond: Financial Architecture in Transition, Journal of Economic Perspective, Volume 16, Number 1, Winter 2002, pp. 77–100.

[15] Evgeny Yakovlev, Ekaterina Zhuravskaya. State Capture: From Yeltsin to Putin, CEFIR/NES Working Paper series, No. 94, 2006, http://www.cefir.ru/papers/WP94_Zhuravskay" aYakovlev.pdf.

[16] Fama, Eugene. Efficient Capital Markets: A Review of Theory and Empirical Work, Journal of Finance Vol.25, 1970, pp.383–417.

[17] François. WORLD GOVERNANCE INDEX: Why Should World Governance Be Evaluated, and for What Purpose?, January 2009, p.5. http://www.world-governance.org.

[18] Fraser Institute. Economic Freedom of the World: 2009 Annual Report, pp.85–88.

[19] Grzegorz W. Kolodoko. Globalization and Catching-Up: From Recession to Growth in Transition Ecomomies, The IMF Working Paper WP/00/100, 2000.

[20] Gérard Roland. Understanding institutional change: fast-moving and slow-moving Institutions, Studies in Comparative International Development, Vol.38, No. 4, 2004, pp. 109–131.

[21] Hodgson, Geoffrey Martin. How Economics Forgot History: The Problem of Historical Specificity in Social Science, London. New York: Routledge, 2001, pp.265–279.

[22] Heiko Pleines eds. Participation of Civil Society in New Modes of Governance, The Case of the New EU Member States. Part 1: The State of Civil Society,

Working Paper of the Research Centre for East European Studies, No. 67, 2005.

[23] Heritage Foundation. 2005 Index of Economic Freedom.

[24] Heritage Foundation. 2010 Index of Economic Freedom.

[25] Harvard University Gazette. New Index Quantifies Performance of Governments, 27 September-3 October, 2007, pp.13-14.

[26] Ivan Szelenyi. A Theory of Transition, Modern China, Vol. 34, No. 1, 2008, pp. 165-175.

[27] Jeffrey Sachs, Wing Thye Woo. Structural Factors in the Economic Reform of China, Eastern Europe, and the Former Soviety Union, Economic Policy, April 1994, pp.102-145.

[28] Joel S. Hellman. Winners Take All: The Politics of Partial Reform in Postcommunist Transitions, World Politics, Vol. 50, No. 2, 1998, pp. 203-234.

[29] Joachim Ahrens, Martin Meurers. Institutions, Governance, and Economic Performance in Post-socialist Countries: A Conceptual and Empirical Approach, 2000, http://www.gov.si/umar/conference/2000/pdf/meurers.pdf.

[30] Joachim Ahrens. Governance in the Process of Transformation, April 2006, http://www.oecd.org/dataoecd/52/20/37791185.pdf.

[31] Joachim Arens, Philipp Mengeringaus. Institutional Change and Economic Transition: Market-Enhancing Governance, Chinese-Style, The European Journal of Comparative Economics, Vol.3, No.1, 2006, pp.75-102.

[32] Janos Kornai. What the Change of System From Socialism to Capitalism Does and Does Not Mean, Journal of Economic Perspectives, Vol. 14, No.1, 2000, pp.27-42.

[33] Janos Kornai. The Role of the State in a Post-socialist Economy, WSPiZ and TIGER Distinguished Lectures Series, 6, 2001.

[34] Jan Kubik. How to Study Civil Society: The State of the Art and What to Do Next, in East European Politics and Societies, Vol. 19, No. 1, 2005, pp. 105-120.

[35] Jeffery B. Miller, Stiyan Tenev. On the Role of Government in Transition: The Experiences of China and Russia Compared, Comparative Economic Studies, Vol. 49, 2007, pp. 554-555.

[36] La Porta, etal. Law and Finance, Journal of Political Economy, Vol.106,

pp.1113-1155.

[37] Michael McFaul. State Power, Institutional Change, and the Politics of Privatization in Russia, World Politics, Vol. 47, No. 2, 1995, pp. 210-243.

[38] Marie Lavigne. The Economics of Transition: From Socialist Economy to Market Economy. 2nd ed, London: Macmillan Press Ltd, 1999.

[39] Nauro F. Campos, Fabrizio Coricelli. Growth in Transition: What We Know, What We Don't, and What We Should, William Davidson Working Paper Number 470, February 2002.

[40] North, D. C., John Joseph, Wallis Barry R. Weingast. A Conceptual Framework for Interpreting Recorded Human History, NBER Working Paper, No. 12795.

[41] Philip Keefer. Governance and Economic Growth in China and India, http: // siteresources.worldbank.org/INTCHIINDGLOECO/Resources/CE_Ch07pp.189 -218_ FINAL.pdf.

[42] R. Coase. The Nature of the Firm, Economica, 1937, p.386.

[43] Rotberg R.I. Strengthening Governance: Ranking Countries Would Help, The Washington Quarterly, Vol.28, No.1, 2004, pp.71-81.

[44] Sten Berglund, Tomas Hellen, Frank H.Aarebrot (ed.). The Handbook of Political Change in Eastern Europe, Edward Elgar Publishing Limited, 1998, p.14.

[45] Sun Liping. Societal Transition: New Issues in the Field of the Sociology of Development, Modern China, Volume 34, Number 1, January 2008, pp. 88-113.

[46] University of Essex-Human Rights Centre. Final Report of "Map-making and Analysis of the Main International Initiatives on Developing Indicators on Democracy and Good Governance", 2003.

[47] Valeric Bunce. The Political Economy of Postsocialism, Slavic Review, Vol. 58, 1999, pp. 756-793.

[48] World Bank. Transition—The First Ten Years: Analysis and Lessons for Eastern Europe and the Former Soviet Union, Washington, D.C., 2002, pp.107-108.

[49] World Bank. Building Institutions for Market: World Development Report 2002, www.worldbank.org.

[50] World Bank. Turmoil at Twenty: Recession. Recovery, and Reform in

Central and Eastern Europe and the Former Soviet Union, Washington, D. C., 2009.

[51] А.Арбатов. Ресурсное проклятие России. зкскурс в историю и нынешние проблемы. Общество и зкономика. 2004, No.11-12, Стр.143.

后 记

本书是国家社会科学基金重点项目《经济转型深化中的国家治理模式重构——兼对不断完善社会主义市场经济体制的研究》（项目号 08AJL002）的最终成果，也是我们关于经济转型问题的最新研究成果的结晶。参与本书写作的课题组是一个踏实严谨、思维活跃、勇于创新的合作团队，南开大学经济学院景维民教授为课题组组长，课题组成员包括张慧君、黄秋菊、王永兴、白千文、杨恒。在全面把握和深入分析国内外转型经济研究前沿的基础上，景维民教授提出了全书的研究思路和写作框架并召集课题组反复讨论，不断完善。其后，课题组成员分工协作，全力以赴，完成初稿。最后，景维民、张慧君和黄秋菊负责对书稿进行统编和审定。

本书的顺利出版得到了经济管理出版社王光艳女士、杨雅琳女士及经济管理出版社同仁的鼎力支持，在此表示由衷的感谢！

景维民

2013 年 1 月

图书在版编目（CIP）数据

经济转型深化中的国家治理模式重构/景维民等著. —北京：经济管理出版社，2013.3
ISBN 978-7-5096-2491-3

Ⅰ.①经… Ⅱ.①景… Ⅲ.①经济改革—影响—国家—行政管理-研究 Ⅳ.①D035

中国版本图书馆 CIP 数据核字（2013）第 118342 号

组稿编辑：王光艳
责任编辑：王光艳　杨雅琳
责任印制：杨国强
责任校对：陈　颖

出版发行：经济管理出版社
　　　　　（北京市海淀区北蜂窝 8 号中雅大厦 A 座 11 层　100038）
网　　址：www.E-mp.com.cn
电　　话：(010) 51915602
印　　刷：北京晨旭印刷厂
经　　销：新华书店
开　　本：720mm×1000mm/16
印　　张：25.25
字　　数：450 千字
版　　次：2013 年 3 月第 1 版　2013 年 3 月第 1 次印刷
书　　号：ISBN 978-7-5096-2491-3
定　　价：88.00 元

·版权所有　翻印必究·

凡购本社图书，如有印装错误，由本社读者服务部负责调换。
联系地址：北京阜外月坛北小街 2 号
电话：(010) 68022974　　邮编：100836